2020—2021
中国数字出版产业年度报告

ANNUAL REPORT ON DIGITAL
PUBLISHING INDUSTRY IN CHINA:
2020—2021

主　编／张　立
副主编／王　飚　李广宇

中国书籍出版社
China Book Press

图书在版编目（CIP）数据

2020—2021 中国数字出版产业年度报告 / 张立主编；王飚，李广宇副主编 . —北京：中国书籍出版社，2021.10
ISBN 978-7-5068-8753-3

Ⅰ . ①2… Ⅱ . ①张…②王…③李… Ⅲ . ①电子出版物-出版工作-研究报告-中国-2020—2021 Ⅳ . ①G239.2

中国版本图书馆 CIP 数据核字（2021）第 206740 号

2020—2021 中国数字出版产业年度报告

张 立 主编

责任编辑	庞 元 李 新 杨铠瑞
责任印制	孙马飞 马 芝
封面设计	北京楠竹文化发展有限公司
出版发行	中国书籍出版社
地 址	北京市丰台区三路居路 97 号（邮编：100073）
电 话	（010）52257143（总编室） （010）52257140（发行部）
电子邮箱	eo@chinapb.com.cn
经 销	全国新华书店
印 刷	北京洛平龙业印刷有限责任公司
开 本	787 毫米×1092 毫米 1/16
印 张	23.25
字 数	400 千字
版 次	2021 年 10 月第 1 版 2021 年 10 月第 1 次印刷
书 号	ISBN 978-7-5068-8753-3
定 价	138.00 元

版权所有 翻印必究

2020—2021 中国数字出版产业年度报告

主　编：张　立
副主编：王　飚　李广宇

《2020—2021 中国数字出版产业年度报告》课题组

组　　　长：张　立

副 组 长：王　飚　李广宇

课题组成员：毛文思　徐楚尧　郝园园

　　　　　　刘玉柱　孟晓明　宋迪莹

《2020—2021 中国数字出版产业年度报告》撰稿人名单

撰稿人名单（按文序排列）：

中国数字出版产业年度报告课题组
艾顺刚　李　彬　闫晋瑛　樊　荣
丁　丽　刘明洋　孙晓翠　张晨曦
孙凌洁　李广宇　王友平　高默冉
戴铁成　中国音数协游戏工委
徐楚尧　张孝荣　郝园园　祁兰柱
刘　焱　杨兴兵　唐世发　陈　磊
童之磊　闫　芳　田　晶　张　博
胡瑜兰　肖　盼　叶沁宇
重庆华略数字文化研究院
王　扬　李梦竹　王姿懿　宋宵佳
刘华坤　陈　丹　张志林　石　昆

统　稿：王　飚　李广宇

前　言

《2020—2021中国数字出版产业年度报告》（以下简称"《报告》"）是自2005年以来的12部《中国数字出版产业年度报告》的延续与发展。本《报告》较之以往，既有内容上的继承，又有根据产业实际发展情况进行的创新。

在研究方法上，本《报告》依然采用数据实证分析与文本分析相结合的方式，且更侧重于前者。在《报告》的撰写过程中，研究人员运用产业组织经济理论，着力从产业主体、产业行为、产业绩效等方面对数字出版产业进行了深入分析，主要通过对各领域从业企业规模、生产规模、用户规模、运营及赢利状况等方面的大量一手数据的梳理、解析，用图表形式呈现，这正恰恰是以往相关报告所缺乏的。同时，本《报告》对我国数字出版产业的环境加以阐析，以求对我国数字出版产业的脉动进行深刻追溯。这些努力可能会有利于读者较好地把握我国数字出版产业现状；同时，也能了解到发展的来龙去脉及其因果联系。

本《报告》是中国新闻出版研究院的课题。中国新闻出版研究院副院长张立担任课题组组长、数字出版研究所所长王飚与数字出版研究室副主任李广宇担任副组长，共同主持了本《报告》的撰写，并对主报告和有关分报告作了必要的把关及修改工作。中国新闻出版研究院数字出版研究所、同方知网、山东大学、上海睿泰企业管理集团有限公司、中文在线、中国音像与数字出版协会游戏出版物工作委员会、上海理工大学、重庆华略数字文化研究院、北京印刷学院等机构的部分研究人员、业界专家共同参与了本报告的撰写工作。

本《报告》全书统稿工作由王飚、李广宇负责，毛文思协助完成；部分报告中的数据采集与分析、表格制作由徐楚尧完成。

为数字出版产业的规划和发展提供连续、可比的数据依据，是编写数字出版产业报告的一个重要思路。但鉴于我们的力量和水平还很有限，本《报告》

在专题设置、结构布局及数据获取上都有不尽如人意之处，有个别分报告还略显单薄，甚至难免会存在一些缺陷及错误，故恳请广大读者见谅，并予以指正，以便我们在今后的编撰工作中不断改进，进一步提升《中国数字出版产业年度报告》的质量和价值。

本《报告》在撰写过程中得到了多方面的帮助与支持，清华同方、重庆维普资讯等企业提供了大量一手数据；同时，我们也参考了大量的相关论述及文献，虽然在《报告》中有所标注，但可能仍存在遗漏现象，在此我们一并致谢！

编　者

2021 年 9 月 16 日

目 录

主报告

"十三五"收官之年的中国数字出版
——2020—2021 中国数字出版产业年度报告
.... 中国数字出版产业年度报告课题组（3）
一、数字出版产业环境分析 .... （3）
二、中国数字出版产业规模分析 .... （18）
三、中国数字出版产业态势分析 .... （21）
四、中国数字出版产业问题与对策分析 .... （37）
五、中国数字出版产业趋势分析 .... （43）

分报告

2020—2021 中国电子图书出版产业年度报告
.... 艾顺刚　李　彬　闫晋瑛　樊　荣　丁　丽（57）
一、电子图书出版产业概述 .... （57）
二、电子图书出版产业发展现状 .... （61）
三、电子图书出版产业年度大事件 .... （71）
四、电子图书出版产业发展趋势 .... （72）

2020—2021 中国数字报纸出版产业年度报告

  ……………………………………刘明洋　孙晓翠　张晨曦　孙凌洁（75）

  一、数字报纸出版产业概述 …………………………………………（75）

  二、数字报纸出版产业发展现状 ……………………………………（79）

  三、数字报纸出版产业年度大事件 …………………………………（90）

  四、总结与展望 ………………………………………………………（92）

2020—2021 中国互联网期刊出版产业年度报告

  ………………………………………李广宇　王友平　高默冉　戴铁成（96）

  一、互联网期刊出版产业概述 ………………………………………（96）

  二、影响互联网期刊出版产业发展的年度重要事件 ……………（104）

  三、互联网期刊出版产业发展总体情况及问题 …………………（105）

  四、发展趋势及建议 ………………………………………………（107）

2020—2021 中国网络游戏出版产业年度报告

  …………………………………………………………中国音数协游戏工委（108）

  一、中国网络游戏市场规模 ………………………………………（108）

  二、中国网络游戏产业分析 ………………………………………（110）

  三、年度影响游戏出版产业发展的重要事件 ……………………（113）

  四、总结与展望 ……………………………………………………（116）

2020—2021 中国网络（数字）动漫出版产业年度报告

  ……………………………………………………………………徐楚尧（119）

  一、网络（数字）动漫产业发展现状 ……………………………（119）

  二、年度影响网络（数字）动漫出版产业发展的重要事件 ……（128）

  三、总结与展望 ……………………………………………………（130）

2020—2021 中国网络社交媒体出版产业年度报告

  ……………………………………………………………………张孝荣（139）

  一、中国网络社交媒体发展概况 …………………………………（139）

  二、主要服务商发展情况 …………………………………………（144）

  三、2020 年社交媒体行业发展特点 ……………………………（154）

  四、2020 社交媒体年度大事 ……………………………………（159）

五、总结与展望……………………………………………（160）

2020—2021 中国移动出版产业年度报告

……………………………………………………郝园园（164）

一、移动出版产业发展概述…………………………………（164）

二、移动出版产业各领域发展现状…………………………（169）

三、总结和展望………………………………………………（176）

相关专题报告

中国数字教育出版产业发展报告

………………………祁兰柱　刘　焱　杨兴兵　唐世发（183）

一、中国数字教育出版业发展环境分析……………………（184）

二、中国数字教育出版发展面临问题和策略………………（195）

三、中国数字教育出版产业发展趋势………………………（198）

中国数字出版标准化年度报告

………………………………………………………陈　磊（201）

一、行业背景…………………………………………………（201）

二、数字出版标准化现状与特点……………………………（203）

三、存在的问题和对策建议…………………………………（209）

中国数字版权保护状况年度报告

…………………………………童之磊　闫　芳　田　晶（212）

一、我国数字版权保护新进展………………………………（212）

二、各省区版权保护状况统计分析…………………………（221）

三、数字版权保护技术发展状况……………………………（224）

四、典型案例分析……………………………………………（226）

五、数字版权保护存在的困境及应对措施…………………（230）

六、2021 年数字版权保护展望………………………………（232）

中国数字出版教育年度报告
································张 博 胡瑜兰 肖 盼 叶沁宇（233）
一、中国数字出版教育的新进展·································（233）
二、数字出版教育的典型范例···································（240）
三、中国数字出版教育发展中的主要问题·······················（243）
四、加快中国数字出版教育发展的对策·························（245）

中国国家出版产业基地（园区）研究报告
··重庆华略数字文化研究院（248）
一、2020 年国家出版产业基地（园区）发展态势···············（248）
二、2020 年国家出版产业基地（园区）面临的主要
挑战与对策建议··（251）
三、2021 年国家出版产业基地（园区）趋势研判···············（255）

中国出版与虚拟现实融合发展研究报告
··王 扬 李梦竹（257）
一、出版与虚拟现实融合发展现状·····························（257）
二、出版与虚拟现实融合发展的问题与瓶颈·····················（261）
三、出版与虚拟现实融合发展对策与建议·······················（264）

中国有声阅读产业年度报告
··孙晓翠 王姿懿 宋宵佳（267）
一、有声阅读产业概述···（267）
二、有声阅读产业发展现状·····································（271）
三、有声阅读产业发展趋势·····································（282）

重庆市数字出版产业发展报告
··重庆华略数字文化研究院（286）
一、重庆数字出版运行态势·····································（286）
二、重庆数字出版业运行特征···································（288）
三、重庆数字出版面临的问题···································（295）
四、重庆数字出版业发展趋势···································（297）

中国西部地区数字内容产业发展报告

  ………………………………………重庆华略数字文化研究院（301）
- 一、西部数字内容产业发展大环境 ……………………………（301）
- 二、动漫企业成渝集中度高 ……………………………………（305）
- 三、数字游戏精品涌现，"走出去"成果丰富 …………………（306）
- 四、数字音乐蓬勃发展 …………………………………………（308）
- 五、数字阅读传承红色文化 ……………………………………（309）
- 六、数字教育提供优质资源 ……………………………………（310）
- 七、西部数字内容产业发展面临的问题 ………………………（311）
- 八、加快西部数字内容产业发展的建议 ………………………（312）

中国数字出版抗疫防控应急响应服务研究报告

  ……………………………………刘华坤　陈　丹　张志林（314）
- 一、疫情防控应急响应出版业整体表现 ………………………（314）
- 二、应急响应数字出版物特点鲜明 ……………………………（317）
- 三、平台响应呈现"轻垂聚移"特色 …………………………（324）
- 四、出版物传播渠道畅通融合特征显著 ………………………（327）
- 五、疫情防控主题数字出版应急响应的启示 …………………（331）

附　录

2020 年中国数字出版大事记

  ……………………………………………………石昆辑录（337）
- 一、电子图书 ……………………………………………………（337）
- 二、互联网期刊 …………………………………………………（341）
- 三、数字报纸 ……………………………………………………（342）
- 四、移动出版 ……………………………………………………（343）

五、网络游戏 …………………………………………………………（343）
六、网络动漫 …………………………………………………………（345）
七、视　频 ……………………………………………………………（346）
八、数字版权 …………………………………………………………（346）
九、综　合 ……………………………………………………………（350）

# 主 报 告

"十三五"收官之年的中国数字出版

——2020—2021中国数字出版产业年度报告

中国数字出版产业年度报告课题组

一、数字出版产业环境分析

2020年是"十三五"收官之年。受新冠肺炎疫情影响，全球出版业加速数字化变革。国际上，电子书、有声书成为出版业的重要增长点，各大国际出版商持续拓展优化数字化业务布局，以应对疫情对各项业务带来的冲击；国内，文化建设在全局工作中的地位进一步提升，为数字出版高质量发展提供了坚实保障，疫情加速倒逼经济结构调整、技术创新和需求升级，为数字出版持续蓬勃发展创造了更为广阔的空间。

（一）国际环境

2020年，全球出版传媒业受新冠肺炎疫情冲击严重，数字出版逆势上行，各国数字阅读市场需求得到极大培育，电子图书、有声读物等数字出版物成为出版业的重要增长点。与此同时，电子图书定价再度引发争议，亚马逊图书电商龙头地位受到挑战，多方权益关系有待得到平衡，这些都将影响电子图书市场格局。国际出版商进一步加速推进数字化战略，优化业务布局。为应对疫情对实体销售带来的冲击，出版传媒业加大线上营销渠道布局力度，不断创新数字营销模式，Tik Tok成为海外图书营销的重要渠道。

1. 新冠肺炎疫情下全球数字出版逆势上扬

2020年新冠肺炎疫情暴发以来，对全球出版业带来巨大影响。疫情严重扰乱了出版业的日常经营活动，实体书店受到严重冲击。据美国书商协会的数据，疫情暴发以来，每周都有一家独立书店倒闭，预计全美会有近20%的独立书店消失。部分独立书店为了生存，尝试发展电子商务，并通过提供本地化服务和小众化图书的销售以提高竞争力。法兰克福书展、伦敦书展、博洛尼亚书展等国际大型书展纷纷从线下改为线上，美国书展这一已有73年历史、北美规模最大最有影响力的书展宣布长期停办。停办原因一方面是受疫情影响，另一方面则是主办方认为近年来图书贸易方式已发生了巨大变化，因此选择用停办的方式回应这种变化。此外，图书馆电子借阅普及也加速了电子书等各类数字阅读业务的发展。据数字阅读服务平台赛阅（Overdrive）发布数据显示，在新冠肺炎疫情的影响下，2020年全球公共图书馆数字借阅数量突破新高，全球读者共借阅4.3亿册次电子书、有声读物和数字杂志，较2019年增长33%。[①]

疫情期间，读者居家学习时间增多，对网络购书和数字文化产品消费需求大大增加。线上业务成为国际出版业的重要增长点。疫情暴发以来，电子书和有声书等逆势上扬，取得了不俗的销售成绩。美国出版数据统计机构NPD BookScan发布数据显示，2020年电子书销售量同比增长17%。2020年美国有声读物收入同比上涨12%，达到13亿美元。[②] 另据英国出版商协会发布数据显示，2020年英国大众出版物中有声书销售收入为1.33亿英镑，同比上升37%；电子书销售收入为4.18亿英镑，同比上升24%。出版商哈珀柯林斯出版集团2020年电子书销售增长18%、有声书销售增长26%。该公司大众出版部门数字内容销售在其总收入中占比为23%。[③] 西蒙与舒斯特的数字产品销售额在第四财季实现了44%的大幅增长，其中电子书销售额增长了51%、数字有声书销售额增长了34%。企鹅兰登有声书销售增长15%，教育、学术、大众等出版领域都不同程度地受到疫情冲击，其中教育出版受到疫情的冲击最为严重。2020

---

① 2020年全球公共图书馆数字借阅数创下"新纪录"！这份报告值得你关注 https://view.inews.qq.com/a/20210119A0882U00
② 最新美国有声读物市场数据发布 http://www.cptoday.cn/news/detail/11808
③ 2020年全球书业值得关注的10大事件 https://m.thepaper.cn/baijiahao_11507073

年，英国教育出版总收入为5.38亿英镑，同比下降21%，其中纸质教育图书销售收入同比下降24%；电子书销售收入同比上升8%。教育出版商面向学生和教师，加强数字教育产品服务供给，其中有大量内容为免费提供。新冠肺炎疫情期间，大学和研究机构纷纷暂时关闭，学生和研究学者线上学术资源需求增多，由此英国学术出版实现了小幅增长。2020年，英国学术出版物销售收入达33亿英镑，同比上升3%，学术数字出版销售量同比上升9%。2020年大众出版在疫情之下加大线上营销力度，销售额较上一年实现了7%上涨。① 2021年第一季度，电子书和有声书呈持续增长态势。如哈珀·柯林斯的电子书收入增长38%、数字有声书收入增长42%；西蒙及舒斯特有声书收入增长17%；企鹅兰登有声书也取得了两位数增长。此外，疫情也激发了法国国民的数字阅读需求。据数据显示，疫情期间有超过1/4的法国读者曾阅读电子图书或有声读物，其中有26%是第一次接触数字阅读。②

2. 国际出版商持续拓展数字化业务布局

2020年以来，各大国际出版商为应对新冠肺炎疫情常态化，纷纷采取数字优先战略，并拓展多维度业务布局。在教育出版领域，疫情让教育出版服务受到严重冲击，国际出版商因此更加重视在线教育业务，持续增加在线教育的业务比重。在培生教育集团的四大业务板块中，只有全球在线教育业务处于正向增长，收入同比增长18%至6.97亿英镑。为应对新冠肺炎疫情的持续影响，培生教育集团改变原有模式，把之前与学校对接的业务主体转型为直接对接消费者，从"To B"转为"To C"，更加关注消费者需求。明确了以需求为导向的三个全球市场关键机会：一是在线和数字学习的兴起；二是解决劳动力技能差距；三是满足对可靠的认证和认证不断增长的需求，基于上述三大机遇，培生将其业务重组为虚拟学习、高等教育、英语学习、劳动力技能，以及评估和资格五个新部门。③ 在专业出版领域，开放获取（OA）得到更大的重视，布局OA出版业务成为不少学术出版集团的发展重心。如2020年爱思唯尔加大了对Science Direct平台和新的远程访问方式的研发投资，便于研究人员远程使用工

---

① 阅读和学术的胜利 英国出版业的2020https：//www.gdpg.com.cn/index.php? g = portal&m = article&a = index&id = 1292&cid = 9
② 法国数字阅读用户显著增加 http：//www.cptoday.cn/news/detail/11396
③ 2020年利润下降46%，英国教育集团培生宣布业务转型 https：//m.jiemian.com/article/5813278.html

具，其金色 OA 刊新增百余种，总数已达 500 种；2020 年威立公司通过收购 Hindawi 公司加速推进科研增长策略，加强了其在开放获取领域的优势地位，加速向开放获取领域的业务转型，其 OA 业务收入在 2020 年实现了近 40% 的增长，OA 期刊数量增加 200 余种。2020 年，威立的数字化产品及服务收入在全公司收入占比超过 80%。其中，科研板块数字化收入占比达 95%。学术出版商泰勒·弗朗西斯集团也将开放出版业务作为其业务重点之一。2020 年，泰勒·弗朗西斯出版的 2 500 种期刊中，可选择提供 OA 期刊的超过 99%。为满足学术界对 OA 出版日益增长的需求，泰勒·弗朗西斯一方面为用户提供更多的 OA 选择，另一方面为图书馆、企业和科研机构提供更加灵活的 OA 出版方案。① 另外，人工智能在学术内容开放获取方面得到初步运用，为学者和出版商带来新的机会，如学术出版服务商 Scholastica 公司尝试利用机器学习提高排版服务的效率和效果。

在大众出版领域，2020 年企鹅兰登收购西蒙与舒斯特出版公司，进一步巩固其在大众出版市场的龙头地位。完成收购后，企鹅兰登将占据美国图书销售 1/3 的市场份额。② 疫情期间，大众出版商加大线上营销布局，如新闻集团旗下哈珀·柯林斯发力电子书和线上销售，以应对疫情期间读者的阅读习惯和购书方式的变化，该社旗下有数字版的图书数量达到 12.5 万种，几乎所有新书和大多数旧书都有电子版。③ 新闻集团还将计划收购位居美国第六的大众出版商——霍顿米夫林·哈考特图书及媒体公司，该社 2020 年在 IP 授权业务方面有不俗表现，实现了 1 300 万美元的收入。2020 年，麦克米伦公司撤销了对图书馆购买电子书的限制，允许大型图书馆在一本电子书新上市时，一次性购买多"本"，以满足用户不断增加的数字阅读需求。

3. 亚马逊图书电商垄断地位受到挑战

亚马逊在国际电子书市场长期保持着领先地位，成熟的商业模式为其带来了巨大的市场优势。2020 年新冠肺炎疫情期间，亚马逊更是在出版业整体受挫形势下实现了逆势增长。据数据显示，2020 年亚马逊年营收为 3 860.64 亿美

---

① 2020 国际学术出版集团年报透露了哪些信息？https://new.qq.com/omn/20210612/20210612A01GQT00.html
② 2021 年中国书店业系列报道之（六）——2020 年全球书业 10 大事件 https://new.qq.com/rain/a/20210109A02CPM00
③ 美国书业 2020：最好的最坏的年代 https://www.163.com/dy/article/FUK09LHM0514R9P4.html

元，同比增长37.62%。① 2020年夏季亚马逊的图书销售额同比上涨了60%，在第三季度的销售额为960亿美元，较上一年同比增长37%。尽管亚马逊发展持续强势，但其对于电子书市场的支配地位也一直饱受国际出版业诟病。2020年10月，美国国会下属委员会发布了一份反垄断调查报告，认定包括亚马逊在内的针对四大科技龙头企业，在关键业务领域拥有"垄断权"，滥用其市场主导地位，② 并提及了许多亚马逊网站的霸王条款的细节。报告中称，美国近90%的电子书都是亚马逊销售的，亚马逊联合包括哈切特、哈珀—柯林斯、麦克米伦、企鹅兰登书屋、西蒙—舒斯特在内的五家大型出版商达成"价格限制协议"，在签订的合同中使用了"最惠国待遇"条款，允许这几大出版商"抬高"电子书价格，提价幅度最高达到30%。③ 亚马逊由此获得最优惠的电子书折扣，并迫使消费者在非亚马逊平台上购买电子书时需支付更高的费用，对中小型出版商和消费者造成了价格"绑架"，阻碍了电子书竞争性定价。2021年伊始，亚马逊因涉嫌联合五大出版商抬高电子书价格而被提起诉讼。该诉讼要求亚马逊禁止使用"最惠国待遇"条款，试图打破亚马逊在电子书市场一家独大的局面，为更多中小型出版商争取到更为有利的市场竞争环境，同时以更加友好的电子书定价让读者获得更优质的服务。④ 此外，美国康涅狄格州也就亚马逊电子书销售中可能存在的垄断行为展开调查。

同时，亚马逊提供的相关服务也遭到了作者的联合抵制。2020年底，亚马逊旗下有声阅读公司Audible日前推出的有声书退换服务遭到了上万名作者的抗议。据悉，该服务允许用户在购买有声书后的365天内退换有声书，产生的费用将从作者的版税中扣除。该服务被超过1.2万名作者联合署名，被控直接损害了作者的权益，因为在被允许退订的365天期限内，用户可能已经听过相关内容，而后因退订而从版税中扣除相关费用，对于作者而言，是非常不公平的，这样的指控也得到了全美作家协会和英国作家协会的支持。作者认为，如果在用户意外购买的情况下，同时在较短时间（如48小时）内退订是被允许

---

① 亚马逊2020财年营收为3 860.64亿美元，同比增长37.62% https：//new.qq.com/20210203/20210203A03FMROO.html.
② 美国国会公布反垄断调查报告，认定苹果、谷歌等四大科技公司滥用市场主导地位_竞争 https：//www.sohu.com/a/423069116_114986
③ 亚马逊被控勾结出版商抬高电子书价格达30% https：//www.sohu.com/a/444805243_114984
④ 亚马逊被告上法庭，美国电子书市场再掀波澜 http：//m.the paper.cn/baijiahao_1161788

的，也可以适当扣除版税，前提是用户并未重复多次收听相关内容。①

2020年初，国际图书电商平台出现了一位新入局者——Bookshop，其创立的初衷一方面是为了挽救新冠肺炎疫情下面临生存危机的独立书店，另一方面是为了与亚马逊相抗衡，帮助独立书店从亚马逊手中争取一些市场份额，削弱亚马逊在图书电商领域的强势地位。Bookshop依托大型图书发行商Ingram平台，免费提供电子商务店面和配送服务。Bookshop尝试采用联盟营销的方式，除了独立书店，任何个人和机构都可以成为Bookshop的联盟会员，例如作者、出版社、报刊、书评人和博客作者。2020年，Bookshop拥有书店联盟会员1 027家，共销售了价值5 100万美元的图书，为美国独立书店赚得1 016万美元。② Bookshop采用比亚马逊更高的联盟分成比例。如果用户通过社交媒体、博客文章或其他渠道点击Bookshop链接购买，该文章的发布方将获得10%的分成。Bookshop签约的分销机构已超过8 000家。③ 此外，Bookshop还与亚马逊的其他竞争对手合作，试图在对抗亚马逊方面凝聚更大合力。Bookshop的存在，或许不能颠覆亚马逊在图书电商领域的领先优势，但至少可以为独立书店和出版商等提供一个新的选择。

4. 出版传媒业加速拓展数字营销渠道和模式

加大线上营销渠道布局，创新数字营销模式，成为全球出版传媒业应对新冠肺炎疫情影响的共同选择。如企鹅兰登通过优化线上渠道提升图书销售业绩，打通销售、营销、公关等环节。2020年初新冠疫情暴发初期，仓库关闭，出版社无法向书评人发送纸质试读本，于是企鹅出版社向书评网站NetGalley发送数字版试读版，让新书信息触达更广泛的读者群体，并制定了优先触达核心读者群，在新书上市前产生口碑效应，并带动大批读者撰写书评，在打造畅销书方面取得了显著成效④。

近年来，YouTube、Facebook和Instagram Stories等社交媒体快速发展，成为海外用户获取信息的重要途径，由此也成为海外企业布局线上营销的重要渠道。视频营销成为数字营销的重要手段。据美国在线社会传媒杂志Social Media

---

① 万名作家联名反对亚马逊有声书退换服务 http://www.cptoday.cn/news/detail/10733
② Bookshop网络书店欲拯救美国独立书店 https://www.sohu.com/a/457255106_488898
③ 成立仅6个月抢走亚马逊3%销售额，Bookshop做了什么？https://www.sohu.com/a/406427181_114774
④ 疫情之年企鹅社饥饿营销打造爆款. http://www.cbbr.com.cn/contents/506/74495.html.

Examiner 发布的《2020 年社交媒体营销报告》显示，85%的社交媒体营销人员在使用视频。① 值得一提的是，抖音海外 Tik Tok 版成为国际出版商营销的重要平台。2020 年，Tik Tok 的用户规模实现大幅增长，据 DataReportal 统计，2020 年，Tik Tok 成为美国下载量最多的应用，月活用户达 6.89 亿，在应用商店有 20 亿次下载，高于 Facebook、Twitter、Instagram、Pinterest 等其他社交平台。② Tik Tok 上有一个爱书者线上社区 BookTok，成为海外用户特别是年轻一代进行阅读分享的重要平台。Tik Tok 的博主分享书评或书单的照片或视频，在图书社区内形成了广泛影响，涌现了多款"爆款"图书。如 2020 年美国作家洛克哈特在 2014 年出版的悬疑推理小说《说谎的人》，BookTok 上的主播发布了一段与该小说相关的短视频，得到了 500 万的浏览量，也让这本书重新获得读者关注，由此登上了《纽约时报》的畅销书榜单。也有很多新书在被视频主播介绍后大受关注的成功案例。获得橙子奖的《阿喀琉斯之歌》在 2020 年 8 月销量实现爆发式增长。究其原因竟是因为一名抖音博主发布了一条荐书视频，获得了近 600 万次的浏览量。图书社区在图书营销推广方面发挥的积极作用，得到国际出版商的高度重视，将其视为打造畅销书籍的重要手段，纷纷开展与主播达人的合作，给主播邮寄图书，付费邀请他们拍摄视频进行宣传。如兰登书屋童书公司已与 100 名 Tik Tok 博主合作，开展图书营销与品牌推广。据悉，在美国 Tik Tok 平台上讨论最多的图书类别是青年小说、幻想小说和爱情小说，此外，侦探小说、当代小说和经典小说的关注度也越来越高。其中，2021 年上半年，在抖音营销的带动下，美国青年小说市场增长了近 50%。Instagram、YouTube 等社交平台也都开设有类似的图书社区。③

（二）国内环境

2020 年以来，文化建设在全局工作中的地位作用更加突出，数字化战略深入推进，成为数字出版产业健康有序发展更为广阔的空间舞台；数字经济发展势头持续强劲，在疫情影响下作为宏观经济稳定器、缓冲器的作用明显，数字出版潜能不断释放；数字新基建加速推进，5G、大数据、人工智能、区块链、

---

① Social Media Examiner：2020 年社交媒体营销报告 http：//www.199it.com/archives/1070265.html
② 抖音竟成美国出版商图书营销新平台！https：//view.inews.qq.com/a/20210426A08BIJ00
③ 美国书业上半年九大发展趋势 https：//new.qq.com/omn/20210825/20210825A04DZ000.html

物联网等技术场景应用落地；互联网用户突破 10 亿，疫情促进数字内容市场进一步培育壮大。

1. 文化建设在全局工作地位上升至新高度，数字化战略深入推进

伴随我国步入高质量发展阶段，质量和效益替代规模和增速成为经济发展的首要问题，文化建设在全局工作中的地位作用日益凸显。过去一年以来，习近平总书记在多个场合从不同角度强调文化建设、文化发展对于国家民族的重要性。2020 年 9 月 22 日，习近平总书记在教育文化卫生体育领域专家座谈会上发表重要讲话，针对国家文化建设，提出"四个重要"的重要论述，指出统筹推进"五位一体"总体布局、协调推进"四个全面"战略布局，文化是重要内容；推动高质量发展，文化是重要支点；满足人民日益增长的美好生活需要，文化是重要因素；战胜前进道路上的各种风险挑战，文化是重要力量源泉。这一重要论述不仅明确了新时期文化建设在国计民生发展中的重要地位，也为新时代文化发展指明了新定位和新要求。

党的十九届五中全会明确提出"到 2035 年建成社会主义文化强国"的远景目标，并对如何实现这一目标作出全面谋划和全新部署，明确了建设文化强国的具体时间表和路线图，为我国在全面建设社会主义现代化国家新征程中推动建成文化强国提供了行动指南，明确了前行方向。2021 年 3 月，《中华人民共和国国民经济和社会发展第十四个五年规划和 2035 年远景目标纲要》正式颁布，从提高社会文明程度、提升公共文化服务水平、提升中华文化影响力、健全现代文化产业体系等方面，对文化建设作出更加具体全面的部署。在"扩大优质文化产品供给"方面，明确提出实施文化产业数字化战略，加快发展新型文化企业、文化业态、文化消费模式，壮大数字创意、网络视听、数字出版、数字娱乐线上演播等产业。作为新时代文化建设的重要阵地，数字出版要以更高站位、更强担当、更大使命、更实举措及更高水平谋划发展，实现在文化强国建设中的更大作为。

伴随国家"十四五"规划纲要颁布，步入 2021 年以来，《"十四五"文化产业发展规划》《"十四五"文化和旅游发展规划》《"十四五"文化和旅游市场发展规划》《"十四五"文化和旅游科技创新规划》《"十四五"公共文化服务体系建设规划》等多个文化相关政策规划和举措轮番出台，无论从密集程度还是细分程度上来看，都是前所未有的。数字文化在其中均占据突出位置。

"十四五"时期，将是文化产业迈向高质量发展和数字文化产业腾飞发展的重要阶段，将加速转变发展方式、优化产业结构、转换增长动能。数字出版作为新时期文化发展的新动能和重要方向，将在发展数字文化、发展数字经济、构建数字社会、建设数字中国中充分发挥作用。

2. 数字经济充分发挥宏观经济稳定器、缓冲器和加速器作用，发展潜能持续释放

2020年持续至今的新冠肺炎疫情，对经济社会发展带来深远影响，特别是对实体经济带来巨大冲击，疫情之下，数字经济仍然保持着良好的发展态势，数字新业态、新模式充分发挥了宏观经济稳定器、缓冲器的作用，极大稀释了疫情带来的负面影响，极大提升了我国经济发展韧性。当前，数字经济在壮大我国经济发展动能和构筑国际竞争优势方面发挥了日益重要的作用。数据显示，2020年在我国数字经济实现了9.7%的高位增长，是同期GDP名义增速的3.2倍多，在GDP中的占比达到38.6%，①数字经济已经成为我国构建新发展格局的关键支撑。产业数字化是数字经济的主要构成。2020年我国产业数字化规模达31.7万亿元，占数字经济比重为80.9%；数字产业化市场规模达到8.16万亿元，占中国数字经济市场规模的19.1%。

在数字经济和疫情的双重影响下，网络零售成为带动消费升级的重要拉动力量，不断培育消费市场新动能，在构建"双循环"格局中发挥着日益重要的作用，网络零售的蓬勃发展也是数字经济在消费侧的突出体现。2020年，我国网上零售额达11.76万亿元，较2019年增长10.9%。②电子商务交易额由2015年的21.8万亿元增长到2020年的37.2万亿元。信息消费蓬勃发展，2020年我国信息消费规模达到5.8万亿元。③

数字文化作为数字经济的重要组成部分，对文化产业发展的拉动作用日益凸显。据国家统计局公布数据显示，2020年，全国规模以上文化及相关产业企业实现营业收入达到9.85万亿元，比上年增长2.2%。其中，包括数字出版在内的文化新业态特征较为明显的16个行业小类实现营业收入3.14万亿元，增

---

① 中国信通院：2021年中国数字经济发展白皮书 http：//www.199it.com/archives/1237607.html
② 宅经济催生新动能！中国移动互联网发展报告（2021）正式发布 https：//www.sohu.com/a/479181576_121124601
③ 国家互联网信息办公室发布《数字中国发展报告（2020年）》http：//www.gov.cn/xinwen/2021-07/03/content_5622668.htm

长 22.1%。[①]

国家"十四五"规划纲要中,将"加快数字化发展,建设数字中国"单列一篇,并独设一章突出强调"打造数字经济新优势",提出"充分发挥海量数据和丰富应用场景优势,催生新产业新业态新模式,壮大经济发展新引擎",足见数字经济已成为我国经济发展重要动能和引擎,铸就国际竞争优势的重要支撑。数字出版作为数字经济的重要分支,在国家大力发展数字经济的总体战略部署下,数字出版具有广阔的发展空间和机遇,在营造良好数字生态、促进数字经济发展、打造数字社会和建设数字中国方面必将展现更大作为。

同时,数字经济也成为各地打造区域经济优势的重要着力点。2021年7月,北京市出台《北京市关于加快建设全球数字经济标杆城市的实施方案》,提出培育数据驱动的未来标杆产业,将"发展数据支撑的研发和知识生产产业"作为重要方向之一,明确提出"建设基于海量数据信息的知识库和新一代智能化的知识检索、知识图谱服务平台,积极探索基于大数据和人工智能应用的跨学科知识创新和知识生产新模式,推动传媒、传播、出版、教育等产业实现数字经济转型"。上海在市十四五规划中提出要"加快打造具有世界影响力的"国际数字之都",江苏、安徽、山东等地也纷纷推进数字经济发展的"加速键"。

2021年6月,国家统计局发布《数字经济及其核心产业统计分类(2021)》,界定了数字经济的概念与内涵,特别指出数字经济紧扣数据资源、现代信息网络和信息通信技术。该标准以《二十国集团数字经济发展与合作倡议》以及国家"十四五"规划《纲要》《国家信息化发展战略纲要》《网络强国战略发展纲要》等政策文件为依据,围绕"数字产业化"和"产业数字化"两个方面,分别从经济社会全行业和数字产业化发展领域,确定了数字经济及其核心产业的基本范畴。在该统计分类中,数字出版在数字经济中所处的位置更加明确。被归类在"04 数字要素驱动业"中的"0404 数字内容与媒体"中的"040408 数字内容出版"分类条目下,对数字内容出版概念的界定是"指各类录音制品、电子出版物,以及利用数字技术进行内容编辑加工、并通过网络传播数字内容产品的出版服务"。该《数字经济及其核心产业统计分类(2021)》的出台,表明数字经济

---

① 2020年全国规模以上文化及相关产业企业营业收入增长 2.2% http://www.stats.gov.cn/tjsj/zxfb/202101/t20210129_1812934.html

在国民经济中的位置不断提升,为数字经济领域提供了重要统计标准和依据,也为数字出版统计工作机制的健全奠定了重要基础。①

3. 新基建发展向纵深推进,多项技术应用场景加速落地

新冠肺炎疫情未能阻挡我国"新基建"推进步伐,2020年以来,我国在5G、量子科技、区块链、人工智能等前沿技术领域实现持续突破。在国家政策支持下,2020年,三大电信运营商在5G网络建设中投入1 800亿元人民币。截至当年10月,中国累计开通5G基站超过70万座,终端连接数超过1.8亿个。各地方政府大力发展工业互联网,全国范围内"5G+工业互联网"建设项目超过1 100个,政企合力打造工业互联网生态体系。2020年10月,百度与贵州省贵阳市政府达成战略合作,百度承接贵阳经开区工业互联网项目,打造AI技术和工业互联网应用相融合的国家级AI工业互联网平台,以及助力贵阳打造3个千亿级产业集群。②

在人工智能领域,人工智能产业化应用迈向深入。目前,我国在人工智能申请的专利数量积累近39万件,占全球总量的近3/4,位居世界第一。③ 我国在人工智能的多个领域均取得了领先世界的瞩目成就。如在语义理解技术领域,2020年9月百度发布"百度语义理解技术与平台"——文心(ERNIE),该平台是"AI新型基础设施"百度大脑6.0的重要组成部分,利用持续学习技术,将大数据预训练与多源知识相结合,可不断吸收海量文本数据中的词汇、结构、语义等方面的知识信息,包含文本数据处理、基于深度学习的模型训练、模型评估和上线部署等功能,并具备"智能标注"能力,可为企业提供一站式NLP开发与服务,提升企业的数据处理能力,加速企业数字化进程。④

在量子科技领域,国家对量子科技的整体布局和配套扶持力度不断加强,2020年10月,中共中央政治局围绕量子科技研究和应用前景举行第二十四次

---

① 国家统计局权威解读《数字经济及其核心产业统计分类(2021)》https://m.thepaper.cn/baijiahao_13002433

② 跑出加速度! 2020新基建成绩单折射什么 http://science.china.com.cn/2021-01/06/content_41418475.htm

③ 中国人工智能正在超越美国,一批创新成果正在展现 https://www.sohu.com/a/487546822_120283015

④ 百度语义理解技术与平台文心ERNIE:AI时代的文本智能化利用 https://www.sohu.com/a/419999667_119038

集体学习。习近平总书记在主持学习时强调，"要充分认识推动量子科技发展的重要性和紧迫性，加强量子科技发展战略谋划和系统布局，把握大趋势，下好先手棋"①。天地一体化广域量子保密通信网络初具雏形，是我国在量子通信领域的一项重大突破，目前已建成了包括北京、济南、上海、合肥四个光纤量子城域网、一条"京沪干线"，以及连接兴隆、南山两个地面站的星地链路。② 2021年3月，清华大学团队首次在实验中实现了量子中继协议中的两个中继模块间的高效纠缠连接，实现了量子中继模块连接效率的规模化提升，这项成果对于量子通信技术落地具有重要意义。

2020年是我国区块链快速发展的一年，从政策支持到基础设施建设，从产业化应用到相关标准，都实现了新突破。区块链被纳入新基建范畴，得到各地各级政府的积极部署和大力推进，区块链服务网络布局进一步扩大。据统计，2020年我国各部位、各省政府及省会城市发布与区块链技术有关的政策、法规、方案文件多达217份。同时，产业与区块链融合的需求日益迫切，2020年新增区块链企业数量达到1.28万余家，累计企业数量达到2.4万余家。③ 区块链相关标准体系逐步构建，目前国内区块链团体标准超过30项，行业标准立项15项，2020年新增区块链团体标准13项。2020年9月，腾讯云的提案在国际电信联盟ITU-T SG17会议中获全票通过，成为全球首个区块链智能合约安全领域的国际标准。④ 过去一年来，区块链的场景化应用取得实质性进展，版权存证、商品溯源、供应链金融等成为主要的应用场景。

在数字孪生领域，2020年4月，国家发改委和中央网信办联合发布《关于推进"上云用数赋智"行动培育新经济发展实施方案》，将数字孪生技术提到了与大数据、人工智能、5G等新技术并列的高度，并启动"开展数字孪生创新计划"，引导各方参与提出基于数字孪生技术的应用场景解决方案。数字孪生技术是融合了三维建模、仿真与优化、物联网与传感器、人工智能和虚拟现

---

① 中央政治局为何集体学习量子科技？http：//m.cnr.cn/news/20201019/t20201019_525300631.html

② 量子科技：正从梦想走向实用，研发核心芯片、建立技术标准、营造产业生态 https：//www.sohu.com/a/447791345_120244154

③ 首发｜中国区块链产业生态地图报告（2020—2021）https：//www.jinse.com/blockchain/1039802.html

④ 2020年产业区块链：七大发展趋势，应用落地提速！https：//www.sohu.com/a/437179172_120631145

实等多种新兴技术在内的复合性技术，可打通物理世界和数字世界，让数据、信息、场景实现流程化、可视化、个性化，实现虚拟和现实场景的融合。① 数字孪生最初被应用在航空航天领域，目前在智能制造、智能建造、智慧家居、智慧医疗、智慧城市和智慧交通等领域都形成了广阔的应用场景。数字孪生与数字文化的结合也有诸多可能性，可以打造更加深度的沉浸式体验。如应用在非物质文化遗产与古籍史料方面的数字修复、复原及可视化呈现；应用在游戏中，可以让游戏画面更加逼真、立体，为玩家与游戏之间建立更加深度的交互关系。

4. 数字内容消费持续升级，疫情加速培育多元市场

受新冠肺炎疫情影响，数字消费理念更加深入人心，数字阅读、游戏、网络视频、线上直播、线上购物、在线课程、云端看展等成为人们生活、工作、娱乐的常态，各类互联网应用与人们生活场景连接得更为紧密，数字内容市场得到极大培育，数字消费需求日益旺盛。据数据显示，截至2020年12月，我国网民规模达9.89亿，互联网普及率达70.4%。手机网民规模达9.86亿，网民使用手机上网的比例达99.7%。

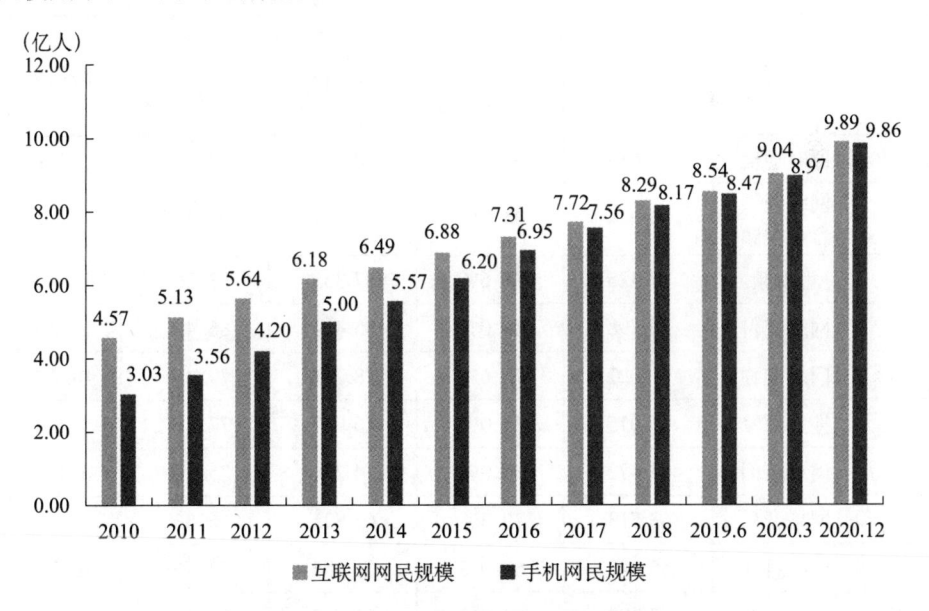

图1 我国互联网规模与手机网民规模

---

① 应用日益广泛的数字孪生技术 http://www.xinhuanet.com/techpro/2021－06/15/c_1127562624.htm

其中，即时通信仍然是 2020 年网民使用率排名首位的互联网应用类型。截至 2020 年 12 月，即时通信用户规模达到 9.81 亿，网民使用率为 99.2%。网络视频则一跃成为排名第 2 位的互联网应用，用户规模约为 9.27 亿，网民使用率达到 93.7%。短视频发展势头持续强劲，用户规模达到 8.73 亿，网民使用率为 88.3%，是增幅最大的互联网应用，较 2020 年 3 月增幅达到 12.9%。值得一提的是，受疫情影响，"宅经济"兴起，人们通过网络购物和网络支付习惯进一步养成，步入疫情防控常态化后，网络购物仍然保持着较快发展。截至 2020 年 12 月，网络购物用户规模达到 7.82 亿，网民使用率为 79.1%，较 2020 年 3 月增长 10.2%；网络支付用户规模 8.54 亿，网民使用率为 86.4%，增长率为 11.2%。电商直播发展如火如荼，带动网络直播快速发展，截至 2020 年底，网络直播用户达到 62.4%，较 2020 年 3 月增长 10.2%。网络直播成为"线上引流＋实体消费"的数字经济新模式，实现蓬勃发展，66.2% 的直播电商用户购买过直播商品。①

表1　2020 年 12 月互联网应用网民使用率 TOP10

序号	应用	2020 年 3 月 用户规模（万）	2020 年 3 月 网民使用率	2020 年 12 月 用户规模（万）	2020 年 12 月 网民使用率	增长率
1	即时通信	89 613	99.2%	98 111	99.2%	9.5%
2	网络视频（含短视频）	85 044	94.1%	92 677	93.7%	9.0%
3	短视频	77 325	85.6%	87 335	88.3%	12.9%
4	网络支付	76 798	85.0%	85 434	86.4%	11.2%
5	网络购物	71 027	78.6%	78 241	79.1%	10.2%
6	搜索引擎	75 015	83.0%	76 977	77.8%	2.6%
7	网络新闻	73 072	80.9%	74 274	75.1%	1.6%
8	网络音乐	63 513	70.3%	65 825	66.6%	3.6%
9	网络直播	55 982	62.0%	61 685	62.4%	10.2%
10	网络游戏	53 182	58.9%	51 793	52.4%	-2.6%

① 数据来源：中国互联网络信息中心（CNNIC）《第 47 次中国互联网络发展状况统计报告》

2020年，数字阅读在全民阅读工作中的作用进一步提升。根据中国新闻出版研究院《第十八次全国国民阅读调查报告》数据显示，2020年中国成年国民包括书报刊和数字出版物在内的各种媒介的综合阅读率为81.3%，相较2019年提高了0.2个百分点。其中，数字化阅读方式的接触率为79.4%，较2019年的76.3%上升0.1个百分点。2020年，人均手机接触率进一步增长，成人手机接触率达到76.7%，较上年上升0.6个百分点，我国成年人人均每天手机接触时长达到100.75分钟，较上一年增加0.34分钟。从数字阅读人群来看，18—49周岁中青年人群是数字阅读的主要群体，占比超过3/4，达到76.8%；其中，18—29周岁人群占比最高，达到31%，值得一体的是，数字阅读也在50周岁及以上的中老年群体中快速普及，占比达到23.2%，较2019年的20.4%增长了2.8个百分点，①"银发一族"成为数字阅读市场的新增量。

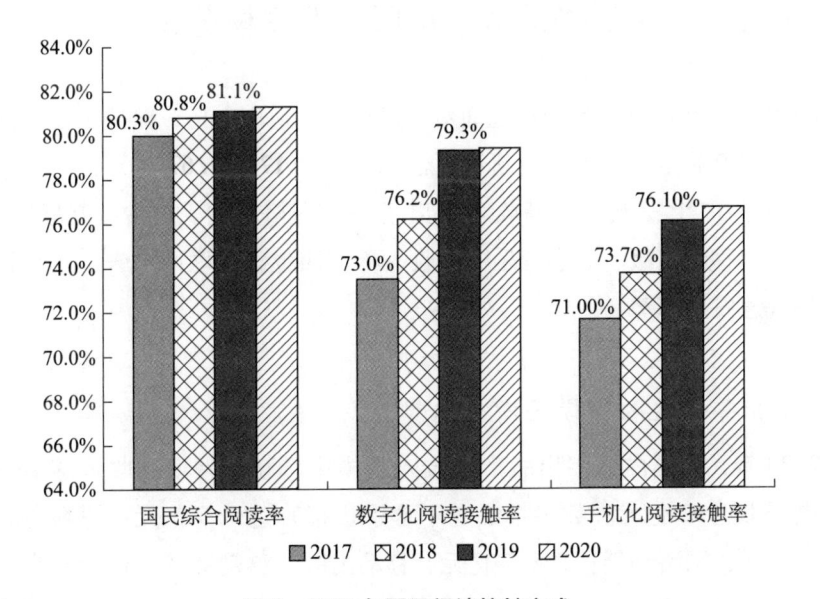

图2　2020年国民阅读接触方式

2020年，我国国民的听书习惯进一步养成，有31.6%的成年国民形成了听书习惯，较上一年提高了1.3%个百分点，有6.7%的国民会将听书作为阅读方式的优先选择。音频已遍布居家、出行、亲子等多个场景，截至2020年10

---

① 第十八次全国国民阅读调查报告权威发布 https://new.qq.com/omn/20210427/20210427A02ENB00.html

月，头部音频平台喜马拉雅 FM 全场景生态流量破 3.29 亿①，喜马拉雅"123 狂欢节"影响力再创新高，内容消费总额突破 10.8 亿元，全年内容消费总额同比上年增长超过 90%②。

另外，据《2020 年度中国数字阅读报告》显示，2020 年中国数字阅读产业规模达到 351.6 亿元，增幅为 21.8%；数字阅读用户规模达 4.94 亿，增幅为 5.56%。人们数字阅读付费意愿进一步提升，越来越多的人愿意为优质内容付费，付费意愿达 86.3%。2020 年，电子阅读付费用户中有 26.8% 的用户每月平均花费 100 元及以上。在专业阅读市场，内容和服务收入的占比为 97.2%；在网络文学方面，用户的付费率接近半数，达到 49.9%。③

二、中国数字出版产业规模分析

2020 年，我国数字出版产业面对突发疫情，逆市上扬，保持了良好的发展势头。全年产业整体收入规模超过万亿元，达到 11781.67 亿元，比上年增加 19.23%，为"十三五"圆满收官交出了一份合格答卷。其中，互联网广告、在线教育、移动出版、数字音乐占据收入榜前四位，互联网广告、在线教育继续保持快速发展态势。

（一）整体收入规模呈增长态势

2020 年，在国内数字出版产业收入规模中，互联网期刊收入达 24.53 亿元，电子书达 62 亿元，数字报纸（不含手机报）达 7.5 亿元，博客类应用达 116.3 亿元，网络动漫达 238.7 亿元，移动出版（移动阅读、移动游戏等）达 2 448.36 亿元，网络游戏达 635.28 亿元，在线教育达 2 573 亿元，互联网广告达 4 966 亿元，数字音乐达 710 亿元。详细情况见表 2。

---

① 数据来源：易观国际 2020 年在线音频平台生态流量洞察 https：//www.analysys.cn/article/detail/20019982

② 喜马拉雅 2020 年终成绩单：助力在线新经济崛起，喜马拉雅还在"长高" https：//new.qq.com/rain/a/20210110a09m9k00

③ 《2020 年度中国数字阅读报告》发布 http：//www.nppa.gov.cn/nppa/contents/280/75940.shtml

表2 2011—2020年中国数字出版产业收入情况①

(单位：亿元)

数字出版分类	2011年	2012年	2013年	2014年	2015年	2016年	2017年	2018年	2019年	2020年
互联网期刊	9.34	10.83	12.15	14.3	15.85	17.5	20.1	21.38	23.08	24.53
电子书	16.5（电子图书7+电子阅读器9.5）	31	38	45	49	52	54	56	58	62
数字报纸	12（不含手机报）	15.9（不含手机报）	11.6（不含手机报）	10.5（不含手机报）	9.6（不含手机报）	9（不含手机报）	8.6（不含手机报）	8.3（不含手机报）	8（不含手机报）	7.5（不含手机报）
博客类应用	24	40	15	33.2	11.8	45.3	77.13	115.3	117.7	116.3
在线音乐	3.8	18.2	43.6	52.4	55	61	85	103.5	124	—
移动出版	367.34（未包括手机动漫）	472.21（未包括手机动漫）	579.6（未包括手机动漫）	784.9（未包括移动动漫）	1 055.9（未包括移动动漫）	1 399.5（未包括移动动漫）	1 796.3（未包括移动动漫）	2 007.4（未包括移动动漫）	2 314.82（未包括移动动漫）	2 448.36（未包括移动动漫和移动音乐）
网络游戏②	428.5	569.6	718.4	869.4	888.8	827.85	884.9	791.1	713.83	635.28
网络动漫	3.5	5	22	38	44.2	155	178.9	180.8	171	238.7
在线教育	—	—	—	—	180	251	1 010	1 330	2 010	2 573③

① 数据说明：因数字出版产业发展越来越快，产业间的融合趋势日益明显、边界趋向模糊，数据之间不可避免地存在交叉，且交叉部分不易确定厘清；又因早期数据计算方法接近，对数据进行简单相加汇总尚可体现出一定产业情况，但近年来数据计算方法日趋多样，对数据进行简单汇总相加已无意义，故本报告2020年的合计数据仅供参考。从下一部报告开始，课题组只汇集数据，供大家参考（数据的内容条目会根据产业发展情况进行调整），不再提供汇总合计数据。

② 主要指客户端游戏和网页游戏等。

③ 数据来源：2020年中国在线教育行业研究报告 http://report.iresearch.cn/report_pdf.aspx?id=3724

（续表）

数字出版分类	2011年	2012年	2013年	2014年	2015年	2016年	2017年	2018年	2019年	2020年
互联网广告	505	769	1 096	1 507	1 897	2 295	2 957	3 717	4 341	4 966①
数字音乐②	—	—	—	—	—	—	—	—	—	710③
合计	1 377.88	1 935.49	2 540.35	3 387.7	4 403.85	5 720.85	7 071.93	8 330.78	9 881.43	11 781.67

从表2我们可以看出：纵观近10年来收入规模走势，互联网期刊的收入规模从2011年的9.34亿元增长至2020年的24.53亿元，虽然当前仍保持增长态势，但其增长幅度总体呈下降态势，年平均增长率在8%左右徘徊。电子图书（e-book）收入规模2011年为7亿元，2012年为31亿元，2013年为38亿元，2014年为45亿元，2015年为49亿元，2016年为52亿元，2017年为54亿元，2018年为56亿元，2019年为58亿元，2020年为62亿元，数据显示电子图书经历了2012年至2016年的快速发展期后，进入平稳增长阶段。受新冠肺炎疫情影响，阅读数字化进一步加深，推动电子图书在2020年增速有了新的提升，达到6.89%。

移动出版虽然未按照往年的计算方式将移动音乐包括在内，但其收入已达到2 448.36亿元，超过了2019移动阅读、移动游戏、移动音乐三者收入的总和，这更凸显移动阅读和移动游戏迅猛发展的态势。网络游戏2020年收入为635.28亿元，2020年的增速依然低于2019年的增速。

（二）传统书报刊数字化收入增幅呈上升态势

图书、报纸、期刊是我国新闻出版业的传统业务，也是我国大多数新闻出版单位的业务主阵地。近年来，在主管部门的大力引导和市场需求双重驱动下，传统出版单位积极深化转型升级，深入推进融合发展，以新需求带动新产品生产，以新业务构建新营销矩阵，以新业务结构推动产品新供给，传统书报

---

① 数据来源：中国互联网络信息中心《中国互联网络发展状况统计报告》（第47次）
② 由于在线音乐、无线音乐等区分已不再明显，故本报告对在线音乐和无线音乐的数据没有体现，用数字音乐来代替
③ 数据来源：2021音乐年报：2021年数字音乐产业的市场规模将会超过740亿元 http://vr.sina.com.cn/news/report/2021-06-15/doc-ikqciyzi9695427.shtml

刊数字化业务的比重逐年增加。

从表2我们可以看出，2020年互联网期刊、电子图书、数字报纸的总收入为94.03亿元，相较于2019年的89.08亿元，增幅为5.56%，高于2019年4%的增长幅度，更高于2018年3.6%的增长幅度。从这些数据可知，我国互联网期刊、电子图书、数字报纸在转型升级、融合发展的进程中，一直保持着稳定增长，尤其是2020年的增长速度已超过5%。作为数字出版业务的基础或者源头，书报刊数字化业务能取得如此成绩令人欣喜。

（三）新兴板块发展势头良好

2020年，在线教育收入规模为2 573亿元，网络动漫收入规模为238.7亿元，从数据上来看，两者均实现了大幅度增长，表明在线教育在2020年抓住了疫情带来的教育信息化普及、升级和用户消费习惯线上迁移的巨大契机，实现了快速发展。网络动漫亦是如此，由疫情带来的"宅经济"为其发展创造了有利环境，多年来优质动漫内容的生产、储备与积累，奠定了产业快速发展的基础，付费用户规模化形成了产业发展的强大助力。

三、中国数字出版产业态势分析

过去一年来，出版业融合发展进一步深入，新冠疫情肺炎倒逼出版业加大转型融合步伐，思路更加开拓，路径更加明确，在各个层面均取得了积极成效。网络文学持续精品化、主流化进程，在免费模式影响下逐步构建发展新格局。在政策和市场等多重因素影响下，数字教育出版步入调整期，迈向专业化、规范化、智慧化。有声读物呈现精品化、智能化、场景化，长音频成为新行业热点，多方参与、竞相发展的新行业格局逐步构建。受疫情影响，出版业纷纷加大线上布局，短视频、直播等新营销模式探索初见成效。报业等传统媒体融合发展步入深水区，公信力、传播力、影响力显著提升。数字出版成为文化"走出去"重要生力军，积极构建"双循环"新格局。数字版权保护和行业标准建设取得新突破，产业保障体系进一步健全。具体而言，过去一年来，中国数字出版产业呈现以下发展态势。

（一）出版业融合发展提速增效

2020 年以来，出版业融合发展更加深入。新冠疫情的暴发，让出版业更加深刻地认识到融合发展的重要性和必要性，倒逼出版单位在深度和广度上加快推进融合发展进程，在各方面均取得了明显成效。2020 年 9 月，中办、国办联合出台《关于加快推进媒体深度融合发展的意见》，对出版业深度融合发展提出了新的指引和更高要求。主管部门通过多项举措，推动出版融合发展迈向纵深。2020 年 9 月，国家新闻出版署开展出版业科技与标准重点实验室申报工作，通过在出版产业链各环节建设一批专业领域实验室和跨领域综合性实验室，以技术创新推动出版内容、形式、方法和手段等全方位创新。2021 年 2 月，42 家出版业科技与标准重点实验室名单公布。2021 年 5 月，为落实国家"十四五"规划纲要，大力实施数字化战略，系统性推进融合发展，国家新闻出版署启动组织实施出版融合发展工程，以实施数字出版精品遴选推荐计划和出版融合发展示范单位遴选推荐计划等工作为抓手，通过示范引领、分类指导、突出重点、扶优助强，带动出版业整体融合发展的能力和水平的提升，出版融合发展顶层设计和总体部署日益健全。

大型出版集团在融合出版的理念、内容、技术、模式、机制等方面进行全方位创新。中国出版集团、江苏凤凰出版传媒集团、山东出版集团等大型出版集团都将融合发展作为"一把手"工程进行筹划部署。如江苏凤凰出版传媒集团自 2020 年起设立了融合出版专项资金，用于资助具有板块引领性和带动性的融合出版项目，主要涵盖教育出版、大众出版、出版产业链的创新与延伸等方向，与该集团传统出版形成了优势互补。山东出版集团以理念创新、机制创新推进融合发展迈向纵深。2020 年底，与山东省教育厅和腾讯公司达成战略合作框架协议，依托双方优势，共同推动"互联网＋教育"；牵头申报"山东数字融合出版创新创业共同体"项目通过山东省政府审批，是省级 30 家"政产学研金服用"共同体中唯一入选的国有文化企业，将围绕"出版产业数字化"和"数字出版产业化"，充分发挥龙头引领带动作用，打造数字融合创新创业集群，建立"政产学研金服用"融合发展一体化机制。2021 年 2 月，山东出版集团牵头的"融合出版内容传播创新应用"出版业科技与标准重点实验室经国家新闻出版署批复设立，将依托实验室，整合多方力量资源，为出版与科技深度融合打造更多创新成果。①

出版单位积极顺应疫情防控常态下发展的新形势、新环境和新需求，聚力于业态创新与深度融合，立足主业、突出特色，积极探索大数据、云计算、人工智能在出版服务中的应用，加快建立适应融合发展的组织架构、传播体系和管理体制，探索如何运用数字资源更深入地表达内容，如何垂直打磨数字内容产品，推动融媒体出版物、有声读物、数字教材、云课堂、数据库产品、AR/VR产品等多种产品形态进入市场。从入选国家新闻出版署"2020年度数字出版精品遴选推荐计划"的46个项目中可以看出，在主题出版、大众出版、专业与学术出版、教育出版、少儿阅读类等领域都涌现出了一批导向正确、内容优质、创新突出、双效俱佳的精品数字出版项目，体现了数字出版在服务大局、服务群众中的新作为，反映了出版业在坚持改革创新、加快深度融合发展方面取得的实践成果。如人民日报出版社的"《习近平用典》系列融媒体出版物"是主题出版在数字时代下的创新表达，该产品以《习近平用典》第一辑、第二辑为蓝本，借助互联网传播优势更快更广传播党的声音，为广大读者学习领会习近平新时代中国特色社会主义思想提供了极大便利，体现了数字出版在主题宣传中发挥日益重要的作用。② 人民音乐出版社推出的"方舱之声——抗'疫'立体数字出版平台"以"音乐治疗"助力抗"疫"，在打赢疫情防控阻击战中，通过移动端音频技术精选整合丰富优质的音乐资源。陕西师范大学出版总社研发的"丝绸之路历史地理信息开放平台"，运用空间信息技术，对2000年来陆上丝绸之路沿线的土地利用、生态环境、文化传播等进行空间定位和深入研究，为群众提供丝绸之路历史地理数据查询服务和权威的GIS服务。

过去一年来，出版单位的IP运营和跨界融合理念更加深入，着力推进优质内容以多元产品形态和版权形式呈现，将出版、科技与文化创意相结合，向游戏、影视、文化旅游、文化金融等领域延伸，延伸产业链条，开拓融合发展路径。如山东人民出版社实行主题出版+互联网模式，尝试投资拍摄主题剧《我们的小康时代》，打造影视图书互动衍生品，一方面熟悉版权运作模式，提升版权运营能力，探索互联网业态下出版与影视互动融合新模式，另一方面打造

---

① 山东出版集团：创新融合推动高质量发展 https://www.chinaxwcb.com/info/574246
② 《习近平用典》系列融媒体出版物 https://topics.gmw.cn/2021-04/08/content_34752705.htm

主题出版 IP，提升主题出版的传播力、影响力。①

（二）网络文学逐步构建新生态格局

过去一年来，网络文学持续良好发展态势，在社会主义文化事业和文化产业发展中的作用更加突出。2020 年，网络文学全年新增签约作品约 200 万部，全网作品累计约 2 800 万部，全国文学网站日均更新字数超 1.5 亿，全年累计新增字数超过 500 亿。②

网络文学作品质量显著提升，题材结构进一步优化，主流化、精品化态势进一步凸显。过去一年来，主管部门通过多种举措，进一步加强对网络文学的引导与管理，推动网络文学的高质量发展。2020 年 6 月，国家新闻出版署出台《关于进一步加强网络文学出版管理的通知》，进一步强化网络文学平台的主体责任，履行内容把关职责，不断优化结构、提高质量，传播内容导向正确、格调健康向上，坚持社会效益为先，避免唯点击率是从的逐利倾向，引导精品创作、生产、传播、阅读的网络文学发展良性环境。同月，国家新闻出版署启动"优秀现实题材和历史题材网络文学出版工程"作品评选，鼓励网络文学以现实题材和历史题材创作为主题，更好地传承中华文脉，承担时代责任，讲好中国故事，书写伟大时代，打造更多立得住、留得下、传得开的精品力作。

在政策引导和读者文学审美等多因素影响下，现实题材创作热度持续，在网络文学作品中占比进一步提升，主题类型更加丰富。一大批作品书写时代变革和社会生活，描绘党的百年奋斗历程、建设小康社会、决战脱贫攻坚、创新创业。特别是 2020 年初新冠肺炎疫情暴发，引起了网络文学全行业的极大关切，抗疫医疗题材成为网络文学创作热点。多家平台集中围绕抗击疫情开展主题征文活动，涌现出一大批医疗题材和体现抗疫精神的网络文学作品。中国作协发起了"同舟共济，战'疫'有我"征文活动，得到全国网络文学平台和创作者的积极响应，共征集 1.4 万余部作品。阅文集团旗下起点中文网举办"我们的力量"主题征文大赛，超过 1 万名作家参与其中，倾力书写一线医务

---

① 山东人民社主题出版创新发展新路径 http：//www.cptoday.cn/news/detail/12014
② 2020 中国网络文学蓝皮书 http：//www.chinawriter.com.cn/n1/2021/0602/c404023 - 32119854.html

工作者在抗击新冠肺炎疫情时不畏艰难、舍生忘死的医者仁心，反映出网络文学对社会现实的关照及对主流价值的呼应。现实题材的增长也反映出读者文学审美取向正在从幻想向现实转变。根据统计数据显示，中文在线爱国题材作品阅读时长明显上升；咪咕文学用户对民生题材阅时明显上升；掌阅、连尚文学等平台现实题材培育项目成果显著。

值得一提的是，网络文学全行业的精品化意识进一步增强。2020 年，在中国作家协会的牵头组织下，136 位知名网络作家发出《提升网络文学创作质量倡议书》，倡导全国全体网络作家坚持正确创作导向，自觉抵制低俗、庸俗、媚俗，杜绝抄袭跟风。倡议发出后，引起热烈的社会反响。

网络文学 IP 生态格局日益健全，网络文学对关联版权领域的拉动赋能作用日益提升。网络文学在不同渠道之间的 IP 合作愈加频繁，开始呈现多方联动、跨界发展的生态新格局。在免费模式兴起的背景下，IP 运营成为网络文学企业可持续发展的重要路径，它们纷纷加大版权运营布局，深化 IP 合作。如 2020 年，阅文集团宣布与腾讯影业、新丽传媒、阅文影视联手，将阅文故事库、新丽制作和腾讯流量平台三者有机整合，阅文集团 IP"三驾马车"架构形成。米读与快手达成战略合作协议，共同开发 IP 微短剧。版权收入成为网络文学重要的收入构成。据《中国网络版权产业发展报告（2020）》显示，2020 年我国网络文学整体收入规模达到 268.1 亿元。其中，版权运营在网络文学市场规模中占比为 11%。[①]

（三）数字教育出版步入调整期

2020 年受新冠肺炎疫情影响，线上教育成为刚性需求，数字教育市场总体上呈现蓬勃发展态势。教育信息化建设方面，教育部推出一系列措施，持续加强教育信息化建设，为数字教育保驾护航。一是加强顶层设计，进行统筹部署，先后印发了《2020 年教育信息化与网络安全工作要点》、编制《教育信息化中长期发展规划（2021—2035 年）》和《教育信息化"十四五"规划》，出台加强教育管理信息化的指导意见，对教育系统信息化系统的建设进行规范化管理与引导。二是深入实施教育信息化 2.0 行动计划。加快推进

---

① 《中国网络版权产业发展报告（2020）》发布 https://www.tisi.org/18884

教育信息化基础设施建设，推动数字校园的普及与应用；以实施优质教育资源共建共享为依托，延伸优质教育资源覆盖面，加强教育服务供给能力。据第47次《中国互联网发展状况统计报告》显示，截至2020年11月底，中小学（含教学点）联网率为99.7%，出口带宽达到100M的学校比例为98.7%。52个贫困县中有99.7%的学校实现了百兆宽带。三是推动线上教育和智慧教育创新发展，探索建立信息技术与教育教学深度融合的长效机制。四是推进数据管理，完善监测—预警—应急—保障体系建设，加强教育系统网络安全保障能力。

从用户规模来看，第47次《中国互联网发展状况统计报告》显示，截至2020年12月，中国在线教育用户规模达3.42亿，手机在线教育用户规模达3.41亿。即便是随着疫情得到逐步控制，复学复课之后用户对在线直播课的需求有所减退，致使在线教育增势有所回落，但较疫情前仍有明显增长。疫情期间免费开放资源为数字教育平台积累了大量用户，平台方面也在此期间加快探索新业务和新模式，为用户提供多元化的数字教育产品，由此也加速了数字教育市场的优胜劣汰，市场集中度进一步提升，马太效应日益凸显。

从细分领域来看，K12教育作为线上教育的主赛道，其活跃用户规模在2020年10月已达2.02亿人，同比增长44.2%。除了数学、语文和英语等学科教育，家长们对孩子的兴趣培养和思维能力的培养更加重视。作业帮、猿辅导等平台纷纷加大面向K12和学前启蒙教育的素质教育领域布局。除了音乐和美术等主流课程外，"少儿编程""数理思维"等成为众多平台的热门课程。2020年10月，少儿编程月活用户规模已突破300万；美术书法、音乐、舞蹈等兴趣教育增速显著，其中舞蹈增长高达112.8%。[①]

2020年，受疫情影响就业压力剧增，职业教育逐渐成为刚性需求。国家层面高度重视职业教育，并支持职业教育线上化，为在线职业教育带来发展机遇。同时，新职场人对知识产品的付费意愿和职业技能提升需求日益加大，职业教育成为数字教育的重要赛道，涵盖IT应用、财会、教师等职业技能培训；各类职业资格考试、语言学习、公务员考试等市场日益细分。据艾媒数据显

---

① Fastdata. 2020年中国K12在线教育行业报告 http://www.199it.com/archives/1164523.html

示,2020年在线执业资格考试培训市场规模达132.5亿元。① 2020年,头部平台也纷纷加大对在线职业教育的布局,如腾讯课堂于2020年对职业教育进行了战略升级,从在线职业教育平台转型为综合性终身教育平台,并启动"聚智计划",联合政府、行业组织、院校及培训机构等多方面力量。腾讯课堂在2020年"双十一"单日成交额较上年同期增长200%,高峰时期约有180万人于平台内挑选购课。

数字教育市场呈现的需求和良好的发展前景,吸引了大量投资者和创业者。仅在2020年1月—10月,在线教育企业就新增8.2万家,新增占比在整个教育行业中达17.3%。2020年1月至11月末,在线教育行业共披露融资事件89起,融资金额共计约388亿元,超过过去四年融资金额总和。同比增长256.8%。② 在线教育猿辅导、作业帮融资3轮,总计分别获得35亿美元、30.5亿美元,好未来在2020年12月28日宣布达成33亿美元私人配售协议。跟谁学也以非公开发行的方式购买A类普通股15亿美元。庞大资金支持使头部机构进行营销大战、吸引用户有了足够的底气,分别在暑期和寒假假期投入100亿元进行宣传,使这四大头部企业分别获得百万用户,四家机构的集中度首次超过10%,③推动在线教育的渗透率达到历史新高。然而,过去一年来,数字教育并非一片繁荣,巨额的营销费用让多家数字教育企业入不敷出,甚至出现了巨额亏损,这也充分说明了数字教育还需要较长一段时间沉淀,进行充分的市场调整。

在疫情影响下,2020年教育出版转型融合得以提速,传统出版单位加快推进数字教育出版产品和模式创新。如人民卫生出版社面向医学教育领域,重点打造中国首套国家医学数字教材、全球首个医学教育慕课平台和人卫开放大学在线教育平台。一方面开发人卫融合教材,在2020年疫情期间,实现纸电同步,数字版优先发布,纸质版精准推送、国内外同步传播,为"停课不停学"提供了重要助力。另一方面,面向医学考试领域,继2018年上线临床医学题库,陆续建成药学题库、护理学题库、中医药学题库、口腔医学题库以及住院

---

① 职业教育行业数据分析:2020年在线执业资格考试培训市场规模达132.5亿元 https://www.iimedia.cn/c1061/79023.html。
② 一图读懂大数据时代下的在线教育 http://edu.chr.cn/dj/20210207/t20210207_525409375.shtml。
③ 傅强:2020年教育行业火爆市场的背后,其实是数字化营销能力的比拼. https://www.sohu.com/a/453978330_107423

医师规范化培训题库等医学题库，① 搭建的人卫医学考试辅导平台累计用户已达650余万。2020年以来，以人工智能为代表的数字技术与教育出版融合进一步深入，技术一方面改变着数字教育出版内容资源的呈现方式和服务模式，另一方面也催生和承载了多元化教学资源的教学辅助硬件的多元发展。如面向学前领域的故事机、早教机、陪伴机器人、阅读机器人和K12领域作业辅导机器人等。外研社打造了Unipus新智慧空间整体解决方案，服务全学科教学，依托Unipus智慧教学云平台、iWrite英语写作教学与评阅系统及数字课程和题库资源，为语言类等专业学科提供特色化服务，实现针对听、说、读、写、译等专项教学与混合式教学、学生自主学习等，打造智能协作中心、外语技能综合实训室、混合式教学实践中心和教师发展智能实验中心等多种学科专业教室，构建服务全学科教学的通用型智慧教室，通过一键录制、多屏互动、语音转写、无线投屏等丰富功能，可满足各学科探究互动、远程授课、虚拟仿真、高效管控等教学需求，构建智慧教学场景。②

虽然2020年我国数字教育发展迅猛，但也处于不断调整中，平台口碑、课程价格、授课效果等重要因素都在影响用户的选择。为推进义务教育阶段学生的减负减压工作，中共中央办公厅、国务院办公厅于2021年7月印发《关于进一步减轻义务教育阶段学生作业负担和校外培训负担的意见》，其主旨一是全面减轻作业总量和时长，二是对学科类校外培训中的各种乱象进行治理，全方位规范校外培训行为。这将推动数字教育市场进行新的调整。③

（四）有声读物呈现精品化、智能化、场景化趋势

2020年以来，有声读物被赋予新动能、新活力。一方面受疫情影响，用户居家线上娱乐需求提升。根据《2020年度中国数字阅读报告》显示，2020年中国数字阅读用户规模为4.94亿，同比增长5.56%。人均有声书阅读量6.3本，较上年增长5.5%。付费音频收入占有声阅读收入的6成。用户和市场规模稳步增长，带动相关企业深耕技术创新，引导有声读物朝着智能化方向纵深

---

① 中国医学教育题库：高质量服务院校医学教育 http://www.epuber.com/2021/02/04/7233
② 王雪凝：建立人卫深度融合发展体系 http://www.cbbr.com.cn/contents/533/11228.html
③ 外研在线携Unipus新智慧空间整体解决方案亮相第56届高博 https://www.fltrp.com/c/2021-05-24/503247.shtml

发展。另一方面，数字内容相关政策进一步完善，有利于有声读物产业稳步发展。2020年6月，国家新闻出版署印发《关于进一步加强网络文学出版管理的通知》加强了对有声读物行业上游链条的内容规范管理，坚持高质量发展，打造精品，为有声读物繁荣健康发展提供了基础保障。2020年10月，中宣部印发《关于促进全民阅读工作的意见》，促进有声读物走入全民公共设施服务场景，优化听书体验。政策的支持让有声读物成为数字经济时代满足群众文化生活消费的重要样式。2020年国家新闻出版署组织开展了"有声读物精品出版工程"评审工作，一方面从国家层面对有声阅读产业进行引导和支持，另一方面促进优秀中华传统文化的传播，鼓励精品内容的生产创作，更好地营造风清气正的网络有声阅读空间。

随着行业的蓬勃发展，有声读物行业得到了更多的资本青睐，逐渐形成新的发展格局。除了荔枝、喜马拉雅、蜻蜓FM等平台外，中央广播电视总台旗下的综合性声音集成分发平台"云听"也呈现出较好发展态势。值得一提的是，长音频领域成为行业竞争的新热点。根据艾瑞数据显示，2020年中国长音频市场规模达272.4亿元，增速为54.9%。腾讯音乐收购了懒人听书100%股权，发力长音频领域；字节跳动推出"番茄畅听"，正式入局长音频领域；网易云音乐也在长音频赛道持续加码，上线"声之剧场"，主打由新IP改编的广播剧与有声书，并推出可视化沉浸式体验"声画同频"模式。快手、B站等视频平台也相继入局音频领域，可以看出以有声读物为代表的网络音频领域发展正进入多头竞争时代，行业格局正在重新构建，满足更加多元化的市场消费需求。

在政策支持、巨头布局的激励下，2020年有声读物在精品化、智能化、场景化方面取得显著突破。一是有声读物精品化。随着有声阅读内容提供方越来越成熟，无论是出版机构、网文企业还是PUGC的演绎，对以内容质量管理为重点的品控环节给予更大重视。几乎所有的出版机构和传媒机构都将有声阅读融入到自身数字转型的进程中，加大了有声阅读的投入力度，以更加积极的姿态迎接"听书"时代的到来，尝试以"听"带"读"，或"听""读"并行。文字内容与有声读物同步策划、制作、发行已经成为常态。老牌龙头喜马拉雅面对激烈的竞争推出虚构类图书的形式向有声剧演化，从原来的从头读到尾，发展到营造氛围。与广播剧不同，有声剧与原著更贴切，氛围更浓烈，口语化更强，用户的黏性更高。非虚构图书逐渐课程化。知识类有声阅读呈现出作者主动创作有声内容的特点，越来越多知识类图书的作者，开设了自己的知识类有声课程。有声阅读步入高质量发展阶段。二是有声读物智能化。随着AI模拟人声等新技术的不断进步，AI听书已成为各大有声读物平台的必备功能，随着音箱、耳机等听书硬件设备更智能，用户听书的体验也进一步提升。三是有声读物场景化。5G时代的阅读领域巨大变化，新能源智能车载阅读场景逐渐进入大众生活，如家居生态、车载生态、穿戴智能音箱等。随着电动汽车的普及，车载生态变化较大，音频场景也有了新的拓展。目前已有60多家车企植入了有声读物的龙头平台喜马拉雅的车载内容。随着有声读物成为文化融合发展的重要形态之一，跨界融合开辟了知识文化发展的新赛道，线上线下内容的融合最终形成一站式知识文化服务平台，老百姓、文化精神内容、文化生活场景将连接的更加紧密，场景定制有声阅读墙成为内容服务的新形态，如线下有声图书馆、地铁站、医院、旅游景点、文化城市等城市各个角落构筑出知识文化新生态。

（五）数字内容营销体系逐步构建

2020年，受新冠肺炎疫情影响，线下出版供给和销售渠道受阻，倒逼出版业加速进行营销体系升级，出版单位纷纷借助电商平台、短视频平台、微信服务号等，扩展新媒体营销渠道，试水短视频营销和直播电商，取得初步成效。

伴随疫情防控步入常态化，线下销售渠道逐步恢复，出版单位认识到线上渠道在品牌建设方面的优势，从初步试水转向常态化布局，短视频营销、直播电商、社群营销等数字营销新模式已成为当前出版单位重要的品牌建设手段。各出版单位综合运用自有APP、视频、直播等新兴媒介渠道，并积极开拓微信服务公众号、小程序、阅读学习社群等具有聚客引流功能的新型线上运营方式，实现了内容全方位传播、品牌多维度展示，从编辑、营销到社长、总编辑、出版人走向前台，变身主播，出版物发行的渠道愈加多元，实现了出版物生产、营销的逆势增长。如机械工业出版社华章公司在2020年2—8月共策划了约700场直播活动，在天猫、京东和当当等平台同步推广，实现了传播效应与销售转化的双收获。中信出版集团策划跨国直播，一周内全网观看人数达894万人次，并在直播后注重内容二次分发，通过各类媒体矩阵持续话题效应，结合小型直播活动，形成了图书品牌营销的第二轮高潮。当年 11 月，浙江出版联合集团主办图书直播营销技能大赛，通过抖音号"书香浙江"全网直播，大赛直播间共收获 18.1 万余次点赞，斩获近 4 万订单。二十一世纪社联合图书品类的头部主播王芳在 11 月 18 日创销售纪录，销售额超 200 万元，观看人数达 60 万人次，订单量超过 4 万单。①

可以看到，出版单位在新媒体营销方面形成了更加专业的运营体系和运营机制。2020 年，依托"凤凰融合发展实验室"，江苏凤凰出版传媒集团围绕新媒体建设成立了"凤凰新媒体联盟"，实施"凤凰新媒体矩阵"项目，加快抢占互联网阵地，在流量和用户上增加规模积累，探索变现新模式，大力推动集团互联网营销体系的整体建设。截至目前，该集团已布局超过 100 个新媒体账号，进行差异化内容分发。该集团旗下译林出版社微博粉丝关注超过百万，微博公众号关注粉丝超过 10 万，该社还搭建了以四个视频平台为核心的视频营销矩阵。据不完全统计，上半年该社新媒体拉动图书发货码洋增加千万元以上。②针对数字营销模式，多家出版社在机构设置和岗位设置上进行了优化调整。如海豚传媒成立了"流量部"，负责全平台全媒体流量端口的对接和开发，实现产品和营销内容精准导向各渠道。教育科学出版社也成立了品牌推广部，根据不同产品细分市场进行精准营销，注重市场和图书的匹配，制定不同价值组合方案，从而提升营销效果。

（六）媒体融合发展步入深水期

2020 年 9 月，中共中央办公厅、国务院办公厅印发《关于加快推进媒体深度融合发展的意见》，指出要坚持改革创新，推动传统媒体和新兴媒体在体制机制、政策措施、流程管理、人才技术等方面加快融合步伐，尽快建成一批具有强大影响力和竞争力的新型主流媒体，建立以内容建设为根本、先进技术为支撑、创新管理为保障的全媒体传播体系，为出版业深化转型融合进一步指明了目标方向、清晰了发展路径、明确了任务要求。2020 年 11 月，国家广播电视总局印发《关于加快推进广播电视媒体深度融合发展的意见》，相关任务部

---

① 2020 年度出版业十大直播案例 http：//www.cptoday.cn/news/detail/10728
② 打卡凤凰融合发展实验室：隐藏在江苏书展会场里的那些"小心机"和"大未来" https：//view.inews.qq.com/a/20210710A0B6KP00

署，对新闻出版业深化转型也具有参考指引意义。

过去一年来，传统媒体和新兴媒体融合发展路径更加清晰，无论从深度还是广度都迈上了新的台阶，实现了流程、内容、技术、渠道、产品、运营模式和管理机制等全方位创新。2021年6月，国家新闻出版署公布2020年"中国报业深度融合发展创新案例"名单，遴选出一批在融合发展上有一定创新性、示范性、引领性的报业媒体。有的媒体着力打造全媒体传播体系建设，如人民日报社通过全媒体生产传播平台建设项目，以建设完善人民日报"中央厨房"为抓手，持续推动自有移动传播平台建设，巩固壮大主流声音，并借助前沿技术，提升媒体智能化水平；① 《解放军报》通过打造军媒专属"智慧云"，运用智能播报技术打造军事新闻史上第一个智能语音机器人，将文图、智能语音、视频画面等快速整合为二维码链接内容，实现媒体信息服务的可读、可视、可听、可互动与可分享。② 部分单位在内容建设方面积极创新，丰富内容呈现表达方式，如经济日报社打造"数说70年"数据新闻可视化系列短视频产品，把握移动互联网可视化、碎片化传播趋势，借助数据可视化技术，以系列短视频，聚焦消费、饮食、大国工程、数字经济、生态、外贸六个方面展示了新中国成立七十年来的发展成果，该系列产品通过经济日报微信公众号传播，覆盖面达上亿人次；③ 南方周末报发力内容付费，开创性地设立了首家设立"计量式软性付费墙"运营机制，对南周日报原创内容进行价值深挖与拓展，打造有南周鲜明风格特点的知识付费产品线，将业务延伸至更广阔的内容领域。④ 可以看到，很多媒体单位随着转型融合的渐趋深入，视野更加开拓，逐渐摆脱了传统媒体的内容和模式，向专业信息服务、智慧城市建设、生活服务等领域拓展。中国旅游报社与中国社会科学院中国舆情调查实验室、阿里巴巴开展合作，成立文旅产业指数实验室，打造跨学科研究平台，联合国内外大数据研究机构力量，通过指数研究，为文旅融合发展提供咨政服务，打造文旅融合智

---

① 人民日报社全媒体生产传播平台建设项目 http：//media.people.com.cn/n1/2021/0602/c14677-32120347.html。
② 解放军新闻传播中心带你体验"全息"两会报道新模式 http：//www.quanxiwang.com/news/show-6463.html。
③ "数说70年"数据新闻可视化系列短视频产品 https：//t.cj.sina.com.cn/articles/view/7517400647/1c0126e47059013ihk。
④ "南方周末内容付费工程"入选2020年中国报业深度融合发展创新案例 https：//www.infzm.com/contents/199921。

库。① 通过积极探索，传统媒体的公信力、传播力、影响力进一步提升，对用户的引导力、吸引力、感染力极大增强。截至2020年底，《人民日报》和新华社在新媒体渠道的累计粉丝量（不去重）均在十亿级以上。新华社、中新社以及《人民日报》《经济日报》《中国日报》《光明日报》《求是》等下载量过亿的主流媒体自有APP累计下载量增长42%。②

致力于打通媒体融合纵深发展的重要一环和"最后一公里"，县级融媒体中心建设加速推进，基本实现了"全国全覆盖"的建设目标，并通过平台建设、内容生产、传播流程及经营管理等方面的优化升级，并在"媒体+政务+服务"方面积极探索。县级融媒体中心在打造地方信息枢纽、助力脱贫攻坚、加强基层治理能力等方面发挥积极作用。2020年9月，为打通疫情后农副产品销路，安徽省各县级融媒体中心依托省级平台与京东联合打造"安徽省农产品绿色通道"，山东省级平台与山东省域内137家县级融媒体联合发起"山东融媒公益联盟直播带货活动"。县级融媒体中心运用信息技术打通社会治理和媒体大数据，建立数据共享、功能联通的县域综合服务平台。如浙江安吉县一方面推出客户端"爱安吉"并打造"美丽乡村建设云平台""智慧社区平台"，围绕治理工作、综合服务、资源分配、本地管理，加强基层治理体系和治理能力建设；另一方面，打造"美丽E家"及"安吉购"等电商平台，助力县域经济发展，年营收超过2 000万元。③ 未来，县级融媒体中心建设将通过打造多级联动的传播矩阵，建立技术驱动数据赋能的组织架构与运营机制，不断强化造血机制，探索长期发展、提质增效的新路径。

（七）数字内容产品"走出去"成绩突出

数字内容产品承载着中华优秀文化，成为文化走出去的重要"生力军"，在增强国家软实力、扩大中华文化影响力与传播力方面发挥日益重要的作用。

传统出版单位在日趋完善的融合发展政策体系引导下，积极应用新技术，用好数字新业态、新渠道，突破了传统走出去模式，正在形成融合发展国际化

---

① 中国旅游报社文旅产业指数实验室 https：//www.sohu.com/a/470476055_121107000
② 重磅！2020年主流媒体融合传播效果年度报告 https：//www.sohu.com/na/448343704_613537
③ 2020年县级融媒体中心建设现状、问题及趋势 http：//www.dangjian.cn/shouye/dangjiangongzuo/xianjirongmeizhongxin/202102/t20210224_5957448.shtml

新路径。如人民文学出版社在疫情期间运用 zoom 会议等新形式、新工具，实现线上、线下图书宣传的联动，拓宽国际交流合作渠道，实现图书海外宣传效果的最大化。其中与英方出版社合作举办的"冯骥才云上课堂"活动，共有超过 7 万海内外读者观众参与。① 浙江大学出版社与圣智集团 Gale 公司合作，将旗下的《新型冠状病毒肺炎临床救治手册——浙大一院临床实践经验》制作成 11 种电子版在其全球平台发布，探索以数字出版和线上贸易为核心的国际合作出版的新模式，为全球抗击疫情作出杰出贡献。②

过去一年来，网络文学通过图书出版、IP 改编、在线翻译、海外本土化传播、投资收购合作平台等方式实现对外传播，拓展出海航线，在传承中华文明、传播中华文化方面做出突出贡献。从覆盖的地域和国家来看，亚欧美非和大洋洲均有辐射，在亚非拉的市场基本形成，在东南亚国家和美、英、加拿大等国家影响力最大。从传播渠道来看，主要集中于移动 APP 和搭建平台，自 2020 年起，我国网络文学出海 APP 数量呈倍数增长。③ 截至当年年底，我国已成功向海外输出优质内容超过 1 万部。其中，起点国际全球累计访问用户达 5 400 万，已上线约 1 300 部翻译作品；中文在线海外阅读用户累计达 3 000 万；掌阅海外阅读平台用户累计已超 3 000 万，日均阅读时长超 60 分钟。

在网络游戏方面，随着中国游戏企业对移动游戏玩法的创新以及游戏体验、界面的优化，中国游戏厂商研发水平不断提升，游戏质量越来越高，国内大量自主研发的移动游戏出海步伐逐步加快。根据伽马数据统计，2020 年中国自主研发的移动游戏海外市场实际销售收入超过 130 亿美元，同比增长超过 46%。发行能力在全球游戏市场也保持领先优势。2021 上半年海外移动游戏发行商中，来自中国的发行商占比 23.4%，排名全球第一位。④ 在 App Annie 2021 Level Up 年度 52 强发行榜单中，⑤ 中国发行商占据 15 席，腾讯和网易分别位列第一名和第二名，连续第四年成为排名前两位的全球发行商，其研发的《和平精英》和《荒野行动》在全球享有极高人气。移动游戏成为我国游戏出

---

① 臧永清：创新海外推广模式，大力推动中国文学"走出去""走进去" http://www.cnpubg.com/export/2021/1009/56233.shtml
② 后疫情时代国际合作出版呈现新形态 https://www.sohu.com/a/492544589_654745
③ 艾瑞咨询. 2021 年中国网络文学出海研究报告. http://www.199it.com/archives/1307349.html
④ 中国 20 强游戏公司 2021 上半年年报分析 https://m.thepaper.cn/baijiahao_14406777
⑤ APP Annien 2021 Level Up 年度全球 52 强发行商榜单 http://enjoy.global.net/detail/news/LNews998

海的主力军。2020我国移动游戏主要出口到美国、日本、韩国等国家，在这3个国家的营收占比分别为27.55%、23.91%和8.81%。欧洲地区如德国、法国和英国也是中国移动游戏海外营收贡献的重要组成部分。中国移动游戏快速打开了美国、日本等国家的游戏市场，依托于海外玩家较高的ARPU值，出海游戏营收能力稳步增强。

（八）产业保障体系进一步健全

2020年，我国数字出版产业保障体系在诸多方面持续完善，尤其是在标准建设和版权保护方面表现尤为突出，为产业发展提供了有力支撑。

标准化工作向纵深挺进，产业标准化成果丰硕。随着标准化领域不断扩大，制定标准的推动力度不断加大，标准的类型也更加多样化，与市场需求的结合更加紧密。按照《国家标准化体系建设发展规划（2016—2020年）》的目标，结合全行业发展实际情况，当前标准化工作重心已经逐步进入到安全、健康、环境保护、资源节约与利用服务、保护消费者利益等深水区域。据《标准化法》第十条规定，这些领域特别是安全健康相关领域，"应当制定强制性国家标准"。中国新闻出版研究院作为全国新闻出版标准化技术委员会秘书处单位，在强制性标准方面进行了大胆的预研探索，立项了《儿童数字阅读产品安全指标体系研究》项目，涉及出版、电声学、材料学、医学、电子信息等十多个独立交叉学科领域，难度较大，属于行业内的首次攻关尝试。新闻出版行业标准化工作在各标准化委员会的共同努力下取得可喜成果。2020年共发布28项目数字出版相关标准，16项标准获得立项。其中，正式发布10项国家标准，这些标准均由全国新闻出版信息标准化技术委员会归口，有《新闻出版 知识服务 知识对象标识符（KOI）》等5项标准列入2020年国家标准制定计划。中国新闻出版研究院承担的科技部"现代服务业共性关键技术研发及应用示范"重点研发计划专项《文化内容资源产权交易技术》课题3"专业知识资源资产管理与交易服务技术集成应用"等3项科技部重点研发计划项目顺利推进，完成了既定的阶段任务目标。新闻出版标准化宣贯工作持续创新，亮点不断。2020年10月14日，我国出版领域首次举办世界标准日宣传活动，以"用标准保护地球"为主题，各相关单位开展了内容丰富的宣传工作。通过对出版标准化工作情况的宣传介绍，进一步提高了全行业的标准化意识，激发了出版单位关注标准、优化了高质量标准供给的应用能力。在新冠肺炎疫情肆虐期间，行业标准化工作根据实际情况因地制宜，勇于创新，探索全新的标准宣贯思路，改传统线下教育为线上培训，开展了卓有成效的标准教培工作，有力实现了疫情条件下全行业的标准推广目标。

数字版权保护成为数字出版产业发展的重要保障。为保护作者权益、筑牢企业发展基础、平衡各方利益，构建风清气正的网络传播秩序，多方力量作出了不懈的探索与努力。《中华人民共和国民法典》《中华人民共和国刑法修正案（十一）》的正式通过和《中华人民共和国著作权法》的修订完成，一系列行业立法、司法解释及政策陆续出台，加强了对侵犯著作权行为的打击力度，为解决新型网络版权问题打下了良好的立法及政策基础。《RCEP区域全面经济伙伴关系协定》《视听表演北京条约》等与知识产权保护相关的国际公约签署和生效实施，也充分体现了我国版权保护制度的内外部环境在不断完善、国家间在知识产权保护问题上互利共赢的局面进一步得到实现。在疫情影响下，全国各地各级法院在线"云法庭"的从疫情前的试点运行到日益常态化，各项新的司法解释和规范性文件的出台实施不断提升审判质效，使得我国知识产权司法保护力度不减反增。《关于规范摄影作品版权秩序的通知》《关于进一步加强网络文学出版管理的通知》对摄影作品相关版权问题进行了规范，推动构建摄影作品版权保护长效机制，也对网络文学行业秩序进行了规范，加强了网络文学出版管理。"剑网2020"专项行动聚焦网络文学、游戏、音乐、知识分享等平台，对视听作品、电商平台、社交平台、在线教育等领域的侵权盗版行为进行了打击，共删除侵权盗版链接323.94万条，关闭侵权盗版网站（APP）2 884个，查处网络侵权盗版案件724件，其中查办刑事案件177件、涉案金额3.01亿元，调解网络版权纠纷案件925件，推动了网络侵权盗版大案要案的查办进度，使得我国网络版权环境得到进一步净化。在社会保护方面，中国作协发出的《提升网络文学创作质量倡议书》与影视从业者联名发表的《抄袭剽窃者不应成为榜样！》公开信，表明了文化娱乐行业知名人士对抄袭剽窃进行联合抵制的态度，行业协会也在积极推动版权市场秩序稳定和健康有序发展，保护版权、保护原创的意识正逐渐深入人心，行业版权的良好秩序正在健康发展。

四、中国数字出版产业问题与对策分析

新冠肺炎疫情让出版业对自身转型融合进行了全面的审视，也认识到存在的问题与短板。2021年是"十四五"开局之年，国家"十四五"规划纲要已经出台，出版业"十四五"规划呼之欲出，着眼于文化强国建设，数字出版在出版强国中将发挥更加重要的作用，同时也面临新的挑战和更高要求。意识形态新主流阵地作用日益凸显，阵地建设成为数字出版的首要任务。新时期新形势下需要明确新定位，出版单位深入实施数字化战略，进行全面统筹和系统战略部署，明晰融合发展路径方向。强化数据赋能，围绕产业数字化和数字产业化，推动全产业链协同转型，以数据重塑出版产业链、供给链和价值链。把握5G机遇，加快技术应用场景落地，提高出版供给服务水平。构建数字内容质量管理标准体系，建立精品生产长效机制，提升源头把关能力，推进行业治理体系和治理能力建设。开拓"走出去"思路，提高"走出去"专业化水平，不断增强国际传播能力。为实现"十四五"时期数字出版高质量发展，中国数字出版需要在以下几个方面着力。

（一）坚守意识形态主阵地，坚持正确政治方向

国家"十四五"规划纲要中指出坚持马克思主义在意识形态领域的指导地位，坚定文化自信，坚持以社会主义核心价值观引领文化建设，围绕举旗帜、聚民心、育新人、兴文化、展形象的使命任务。意识形态阵地建设成为当前乃至今后一段时期文化建设的重点。数字出版作为数字时代下的意识形态的重要阵地，要把意识形态建设放在突出首要位置。特别是大数据、人工智能、物联网等现代信息技术与数字内容的深度融合，机器算法在数字内容生产、推送等环节的应用日益普遍，意识形态阵地建设的任务更加复杂艰巨，如何正确处理好算法和意识形态安全的关系，是当前全行业需要审视和思考的关键问题。

2021年下半年以来，相关部门进一步加强文娱领域的集中整治和监管力度，数字出版的某些领域也不同程度地存在道德失范、诚信缺失，对意识形态问题认识不深、重视不足、把关不严的现象。2021年9月，中共中央办公厅、

国务院办公厅印发《关于加强网络文明建设的意见》，强调"加强网络文明建设，是推进社会主义精神文明建设、提高社会文明程度的必然要求"，加强网络空间的思想引领、文化培育、道德建设、行为规范、生态治理、文明创建等层面对网络文明建设的提出明确要求，由此也为数字出版高质量发展提供了行动指南。习近平总书记在2021年世界互联网大会乌镇峰会致贺信中强调，要"让数字文明造福各国人民，推动构建人类命运共同体"。新时期新形势下，数字出版要以更强的责任感和使命感，把意识形态建设作为数字出版工作的重要立足点和落脚点，在未成年人保护、引导健康文化消费、净化网络生态空间等方面积极履行社会责任，在推进新时代精神文明建设、促进人民精神生活共同富裕中主动作为。一是要强化底线思维。要提高对意识形态安全的重视程度，壮大内容审核把关队伍，在政治方向、舆论导向、价值取向把关方面，守好守住数字出版工作意识形态安全的底线红线。新兴出版平台企业要进一步强化源头治理，加强政治问题的敏锐度和鉴别力。二是强化价值引领。数字出版要积极弘扬主流价值、传播正向能量、传播先进文化，网络文学、网络游戏、网络音视频等新兴出版平台企业要端正经营理念，克服唯点击率心态，自觉抵制低俗、庸俗、媚俗，反对同质化、抄袭风，善于从中华优秀传统文化、红色文化、地方特色文化和社会主义先进文化中选取素材，打造更多有思想、有内涵、有温度、有情怀的数字出版精品。三是加强数字出版在主题出版和主题宣传工作中的参与程度，围绕中国特色社会主义、中国梦、社会主义核心价值观、坚定理想信念、民族团结进步、人类共同富裕等主题，打造一批体现国家意志、弘扬主流价值的数字主题出版产品。借助数字化方法手段和渠道平台，增强主题出版物的感染力和影响力，让党的声音传递得更广更深更远，凝聚更加强劲的精神力量。四是强化人才思想政治教育。强化数字出版人把关职责，以从业者教育培训入手，需把社会主义核心价值观教育、爱国主义教育、党史教育等内容纳入数字出版从业者培训课程体系，引导数字出版从业人员，特别是网络文学、动漫游戏、有声读物等新兴出版平台企业的网站编辑和内容审核相关人员，认真学习领会党的理论路线方针政策和习近平总书记系列重要讲话精神，努力提升政治素养和政治理论水平，引导数字出版从业者既要有严把政治关的责任担当，又要有自觉抵制错误思想、防御不良文化的能力。

（二）明确发展定位，强化融合发展顶层设计

新冠肺炎疫情不仅是出版业融合发展的"试金石"，也是"加速器"，让出版业深刻认识到自身在数字时代存在的短板，也更加深刻地意识到融合发展已成为出版业高质量可持续发展的必然选择和必要路径。

2021年是"十四五"的开局之年，面对新时期的机遇和挑战，落实国家"十四五"规划纲要相关部署，主管部门加快推进出版业实施数字化战略，全面系统规划部署出版业融合发展，以出版融合发展工程、数字出版精品遴选计划、融合出版示范单位，出版科技与标准实验室为重要抓手，聚焦重点领域和关键环节打造示范样本，引导带动全行业深化认识、提高站位，主动推进、系统谋划，形成融合发展、高质量发展的内驱动力和有效行动。

"十四五"时期，出版企业面临的机遇更加复杂，挑战更加严峻，使命更加高远，既需要对文化新基建下出版业未来发展趋势进行前瞻性判断，优化顶层设计，引领改革发展，又需要总结经验纵观市场清晰了解当下面临的主要痛点和问题。因此，无论是主管部门，还是出版企业，把融合发展上升到更高的战略层面上来进行统筹谋划，创新发展理念，顺应新一轮技术变革和产业变革新形势，把握数字时代下消费理念、消费需求、消费方式等方面新特征、新规律，围绕出版数字产业化和数字产业化，加强出版业融合发展的统筹部署。需要主管部门进一步加强对出版业融合发展政策引导和举措扶持，从项目、技术、人才等各方面，完善出版业融合发展政策体系，健全配套鼓励措施，为出版业融合发展提供更大的方向指引、政策保障和动力支撑。出版单位也需要更新发展理念，强化战略意识，加强融合发展的统筹谋划，清醒审视自身优势和短板，找准发展定位，从而明确发展的目标方向和主要实施路径，建立起科学性、前瞻性、创新性、可行性的战略规划，围绕流程、项目、产品、模式、技术、渠道、人才等层面进行系统筹划，加快构建传统出版与数字出版一体化发展的管理体制和运营机制，从而整合新的生产力，形成新的发展优势，实现更高质量，更有效率，更可持续发展。

（三）强化数据赋能，推动全产业链协同转型

随着我国新闻出版业数字化转型升级的推进，数字内容资源建设取得了瞩

目的成绩，为数字出版业发展奠定了坚实基础。但在数据要素建设方面还存在以下问题：一是行业内、行业间的"数据孤岛"问题还大量存在；二是数据安全问题还比较突出，还存在数据权属不明，数据被篡改和伪造，数据垄断以及不正当竞争，侵犯个人信息和隐私等情况，在数据真实性、完整性和安全性方面有待加强；三是数据资源挖掘能力不足，数据资源未能得到有效利用。

2020年4月，中共中央、国务院发布《关于构建更加完善的要素市场化配置体制机制的意见》。由此，数据要素市场化配置上升为国家战略。要发挥数字出版业数据要素的作用，一是运用大数据技术，加强出版内容数据资产建设。只有建成比较完备的编辑、发行、印刷等内容资源库，才能为提升产业链的效率和价值打下基础。在此基础上，要建立各内容资源库数据的共享和互操作。既要有书目等生产性数据的共享，也要有读者购书偏好大数据的研究；既要在信息处理、物流管理等方面的协同，也要有财务管理、技术迭代等方面的协作。二是提升数字出版产业链协同能力。产业链协同是指如何通过价值链、企业链、供需链和空间链的优化配置和提升，使产业链中上下游间实现提高效率、降低成本的多赢局面。产业链协同的核心目的就是打通上下游间各个环节，实现企业竞争力的提升。数字出版产业链是在数字出版生产要素分工的基础上，对所有环节构成的生产链进行优化组合，形成紧密内在联系的链条，增强产业竞争力，提升整个数字出版数据处理效率和价值。数据治理是企业、政府、社会、市场等多参与主体，通过技术、制度、人员、法律等多种方式，实现提升数据质量与应用价值、促进数据资源整合与流通共享、保障数据安全与目标的一整套行为体系。

数字内容资源的建设和互联互通为全产业链协同提供基础作用；大数据分析为提升全产业链协同效率和质量发挥保障作用；数据治理为全产业链协同健康而持续发展起到保驾护航的作用。因此，数据已成为出版产业链协同发展的核心要素，应得到全行业内的足够重视。

（四）加快技术应用场景落地，提高出版供给服务水平

新冠肺炎疫情倒逼新一轮科技革命和产业革命加速发展，以5G、人工智能、大数据、区块链等技术为核心的新基建加速推进，产业智能应用场景加速落地。国家"十四五"规划纲要中，把创新放在了具体任务的第一位，强调坚持创新在我国现代化建设全局中的核心地位，把科技自立自强作为国家发展的战略支撑。

产业高质量发展对基于创新技术的数字化解决方案提出更加迫切的需求，也对出版单位的技术驾驭能力提出了更高要求。出版业创新应用水平，决定着出版产品和服务的供给质量，也决定着出版产业链的发展方式和发展水平。出版业要深入实施以大数据、人工智能、5G、物联网、区块链等技术为引领的创新驱动发展战略，以科技赋能出版业创意策划、内容生产、制作、运营、版权保护等全过程各环节。加强出版业科技与标准重点实验室建设，充分发挥实验室在科技创新的孵化器和试验田作用，加强基础技术和共性技术研发投入力度，加强数字出版关键核心技术攻关，加强对前沿技术的前瞻性研究，在重点领域和关键环节形成更多具有自主知识产权的创新技术，以提高出版业的科技含金量，增强出版业的核心竞争力。一方面要加强科技创新集成运用，推进智能化生产、立体化呈现、个性化定制、精准化营销、数据化共享、协作化管理，以技术创新驱动出版业业务流程、产品体系、发展模式的优化升级，提升出版资源整合能力和知识服务水平，构建集约高效的现代化出版生产体系和服务链条。另一方面，把握利用新基建发展契机，加快推动技术创新研发平台、行业大数据平台和公共文化服务平台等出版领域新型基础设施建设，促进出版资源的优化配置和有序流通。出版单位要把握5G机遇，加大基于5G的技术创新应用和新业务布局，连接疫情防控常态下的消费新需求和新场景，推进大数据、人工智能的应用水平，提高智慧化的知识服务水平。坚持标准先行，重点围绕内容创作生产、加工制作、质量管理、传播分发、营销、数据管理、版权保护及运用等关键环节，加快建立完善统一的技术标准体系，实现先进技术与出版产业链的供需匹配和规范运用。

（五）构建数字内容质量管理标准体系，建立精品生产长效机制

当前，我国数字出版无论是规模体量还是质量效益都有了大幅提升，但距高质量发展要求还有相当差距，供给结构和供给质量尚有待优化。特别是部分企业双效统一制度落实不到位，对社会效益评价标准尚不统一；数字内容产品多而不强、多而不精的问题仍较为突出，同质化、平庸化现象较为明显。数字出版产品内容质量的良莠不齐很大程度上是源于内容质量管理标准尚未统一。

特别是在意识形态层面，对政治方向、舆论导向、价值取向的认识不统一。

当前，为顺应满足数字时代守好意识形态新阵地的迫切需求，立足于数字出版高质量发展的要求，有必要尽快建立数字内容质量管理体系，依据国家加强网络文明建设要求，整合主管部门、传统出版单位、新兴出版企业、高校、技术企业、科研机构等各方力量，重点在网络文学、网络游戏、网络动漫、网络图片、数字音乐、网络视频、有声读物、知识服务、数字教育等领域，研究制定数字内容质量管理标准体系，为数字内容质量评价、考核制定提供衡量标准，也为各类数字出版企业的内容生产、传播、分发，提升行业自律提供基本依据。探索运用大数据、人工智能等技术，采用"人工审核＋机器辅助"的方式，建立数字内容质量审核资源库、素材语料库、标准库、法律法规标准库、专家库，完善数字内容质量管理机制，从而从源头上提高包含各种形态的数字内容产品的海量内容的审核把关能力，加强数字出版行业治理能力和治理体系建设，为数字出版更高水平、更高质量发展提供坚实保障；在建立数字内容质量管理方面，传统出版单位与新兴出版企业要加强合作，依托双方优势，在制定内容质量行业标准、建立培训体系、搭建审核系统等方面建立起长效协作机制。

（六）提高"走出去"专业化水平，增强国际传播能力

习近平总书记在 2021 年 5 月 31 日中央政治局集体学习时强调，要深刻认识新形势下加强和改进国际传播工作的重要性和必要性，下大气力加强国际传播能力建设，形成同我国综合国力和国际地位相匹配的国际话语权，为我国改革发展稳定营造有利外部舆论环境，为推动构建人类命运共同体做出积极贡献。数字出版作为数字时代承载文化文明的重要载体，在传播中华优秀传统文化、以文明互鉴增进文化共识方面承担起更加重要的责任。数字出版需在提升国际传播力方面发挥排头兵作用，进一步加快"走出去"步伐，做好内功修炼、加强内外联动形成合力，拓展数字出版"走出去"的广度与深度，不断增强国际影响力。

出版单位应着眼于构建对外话语体系，把握"一带一路"倡议、瞄准海外细分市场和主流受众，用好国内国际两个市场、两种资源，主动参与融入"双循环"，充分借助数字出版具有天然落地、直达读者的优势，不断创新"走出

去"工作思路和工作方式，以专业化业务水平、人才建设、运作能力和经营水平，不断增强对外传播的创作力、感召力、影响力。一是提升内容品质，满足用户需求。做好项目统筹，加强"走出去"重点选题规划和重大项目管理，围绕重要时间节点、重大主题和国家外宣政策，做好顶层设计、策划，实施专业化提质工程，践行专业化"走出去"路径，打造具有专业特色的"走出去"品牌或产品线。提高"走出去"内容的制作水平，优化出版"走出去"供给质量。二是创新对外话语表达，加强海外读者阅读习惯、文化背景、相关法律法规的研究，因地制宜制定"走出去"方案，组织策划、创作、生产、制作、编译一批国外读者喜闻乐见、易于接受的精品出版项目。以本土化创作、本土化畅享为目标，加快推进国际合作出版向联合策划、共同开发转变，以国际组稿、设立本土化编辑部为抓手，探索本土化运作模式，确保海外用户能理解、能接受、能认同。三是拓宽"走出去"路径。积极利用数字技术推动出版融合发展，围绕优质内容，打造优质数字出版产品，丰富数字出版产品表达形式，以电子书、数据库、有声读物、短视频等多种数字出版形态"走出去"，实现数字出版业务形态、传播渠道的技术升级，加快产品的数字化传播和提升产品的辐射阈值。四是强化品牌意识、实施品牌战略。加大对外合作力度，尤其是与对象国的本土化合作，围绕优质品牌进行多层次IP开发，实现网游、动漫、影视、有声读物等多种产品形式的品牌输出。

五、中国数字出版产业趋势分析

2021年是"十四五"开局之年。随着社会经济发展数字化进程加快，技术和数据成为驱动产业发展的关键要素，无论是从国家文化强国建设层面，主管部门部署层面，还是行业发展层面，数字出版都已成为重要抓手，在战略层面强化顶层设计。目前，国家"十四五"规划纲要和行业规划的正式发布，将为数字出版产业发展方向起到重要指引作用。新冠肺炎疫情防控步入常态化，带来深远影响，将催生新需求、新业态、新模式、新渠道、新领域，数字内容服务的底层商业逻辑和生产分发方式都将面临变革。数字教育在政策、需求、技术等多方面因素影响下，正在面临赛道变化。"知识中台"概念日益普及，技术和数据赋能作用增强，将有效提升出版知识管理和服务水平。共赢理念渐成行业共识，数字内容市场从竞争趋向竞合。精细化运营需求日益提高，全域化数字内容营销格局逐步构建。区块链落地提速，将有力助推构建数字版权新生态。具体到未来一年，我们有望看到数字出版产业将呈现出以下发展趋势。

（一）完备的顶层设计体系为产业发展提供重要指引

《文化产业"十四五"规划》于2021年6月出台，提出新型文化业态更加丰富，数字化、网络化、智能化特征更加明显，产业链条和创新发展生态更加完善作为其中一项重要目标。并提出要顺应数字产业化和产业数字化发展趋势，推动数字文化产业高质量发展，打造更多具有影响力的数字文化品牌，为包括数字出版在内的数字文化发展提供了重要指引和具体要求。同时，2021年上半年，围绕文化产业还先后出台了《"十四五"文化和旅游发展规划》《"十四五"文化和旅游市场发展规划》《"十四五"文化和旅游科技创新规划》《"十四五"公共文化服务体系建设规划》等多份专项规划，全面系统程度、密集程度和细化程度前所未有，初步形成了"十四五"时期文化产业"1+N"规划体系，各份规划文件中均不同程度地涉及数字出版。如《"十四五"文化和旅游科技创新规划》中提出发展现代文化产业，围绕实施文化产业数字化战略，以科技创新提升文化生产和内容建设能力，提高文化产业数字化、网络化、智能化发展水平；《"十四五"公共文化服务体系建设规划》中提出推动公共文化服务数字化、网络化、智能化建设，加强数字文化内容资源和管理服务大数据资源建设。出版业"十四五"规划也已完成编制即将出台。"十四五"时期，推动数字产业化和产业数字化，数字出版将作为出版实施数字化战略的重要抓手，对于出版业高质量发展将发挥更大作用。此外，中宣部于2021年4月印发了《中华优秀传统文化传承发展工程"十四五"重点项目规划》，包括中华文化资源普查工程、国家古籍保护及数字化工程、中国经典民间故事动漫创作工程、中华文化新媒体传播工程等23个重点项目。同时，从日前国家新闻出版署启动的2021年数字出版精品遴选推荐计划和全国有声读物精品出版工程两项举措来看，加强内容建设，推动数字出版精品化将是"十四五"时期的工作重点，数字出版在宣传习近平新时代中国特色社会主义思想、讲述中国共产党百年光辉历程和伟大业绩、弘扬社会主义核心价值观、传承中华优秀传统文化、传播普及科学文化知识等方面将发挥更加重要作用，打造既能满足人们美好精神文化需求，又能凝聚人民精神力量的数字出版精品力作。同时，"十四五"时期，将通过各项举措，系统性地推动出版业融合发展迈向纵深，通过政策引领和有效举措，带动全行业深化对融合出版的认识，提高站位、主动融入、系统谋划、深入推进，形成融合发展、高质量发展的内驱动力和有效行动。

（二）数字内容生产分发范式加速变革

数字时代内容消费需求的多元化，对内容供给的效率、质量和精准程度都提出了越来越高的要求，驱动着信息内容范式的不断升级更迭。技术在内容供给链条中发挥日益重要的作用。特别是机器算法在内容生产分发流程中的应用日益普遍成熟，对内容分发的逻辑带来深远影响。人们对内容的需求从资讯型内容、知识型内容、审美型内容转向关系型内容。[①] 所谓关系型内容不仅强调内容的有用性和有效性，也不仅仅强调对用户知识的补充，也不仅仅满足于精神上的愉悦感，而是强调内容、用户、场景三者之间的精准匹配。在需求端，越来越看重内容价值。内容价值不仅来自内容本身，也来自于内容创作者和传播者赋予它的新价值。数字时代下，让信息的传播越来越容易、便捷，特别是社交媒体的迅猛发展，人与人的信息传递更加频繁，每个人都成为信息传播中的一环，甚至本身就是信息的生产者。然而过低的数字内容生产传播门槛，带来用户对数字内容价值的质疑甚至否定，据《数字内容产业趋势报告2020—2021》显示，有超过60%的用户对假新闻、"标题党"和低质内容感到厌烦，同时有70%的用户把信息的真实性作为内容消费的首要标准。[②] 随着用户信息需求的提升，驱动数字内容的分发方式从单一的机器算法，迈向"算法+身份认同"的新阶段，用户对专业和权威的内容更具信任度和认可度，在区块链等技术的加持下，数字内容信用体系正在加速构建，将有效促进数字内容价值的提升，同时，建立健全数字内容价值评价体系的重要性更加凸显。

[①] 内容范式的新拓展：从资讯维度到关系维度 https://www.thepaper.cn/newsDetail_forward_7289035

[②] 内容推荐正走向"算法+身份认同"阶段 http://m.stdaily.com/index/kejixinwen/2020-12/04/content_1056678.shtml

从数字内容创作层面，同一内容的多形式、多维度呈现趋势日益凸显，人们对同一内容的多层次、多维度、体系化的呈现有了更大诉求，数字内容价值在多种呈现和传播方式中实现递增，不同形态之间并不是单一的取代竞争的关系，而是互相补充、联动发展的状态，构建起多元交织的数字内容新生态，以原始内容为圆心向更多元形态发散的多业组合，将成为数字内容生产创作的常态，为满足用户多层次、分众化、多场景信息获取需求，数字内容企业纷纷基于数字内容价值进行深度挖掘，实现可持续的商业价值，以腾讯收购懒人听书整合音乐业务布局长音频为例，即填补了音频生态的链条空缺和需求空白。可以看到，数字内容平台比以往更加注重生产和消费两端的深度匹配，一方面通过提供优质、可信赖、丰富且精准的内容，获得用户对平台的认可、信赖甚至依赖，直接体现在流量、付费行为、广告等商业收益上；另一方面，帮助优秀创作者获得更多的关注度、更大的曝光度，获得更高收益，激发他们创作优质内容的动力。数字内容创作者、平台、用户之间实现了更深层次的互动，步入了"生产匹配消费，消费驱动生产，生产带动消费"的正向循环，赋予数字内容生态以更加蓬勃的生命力和创造力。

（三）数字教育迎来赛道变革

在新冠肺炎疫情影响下，数字教育市场需求得以培育壮大，也带来了数字教育的新一轮洗牌。同时，在政策等因素的影响下，数字教育整个赛道正面临巨大变革。2021年以来，国家加大了对职业教育等教育领域的支持力度，并对K12领域，特别是对线上K12的监管进一步强化。2021年1月，教育部等五部门出台《关于大力加强中小学线上教育教学资源建设与应用的意见》，要求加强平台体系建设、开发高质量资源，以直播方式为薄弱学校、乡村学校和教学点提供"专递课堂""同步课堂"服务。2021年7月出台的《关于进一步减轻义务教育阶段学生作业负担和校外培训负担的意见》，提出学科类培训机构不得上市融资，严禁资本化运作；提升免费线上学习服务水平，加大对优质线上教育教学资源的开发，同时对K12线上服务模式提出更加明确细化的要求，推动K12领域数字教育向精品化、规范化和标准化发展，同时也被赋予了公共文化服务的属性。To G或To B将成为K12教育发展的主要模式，通过智慧校园的构建，构建包括数字教材、线上课程、智慧教育平台、智能教育装备等在内的K12智慧教育生态体系。因K12领域学科培训的To C业务发展面临挑战，素质教育成为K12领域的新蓝海，正在步入快速成长期。以"80后""90后""95后"为主的新生代父母对孩子素质培养较为重视，特别是围绕K12和学前启蒙的素质教育需求日益旺盛。如作业帮、斑马AI课、猿辅导、大力教育、瓜瓜龙等线上教育品牌纷纷围绕人文和学科素养提升上线了素质课程，赛道竞争日益激烈，特别是音体美等领域受中考政策的影响，成为素质课程的核心，呈现出红海趋势。①

与K12领域面临的风云变幻不同，在推进产教融合等政策和刚性需求双重加持下，职业教育成为数字教育的新风口。教育企业纷纷加大对职业教育赛道布局，如2021年6月1日，腾讯职业培训的在线教育平台腾讯课堂发布"乘风计划"②，聚焦轻知识内容领域，以中、短视频为主要模式，并设立奖励基金，吸引教育内容创作者和教育机构入驻平台，满足社会终身学习需求。K12教育机构也纷纷新增职业教育业务。如好未来旗下"轻舟"成人教育品牌，整合考研、语培、留学等业务，并向传统技能、新型职业与成人学历等领域拓展，正式布局职业教育；在线教育平台"作业帮"上线了"不凡课堂"，设立成人英语、教师、财会、公考等课程；③高途课堂上线新版APP，聚合语言培训、学生考试、财经、公考等多个职业教育业务板块。职业教育领域数字教育发展势头强劲，竞争日益激烈，同时职业类型多元化推动职业教育的市场日益细分，特别是在新一代与产业加速耦合，催生了新业态，也催生互联网营销师、在线学习服务师、区块链工程技术师等一大批新职业，由此也催生出更多的职业培训需求。可以预见，职业培训市场日益细分，数字职业教育领域具有良好发展前景。

人工智能成为教育出版单位打造教育产品的关键技术引擎，也是构筑融合发展、打造核心竞争优势的重要着力点。人工智能+教育的发展模式日渐清晰，涵盖课前、课中、课后、课外、教、学、管、练、测、考等场景的智慧教育产品体系逐步构建。随着"双减"政策的落地，数字教育加速调整，传统教

---

① 大力教育、作业帮纷纷入局，"音体美"培训为何越来越"香" https://www.163.com/dy/article/GAEIMKG3051480G7.html

② 腾讯课堂战略布局终身教育：从纯职业教育到轻知识全覆盖 https://new.qq.com/rain/a/20210606A02IV400

③ 谈"教育"色变的投资人开始转投这个赛道，职业教育半年融资超60亿！https://new.qq.com/rain/a/20210718A06JHH00

育出版单位因具有较高的权威性、专业性、规范性，将迎来重要发展机遇，出版单位要把握这一契机，深入认识大数据、人工智能、物联网、5G、虚拟/现实等新技术对教育的影响，加强与技术企业合作开发智慧教育产品研发，搭建智慧教学平台，加强服务教育的立体布局，结合应用场景、用户习惯，着力提升出版服务教育的能力。

（四）知识管理和服务迈向中台化

随着数字化和知识经济时代的到来，信息技术迅猛发展，社会信息化程度日益提升。在数字化、智能化与产业加速融合的趋势下，数据流动和流通和大规模应用需求日益旺盛，对企业知识管理和服务能力提出了更为专业的要求，知识管理和服务能力也逐渐成为企业的核心竞争力之一，知识资产则与数据资产、实物资产、人才资产等一同成为企业的核心资产。同时，知识资产与数据资产密不可分，从形态上而言，数据是分散的，通过数据归集、分析、综合形成信息，进而对信息进行结构化组织，形成知识。根据不同需求，对知识进行提取、整合、加工、分解、重构、运用及体系化构建等过程，就是知识管理。可以说，知识管理既是业务流程中的一环，事实上也是一种催生于数字经济时代的企业管理新模式。在数据爆发式增长的数字时代，要为用户提供更加优质、高效、精准、可持续的服务，就要求企业构建属于自己的、有竞争力的知识管理体系。出版作为知识密集型产业，对于提升知识管理和服务能力有着必然需求。

随着人们对知识获取需求的日益多元，知识服务市场日益细分。与此同时，出版业融合发展不仅需要出版单位把知识服务作为一种出版形态，在内容层面提升其供给能力和水平，而且要通过知识管理体系的构建，提高对知识管理和运用的能力，进而提升对专业领域的整体服务水平，真正实现从提供内容实现提供服务的转变，构建专业领域的知识服务体系，从而形成在专业领域的核心竞争力。

未来，人工智能、区块链、5G等新技术将与知识管理实现更加深度融合，借助机器学习、智能文本处理等手段，实现知识提取、整理和呈现的自动化、智能化。此外，知识图谱技术的日益成熟，将在知识管理中得到更深层次的应用，对知识服务主要将产生三个层次影响。一是基于知识图谱技术将提升企业的多源数据采集能力,实现对存量知识内容的自动化整理,以支撑多样化、场景化的业务应用,促进出版单位的高价值知识资产的深度运用和有效流转;二是将知识图谱融入业务规则和算法模型,不仅可以进行知识分类,还可为语义检索、智能推荐、交互式BI、智能问答等智能化服务提供更强大的图谱计算能力支撑;三是基于知识图谱的新型知识组织方式,为知识应用提供了更加丰富的场景承载空间,知识与场景之间有了更加精准、深度的匹配耦合,也将催生更多的知识载体。

与此同时,在知识图谱技术支撑下,知识服务中台化将成为知识管理的重要趋势,构建协同知识链条,对知识资源的获取、共享、应用和创新等过程进行全面管理,以创造业务价值。目前,数据中台和业务中台已在部分出版单位中得以应用,通过提升数据质量管理、数据建模分析、数据抽取清洗、数据安全保障等数据管理能力,大大提升了企业全要素生产率,加速了数据资产化进程。随着出版业融合发展迈向纵深,产业数字化和数字产业化的深入推进,出版对数据、信息和知识的系统化管理、处理、运用有了更深层次的要求,知识中台的管理理念将更加深入人心。出版单位通过搭建知识管理平台,基于进行知识汇集整合、组织处理、建模分析、管理治理、服务应用、场景构建等,[①]将知识与出版业务深度融合,构建智能化的知识协同创新链条和知识服务体系,推动出版知识服务水平的显著提高。

(五)数字内容产业市场格局趋向竞合

随着数字经济快速发展,数字内容新业态、新形式不断涌现,数字内容产业边界持续拓展,对数字内容产业市场格局带来巨大影响。数字内容头部企业一方面拓展新业务,以构建自己的商业生态闭环,另一方面数字内容企业的共荣共赢意识日益增强,大型企业之间的关系正在从竞争迈向竞合。竞合是数字经济时代的重要商业逻辑,虽然赛道竞争不会停止,但数字内容企业逐渐意识到,封闭自己的商业边界,所创造的价值终究是有限的。因此,数字内容企业以战略途径,在资源、技术、平台等方面实现互通,通过建立新的连接,或将发现新的市场机会,拓展业务领域,从而创造更大且更加持久的价值。

---

① 2021年中国知识管理十大趋势 https://www.sohu.com/a/436296509_434604

基于这种共识，数字内容领域头部企业合作加强。如数字阅读龙头企业掌阅科技先后获得字节跳动和B站注资入股，后二者成为掌阅科技第二、第三大股东。掌阅科技一直专注于数字阅读领域持续深耕，在用户规模、版权等方面长期处于行业领先地位，而字节跳动在广告投放、商业化服务、智能化搜索以及技术平台支撑方面优势明显，掌阅与字节跳动的合作，实现了优势互补。掌阅科技借助字节跳动的渠道优势和技术优势，可以在流量变现和精细化运营方面实现更大突破，字节跳动也进一步加强在数字阅读，特别是网络文学领域的业务布局，引入更多的优质版权资源。① 而掌阅科技与B站的合作，是基于核心版权业务的全产业链条深化布局。掌阅将在文改漫、文改影视等IP多元衍生和内容营销、品牌推广等方面开拓新的平台渠道，B站将获取到更多源头版权资源。② 2021年8月，中文在线与腾讯旗下阅文集团及腾讯的战略合作落地，腾讯和阅文集团对中文在线实施战略投资。在此前，中文在线已与百度七猫、咪咕文化、字节跳动、番茄小说等网络文学平台均建立了合作关系，而此次中文在线、阅文、腾讯三家的合作备受关注。中文在线和阅文两家企业均在以网络文学为主的数字阅读领域深耕多年，在行业内处于领军地位，而腾讯拥有截至目前布局最为完整的数字内容IP全生态产业链。此前，中文在线还引入了百度七猫作为战略投资者。经过中文在线与腾讯和阅文达成的战略合作，意味着包括阅文集团、腾讯、中文在线、百度七猫构建起全国网络文学的强大阵营，③也意味着网络文学从过去的"单打独斗"迈向"组团发展"。

　　在视频平台方面，同样呈现出明显的"合纵连横"发展态势。爱奇艺、腾讯视频、优酷、芒果TV等大型长视频平台，在积累优质资源，提升核心竞争力，实现差异化发展的同时，合作也日益增多。在影视剧集业务板块，版权分销、联合出品、联合播出等合作模式已经较为成熟，同时还出现版权置换、内容开发、联合招商等新模式。特别是爱奇艺和腾讯视频，两者围绕大IP进行联合制作，在悬疑、青春校园、古装、都市爱情等题材方面，满足差异化需求，已经先后推出过《从前有座灵剑山》《赘婿》等自制剧集，取得了良好的反

---

① 掌阅科技2020年净利增长64% 同字节跳动开展实质合作 http：//new.qq.com/omn/20210421/20210421A02ZUMOO.html

② 掌阅科技非公开发行完成 成A股唯一同时被字节跳动和B站入股公司 http：//www.p5w.net/roll/kx/202102/t20210219_2528445.htm

③ 中文在线与阅文、腾讯战略合作落地：股权成功转让 https：//www.sohu.com/a/480879827_121123527

响。优酷和芒果 TV 的合作模式则主要采取版权分销和联合播出等。① 如一方参与制作的聚集，在另一方平台独家播出，共同打造 S+级别剧集，无论是"爱腾"还是"优芒"通过深度合作，均发挥出"1+1＞2"的叠加效应。

（六）全域化数字内容营销格局逐步构建

数字经济迅猛发展，加之受新冠肺炎疫情影响，人们的工作、生活、消费等大规模移至线上，不仅改变了生产方式和产业链条，也加快驱动营销模式的蜕变升级，加速推动营销体系重塑，精细化运营和供应链掌控能力已成为各个领域企业至关重要的竞争力所在。随着消费者的不断迭代，对品牌的诉求越来越高，特别是在内容产业，"消费分化"和"个性化"趋势日益明显，对企业的精细化运营和全渠道建设能力提出了越来越高的要求。从中长期形势来看，构建线上线下融合的全媒体营销体系已不再仅仅是趋势，而是成为当务之急的必须。以消费者需求为中心、以数据为驱动的"全域营销"概念逐渐在各个领域得以普及。各类流量平台被视为公域流量，随着社交媒体的兴起，包括个人微信、微信社群、微信公众号、小程序等被列为私域流量。区别于公域流量，私域流量运营成本相对较低，能够更加直接和精准地连接用户，并实现自由触达、多次使用，以及持续精细化运营，② 可有效增加用户黏性、深化细分市场。目前，私域渠道作为重要的流量入口，已成为各个领域企业拓展下沉市场、抢占用户、提升品牌影响力的重要发力点，同时呈现出公域流量私域化的发展趋势。为满足企业自运营需求，抖音等流量平台纷纷构建私域运营体系，如抖音于 2021 年 8 月发布"企业号 2.0"版本，将"抖音私域"作为新版本的一大卖点，包含企业主页、订阅号、私信和粉丝群四大落地场景。通过私域运营体系的构建，一方面可为 C 端用户提供资讯、娱乐、社交、电商等服务，另一方面面向 B 端企业提供自运营平台，实现 C 端和 B 端、公域流量和私域流量的打通与串联，可为企业构建用户转化闭环，实现私域流量沉淀，引导企业在抖音进行长效经营。除了抖音升级企业号，小红书推出"号店一体"，B 站推进"企业蓝 V 号"，多家流量平台都在为企业和自媒体人等账号主体构建私域流量

---

① 2021 年，长视频如何靠组 "CP" 突围？https://www.sohu.com/a/458960887_99997521
② 抖音"快手化"，私域流量故事好讲吗？_详细解读_最新资讯_热点事件_36 氪 https://36kr.com/p/1346702150031369

池，让它们更深度地与平台生态融为一体。①

充分发挥数据赋能作用，实现供需匹配，营销是重要环节，在日益加剧的数据化、信息化、智能化变革之下，要求出版单位以更加整体化、数字化的思维去开展品牌营销。近年来，出版单位纷纷加快布局新媒体渠道，加大线上营销力度，特别是在短视频营销和直播带货等方面展开积极探索。多家出版单位在抖音、快手及 B 站等平台，面对分众化用户需求，构建短视频营销矩阵，进行图书品牌推广，并发力电商直播，拓展线上销售渠道，取得了初步成效。在这一过程中，出版企业的品牌意识逐步强化，并初步形成了流量池思维。如中信出版已初步构建了全媒体营销体系，搭建了中信书院 APP，为读者用户更加精准地提供中信出版的知识内容和服务，实现了中信出版与读者用户之间更加直接的交互。对中信出版而言，中信书院作为其自建平台，才是真正的私域流量渠道。完全不依托于第三方，具备自己连接客户的能力，能真正做到把用户数据掌握在自己手中，构建属于自己的流量闭环，且能够提供微信小程序、公众号等第三方平台更加丰富立体的售前体验。在营销方面，中信出版也并未放弃微博、微信、抖音、快手、小红书等流量平台。据悉截至目前，中信出版集团官方抖音号粉丝数 31.2 万，官方微博粉丝数 34 万，中信童书的快手号也有 2.7 万的粉丝。②

需要提出的是，自建平台并不适用于所有出版企业。一是由于自建平台需要花费较高的运营成本，而其他私域流量平台运营成本很低，甚至是零成本；二是自建平台有较长的前期用户积累的过程，也是数据积累过程，当数据形成规模，才能更精准地作用于生产、分发、营销等各个环节。

可以看到的是，构建全渠道、全媒体、全链条营销体系将成为下一阶段出版单位加强营销能力建设的重要着力点。出版企业可通过在公共平台建立新媒体营销矩强化用户对产品和品牌的认知，并通过私域渠道锁定目标用户，实现更加精准的触达，实现对这些用户与流量的精准运营。通过全域营销渠道建设，将实现多端口、多场景的信息打通和相互串联，将实现线上线下、跨平台、多维度、多场景的用户数据全景洞察，读者和用户的消费行为被更为精准

---

① 抖音"快手化"，私域流量故事好讲吗？http：36kr.com/p/1346702/50031369
② APP 要不要建？怎么建？怎么用？中信书院：用私域流量他精准对接用户 http：www.chinaxwcb.com/info/573741

清晰地归纳分类，得到了更加精准的用户画像，基于用户需求的数据洞察，有针对性地制定和执行营销方案，在数据端建立起多维度、精准化、智能化的营销体系，将极大提升品牌运营效率和精准程度，继而提升用户转化效果。同时，可为知识服务的精准生产、精准调配和精准分发提供有力支撑。

（七）区块链提速落地构建数字版权新生态

作为新一代信息技术的重要组成部分，区块链在加速推进数字产业化和产业数字化进程中发挥重要作用。在国家层面，区块链被视为具有国家战略意义的新兴产业。2021年6月，为发挥区块链在产业变革中的重要作用，促进区块链和经济社会深度融合，加快推动区块链技术场景化应用和产业化发展，工业和信息化部、中央网信办印发《关于加快推动区块链技术应用和产业发展的指导意见》，作为区块链技术发展的纲领性文件，明确提出"到2025年，我国区块链产业综合实力达到世界先进水平，区块链应用渗透到经济社会多个领域，在产品溯源、数据流通、供应链管理等领域培育一批知名产品，形成场景化示范应用"。知识版权保护与管理是区块链最重要的应用落地场景之一，该《指导意见》中提出"加强区块链知识产权管理，形成具有竞争力的知识产权体系，鼓励企业探索通过区块链专利池、知识产权联盟等模式，建立知识产权共同保护机制"。运用区块链数据透明、不易篡改、可追溯等特性，可基于数据流通对数字内容全流程全生命周期的记录，应用于数字版权的确认、追溯、鉴定、保护和交易等环节，实现数字版权合规有序的管理和流通，破解困扰数字出版多年的版权保护沉疴，且更加充分释放版权资源价值，提升出版的数据管理、分析应用能力。2020年9月，中共北京市委办公厅、北京市人民政府办公厅印发的《关于强化知识产权保护的行动方案》中提出，大力推动时间戳、区块链等电子存证技术在知识产权保护领域的应用。

区块链在数字版权方面将重点有以下应用场景，一是数字版权的确权，这是保全保护的核心基础环节，将文字、图片、音视频等作品上传到原始区块链系统，作品及其相关信息将以特定的编码方式存贮到区块之中，区块被加盖上相应的时间戳，加密并生成版权认证证书，完成了版权认证并进行全网同步，至此所有与该作品流通情况都可被系统记录并在各个节点实施同步更新。二是版权保护和交易结算。利用区块链技术可实现对数字版权的确权、流转、交易路径的实时追踪和监控，通过区块链标识、智能合约、通证技术等保证数据对象的唯一性、真实性和完整性，从源头筑起数字版权的保护围墙。三是版权交易及溯源验真。无论是纸质出版还是数字出版都饱受盗版侵权困扰，由于区块链无法篡改的特性，通过将版权信息上链使得追溯版权问题变得简单，利用区块链技术，可改造出版生产、交易、流通等环节的工作模式，实现出版生产信息的准确可靠、交易流转的高效、流通过程的真实透明。四是为数字版权优化提供有效方案。利用区块链不可篡改的特性，可锁定证书的数据项，建立数据项之间的唯一关系，所有数据可逆向追溯，各个环节均可确认、举证与追责，保证了数字证书的可信可靠，避免了证书被篡改、伪造的可能，数字版权证书实现了版权资产数字化，将建立起更加完备的版权信用体系。

在数字时代，出版产业链、价值链、生态链都得以重塑，区块链应用已得到越来越多企业的关注与重视，纷纷开展探索与尝试，且利用区块链技术取证已经具有法律效力，得到知识产权法院、互联网法院等司法机关的认可与采纳。主管部门、地方政府、出版企业、互联网技术企业、高校和科研机构，均将区块链在版权领域的应用作为重要课题。形成数字版权共治、共享、共建的全生态全生命周期的产业链。特别是区块链版权保护平台，对于推动实现数字版权确权、监测、侵权取证、诉讼、结算等服务的全流程管理，从而助力版权行业更高效、更健康运转，相信基于区块链的数字版权产业有望迎来更大发展空间。

（课题组组长：张立；副组长：王飚、李广宇；课题组成员：毛文思、徐楚尧、郝园园、刘玉柱、孟晓明、宋迪莹）

分报告

2020—2021 中国电子图书出版产业年度报告

艾顺刚　李　彬　闫晋瑛　樊　荣　丁　丽

一、电子图书出版产业概述

（一）政策

1. 《出版专业技术人员继续教育规定》出台助力人才成长

2020年9月24日，国家新闻出版署与人力资源社会保障部联合印发《出版专业技术人员继续教育规定》（以下简称《规定》），面向出版单位出版物选题策划、内容编辑加工和校对、装帧和版式设计、信息资源集成开发、编务印制和质量管理、版权运营、出版物营销等专业技术人员继续教育。教育内容既包括政治理论、法律法规、职业道德等公需科目，也包括出版政策法规、编辑业务、编校技能等专业知识，以及行业发展的新知识、新技术、新技能等专业知识。

面对出版业数字化转型中人才匮乏的难题，《规定》的适时出台对于推动传统出版企业专业技术人才的进步与发展大有裨益。在数字阅读行业快速发展的时代，电子图书的制作、发行、运营等专业知识技能更新换代很快，出版单位人才定期的"充电"对于企业适应行业发展趋势具有重要作用。

2. 《关于促进全民阅读工作的意见》印发将进一步推动电子图书产业发展

2020年12月1日，中央宣传部印发《关于促进全民阅读工作的意见》（以下简称《意见》)。《意见》明确,到 2025 年,通过大力推动全民阅读工作,基本形成覆盖城乡的全民阅读推广服务体系。与此同时,意见提出了全民阅读工作的多项重点任务,包括加大阅读内容引领、组织开展重点阅读活动、加强优质阅读内容供给、完善全民阅读基础设施和服务体系、提高数字化阅读质量和水平、加强全民阅读宣传推广等。

全民阅读连续七年写入政府工作报告,可见其对于社会精神文明的重要作用。此次作为独立的《意见》出台,将大幅推动全民阅读运动的普及进程。《意见》重点提出"提高数字化阅读质量和水平",将促进各数字阅读平台对于优质内容尤其是电子图书版权的引入,也将大幅提升各级城市和乡镇在数字阅读基础设施和内容资源上的建设水平。

(二) 经济

1. 国民教育文化娱乐消费收窄

2020 年全国居民人均消费支出 21 210 元,比 2019 年下降 1.6%;扣除价格因素,实际下降 4.0%。其中,教育文化娱乐消费支出 2 032 元,占比 9.6%。支出金额同比 2019 年减少 19.1%,占比降低 2.1%。由此数据说明,国民教育文化娱乐消费在 2020 年出现大幅收窄的现象。

国民教育文化娱乐消费的收窄,虽然新冠肺炎疫情的影响不容忽视,但也意味着在疫情之下大众对于教育文化娱乐产品与活动的选择更为谨慎,其中也包括对于数字阅读产品的期待越来越高。在此形势下,要求各电子图书出品单位在图书选品上能更符合当下时代的需求,在数字内容制作上更加精致优美,在用户服务上更为细致贴心。

2. 文化新业态增长趋势明显

据国家统计局对全国 6 万家规模以上文化及相关产业企业调查:2020 年,上述企业实现营业收入 98 514 亿元,按可比口径计算比 2019 年增长 2.2%;数字出版、互联网游戏服务、互联网文化娱乐平台等文化新业态特征较为明显的 16 个行业小类,实现营业收入 31 425 亿元,增长 22.1%。与整个文化行业相较而言,文化新业态领域市场增长趋势十分明显。

数字出版在内的文化新业态领域市场增长迅速，印证了科技文化行业良好的发展形势，也为数字阅读领域奠定了欣欣向荣的业态环境。数字阅读行业发展前景明朗，给了行业从业人员满怀期待的信心，也将为用户带来更为优质的产品与服务。

（三）社会

1. 乡村文化振兴迈上发展快车道

自十九大习近平总书记提出"乡村振兴战略"以来，乡村文化振兴就成为各方重要的议题之一。2020年9月，全国政协召开"发挥文化建设在实施乡村振兴战略中的作用"专题协商会。2021年，中共中央与国务院联合印发《关于全面推进乡村振兴加快农业农村现代化的意见》，着重提出要加强新时代农村精神文明建设。

在党中央政策的引领下，各地积极开展乡村文化建设运动，各类乡村文化馆、文化古镇、文化节开始建设创办。与此同时，在全民阅读工作和农家书屋项目的推动下，各类大众阅读基础设施开始建立，数字化阅读设备成为其中重要载体。黑龙江、重庆、安徽、湖北、江苏等各省大力建设数字农家书屋，并开展相关的数字阅读活动。在数字阅读模式的驱动下，乡村文化振兴迈上发展快车道。

2. 新冠疫情加速社会数字化转型

2020年，突如其来的新冠肺炎疫情，让社会基础活动陷入了停滞。地面活动的止步，却促进了各项互联网应用的快速进步。疫情的出现，不仅引导了大众数字化生活习惯的养成，也促进了各类组织机构的数字化服务能力，继而加速了整个社会的数字化转型。

疫情期间，从个体到企事业单位，从个人生活到工作学习到社会治理，都走上了数字化、网络化和智能化快车道。在个体生活层面，疫情的隔离使个体倾向于互联网生活，包括利用流媒体平台和社交平台获取疫情信息，借助网络购物、网上外卖解决日常生活所需。通过健康码、行程卡和核酸检测证明等在线应用出行。在工作学习方面，疫情的出现，为企业的在线办公、在线交易等线上化运营按下了加速键。疫情的隔离，也使学校不得不使用在线教育平台，开展各类教学、管理、测评活动。在社会治理层面，在各级各地政府的疫情联防联控中，数字化的治理能力获得了快速"淬炼"，中国在线服务指数迈入全球领先行列。

（四）技术

1. 多项数字出版行业标准启动研制工作

2020年12月至2021年1月，全国新闻出版标准化技术委员会连续召开了《复合数字教材制作质量要求》《出版物二维码技术应用要求》和《智媒体电子书存储格式要求》等多项行业标准研制工作启动会，着力推动数字出版领域各项行业技术标准的起草工作。

各项行业技术标准的研制出台，不仅可以为各电子图书出品方提供内容制作的权威技术标准，也将推动数字阅读在生产机构、服务平台、终端设备等产业链上形成统一的标准规范，促进数字阅读产业各端的合作和共赢。与此同时，统一规范的内容，降低了用户跨平台、跨终端阅读的适应门槛，也提升了用户对于不同内容的阅读体验。

2. 42家出版业科技与标准重点实验室申报设立

2021年2月3日，根据此前开展的出版业科技与标准重点实验室申报工作的申报要求和评选标准，国家新闻出版署正式公布通过综合评审确立的42家实验室名单，申报主体主要为出版社、高等院校和科研单位。

纵观评审确立的42家实验室名称，发现以"大数据""区块链""虚拟现实""增强现实"为关键词的实验室都各自只有1个，而以"融合出版""知识挖掘/知识服务"为关键词的实验室则多达10个以上。由此在一定程度上可见，虽然前沿技术应用于出版行业的理念呼声很高，但技术理念提出与技术应用落地之间尚存在巨大的不确定性。而关于产品服务形态转型升级的理念更容易获得行业认可，并在实施落地过程中更具有操作性，也更容易逐步见识到产业升级的效益。

二、电子图书出版产业发展现状

(一) 市场现状

1. 数字阅读市场迎来快速增长

2020年,受各方面利好因素的影响,数字阅读市场迎来了快速增长。过去四五年行业逐渐降温的趋势,也在2020年迎来了彻底反弹。根据中国音像与数字出版协会数据显示,2020年中国数字阅读市场规模达到了361亿元,同比2019年增长25%。详情如图1所示。

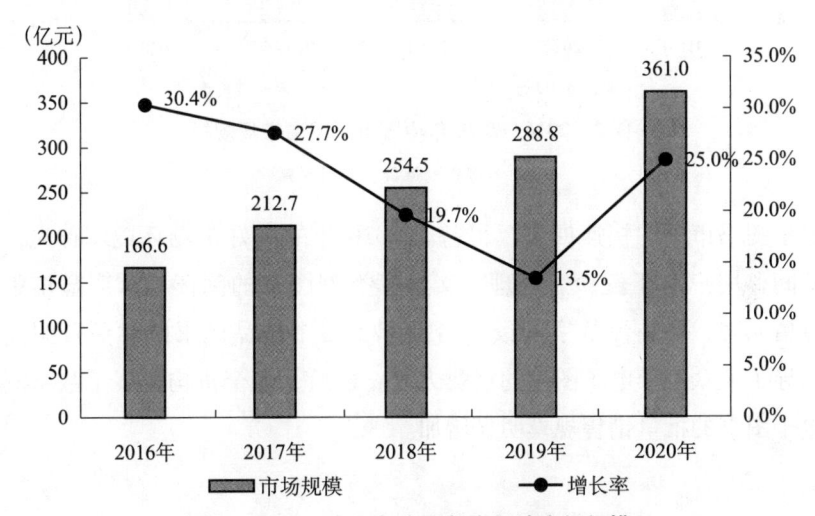

图1 2016—2020年中国数字阅读市场规模

数据来源:根据中国音像与数字出版协会往年数据及行业形势测算

数字阅读市场的快速回温,来源于政策、社会和行业多方面的因素。2020年,国家新闻出版署和网信办明显加强了行业监管,各数字阅读平台内容品质得到了有效提升。社会方面,年初由于疫情居家隔离,在线阅读的需求大幅增加。行业方面,各企业对于作者的培养力度和福利待遇有所加强,内容产出数量和效率都会有所提升。与此同时,互联网巨头的快速入场,也加快了行业发展速度。

2. 电子图书市场发展略有回暖

在数字阅读行业良好环境的推动下，电子图书市场的发展呈现略有回温的趋势。综合各方面客观因素测算，2020年电子图书行业市场规模为62亿元，同比2019年增长6.9%。详情如图2所示。

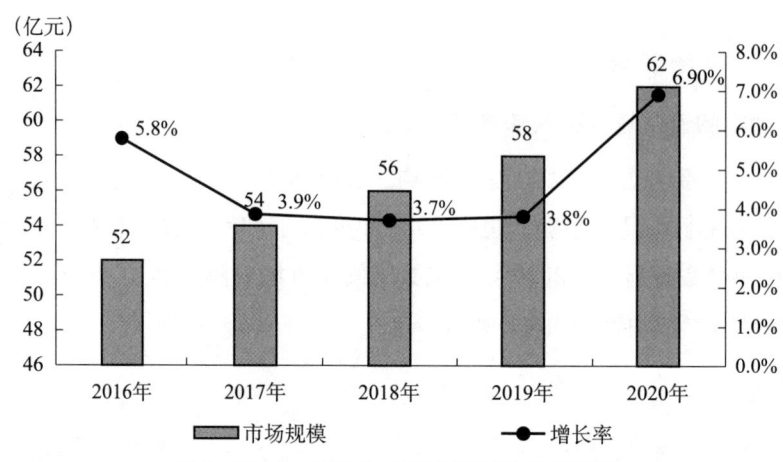

图2 2016—2020年中国电子图书市场规模

数据来源：根据公开资料测算

电子图书市场的快速回暖，得益于2020年的利好市场环境。首先，年初疫情期间，用户对于健康、心理、文学等类型图书的阅读诉求明显增强。其次，疫情期间，各主流数字阅读平台发起了多个精品图书限时免费阅读的活动，引导了大众对于电子图书的消费力度。最后，多个机构拓展了数字阅读业务，电子图书的批量销售规模明显增加。

（二）用户现状

1. 数字阅读用户规模增长明显

在数字阅读市场规模增长快速的同时，用户规模增长的趋势也十分明显。根据中国音像与数字出版协会数据显示，2020年中国数字阅读用户规模达到了5.2亿人，同比2019年增长10.6%。详情如图3所示。

2020年，疫情居家隔离的环境，促使很多新用户开始尝试数字阅读。此外，免费阅读应用的大力推广，也加速了下沉市场新用户的加入。由此，促进了2020年数字阅读用户的快速增长。

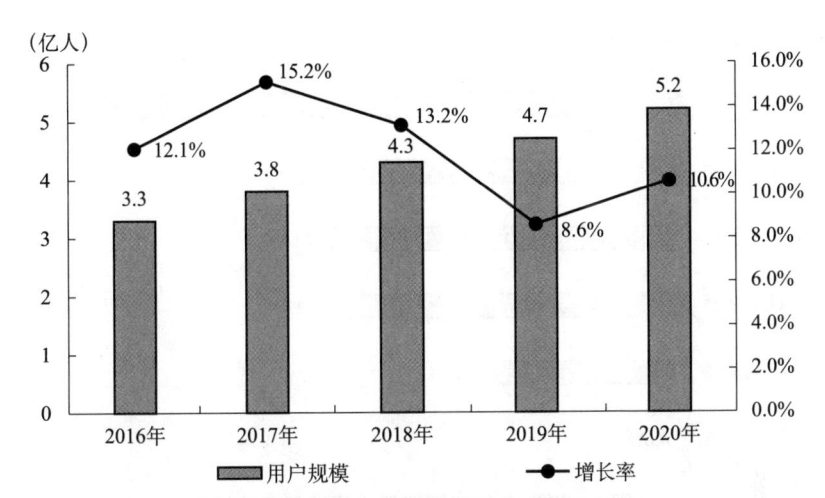

图3 2016—2020年中国数字阅读用户规模

数据来源：根据中国音像与数字出版协会往年数据及行业形势测算

2. 数字阅读用户阅读渠道青睐电子书APP

在移动互联网、物联网、人工智能等技术逐渐兴盛的环境下，数字阅读用户阅读的内容、阅读的形式、阅读的渠道都越来越丰富。据2020年艾媒咨询对数字阅读用户阅读渠道的调查发现，用户最常使用的阅读渠道是电子书APP和电子书网站，对应比例分别达到了62.4%和43.6%。由此可以说明，用户最青睐的阅读形式是电子书，在电子书阅读渠道中更习惯使用电子书APP。详情如图4所示。

用户更青睐阅读电子书，是因为电子书比起有声书、有声剧起步更早，而且阅读所依赖的条件和环境相对简单。用户阅读电子书更习惯使用电子书APP，电子书APP，主要在于电子书APP系统的资源比较丰富，而且可以随时随地阅读，比较便捷。

（三）终端市场现状

1. 电子书阅读器迎来产品性能大革命

早期的电子书阅读器，主要是依托于电子墨水屏的简单运算存储显示设备，不仅显示精度低、刷新速度慢、存储空间小，而且只能显示黑白的内容。在用户心中，它是解决"纸书携带不方便"和"手机看电子书伤眼"的读书

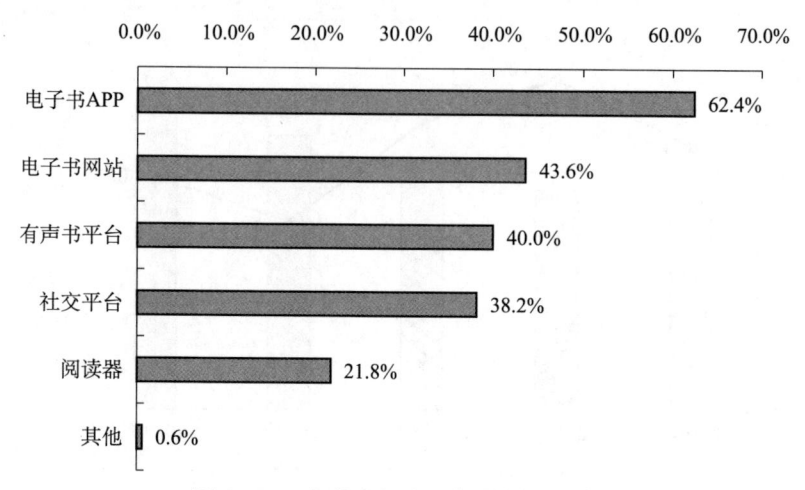

```
         0.0%    10.0%   20.0%   30.0%   40.0%   50.0%   60.0%   70.0%
电子书APP                                                    62.4%
电子书网站                               43.6%
有声书平台                            40.0%
社交平台                             38.2%
阅读器                   21.8%
其他       0.6%
```

图 4　2020 年数字阅读用户阅读渠道偏好

数据来源：艾媒咨询《2020 中国数字阅读行业创新趋势专题研究报告》

神器，是与手机、电脑决然不同的设备。然而，随着数字阅读软硬件技术的快速进步，电子书阅读器迎来了性能大革命。

早年，国内的电子书阅读器，主要以亚马逊旗下的 Kindle 最受用户青睐，但随着中国数字阅读企业、图书电商平台、电纸书成产商的加入，电子书阅读的各项性能获得了快速迭代。近来年，各产商发布的电子书阅读器的屏幕像素越来越高、屏幕背光越来细腻、CPU 性能不断提升、存储空间越来越大、系统功能越来越强大。2020—2021 年，多家具有代表性的阅读器厂商均发布了新产品，各项性能参数如表 1 所示。纵观以上各阅读器的性能参数不难发现，四核以上处理器、32GB 存储、24 级可调双色温阅读灯已经成为当前电子书阅读器的主流配置。而且，多级压杆手写也已成为中高端阅读器的标配，可写可画成为必不可少的功能。除此之外，多个阅读平台、多种传输方式、多种排版方式、多样化笔记模式、AI 语音读书等软件功能，逐渐成为获得用户青睐的必备要素。总体而言，当前行业发展趋势是，电子书阅读器的性能越来越接近于智能手机和平板电脑，未来电子书阅读器有望成为中小学校园内学生学习的主要智能设备。

此外值得关注的是，2020 年 3 月 9 日，科大讯飞和掌阅同期发布了全球首款彩色墨水屏电子书阅读器，开创了行业创新发展的先河。彩色墨水屏是否适合广泛应用于数字阅读目前尚存争议，但儿童使用彩屏阅读器阅读数字绘本确

表1 2020年新上市典型电子书阅读器性能参数

序号	品牌	产品型号	上市时间	屏幕尺寸	处理器	存储	阅读灯	特色功能
1	咪咕+讯飞	R1（黑白）	2020.3	6.0寸 1 024*758	未知	8GB	24级可调柔性前光	离线AI人声 咪咕讯飞双书城 录音与听书
2	咪咕+讯飞	C1（彩屏）	2020.3	6.0寸 1 448*1 072	四核	1GB+16GB	24级可调柔性前光	4 096色彩显示 AI主播说书
3	掌阅	iReader C6（彩屏）	2020.3	6.0寸 1 448×1 072	四核	1GB+16GB	28级可调柔光前灯	4 096色彩显示 多重刷新模式 AI仿真人声 智能投屏
4	墨案	inkPad X	2020.7	10英寸 1 600*1 200	四核 1.8GHz	2GB+32GB	24级双色温前光灯	麦克风+喇叭 四大阅读平台
5	文石	MaxLumi	2020.9	13.3英寸 2 200×1 650	八核 1.8GHz	4GB+64GB	32级双色温前光灯	智能手写 无线投屏 应用双开 指纹识别
6	文石	NoteAir	2020.10	10.3英寸 1 872*1 404	八核 1.8GHz	3GB+32GB	32级双色温前光灯	应用分屏 中立传感器 全屏手势自定义
7	掌阅	iReader Smart2/ Smart X	2020.10	10.3英寸 1 872*1 404	四核	2GB+32GB	28级双色温阅读灯	4 096级压感手写 手写笔记检索 麦克风+喇叭
8	博阅	likebook P6	2020.11	6英寸 1 448*1 072	四核 1.6GHZ	1GB+16GB	24级可调柔和阅读灯	新一代阅读引擎ZReader

（续表）

序号	品牌	产品型号	上市时间	屏幕尺寸	处理器	存储	阅读灯	特色功能
9	博阅	likebookP10	2 020.12	10 英寸 1 600×1 200	四核 1.5GHZ	2GB+64GB	24 级双色温阅读灯	智能手写 原版书籍混排
10	多看阅读	电纸书 pro	2 020.12	7.8 英寸 1 872*1 404	四核	2GB+32GB	24 级双色温阅读灯	搜狗语音识别 三大图书库 青少年模式
11	微信	微信读书阅读器	2 021.1	6 英寸 1 072*1 448	八核 1.8GHz	2GB+32GB	双色温背光灯	微信阅读系统 一年付费无限卡
12	墨案	inkPalm 5	2 021.1	5.2 英寸 1 280*720	未知	1GB+32GB	24 级双色温前光灯	搜狗语音识别 阅读数据统计 五大阅读平台

实能获得更好的阅读体验。未来，彩屏阅读器是否能成为行业主流，还需要更长时间的市场验证。

2. 数字阅读应用两大模式分庭抗礼

在电子书版权规范后，付费阅读的理念获得了用户广泛认可，主流数字阅读应用均采用了付费阅读的产品服务模式。然而，近两年内主打免费阅读模式的数字阅读应用却异军突起，在不遗余力的营销推广中快速获取了大量用户。如今，主打付费阅读和免费阅读的数字阅读应用的市场影响力已经不相上下，两大模式形成了分庭抗礼的形势。

为了更为准确地分析两大模式应用的市场影响力，在此引用易观千帆"应用月度TOP榜"中数字阅读应用的活跃用户数据。排名前50的应用中，主打付费阅读应用为23款，合计活跃用户为21 428万；主打免费阅读的应用为27款，合计活跃用户为23 569万。排名前10的应用中，主打付费和主打免费的应用都是5款，月活跃用户分别达到15 492万和15 641万，详情如图5所示。由此可见，无论是从应用数量还是从活跃人数角度来看，两种模式的市场影响力都势均力敌，分庭抗礼的形势可见一斑。

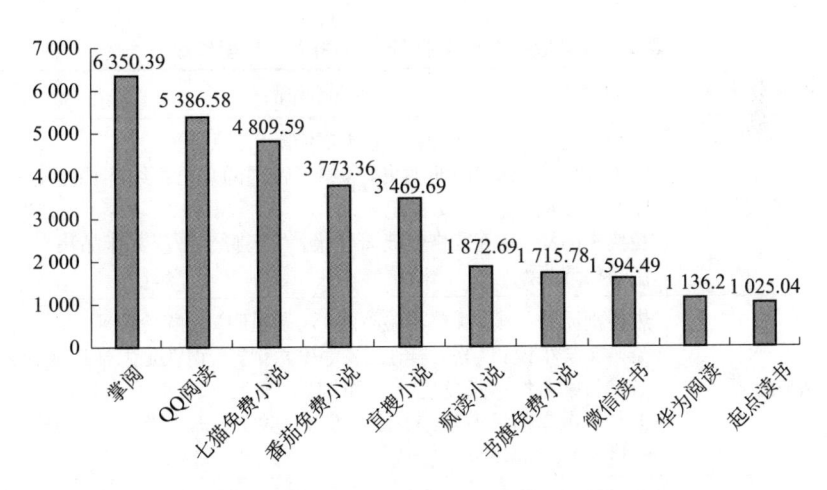

图5　数字阅读平台月活用户（2021.1）排行榜

数字阅读市场，付费阅读模式与免费阅读模式本无优劣之分，只不过锁定的用户群体不同。前者为注重阅读体验的用户，后者为价格敏感用户，两种需求的用户都会长期大量存在，因此两种需求都应当被满足。面对市场上两种不同需求的用户群体，各数字阅读应用可以定位于其中一种用户需求，将另一类用户拒之门外，这也是当前数字阅读市场形成两种阅读模式分庭抗礼形势的原因。然而，行业领衔的数字阅读应用，未来可以通过产品创新来同时满足两种用户的需求，最终形成两三个巨头赢家通吃的市场局势。

（四）运营模式分析

1. 坚持精品战略引入优质图书版权

对于各大数字阅读平台而言，引入更多精品内容版权始终是平台运营的关键。在当前内容良莠不齐的电子书市场上，那些经过正式出版发行的图书往往更容易获得用户的青睐。当前主流数字阅读平台更加重视优质图书版权的引入。

2020—2021年里，不仅是掌阅科技、咪咕阅读、阅文集团等行业领衔的数字阅读主体企业，就连七猫免费小说、番茄免费小说等主打免费阅读的平台，均在引入优质图书版权上投入非常大的力量。2020—2021年，五家企业（平台）引入的典型作品如表2所示。

表2 五家数字阅读企业2020年引入的典型作品

企业/平台名称	典型作品
掌阅科技	人物传记：《朱元璋传》《毛泽东传》《普京传》 历史著作：《魏晋南北朝史》《第三帝国的兴亡：纳粹德国史》《全球通史：从史前到21世纪》 经典作品集：《陈寅恪经典著作集》《东野圭吾获奖作品集》《亦舒作品精选集》
咪咕阅读	热播剧原著小说：《巡回检查组》《暴风眼》《醉玲珑》 经典文学小说：《骆驼祥子》《浮生六记》《钢铁是怎样炼成的》 当代名家名作：张爱玲《小团圆》、三毛《万水千山走遍》、东野圭吾《沉默的迅游》、村上春树《1Q84》、王小波《一只特立独行的猪》
阅文集团	外国经典名著：《牛虻》《小王子》《茶花女》《月亮与六便士》《人类群星闪耀时》 中国经典名著：《儒林外史》《子夜》《林家铺子》《傅雷家书》《自在从容》 当代名家名作：余华的《文城》、冯骥才《神鞭》、季羡林《遥远的怀念》

（续表）

企业/平台名称	典型作品
七猫免费小说	经典小说：《飘》《简爱》《茶花女》《人间失格》《四世同堂》《儒林外史》《骆驼祥子》《呼兰河传》 经管名作：《人性的弱点》《人性的优点》《沟通的艺术》《羊皮卷》《洛克菲勒留给儿子的38封信》
番茄免费小说	经管类著作：《国富论》《富有的习惯》《迈向财富自由之路》 社科类著作：《乌合之众》《不需要的战争：丘吉尔亲述二战》《男人来自火星 女人来自金星》

从各平台引入的作品类型看，主要包括经典小说、影视原著、历史传记、经管著作和社科类小说五大类型，正好契合了当前图书市场尚最受欢迎的五大类型书籍。基于图书市场的普遍需求，引入优质图书的电子书版权，这正是当前主流电子书阅读平台所坚持的精品化战略。

2. 双重模式并行满足多元用户需求

免费阅读模式兴起后，多个主打免费阅读的应用迅速崛起，对传统的主打付费阅读的应用构成巨大的挑战，两大模式形成分庭抗礼的局势。然而，2020—2021 年以来，数字阅读市场出现了一种非常明显的发展趋势，主打付费阅读的应用均在平台中加入了多个免费专区，而主打免费阅读的应用则启动了会员付费服务。因而，当前主流的数字阅读应用，均形成了双重阅读模式并行的产品服务。

经统计分析，付费阅读应用推出免费服务策略，在产品设计主要包括两种类型，一种是在分频专区中设计多个免费阅读模块，如掌阅、QQ 阅读、咪咕阅读都是采用这种产品设计策略；另一种是在图书商城里设计免费专区，如微信读书、多看阅读则是采用这种产品设计策略。免费阅读推出会员服务策略，则是给予会员用户多种优越的权利，包括看书免广告、离线缓存下载、音量键翻页等，会员服务价格普遍在 12 元以内。

主打付费阅读的应用推出免费服务策略，既是应对来自免费阅读的市场竞争，又是重新重视了免费阅读的市场价值。为了获取更多价格敏感的用户，也为留住已有的重视用户，付费阅读应用不得不推出免费专区。主打免费阅读的应用，虽然凭借免费阅读模式短期内获得了大量用户，但用户流失得快，而且依靠广告变现在剧烈的市场竞争中长期难以为继。为了实现长期稳定的盈利，也为了应对现有用户需求的不断升级，也不得不推出会员付费模式。两大模式的数字阅读应用，面向迅捷的市场发展趋势，对其产品服务模式做出实时调整，从单一服务模式过渡到双重服务模式，从而满足数字阅读上多元的用户需求。

3. 走企入校全面覆盖数字阅读场景

随着数字阅读市场的快速普及，早期的用户红利逐渐消失，意味着有限存量的文娱阅读需求基本已经被满足，大众阅读市场（C端）进入发展瓶颈期。然而，当适当拓宽产品服务边界后不难发现，有大量数字阅读需求没有得到满足，专业阅读和教育阅读市场（B端）存着巨大的发展机会。因而，主流的数字阅读企业开始调整市场发展策略，推出面向政府、企业和学校的数字阅读产品和服务，全面覆盖更多的数字阅读场景。

在专业阅读领域，企业、政府、事业单位存在着尚未被满足的数字阅读需求。各层级职员在工作之余，需要通过阅读来学习"充电"。基于成长培养的角度，一些企事业单位通过建立图书馆（室），为职员提供当堂阅读和图书借阅服务。当前企业图书馆（室），主要采取实体空间和纸书藏书的形式，在图书采购、图书借阅、阅读激励等方面都存在很多的局限性。数字图书馆的建立，则完全可以突破实体空间和纸质书的种种局限，还能在阅读、分享和考核上更加便捷和优越。基于此，掌阅科技在2019年就推出了面向机构的数字阅读产品——掌阅精选，可以为企业提供包括内容、平台、硬件、服务的一整套企业数字阅读解决方案。2020年8月，由掌阅科技为中国光大银行打造的职工电子书屋正式上线。

在教育阅读领域，从幼儿园、中小学到大学都具有非常大的数字阅读需求。当前，幼儿园儿童的家庭阅读、中小学生的课外阅读、大学生的闲暇阅读，基本都是基于学生（家长）的自主阅读活动，学校在阅读的引导作用上处于比较缺失的状态。近年来，随着"大语文"理念的兴起，教育部对于中小学生的阅读内容、阅读数量、阅读能力提出了很多新的要求。在政策引导下，很多教育科技企业推出了中小学生分级数字阅读平台，或是联合政府推出区域中小学数字阅读平台。在此趋势下，掌阅科技、中文在线、掌阅集团等企业推出了面向学校的数字阅读产品。中文在线早在2016年就推出了面向中小学校的分级阅读平台"慧读"，掌阅科技在2018年推出了面向青少年课外阅读的数字阅读产品"掌阅课外书"。阅文集团则在 2020 年里在教育阅读领域发力，联合人民日报、中福会出版社共同发起设立了"中国儿童数字阅读中心"。

数字阅读平台推出面向企事业单位的数字阅读产品，不仅可以拓展业务边界全面覆盖数字阅读场景，而且可以在企业经营上更具有效益。比起面向大众的数字阅读产品存在获客困难、变现缓慢、抗风险能力弱等特征，面向机构的数字阅读阅读产品在获客、变现和抗风险上都更加容易、持续和稳定。因此，推出面向机构的数字阅读产品，是数字阅读企业长期发展的一条重要路径。

三、电子图书出版产业年度大事件

（一）中文在线与蜻蜓 FM 达成战略合作

2020 年 5 月，中文在线与国内领先的在线音频平台蜻蜓 FM 签订《战略合作协议》。中文在线将旗下 17K 小说网与四月天小说网的数字版权授权作品授权给蜻蜓 FM 平台，并对蜻蜓 FM 拥有版权的音频作品与文字作品开放自有平台以及合作渠道。凭借中文在线雄厚的内容储备与全覆盖的渠道优势，以及蜻蜓 FM 作为国内领先在线音频平台的流量优势，双方将联合运营打造优质资源和 AI 主播专区，探索文学嫁接音频的新模式，构建音频主播新生态。

（二）阅文集团设立"中国儿童数字阅读中心"

2020 年 6 月 15 日，由人民日报数字传媒公司旗下"人民阅读"平台、中福会出版社、阅文集团共同发起的"中国儿童数字阅读中心""在中国福利会少年宫正式揭牌成立。此中心的成立，将探索"党媒+群团+企业"融合协作新模式，全面贯彻落实全民阅读、书香中国战略和教育部关于"大语文"的改革要求，提升儿童文学优质供给，推动儿童文学高质量、多元化发展。

（三）抖音与 B 站母公司战略入股掌阅科技

2020 年 11 月 4 日，掌阅科技控股股东及实控人成湘均、张凌云与量子跃动（字节跳动全资控股子公司）签订了《股份购买协议》及《补充协议》，成湘均和张凌云拟将其分别持有的 2 252 万股、2 252 万股无限售流通股份转让给量子跃动，合计对价人民币 11 亿元。

2021 年 2 月 18 日，掌阅科技发布的《非公开发行 A 股股票发行情况报告书》显示，本次非公开发行股票募集资金 10.61 亿元。其中哔哩哔哩（下称 B 站）主体公司上海幻电信息科技有限公司认购金额达 5 000 万元，成为掌阅本次非公开募股的最大认购股东。

四、电子图书出版产业发展趋势

（一）政策监管推动各平台内容品质提升

在数字阅读行业蓬勃发展过程中，多个实力强劲的阅读平台脱颖而出，凭借优质的内容和服务获得广大用户的喜爱，极大丰富了青少年的精神文化生活。然而，这些平台上也需要在思想导向、价值取向、文化格调方面加以提升。

为了治理数字阅读行业内容品质良莠不齐的现状，国家新闻出版署、国家网信办等机构做出了多项行动部署。2019—2020 年，国家网信办约谈了多家数字阅读企业，责令其严肃处理相关负责人并限期整改，部分企业产品因为整改不及时被令强制下架。各平台以国家新闻出版署印发的《进一步加强网络文学出版管理的通知》为指导，建立健全内容审核机制、严格规范登载发布行为，并定期开展社会效益评价考核。从各企业的响应行动来看，内容质量得到有效提升。

多个部门介入监管行动，体现了政府对于数字阅读内容治理的决心，强化了各数字阅读企业的思想认识和主体责任，推动了各数字阅读平台内容品质的快速提升。

（二）由图文到短剧构建全品类产品矩阵

数字阅读行业发展初期，阅读内容只有图文形式的电子书，后来有声书逐渐兴起,有声阅读成为炙手可热的行业。近年来,以图文小说为蓝本的视频短剧快速兴起,获得了大量青少年的喜爱。于是,主流的数字阅读企业从图文小说开始,不断布局漫画、有声书和视频短剧,构建起了全品类产品矩阵。

从图文电子书到有声书再到视频短剧,数字阅读的内容形式越来越丰富。数字阅读企业构建全品类矩阵,给旗下用户带来了多样化的选择和体验,也极大地扩展了自己的产业边界。

(三) 头部企业产品输出加速中国文学出海

头部数字阅读企业在中国获得一定成就后,便开始将产品输出到海外市场。不仅推出了海外版数字阅读平台,而且还将大量优质作品翻译后授权海外,并且推动热门网文IP衍生剧在海外播出。

掌阅科技在2015年就推出了"iReader"海外版,已覆盖全球150多个国家和地区,目前,向海外用户发售全球版权电子书超30余万册。中文在线则是2017在美国市场推出互动式视觉小说平台"Chapters",截至2019年,注册用户已经超过1 500万。阅文集团同样是在2017年推出了"起点国际(Webnovel)",至今上线的中国网络文学英文翻译作品超过1 700部,更是推动了旗下网文IP改编剧《扶摇》《将夜》《庆余年》等作品登陆了Youtube、Netflix等欧文主流视频网站。据前瞻产业研究院《中国互联网+图书出版行业发展前景预测与投资战略规划分析报告》数据预测,2021年中国网络文学海外用户将达到4 936万。

近年来,政府积极倡导"讲好中国故事""推动中国文化走出去",作为中国数字阅读领域的头部企业,通过产品输出将中国好故事向海外用户讲述,积极推动了中国文化走出去。

(四) 互联网巨头大力布局重塑产业发展格局

数字阅读市场虽然只有数百亿元的市场规模,却吸引了众多互联网巨头的入场。巨头大力布局数字阅读领域,将极大地加快行业发展速度,也将重塑行业发展的格局。

互联网巨头中,百度、阿里和腾讯早在2013—2016年前后,就分别并入了纵横文学、书旗小说和盛大文学,早已建立起自己在数字阅读领域的一席之地。字节跳动虽然是互联网行业后起之秀，但在数字阅读领域的布局却十分迅速。2019—2020 年，随着百度投资"七猫免费小说"，字节跳动、阿里巴巴、腾讯旗下阅文集团则快速推出了"番茄免费小说""书旗免费小说"和"飞读小说"。2020—2021 年，腾讯和字节跳动更是在数字阅读市场上重磅出击。腾讯斥资 9 亿元战略入股中文在线，字节跳动则先后投资了塔读文学、磨铁文学、九库文学和掌阅科技。互联网巨头快速布局数字阅读，让数字阅读成为当前互联网行业炙手可热的领域。

互联网巨头的快速投资布局，在加速数字阅读中小企业快速聚集的同时，也在加大力度从出版企业引进传统经典小说，打造内容精品矩阵，构建优质内容资源池，最终形成以几大巨头为中心的产业群。与此同时，巨头的重磅布局，恐将推动现有数字阅读强势力量的重新洗牌，重塑行业发展的新格局。

（五）数字阅读助力全民阅读步入发展快车道

数字阅读凭借数字化、移动化、智能化的优势，让人们可以便捷地欣赏到丰富多样的电子图书作品。数字阅读兴起以来，逐渐由中心城市向边缘城市下沉，让广大人民群众都享受到了行业发展带来的利好。

近年来，主流数字阅读平台的作品品质、技术服务水平不断提交，让用户获得了越来越好的阅读体验。免费阅读模式的兴起，也让大量价格敏感用户可以免费阅读到大量优质的电子图书作品。与此同时，面向机构的数字阅读产品开始推广普及，政府职员、学校师生和企业员工，都可以进行系统的数字阅读学习。此外，在各级政府和头部企业的推动下，数字阅读基础设施开始在广大的城市社区建设使用，数字阅读的习惯和氛围逐渐在基层群众中间形成。

政府倡导推动全民阅读过程中，多次强调数字阅读方式的普及。数字阅读行业的发展繁荣，也帮助全民阅读步入发展快车道。随着数字阅读基础设施、作品质量和服务水平的进一步完善，未来全体国民都可以获得由数字阅读带来的优良精神文化。

（艾顺刚、李彬单位：上海睿泰企业管理集团有限公司；闫晋瑛、樊荣、丁丽单位：西安欧亚学院）

2020—2021中国数字报纸出版产业年度报告

刘明洋　孙晓翠　张晨曦　孙凌洁

一、数字报纸出版产业概述

（一）政策

1.《关于加快推进媒体深度融合发展的意见》将推动数字报纸产业发展

中共中央办公厅、国务院办公厅2020年9月25日印发了《关于加快推进媒体深度融合发展的意见》，并要求各地各部门结合实际认真贯彻落实。

《意见》指出，以5G、大数据、云计算、物联网、区块链、人工智能等信息技术革命成果为依托，推动先进技术引领驱动融合发展，以强化新闻传播领域的前瞻性研究和应用，努力实现关键核心技术自主创新。加快内容生产供给侧结构性改革和网络内容建设，要保定力重质量，提升产能，丰富形式，提高效果。加大主流媒体体制机制改革力度，优化组织架构和采编流程，打造集约高效生产体系和传播链条。提升主流媒体的市场竞争意识和能力，构建"新闻+政务+服务+商务"的运营模式，加大投融资力度，增强自我发展能力。

2."2020年中国报业深度融合发展创新案例"将推动报业融合发展

为加快推进报业深度融合发展，切实发挥创新案例示范引领作用，国家新闻出版署2020年9月22日组织开展了"2020年中国报业深度融合发展创新案例"征集工作。共有 271 家报纸出版单位申报案例 367 个，国家新闻出版署共评选出 60 个优秀案例并予以公布。典型案例包括人民日报社全媒体生产传播平台建设项目、扬子晚报"紫牛新闻"客户端、光明日报抖音官方号、中国青年报"青蜂侠"新闻短视频栏目、经济日报社"数说 70 年"数据新闻可视化系列短视频产品。这些案例集各家报纸出版单位融合发展经验之所长，为其他报纸出版单位开展融合实践提供可行路径与发展模式，有助于加快报业融合发展的速度与质量。

（二）经济

1. 中国数字经济占 GDP 比例不断升高

近年来，中国数字经济蓬勃发展，市场规模占 GDP 的比例不断升高，已经成为国民经济发展中最核心的支柱。据中国信通院发布的《中国数字经济发展白皮书（2020 年）》数据显示，2019 年我国数字经济增加值达到 358 402 亿元，总体规模同比 2018 年增长 14.5%，占 GDP 比例也从 2018 年的 34.8% 上升为 36.2%。长期来看，2019 年中国数字经济规模相比于 2015 年扩大了 13 倍，占 GDP 比例相比于 2015 年扩大了 2.5 倍。

中国数字经济持续扩大，占 GDP 比重逐年提升，在国民经济中的地位进一步凸显，证明了中国社会主义建设实现数字化取得重要成就，也印证了国民生产生活数字化水平的不断提高。往年，数字经济的高速发展，也为数字化、网络化、智能化等相关产业的发展奠定了良好的基础。

2. 我国信息服务业规模高速增长

在数字经济不断增长的背景下，中国互联网企业业务收入也实现了高速增长。据中国信通院发布的《中国数字经济发展白皮书（2021 年）》数据显示，2020 年我国规模以上互联网和相关服务企业完成业务收入 1.3 万亿元，按可比口径计算同比增长 12.5%。从细分领域看，信息服务收入整体稳中有落。

互联网企业业务收入高速增长，证明了中国互联网行业具有巨大的产业活力。娱乐、新闻、阅读等信息服务领域收入规模的快速增长，说明在用户消费互联网领域仍有巨大的市场价值。文化娱乐企业需要深入探索用户需求，用科技力量不断优化产品服务品质，才能创造更大的市场价值。

（三）社会

1. 网民人均每周上网时间首度下滑

自移动互联网兴起后，互联网就成为大众生活不可分割的部分。据 CNNIC（中国互联网络信息中心）发布的《第 47 次中国互联网络发展状况统计报告》数据统计，截止到 2020 年 12 月，中国网民人均每周上网时长为 26.2 小时，同比 2020 年 3 月下降了 4.6 个小时，同比 2018 年 12 月，也下降了 1.4 小时（由于 2020 年年初疫情突然暴发，CNNIC 缺乏 2019 年 12 月的数据统计）。值得注意的是，这也是 CNNIC 有相关数据统计以来，网民人均每周上网时长首度出现下滑。

网民人均每周上网时长首度出现下滑，分析下来跟 2020 年年初疫情带来的生活限制不无关系。疫情期间各种户外活动受限，人们只得将更多的时间投入互联网文化娱乐活动，但在长期的沉迷式网络生活后，大众也容易出现自我克制并逃离的心理。与此同时，大众疫情期间缺失的娱乐交际活动，也在疫情过后出现补偿性行动。在此背景下，文化娱乐相关企业需要进一步优化产品服务价值，也可以推出更合时宜的线下推广活动。

2. 农村地区互联网普及率显著提升

在国家大力推动农村基础设施建设的行动下，中国广大农村地区互联网普及率在过去数年获得了显著提升。据 CNNIC（中国互联网络信息中心）发布的《第 47 次中国互联网络发展状况统计报告》数据统计，截止到 2020 年 12 月，中国城镇地区互联网普及率达到 79.8%，农村地区互联网普及率达到 55.9%。从过去五年来看，城镇互联网普及率相比于 2016 年的 69.1% 上升了 10.7%，农村互联网普及率则相比于 2016 年上升了 22.8%。由此可以看出，农村地区已经有半数可以接入网络，互联网普及率正在加快追赶城市。

农村地区互联网普及率不断提升，更多生活在农村地区的人民可以通过互联网络获取最新的新闻资讯和文化知识。在此趋势下，相关互联网文化企业可以将运营服务的重点逐渐从城市向广大的乡镇农村地区下沉。甚至于一些初创企业，可以在起步阶段推出服务农村地区文化娱乐的互联网产品，待产品服务成熟后再向城市地区拓展。

（四）技术

1. 5G 成为媒体融合发展的基础技术

自 2019 年 6 月中国正式开启商用以来，基于 5G 的基础设置建设和商业应用就开始进入快速发展阶段。据国家工业与信息化部相关发言人介绍，截至目前，我国已建成全球最大的 5G 网络，已实现所有地市都有 5G 覆盖的目标。随着 5G 基站最终全面覆盖，中国互联网发展将进入全民 5G 时代。

5G 作为推动万物互联的基础应用技术，将为科技互联网相关产业全面赋能。虽然当前 5G 商用价值只是初现端倪，但在新闻媒体领域已经大放异彩。2020 年春节及两会报道中，5G 主打的媒体应用方向只是 8K 超高清直播，而在 2021 年春节及两会报道中，5G 媒体应用就已经全面开花。无论是新华社推出的沉浸式跨屏访谈，还是央视网推出的虚拟文化强国空间站，虽然展现的产品形态各不相同，但是 5G 都是其必不可少的技术支撑。未来，在中央级媒体的引领作用下，5G 将成为各媒体机构融合发展的基础技术。

2. 媒体科技应用迈入多元融合阶段

科技的快速发展，推动了媒体行业的持续变革。早期互联网的到来，让传统纸媒走向了数字媒体，但还只是媒介载体和传播渠道的革新。当下 5G、AI、MR 技术的到来，在新闻媒体的采编制作、视觉呈现、发布传播、用户服务和平台运营等各环节全面赋能，推动了新闻媒体行业生态的全面变革。

2021 年全国两会，人民日报社推出的"智能创作机器人"正式亮相。虽然这个机器人没有实体形象，却集"5G 智能采访＋AI 辅助创作＋新闻追踪"多重本领于一身。新华社推出的 5G 沉浸式多地跨屏访谈，在 5G、AI、MR 等技术的加持下实现了演播室场景（主播）与采访实地的跨空间全面融合；央视推出的《C＋真探》节目则是集合了 AI 面目识别和 3D 虚拟仿真，实现了虚拟主播与采访人物的隔空对话。此外，山东电视台、黑龙江电视台、河南日报等地方性媒体，也均在两会期间推出了融合 5G、AI、虚拟现实等多项技术的新闻栏目和作品。

从当前多家媒体机构对于融媒"黑科技"的应用特点来看，媒体科技应用已迈入多元融合阶段。未来，随着各项技术在新闻媒体行业的应用普及，将有更多媒体机构融合使用各项最新技术全面推动产业升级。

二、数字报纸出版产业发展现状

（一）市场现状

1. 互联网新闻资讯市场规模高速增长

互联网新闻资讯市场，经过多年的创新变革，已经发展成为一个多元融合的既包括报业机构主导的新媒体领域，也包括众多自媒体和商业媒体所主导的新闻资讯领域。经过市场分析与测算得出，2020年中国互联网新闻资讯市场规模达到778亿元，同比2019年增长40%。详情如图1所示。

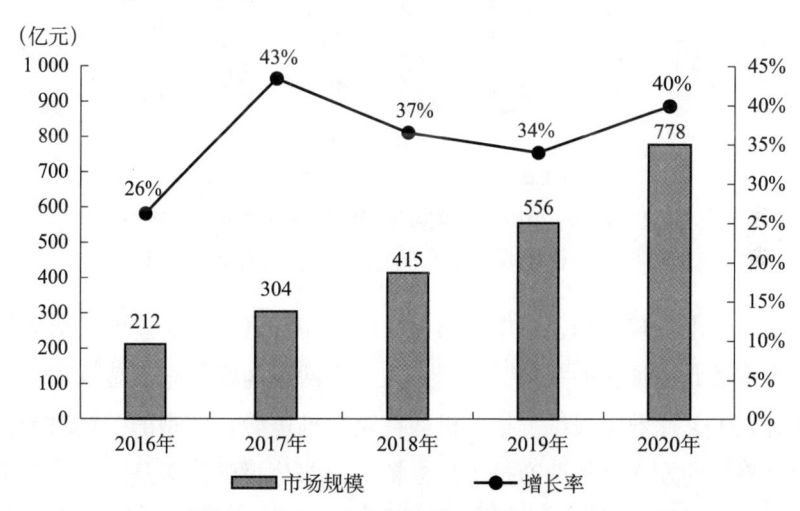

图1 2016—2020年中国互联网新闻资讯行业收入规模

数据来源：据公开资料测算

2020年互联网新闻资讯市场快速增长，主要得益于政策推动、社会利好和企业主导三个方面的因素。政策方面，2020年中共中央办公厅印发《关于加快推进媒体深度融合发展的意见》，要求主力军全面挺进主战场占领新兴传播阵地。社会层面，新冠疫情让各报社大幅加强新媒体制作传播力度，也让用户广泛关注网络新闻资讯内容。企业层面，微信、抖音等社交媒体平台持续推动产品创新，用户活力长期位于较高水平。

2. 数字报纸市场规模加速下滑

数字报纸作为报纸数字化的过渡产品，在报业全面进入移动化、网络化和智能化转型升级后，数字报纸市场不可避免地进入持续下降的境地。经过市场分析与测算得出：2020年中国数字报纸市场规模下降为7.5亿元，同比2019年下滑6.25%，市场进入加速下滑状态。详情如图2所示。

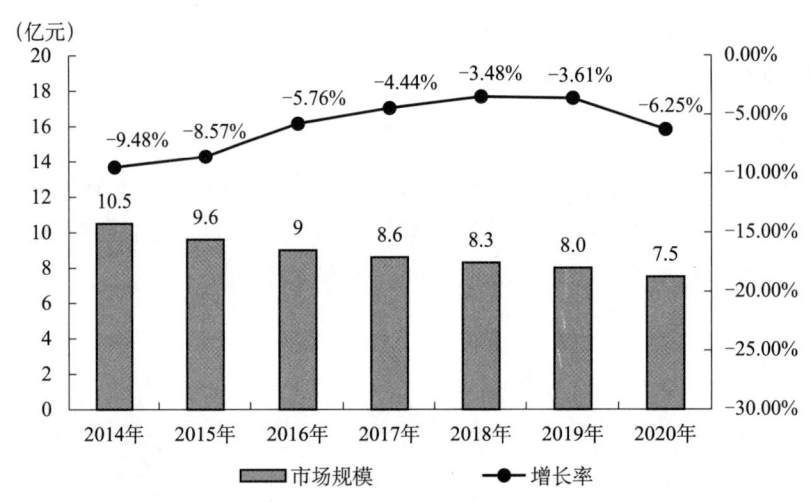

年份	市场规模（亿元）	增长率
2014年	10.5	-9.48%
2015年	9.6	-8.57%
2016年	9	-5.76%
2017年	8.6	-4.44%
2018年	8.3	-3.48%
2019年	8.0	-3.61%
2020年	7.5	-6.25%

图2 2014—2020年中国数字报纸市场规模及增长趋势

数据来源：据公开资料搜集整理计算所得

数字报纸市场规模加速下滑，与互联网新闻资讯市场高速增长形成鲜明对照，两者构成此消彼长的关系。诚然，在互联网新闻媒体全面普及的时代，已经很少有人去关注数字报纸。报业机构在全力推进融合转型的关键时刻，也难以在数字报纸的发布与运营商投入过多精力，部分报纸甚至是直接放弃了数字报纸。从当前行业发展形势看，可以预测未来数字报纸的市场仍将长期持续下滑。

(二) 用户现状

1. 网络新闻用户占网民比例持续降低

中国互联网不断普及的过程中，网络新闻发挥了不可或缺的作用。在中国网民不断增长的过程中，网络新闻用户规模也在持续扩大，但其占网民整体的比例却在逐步下降。据 CNNIC（中国互联网络信息中心）发布的《第 47 次中国互联网络发展状况统计报告》数据统计，截至 2020 年 12 月，我国网络新闻用户规模达 7.43 亿，占网民整体的 75.1%，用户规模较 2020 年 3 月增长 1 203 万，占网民整体比例较 2020 年 3 月下降 5.8%。

网络新闻用户占网民比例持续降低，表明随着互联网的普及，网络新闻用户增长红利正在逐渐消失。虽然阅读网络新闻是很多网民进入互联网的重要推动因素，但随着互联网内容、服务的逐渐丰富多元，部分网民应用互联网的主要动因已经不再是获取新闻资讯。如一些青少年应用互联网可能是学习和娱乐，一些老年人应用互联网可能是为了与子女建立社交关系。在此情形下，要求互联网新闻媒体机构一方面在新闻内容形式上更加丰富、生动，另一方面在发布渠道上可以与娱乐、社交等平台进行融合。

2. 用户偏好使用社交类 APP 获取资讯

在媒体全面融合发展的时代，网络新闻资讯发布的平台非常多，但用户获取新闻的偏好却并不相同。据极光大数据《2020 年新资讯行业系列报告》调查数据显示，2020 年网络新闻用户更偏好于使用社交类 APP 获取资讯，偏好比例高达 52.8%。其次分别是使用资讯分发类、资讯门户类、浏览器类 APP 获取资讯，偏好比例分别为 46.4%、36.7% 和 30.9%。从当下互联网行业的发展趋势来看，社交类 APP 在新闻资讯的阅读传播上，会长期占领首要地位。

网络新闻用户更偏好使用社交 APP 获取资讯，源于社交始终是大众网络活动的第一需求，社交类 APP 的高频使用为新闻资讯的阅读和分享提供了最好的传播平台和传播渠道。在此形势下，各报业机构在建设和运营第三方传播渠道的时候，仍需将社交平台列为最高优先级，优先策划制作更多内容新颖、形式生动、易于社交平台传播的新闻资讯内容。

（三）细分领域现状

1. 党报

为了研究各级党报的融合发展情况，人民日报旗下人民网研究院针对 377 家党报（中央级报纸 12 家，省级党报 33 家，地市级党报 332 家）在多个新媒体端口的建设和运营情况进行了详细数据统计分析，并发布了《2020 全国党报融合传播指数报告》。本报告对于党报的分析，主要引用此份报告数据。

（1）党报新媒体传播渠道全面提升

党报作为由各级党委直接领导的新闻宣传媒体，在全面推动媒体融合发展的步伐上处于所有报纸前列。2020年，以中央级党报为代表的各级党报在各新媒体传播渠道持续发力，主流渠道影响力屡攀新高。人民网研究院《2020全国党报融合传播指数报告》数据显示，2020年党报在各大新媒体传播渠道覆盖率实现了全面提升。详见图3。

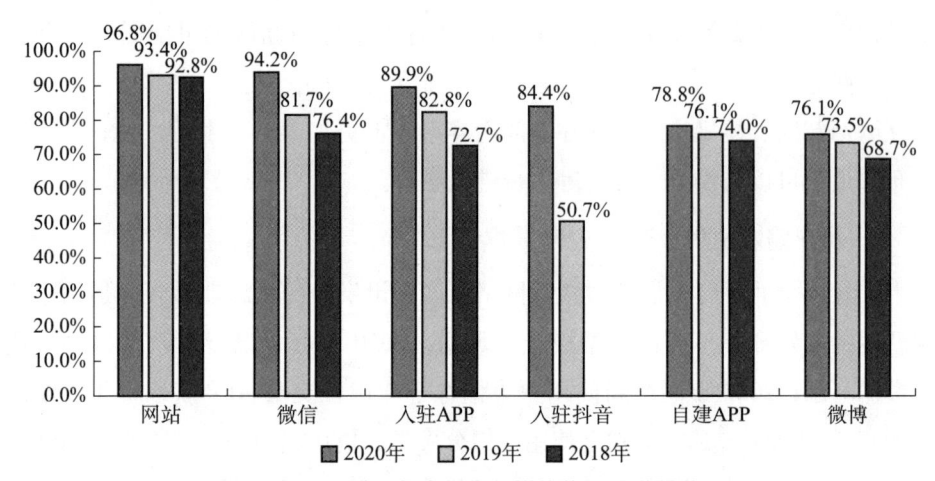

图3 2018—2020年党报在新媒体传播渠道覆盖率

数据来源：人民网研究院《2020全国党报融合传播指数报告》

由图3数据可知，党报在网站上的覆盖率达到96.8%，目前没有官网的党报已经是极少的存在。在微信（公众号）和微博上的覆盖率分别达到了94.2%和76.1%，其中，微信的覆盖率相比2019年大幅提升。此外，2020年党报在入驻APP、入驻抖音和自建APP的比例分别达到了89.9%、84.4%和78.8%。其中值得关注的是，2020年党报入驻抖音的比例比2019年的上升了33.7%，各级党报积极布局抖音端的热情很高。从党报在各渠道的覆盖情况来看，党报总体上在网站、微信和入驻APP三个渠道覆盖面接近完善，在入驻抖音、自建APP和微博三个渠道则还有大量的发展空间。

（2）省级党报客户端下载量快速增长

自建新闻客户端APP，是党报全面获得媒体运营自主权的必然选择，也是党报为用户提供更好网络资讯服务的重要举措。为了进一步研究分析各级党在自建客户端上的运营情况,人民网研究院在《2020全国党报融合传播指数报告》中,对各级党报安卓版新闻客户端下载量的平均值和中位数都进行了详细统计。详情如表1所示。

表1 2019、2020年党报新闻客户端下载量比较

(万次)

	均值		中位数	
	2019	2020	2019	2020
全部党报	245.1	787.4	3.7	7.5
中央级报纸	3 387	7 710.5	233	596.8
省级党报	775.7	2 987.5	128.7	184.5
地市级党报	31	139.8	2.8	5.3

数据来源:人民网研究院《2020全国党报融合传播指数报告》

由上表数据可知,2020年各级党报安卓版新闻客户端总下载量均值达到787.4万次,相比2019年增长221%。其中,地市级党报客户端平均下载量增幅最大,从2019年的31万次上升为2020年的139.8万次,同比增长351%;其次是省级党报,平均下载量也由2019年的775.7万次,上升为2 987.5万次,同比增长285%;最后是中央级党报,2020年平均下载量高达7 710.5万次,相比2019年也实现了翻番。值得注意的是,相比于党报客户端下载量的平均值,其中位数则表现相对惨淡,说明各级党报新闻客户端传播影响力的头部效应十分明显,多数党报在客户端的建设和运营商仍处于落后状态。

2. 都市报

为了研究都市报融合发展的现状,中国新闻出版研究院统计了220家都市报的新媒体建设和运营情况,以下运用此数据对都市报进行分析(注:数据统计时间为2021年3月15—20日)。

(1) 都市报新媒体渠道覆盖面越来越广

都市报作为引领城市文化潮流的媒体机构,在融合发展上更是要跟上全媒体时代主流媒体的新闻传播节奏。随着都市报机构持续推进新媒体融合转型,其在各新媒体渠道的覆盖面也越来越广。详情如图4所示。

由图4数据可知,2020年都市报在网站、微博、微信上的覆盖率分别达到了97.3%、98.2%和94.1%,在本来良好的基础上更加趋于完善。在今日头条、抖音和自建APP上的覆盖率虽然分别只有76.8%、61.8%和60%,但同

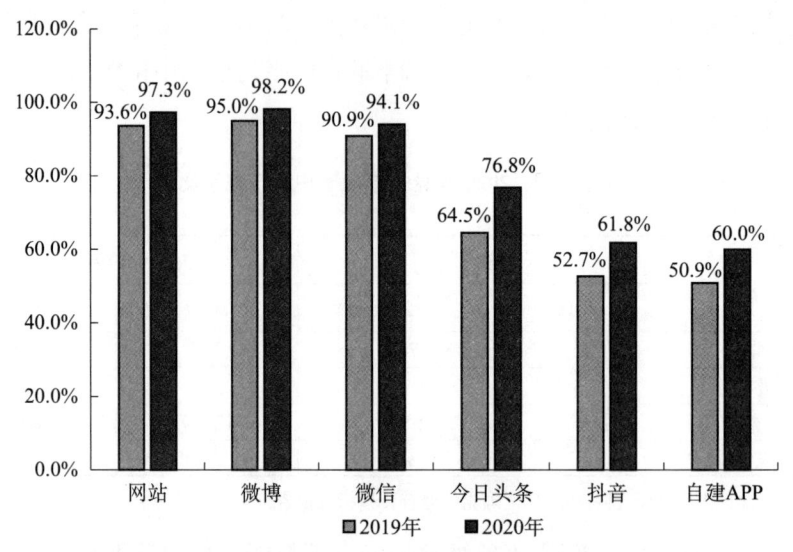

图 4 2020 年都市报新媒体渠道覆盖率

数据来源：中国新闻出版研究院

比于 2019 年均获得了大幅提升。值得注意的是，在各级党报大力推动自建 APP 和抖音上的建设运营力度的趋势下，都市报在两大渠道的建设运营上均处于一般水平，未来一年还需在这个两个渠道上重点投入。

（2）都市报抖音号运营成绩总体两极分化

抖音作为当前最流行的短视频综合平台，是报业机构融合发展扩大媒体影响力必须要占领的重要阵地。各都市报想要扩大自身在市民中的影响，就必须要借助抖音这个重要渠道。通过分析 220 家都市报抖音号的粉丝数量可知，2020 年各都市报抖音号平均粉丝达到了 99.7 万。各都市报抖音号粉丝分布情况，如图 5 所示。

整体来看，都市报抖音号运营呈现两极分化的状态，各都市报抖音号粉丝规模差距很多，运营好的都市报粉丝达到了数百万级别，而运营差的都市报抖音粉丝不足 1 万。分开来看，各都市报抖音粉丝数量在 3 万—300 万这个区间的分布比较不均匀，粉丝数在 10—30 万区间的都市报最多，而在 1—3 万区间的都市报最少。值得关注的是，有 9 家都市报的粉丝数量达到了 300 万以上，成为都市报抖音号建设运营的重要范例。

3. 行业报

为了研究都市报融合发展的现状，中国新闻出版研究院统计了 100 家行业

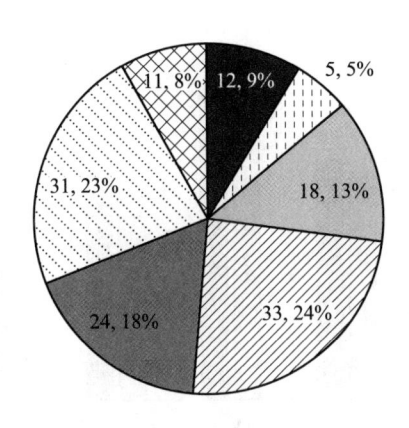

■ 0-1万　□ 1-3万　■ 3-10万　☒ 10-30万　■ 30-100万　□ 100-300万　□ 300万以上

图5　2021年都市报抖音号粉丝数量分布情况（2021.3.20）

数据来源：中国新闻出版研究院

报的新媒体建设和运营情况，以下运用此数据对行业报进行分析（注：数据统计时间为2021年3月15—20日）。

（1）行业报新媒体渠道覆盖率稳步提升

行业报作为面向单一领域的媒体，由于其用户受众面相对较窄，在向新媒体融合转型行动中难免存在动力不足的现象。2020年，行业报在新媒体渠道建设上进一步发力，虽然整体表现相比于党报和都市报存在较大差距，但在各渠道覆盖率上仍然实现了稳步提升。详情如图6所示。

分开来看，在"两微一网一端"三大渠道建设上，网站、微信、微博的覆盖率分别达到了96%、93%和82%，在覆盖率上都属于较高水平。在今日头条和抖音的渠道建设上，今日头条的覆盖率已经达到78%，而抖音的覆盖率刚刚过半。新闻客户端建设虽然处于下风，但当前的覆盖率已经上升为52.0%。值得思索的是，行业报越是用户受众狭窄，所面临的融合转型压力越大，转型速度太慢可能会导致逐渐失去用户以致最后无人问津。

（2）行业报头条号运营总体上泛善可陈

今日头条作为最具影响力的新闻聚合平台，在新闻智能推荐上有强大的技术优势，正好是新闻资讯内容相对专业的行业报可以充分利用的平台。通过统计100家行业在今日头条上的粉丝数量可知，2021年3月各行业报今日头条的平均粉丝数达到17.74万。详情如图7所示。

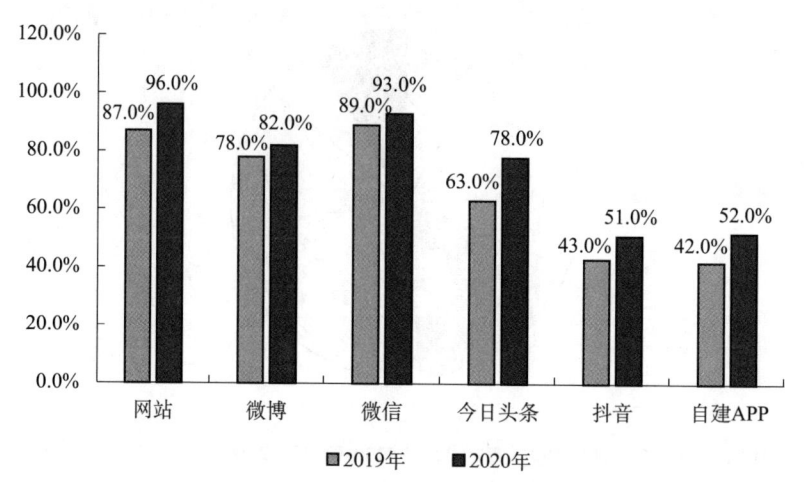

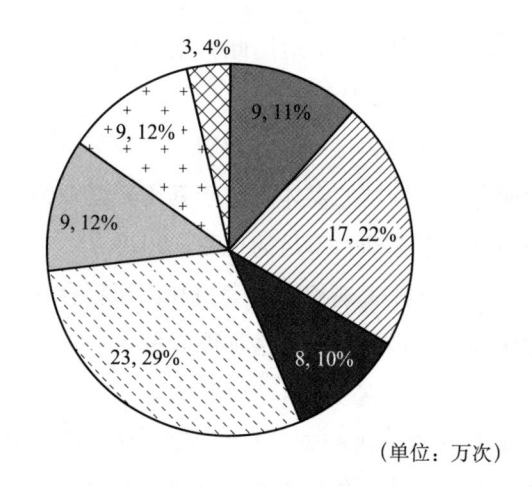

图 6 2019—2020 年行业报新媒体渠道覆盖率

数据来源：中国新闻出版研究院

图 7 2020 年行业报今日头条粉丝数量分布情况

数据来源：中国新闻出版研究院

整体来看，行业报在今日头条上的运营现状可以用乏善可陈来形容，绝大多数行业报头条号粉丝数量不超过 10 万，粉丝数超过 100 万的行业报也仅有 3 个。分开看来，各行业报中粉丝规模居于 3—10 万这个范围的最多，占比达到 29%；其次是 10—100 万这个范围，占比达到 24%；然后是粉丝数不足 1 万的行业报占比也达到了 22%。综合上文可知，2020 年行业报在今日头条的渠道覆盖率上大幅提升，然而各报在今日头条的粉丝数量却相对比较惨淡，究其原因可能仍是对今日头条的运营重视程度不高，值得所有行业报引起重视。

（四）运营模式分析

1. 创新主题报道形式，占领意识形态主阵地

2020年，是中国人民抗日战争胜利75周年，是中国抗美援朝出征70周年，也是全面建成小康社会目标实现之年。这一年里，中国顺利召开了全国两会、十九届五中全会和全国抗议表彰大会等会议。抗疫胜利、经济建设和时政会议等宣传主题，为广大新闻工作者提供了书写精彩华章的广阔舞台。全国报媒围绕党和国家工作的主题主线，推出了一大批立意高、创意足、形式新、传播广的优秀主题报道。在中国人民抗日战争胜利75周年主题中，人民日报推出的微电影《七十五》，中国日报发布"向抗战老兵致敬"的短视频，都让人感动万分并心生敬意；在"走向我们的小康生活"主题中，农民日报携手了多位"三农"知名创作者共同创作了多个趣味互动的短视频，用创新接地气的表现方式展望小康生活的美好未来。在围绕"宣传贯彻党的十九届五中全会精神"主题上，光明日报在官网上推出了"十三五成绩""十四五规划""二零三五远景图"等多个精心策划的专题。这些融合多种科技媒体形式的创新主题报道，让中国广大群众和国际社会更好地领略到了共产党领导下的中国日益繁荣富强的面貌。

当前世界面临"百年未有之大变局"，中西方政治思想博弈越来越激烈，各级报纸作为党全面领导下的主流媒体，必须坚决拥护党对宣传思想工作的领导，深入贯彻习近平总书记"全国宣传思想工作会议讲话"精神，长期占领"服务党和国家事业全局"政治思想高位，积极发挥主流媒体的舆论影响力，将党的声音传递给世界各国、各族人民和千家万户。

2. 打造融媒精品内容，广泛传播正向能量

2020年初突发的新冠肺炎疫情，让社会生产生活遭遇了极大的限制，也让广大的人民群众内心忐忑不安。在此艰难危急时刻，各级报媒纷纷迎难而上挑起发挥主流媒体舆论作用的大梁。

中国青年报作为面向年轻群体的主流报纸，在疫情之间成为向年轻人传递正向能量的中坚力量。2020年3月，恰逢总书记习近平考核武汉疫情防控工

作，中国青年报团队来到正值樱花盛开的武汉大学校园，拍摄制作《青年大学习：在疫情防控中体现负责任大国担当》H5作品，全平台点击量达1.4亿人次，直接参与学习互动的人数高达4 678万人。湖北日报作为身处疫情中央的本地媒体，在及时传递抗疫声音上更是义不容辞。首发的人物报道《武汉市金银潭医院院长：身患绝症、妻子被感染，抗击疫情最前线30余天》，融合文字、图片、短视频等多种形式，在微信、抖音等平台总阅读量达6 935万。旗下楚天都市报微博话题"共渡难关 武汉加油"阅读量达4亿，微信文章"武汉再建10座方舱医院"阅读量达3.6亿，抖音短视频《武汉汉口江滩，市民在默哀之后自发齐唱国歌》点击量达5 000万以上。中国青年报、湖北日报等各级主流媒体，通过精心策划制作的融合式精品内容，发挥了主流媒体的引导作用，也获得读者广泛的关注和认可。

由此可以看出，疫情期间主流媒体的价值，不只是全面及时地报道各地最新的疫情状况和抗疫举措，更重要的是使用热情温暖的笔法传递了危难之中的正向能量。并且善于利用最新的媒体技术制作出融媒精品内容，通过多个新媒体渠道向大众广泛传播正向能量。

3. 打造融合移动产品，推出本地特色服务

传统媒体向全媒体融合转型，不仅需要通过优质内容扩大主流媒体影响力，还需要打造融合多种内容形式的终端产品，才能建立起媒体与用户之间的良好连接关系，从而为广大用户提供更好的服务。秉承移动优先策略，大量报纸媒体都推出了基于移动终端的新闻客户端产品，并逐渐获得用户的认可。

2020年，各地方党报关注度快速上升，新闻客户端下载量屡创新高。在此趋势下，长江日报、青岛日报和河南日报等地方党报纷纷推出了新的客户端产品。长江日报推出"大武汉"客户端，主打"服务+互动+新闻"三大特色，为用户提供丰富的新闻资讯、全面的社区服务和权威的投诉办理服务。青岛日报推出"观海新闻"客户端，不仅融合了"AI主播、VR直播、短视频"的新闻资讯平台，更是融合了投诉爆料、社区办事、生活查询等服务平台。河南日报更是联合腾讯推出"顶端新闻"客户端，产品集合了腾讯的云计算、AI、LBS、IOT、小程序等技术能力，致力于为新主流人群提供年轻态、问答式、视频性的资讯、政务和生活服务。这些地方党报通过打造融合移动产品，不仅可以为用户提供内容丰富、形式新颖的新闻资讯，还能基于本地特色提供所需的

政务、商务和生活服务。

从最开始的"借船"到现在的"造船",报业媒体推出的融合式新闻客户端,是媒体融合转型的全面升级。独立的客户端,不仅能融合多种形式的内容,建立更完善的用户连接关系,而且还能有效整合区域所有媒体资源,将本地区宣传思想阵地牢牢地掌握在党的手中,从而更加全面地为当地政府治理赋能。

4. 建设融合云端平台,参与区域社会治理

报业机构实现全媒体转型的条件,就是必须建立起"统一调度、统一采编、统一制作、统一发布、统一运营"的工作模式。这种工作模式的实现,一方面要求建立适应全媒体生产传播的体制机制,另一方面则要求建立起融媒体中枢系统"中央厨房"。当前,各级党报都已经建立起了适合自己的"大小厨房",并在全媒体融合报道中发挥了重要作用。如今,各大型报业集团开始将服务内部的中枢系统"中央厨房"升级为服务区域的融合平台"区域云"。

四川日报、吉林日报、湖北日报等多家报业集团在2020年建设或升级了"区域云"平台。在全面抗疫的考验下,由湖北日报搭建"长江云"完成了计划之外的平台扩建,包括建立起全国性联动平台"战疫集结号",开创广电5G无接触式新闻发布会、平台大数据介入公共危机处理、建立在线义诊平台。吉林日报把数字采编发"中央厨房"统建为整体技术系统,以高性价比的技术投入完成了"吉朵云"同采编平台、数据平台、全省党媒服务平台的初步搭建,并开始推动"吉朵云5G新技术规模化应用"项目建设,计划主动融入和拓展大宣传格局,聚合媒介要素参与民生服务和社会治理。四川日报发布了"四川云2.0",四川云已进化成一个由数据共享平台、智能融媒平台、社会治理平台3大矩阵构成的"科技+传媒+服务"党媒云,成为四川日报全媒体党报、党端、党网、党云核心矩阵的重要组成部分。在"长江云""四川云""吉朵云"等平台的带动下,更多的省级媒体将会推动区域云平台的建设与完善。

报业机构加快建设"区域云"融合云端平台,是融入更大范围传播体系的需要,也是迅速完成产业转型升级的需求。通过形成更大范围的媒体传播效应,以及更多机构、企业和群众的连接关系,衍生出更全面的政务、商务和生活服务能力,从而具备参与区域社会治理的能力。

5. 试水热门商业领域，探索新型盈利模式

报业机构由传统媒体全面向新媒体融合发展，实现了由落后产业向先进产业的转型升级，但如何实现规模化的盈利却一直是困扰行业的难题。传统报业主要依靠报纸订购和广告投放盈利，转型新媒体后基本只有广告投放这一项盈利方式。而且，当前新闻资讯行业内自媒体、科技媒体都非常兴盛，报业转型新媒体后要在流量上与许多科技公司和网络大 V 同台竞争，仅仅依靠广告投放方式持续盈利的压力非常大。

2020 年，直播带货全面兴起呈现遍地开花局面，多家知名党报乘势加入"直播"带货大军。2020 年 4 月，人民日报新媒体联合知名主播薇娅团队、淘宝电商平台等共同突出"为鄂下单"系列公益直播活动，首场湖北团圆专场直播活动单场引导成交金额超过 2 亿元。8 月，温州日报与南充日报联手举办"东西协作·山海共融"小康中国四川南部行暨南部县农特产品直播周活动，首次在"南充见"APP 开启的直播带货活动，1 小时内就吸引了超过 10 万人观看。由此可见，无论是中央级报纸还是地方报纸，都可以利用自己的媒体影响力，在直播带货领域创造重要价值，预计 2021 年试水直播带货领域的报纸会越来越多。

网络直播兴起后，后端配套的网红培训产业（MCN）也快速成为热门的商业领域，一些报业机构开始尝试进入这一领域。如 2020 年 12 月 4 日，巴彦淖尔日报社携手短视频平台快手建立 MCN 直播电商基地，巴彦淖尔也成为全国首家党报社快手媒体 MCN 机构。当前，MCN 已经成为报业融合发展的热议方向之一，未来逐渐会有更多的报业机构入局。虽然报业媒体机构做网红人才培训跨界很多，但是相关行业内已有多家广电机构涉足 MCN 成功的案例，因此报业机构入局 MCN 也不失为一种拓展产业边界探索盈利的新模式。

三、数字报纸出版产业年度大事件

（一）全国首个区块链新闻编辑部成立

2020 年 5 月 20 日，全国首个区块链新闻编辑部在云端正式成立。该

区块链新闻编辑部由湖北广播电视台融媒体新闻中心倡导筹备，湖北广播电视台长江云、北京广播电视台北京时间、上海报业集团澎湃新闻、贵州日报天眼新闻、江苏广播电视台荔枝新闻等12个省市的主流新媒体作为首批成员单位联合组建。该编辑部利用各家媒体资源优势，运用5G传播、AI人工智能、异地全息投影等新媒体传播技术，开展媒体间的云端大型联合报道。

（二）上海报业集团与东方网联合重组

2020年5月29日，上海报业集团、上海东方网股份有限公司实施联合重组。旨在加强整合、突出重点，实现资源集聚；各具所长、差异发展，实现优势互补；利用资本、合理布局，实现资产盘活，深化探索"内容建设为根本、先进技术为支撑"的媒体融合发展路径，走出顺应信息技术发展趋势、推进媒体转型发展的创新实践，突显"1+1>2"的改革效应，着力打造拥有强大实力的新型媒体集团。这标志着上海媒体融合及文化国资国企改革开启了再出发、再突破的新征程。

（三）媒体深度融合写入十四五规划建议

2020年11月3日，《中共中央关于制定国民经济和社会发展第十四个五年规划和二〇三五年远景目标的建议》发布，明确提出"推进媒体深度融合，实施全媒体传播工程，做强新型主流媒体，建强用好县级融媒体中心"。媒体深度融合已上升到国家层面。

（四）新华社推出首个5G沉浸式跨屏访谈

2021年全国两会前夕，新华社推出了5G沉浸式多地跨屏访谈系列报道，在5G、AI、MR等技术的加持下，通过采集代表委员及所在工作环境实时信号并运用CAVE演播室技术等比例还原真实场景，实现了主持人身处北京演播室，便可"跨入"代表委员实地工作和调研场景，以全实景、真跨屏的方式，沉浸式地听代表委员讲述他们的履职故事。

四、总结与展望

（一）官方媒体社会公信力迈上全新高度

2020年到2021年，中西方在抗击疫情、贸易公平等问题上展开博弈。西方媒体极力刻意抹黑中国，中央电视台、新华社、人民日报等官方媒体纷纷以事实陈述、公理辩证、行为谴责等方式进行强烈回击。在中西方媒体激烈对抗中，官方媒体所引导激发的国家荣誉感愈发浓烈，大众对于官方媒体的公信力也迈上了新的高度。

大众对于官方媒体信任度快速上升，源于官方媒体本身就具备的多重优势。一是对比于商业媒体、自媒体，官方媒体更具权威性。二是在中西方博弈的撰文上，官方媒体的作者更为专业。三是在对抗西方政府、媒体的态度上，官方媒体更加准确而坚决。更何况，中西方博弈涉及国家荣辱与民族大义等大是大非问题，在新闻舆论上大众更愿意相信国字号的官方媒体。从目前趋势看，未来中西方的政治、经济、舆论上的博弈会更加激烈，官方媒体的公信力还会持续增强。

（二）科技与媒体快速融合带来播报新体验

2020年到2021年，在新冠疫情、脱贫攻坚、全国两会等主题报道过程中，可以观察到新型媒体技术应用得越来越广泛，而且多种技术融合应用的程度越来越高。科技与媒体的快速融合，创造出了更富有创新力的新闻采编、展现和传播形式，也给大众带来了更加新颖的观赏互动体验。

媒体技术的快速普及，也让更多的媒体踏上了与科技快速融合的快车道。2020年，AI虚拟主播还只是中央级媒体推出的新鲜事物，2021年大量地方党报也纷纷应用上了AI虚拟主播。媒体技术应用也从去年的单一技术应用进入多种技术的融合应用。如2021年非常新颖的"沉浸式"跨屏访谈，就是5G、AI、MR等多种技术融合的成果。多种技术融合的报道形式，也让新闻观赏者沉浸其中，获得了更多阅读观赏讨论新闻的乐趣。

（三）报业新媒体占领网络新闻主要阵地

2020 至 2021 年，报业融合发展高速推进，报业新媒体影响力持续扩大。过去一年，报业机构在新媒体渠道的布局越来越完善，在各大平台新媒体账号的关注用户越来越多。这一年里，报业机构在中西方博弈大事件中获得的公信力大幅增强，用户对报业新媒体的认可程度越来越高。与此同时，报业机构在新媒体运营中更加具亲和力，大众对于报业新媒体的也更加青睐。

综合相关平台数据来看，当前人民日报、环球时报（环球网）、新华通讯社（新华网）等报业新媒体，无论是在微信公众号还是在抖音短视频上粉丝数都是名列前茅的新闻媒体。与此同时，报业机构推出的移动客户端下载量也是屡攀新高，当前人民日报在各大应用市场合计下载次数也达到了数亿级别，仅次于今日头条、腾讯新闻、趣头条等媒体聚合平台。当前，在网络新闻领域领域，报业新媒体的影响力已经远超商业媒体，市场占有量也将逐步实现对商业媒体的超越，最终全面占领网络新闻主要阵地。

（四）报业机构加速推动新媒体融合转型

2020 至 2021 年，报业机构运营发展的第一目标仍旧是融合转型，并持续通过体制机制改革、媒体技术应用、全媒体人才培养推动目标的实现。过去一年，在政策、行业、疫情等多个因素推动下，传统报业机构向新媒体融合转型的推动速度明显加快。主要体现在技术、渠道和平台三个方面，一是加速推动了新闻资讯作品中新媒体技术的应用。如今，5G 已经成为各报业机构的基础技术，大型报业集团开始探索 5G、AI、MR 等前沿技术的融合应用。二是加速推动了市场新媒体渠道的布局。目前，各报业机构在微博、微信、今日头条等图文性平台的布局基本完成，正加紧推动在抖音、快手、B 站等短视频平台渠道的布局。三是加速推动了移动客户端的打造。当前，客户端的打造和运营仍是各报业机构的薄弱项目，但大型党报已经开始在客户端上投入重要力量。随着报业机构向新媒体转型的快速推进，最终将成为新闻资讯领域同时具备专业素养与创新能力的媒体企业。

（五）报业融合纵深发展建立全媒体生态

自 2015 中国报业开始全面推动传统媒体业态向新兴媒体业态融合发展以来，虽然报业转型融合工作取得了巨大的成就，以中央级党报为代表的报业机构在新媒体生产传播和服务上也展现出了非常好的创新形态，但大量地方性报纸在转型融合过程中大多停留在表面，在体制机制、工作流程、技术人才等方面无法适应当前全媒体时代的发展要求。为此，2020 年中共中央办公厅印发《关于加快推进媒体深度融合发展的意见》，推动报业进一步向深度融合纵深发展。

在政策的推动下，中国报业将会逐步加大转型融合力度。首先是大力推动机构内部体制机构的改革，在保持党委领导原则下最大化实现向科技企业转型。其次是大力推动新型媒体技术的研发与应用，包括内容制作、平台传播、系统管理等各方面的技术。然后是大力推动传媒机构跨界融合，报业机构与广电、网络媒体机构的整合，最终实现一座城市统一宣传出口的目标。最后是大力推动报业服务与政府治理的融合，让报业媒体平台成为政府面向大众服务的网络窗口。地方报业机构通过推动融合纵深发展，最终建立区域新闻舆论的全媒体生态。

（作者单位：山东大学新闻传播学院）

参考文献：

[1] 中国财政部. 2019 年财政收支情况［OL］.［2020 - 2 - 10］. http：//gks. mof. gov. cn/tongjishuju/202002/t20200210_ 3467695. htm

[2] 人民网.《2019 中国传媒产业发展报告》发布［OL］.［2019 - 8 - 24］. http：//media. people. com. cn/GB/n1/2019/0824/c40606 - 31314877. html

[3] 国家统计局. 中华人民共和国 2019 年国民经济和社会发展统计公报［OL］.［2020 - 02 - 28］. http：//www. stats. gov. cn/tjsj/zxfb/202002/t20200228_ 1728913. html

[4] QuestMobile. 2019 中国移动互联网八大关键词［EB/OL］.［2020 - 01 - 07］. https：//www. questmobile. com. cn/research/report-new/79

[5] 中国产业信息网. 2019 年中国移动新闻资讯收入增速将降至 34. 9%，市场规模达到 450. 7 亿元［OL］.［2019 - 03 - 26］. http：//www. chyxx. com/industry/201903/724726. html

［6］艾媒网．艾媒报告丨2019Q1 中国手机新闻客户端市场监测报告［EB/OL］．［2019 - 5 - 10］．https：//www. iimedia. cn/c400/64308. html

［7］极光．新闻资讯行业研究报告．［EB\OL］．［2019 - 12 - 13］．https：//www. jiguang. cn/reports/459

［8］人民网．人民网副总裁唐维红发布《2019 全国党报融合传播指数报告》［OL］．［2019 - 07 - 10］．http：//media. people. com. cn/n1/2019/0730/c120837 - 31263678. html

2020—2021 中国互联网期刊出版产业年度报告

李广宇　王友平　高默冉　戴铁成

一、互联网期刊出版产业概述

（一）传统期刊互联网出版商的最新进展

2020年整个互联网期刊出版均在进行产品升级与服务模式创新。在个性化知识需求不断增加的新形势下，基于知识管理的知识服务已成为一种新风向。先进的结构化与碎片化处理、知识化标注、知识关联挖掘的技术，完备的细分行业知识管理、知识服务体系，打破了固有单向的知识输出方式，真正实现了面向创新需求的服务模式[①]。这已经成为传统互联网出版商在知识经济、数字化、大数据、人工智能等新技术冲击下进行转型升级的一条重要途径。

1. 互联网期刊出版商新部署

（1）同方知网的新动作

中国知网服务平台全面升级。无论是检索标准建设、平台核心基础建设，还是专题服务都得到进一步升级。总库平台（KNS8.0，移动端为全球学术快报）实现全网技术升级，CNKI国内外3.3万家机构用户获取的资源从《中文知识资源总库》升级为"世界知识大数据"，平台服务从权威的中文检索平台升级全球

---

① 期刊数字化升级应加快向知识服务转型 http://news.sciencenet.cn/htmlnews/2020/10/446737.shtm

学术快报。实现中外文文献的统一语言输入、统一检索和发现、统一学科体系、统一期刊推荐、统一知识网络、统一阅读方式、统一个性化服务，兼顾检全检准结果接近世界级的检索标准。移动端英文版 CNKI Express 在 Google Store 发布。此外，2020 年中国知网承担建设的中国科技期刊卓越行动计划之"科技期刊数字化运营国际平台"在第十六届中国科技期刊发展论坛上重磅亮相，正式发布了平台的核心基础系统——腾云采编 V9.4。为学习"十四五"规划的重要精神和核心内容，中国知网隆重推出"十四五"规划知识服务专题，专题聚焦"十四五"规划前沿资讯，整合了"十四五"规划的总体目标、重要文件、指导思想、媒体解读、重点领域、行业前瞻、往届回顾等不同维度的文献和报道，解读最新的规划动态，为各行各业提供"十四五"规划的知识服务[①]。

(2) 万方数据的新动作

万方数据在大数据和人工智能技术的驱动下，致力于实现服务思维和模式上的创新与突破，以科技大数据为新战场，围绕科技资源发现、全域资源感知获取、科研分析评价、科技情报服务等核心功能，提升科技大数据服务价值，升级打造学术信息智慧服务；同时推动互联网、大数据、人工智能和实体经济深度融合，在创新引领、学术研究、信息共享、智慧服务等领域，培育新增长点、形成新动能。此外，新技术对产业带来的影响需要知识服务行业以更加开放的态度和协同合作的精神积极探索与应用。万方数据围绕新时代下科技创新的新需求，通过加强产业合作，引领推动大数据、人工智能技术与学术知识服务的融合应用，推动行业加速转型，助力科技成果与知识服务的智慧转化[②]。万方数据参与兴建的清远万方大数据产业园万方数据华南中心正式揭牌，万方数据推动知识发展再攀高峰。"万方数据华南中心"将成为华南地区最大的大数据创新驱动科技园区和清远市科技创新名片。

(3) 维普资讯的新动作

维普资讯于 2020 年上线维普医学培训考试服务平台[③]和馆藏绩效评价系统[④]。前者是一款专门针对医院、医学院校和医疗卫生行业机构开展集资源服务与教

---

① 2020 中国知网年度大事盘点 https：//mp.weixin.qq.com/s/Dyr6KAZ1BYENuSpETmS4Kg
② 二十载点亮知识服务之光　万方数据创造无限未来 https：//baijiahao.baidu.com/s?id=1675334931587374460&wfr=spider&for=pc
③ 维普医学培训考试服务平台全新来袭！！！ https：//mp.weixin.qq.com/s/huzNH1OWWczAPYhw-m6tqQ
④ 维普《馆藏绩效评价系统》正式发布！ https：//mp.weixin.qq.com/s/temwD0mXdSIswzX77c_yBA

学培训功能服务于一体的平台类产品，既包含海量医学题库资源，又支持机构自有课程和题库资源建设，同时进行线上教学及在线考试应用。后者通过收集整理全球学术电子资源，构建多元分析模型，支持对接第三方平台数据，全面进行馆藏电子资源数量、质量、使用率与成本效能评价，综合揭示机构馆藏资源科学性、合理性、权威性。

2. 互联网期刊出版商积极抗疫

2020年伊始，突如其来的新冠肺炎疫情严重影响了社会的正常运转，对生产、教学、科研等工作造成巨大影响，各家互联网期刊出版商迅速推出相应举措，在抗疫行动中付出自己的不懈努力和作出巨大贡献。

为响应教育部延期开学、停课不停学等有关规定，中国知网全面启动"疫期千馆服务工程""CNKI在线课堂服务工程"等项目，提供校外漫游、知网研学、全球学术快报（手机端）、OKMS·汇智、在线教学服务平台等多种产品与服务；万方数据的智搜平台、万方分析、万方选题服务等免费开放；维普中文期刊服务平台免费开放，培训考试服务平台开通免费试用通道[①]。

在新冠肺炎最新科技论文的发表上，经中华医学会杂志社、中华预防医学会、中国医师协会、中国药学会、中华中医药学会、《中国学术期刊（光盘版）》电子杂志社有限公司共同商定，决定联合发起倡议，动员各学会所属期刊和全国各优秀医药卫生学术期刊，特别是已在中国知网进行网络首发的期刊，马上行动起来，将"新型冠状病毒感染的肺炎"科技攻关列为重大选题，组织全国高质量、高水平研究成果，在中国知网进行OA（开放获取）出版，以最快的速度将科研成果用于抗击疫情，向全国、全球广泛传播。这一专项的OA出版与服务费用全部由中国知网承担。

中国知网与《新英格兰医学杂志》出版方NEJM集团达成中英全文合作意向，旨在第一时间将NEJM中英文版本的新型冠状病毒最新研究成果，发表在CNKI的"新型冠状病毒感染的肺炎研究"OA出版专题上，为全球医学专业人员提供及时、全面、系统的科学知识服务，为新型冠状病毒疫情防控、病毒病理、临床诊治、新药开发等全方位的科研攻关提供有力支持。

---

① 维普培训考试服务平台免费试用申请通道 https://mp.weixin.qq.com/s/F8rmhZqyJm4Po9Gd4-Yi2Q

（二）互联网期刊出版市场状况分析

"十三五"期间，国家出台了很多促进科技期刊加快发展的政策文件，对项目进行资助，《国家教育事业发展"十三五"规划》支持高校建立海外中国学术研究中心，参与和设立国际性学术组织，建设一批优秀外文学术网站和学术期刊。高校、科研院所、企业也积极推进数字化建设，互联网期刊出版借助政策和市场的东风行业总收入达到104.79亿元，收入规模逐年增加，平均增长率为10.1%。

2020年是"十三五"收官之年，本年度互联网期刊出版行业收入总额达到24.53亿元。与2019年相比增加了2.35亿元，增长10.18%，"十三五"期间，互联网期刊出版产业规模从2016年的17.5亿元，逐步发展到2020年的24.53亿元（详见表1）；增长速度由2016年的10.41%发展到2020年的10.18%（详见表2），五年来，其平均增速为9.95%。

表1　近5年互联网期刊出版产业规模

年度	2016	2017	2018	2019	2020
互联网期刊出版（亿元）	17.5	20.1	21.38	23.08	24.53

表2　十三五期间互联网期刊增速对比

年度	2016	2017	2018	2019	2020
增长速度（%）	10.41	14.86	6.36	7.95	10.18

下面以中国知网为例分析"十三五"期间互联网期刊出版商的市场状况。2016—2020年三种销售模式下的经营收入均有明显增长，平均增长率为11.39%。足以看出互联网期刊出版行业具有良好的发展前景，受期刊出版集团数字化转型影响不明显。

表3　2020年不同模式下取得的销售额

（亿元）

模式＼年份	2016	2017	2018	2019	2020
中心网站包库	7.97	9.27	8.93	9.57	10.08
镜像站点	3.01	3.63	4.69	5.48	6.49

（续表）

年份 模式	2016	2017	2018	2019	2020
流量计费	0.75	0.83	0.96	1.11	1.29
总量	11.73	13.73	14.58	16.16	17.86
增长率	12.36	17.05	6.19	10.83	10.52

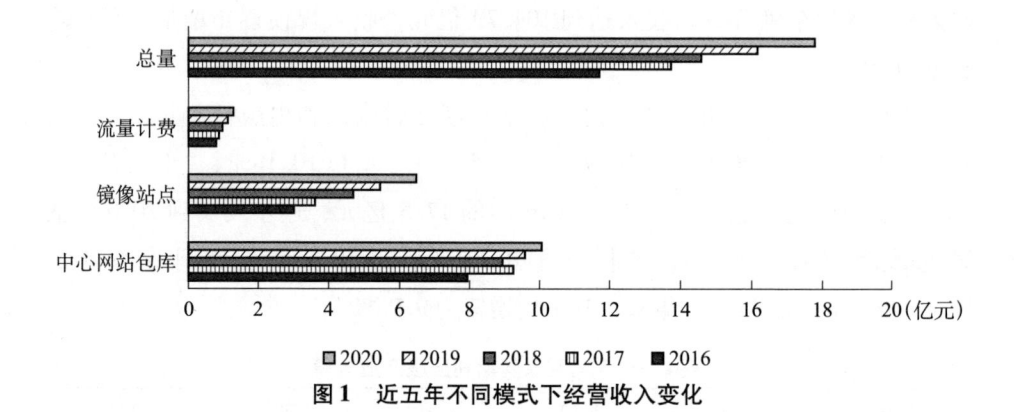

图 1　近五年不同模式下经营收入变化

图 2　2020 年不同销售模式收入占比

目前，互联网期刊出版商主要还是通过网站包库、镜像站点及流量计费三种模式销售，2020 年各模式的销售额与往年相比有明显增加，依然是中心包库模式所占比重最大，超过 50％，流量计费占比不到 1/10。

表4　近五年不同销售模式占比

年份	2016	2017	2018	2019	2020
中心网站包库	67.95%	67.52%	61.25%	59.22%	56.44%
镜像站点	25.66%	26.44%	32.17%	33.91%	36.34%
流量计费	6.39%	6.05%	6.58%	6.87%	7.22%

图3　近五年不同销售模式销售额走势变化

分析近五年不同销售模式占比变化发现中心网站包库占比呈现出下降的趋势，而镜像站点则有所增加，尤其是2018年网站包库下降明显，下降幅度为6.3%，镜像站点增长了5.7%增长幅度非常明显，流量计费变化并不明显。

从用户使用偏好的角度来看，中心网站2020年的下载量为14.610 774 76亿篇次，日均下载为400.295 1万次；年访问量（登录、检索、浏览、下载）192.901 942 423亿人次，日均访问量52 849.847 2万人次；镜像2020年下载量0.476 953 9亿篇次，日均下载13.067 2万次；年访问量（登录、检索、浏览、下载）2.086 432 44亿人次，日均访问量57.162 5万人次。

（三）互联网期刊出版产业数据资源建设情况

随着互联网期刊出版行业的升级，各家互联网期刊出版商均着力建设知识服务平台，知识服务最重要的就是知识的来源，数据资源是各个知识服务平台的根本，企业立足于不败之地就需要在资源上拥有绝对的优势。为此各家互联网期刊出版企业都积极沟通出版单位，拓展期刊版权合作来源。

2020年中国知网与中华书局、中国人民大学出版社、上海人民出版社、人民邮电出版社、复旦大学出版社、上海辞书出版社、中华医学会杂志社、中国航空学会、中国法学会、中国高等教育学会、东华大学期刊中心、中国移民管理报社、湖南大学、博鳌亚洲论坛等国内重要出版机构、学术机构，及《求是》《中国海关》《中国审计》《水产学报》《中国水产科学》等重要专业期刊和一些科技领域新型交叉学科新刊等重要学术期刊达成战略合作。全年新增学术期刊59种，会议论文出版单位77家，博硕士学位培养单位9家，报纸出版单位22家、图书出版社82家，期刊收录累计总数11 581种。

新增120余家海外权威出版机构合作伙伴。包括施普林格自然出版集团、美国国家科学院（NAS）、美国马塞诸塞州医学协会、美国儿科学会（AAP）、美国心理学会（APA）、国际货币基金组织（IMF）、英国皇家化学会（RSC）、法国著名出版社Classique Garnier等全球重要出版机构。同时，大英图书馆、新加坡国立大学图书馆、香港大学图书馆、澳大利亚国立大学图书馆等国际著名图书馆与中国知网达成合作。迄今，中国知网海外合作出版机构达800多家，分布在75个国家和地区。

万方数据获得2022—2026年中华医学期刊全文数据库省级独家代理①，代理区域包括：北京市、广西壮族自治区、贵州省、河北省、河南省、上海市、天津市、云南省、黑龙江省、吉林省、辽宁省、新疆维吾尔自治区、四川省、甘肃省、海南省、湖南省、江苏省、江西省、宁夏回族自治区、青海省、山西省、安徽省、内蒙古自治区、西藏自治区、重庆市25个地区。

2020年传统互联网期刊出版商资源量依然是递增的状态，新增期刊论文一千多万篇，学位论文70余万篇，会议论文30余万篇。累计收录期刊论文逾2亿篇，学位论文近一千二百万篇，会议论文一千七百多万篇，详见表5。

表5　2020年互联网期刊行业资源建设加工情况

	2020（新增）	2020（累计）
期刊论文（万篇）	1 025	21 300
学位论文（万篇）	75.8	1 191
会议论文（万篇）	32.7	1 108
期刊（刊次）	115	19 862

各互联网期刊出版商在资源建设上的重点也有所区别，知网和万方知识资

---

① 万方数据获中华医学期刊全文数据库省级独家代理商结果公示 https://mp.weixin.qq.com/s/wS7hYTD6LusKJQbvyaUlLw

源覆盖面广，涵盖期刊、学位论文、会议论文、专利、标准、法律法规等，类型多内容较全面，且收录中外文相关内容，检索时在中外文文献合并检索相关内容。维普的《中文期刊服务平台》是在《中文科技期刊数据库》基础上研发而来，以中文期刊资源保障为核心基础。具体资源加工与收录情况，这些平台也有很大的不同。维普中文期刊服务平台收录数 7 000 多万条，已文献收录达 7 112 万条。同方知网与万方数据的具体情况见表6、表7和表8。

表6　知网 2016—2020 年数据资源加工情况

	累计	2016 年	2017 年	2018 年	2019 年	2020 年
期刊论文（万篇）	7 145	361.5	346	351	336	320
学位论文（万篇）	470.9	35.4	39.9	39.8	43	40.9
会议论文（万篇）	341.7	23	19	19	15	12.7

表7　知网数据资源量

序号	资源种类		单位	数量
1	学术期刊	中文	种	8 720
			万篇	5 700
		外文	种	57 400
			万篇	11 000
2	学位论文	硕士	家	770
			万篇	440
		博士	家	490
			万篇	40
3	会议论文		万篇	330
4	报纸		种	650
			万篇	1 960
5	年鉴		种	5 320
			万篇	3 790
6	专利		万项	10 000
7	标准		万项	60
8	图书		本	10 631

表 8　截止到 2021 年 3 月万方数据资源建设情况

资源类型	期刊	学位	会议	专利	科技报告	科技成果	标准	法律法规	地方志	视频
数量（条/篇/份）	1.36 亿	670 万	766 万	1.12 亿	118 万	93 万	239 万	130 万	1 256 万	2.7 万

二、影响互联网期刊出版产业发展的年度重要事件

（一）《2020 年政府工作报告》提出全面推进"互联网+"，打造数字经济新优势

2020 年 5 月 22 日，国务院总理李克强在作 2020 年政府工作报告时指出，要继续出台支持政策，全面推进"互联网+"，打造数字经济新优势。

（二）习近平总书记在科学家座谈会上指出要办好一流学术期刊和各类学术平台，加强国内国际学术交流

期刊的互联网出版加速了最新科研成果的交流与共享，互联网期刊出版是集合优质期刊、学术成果汇总、共享、服务的公共服务平台，习总书记的讲话一方面将推动学术期刊水平迈上一个新台阶，另一方面为互联网期刊出版产业发展指出了发展方向。

（三）首届中国期刊高质量发展峰会暨第九届上海期刊论坛在沪举行[①]

中国期刊协会会长吴尚之在会上指出，新冠肺炎疫情给期刊业的发展带来了前所未有的挑战和冲击，需要汇聚全行业智慧深入探讨"后疫情时代"期刊业的发展前景。加快推进媒体融合创新，加强数字化和网络化平台建设，丰富

---

① 首届中国期刊高质量发展峰会在沪举行 http://www.chuban.cc/xwzx/hydt/202009/t20200927_15534.html

数字化转型的知识内容和新型出版模式，加快5G环境下的新业务布局。互联网期刊行业作为最早的期刊网络化平台拥有显著的优势，在知识服务领域更能够推陈出新，不断发展。

（四）中宣部印发《关于促进全民阅读工作的意见》

2020年5月，"全民阅读"被第七次写入政府工作报告；10月，中宣部印发《关于促进全民阅读工作的意见》，提出到2025年基本形成覆盖城乡的全民阅读推广服务体系。业界认为，站在新高度的新谋划为新时代全民阅读工作开展提供了新动能，有助于推进全民阅读均衡化发展和向基层延伸。

（五）著作权法第三次修订，出版业版权保护法网"织密"

2020年11月11日，十三届全国人大常委会第二十三次会议表决通过了关于修改著作权法的决定，将于2021年6月1日起施行。这为出版市场主体更好运用法律武器加强版权保护，维护创作者、传播者、使用者的合法权益，提供了更好的法治保障，为出版业创新、创造、创作提供了良好法治环境。

三、互联网期刊出版产业发展总体情况及问题

（一）互联网期刊出版产业发展总体情况

国务院总理李克强在《2020年国务院政府工作报告》中提出，全面推进"互联网＋"，打造数字经济新优势。互联网期刊顺应时代发展潮流，伴随着新一代的计算机技术、信息技术和传输技术的进一步完善。"互联网＋"数字期刊出版的行业模式已居于数字期刊出版行业的统治地位。

当今的互联网期刊行业依据所涉及的内容，大致分为科技期刊类和文娱期刊类。科技期刊类立足于传统的文献检索查阅服务，逐步发展出了两项新兴服务：其一，知识服务；其二，学术不端检测服务。文娱期刊类正纷纷打造各自直接对接读者用户的渠道，追求更深层次的民用市场化。

互联网科技期刊脱胎于曾经的光盘媒介数字出版方式。当今的互联网科技期刊，已充分实现互联网化，绝大部分用户（除受自身特殊限制外）都可轻松通过互联网进行文献检索查阅。同时，随着数字加工技术和信息检索技术的日臻完善，随着互联网服务方式被用户充分接受，互联网出版企业正追求与纸质期刊同步出版。高效的加工技术和智能的检测技术是成就期刊传统检索服务的基石，而成熟的互联网技术及互联网用户市场更催生数字出版行业的互联网化。基于互联网检索查阅的成熟应用，学术不端检测也再次回归用户视野。全面的文献收藏、快速的加工更新、智能的检测查重，为学术不端检测服务提供了质量保障；互联网技术的充分应用，使用户在接通互联网时，可随时对所持有的文章进行检查，极为方便。随着互联网的普及，上网浏览早已是家喻户晓、信手拈来，不似从前那般神秘。曾经专注科研机构及人员等专业用户的互联网期刊出版企业，正基于互联网的普及，而逐步探索着为广大普通用户提供知识服务的道路。目前在农业领域中，出现了数字出版企业通过农业管理部门或农牧公司，利用网站及 APP 为最基层的农牧从业者提供基础的技术指导，提升基层农牧业效率。曾经专注于研发领域的知识服务产业，开启了向应用领域迈进的道路。面向机构及其内部用户提供知识服务的模式，最为常见的当属金融投资领域和尖端的科技企业，而在市场中众多传统行业中仍属于少见。

互联网文娱期刊，基于自身的商业特点，各出版商家正着力通过网站、应用软件和 App 等打通直接对接读者用户的渠道，并将渠道打造成可与读者双向互动的媒介；基于渠道出版企业直接收集市场数据和用户反馈，及时调整市场竞争策略。但这种模式也存在着隐患，近期苹果公司已发布声明将约束 App 开发商收集数据的行为，这很可能对整个互联网产业现有的商业模式形成极大冲击，互联网文娱期刊企业亦不能免，原有的精准投放策略可能会因收集信息不足而无法实现。

（二）互联网科技期刊行业发展存在的问题

互联网科技期刊领域所涉及的文献查询和学术不端检索，已属于比较成熟的业务模式，继续保持下去的可能性较大。目前，新出现了两种业务模式：一是为科研探讨用户提供交流互动、文献查询、进展备查等功能的互动平台；二是为基层使用者提供技术辅导、科技普及等功能的互动平台。以上两种新兴业务模式仍处于探索阶段，还有很多亟待解决的问题。总体言之，新的产品服务都需要培养用户的使用习惯、争取用户的认可；而后一种业务模式中商务对象和最终用户并非同一群体，业务推广工作较为复杂。

四、发展趋势及建议

（一）互联网文娱期刊的信息采集方式需要进行调整

互联网文娱期刊领域具有极强的互联网现行商务特征，即非常强调对目标群体的画像，以及随后的精准投放策略，各互联网文娱期刊出版商家均在此领域投入较大力度。但随着 App 渠道方（如苹果）调整隐私策略，过往的信息采集方式可能会遭遇巨大冲击；各出版企业必定调整采集方式，谋求平缓过渡。

（二）互联网期刊出版商之间的版权竞争依然存在

一直以来，版权纠纷在互联网期刊出版企业中广泛存在，而且版权纠纷也不仅仅局限于企业与作者之间，在互联网企业与企业之间也存在对于信息网络传播权的纠纷。为避免这些纠纷就需要企业进行严格的知识产权保护与管理，建立知识产权预警及分析机制，保护自身权益。

（三）知识服务平台收录内容的真实性需要严格把握

随着互联网期刊出版商的转型升级与发展，针对知识创新服务探索出了各类知识服务产品，其内容也不仅仅局限于学术期刊论文，还包括互联网上的其他信息资源，但是互联网作为一个开发的自由信息平台，其内容多种多样，质量参差不齐，真实性也有待考究，因此，需要对所收录内容的真实性进行审核，保证呈现给读者的信息资源真实可靠。

[李广宇单位：中国新闻出版研究院；王友平、高默冉、戴铁成单位：同方知网（北京）技术有限公司]

2020—2021 中国网络游戏出版产业年度报告

中国音数协游戏工委

通讯技术和互联网技术的发展，带动用户网络使用与消费习惯产生剧烈变化。2020 年中国网络游戏（主要以客户端游戏和网页游戏为主）产业实际销售收入达 635.28 亿元人民币，较 2019 年下降了 11%。2020 年，客户端游戏市场和网页游戏市场实际销售收入和市场占比持续下降。

一、中国网络游戏市场规模

（一）中国网络游戏市场规模

近几年来，网络游戏市场连年走低。2020 年，我国网络游戏（主要以客户端游戏和网页游戏为主）市场实际销售收入为 635.28 亿元（如图 1 所示）。

（二）中国客户端游戏市场状况

2020 年中国客户端游戏市场实际销售收入 559.20 亿元，同比 2019 年减少 55.94 亿元，同比下降率 9.09%（如图 2 所示）。

目前，中国的客户端游戏市场已经进入成熟期，行业内竞争激烈，发展速度进一步放缓。精品战略成为客户端游戏领域的新活力。

（三）中国网页游戏市场状况

近几年从事网页游戏的企业越来越少，用户规模逐步下降，市场萎缩明显（如图 3 所示）。

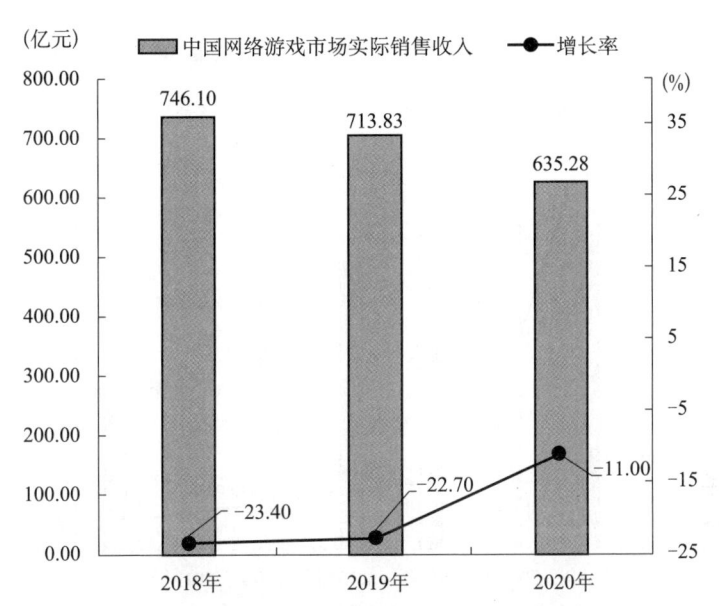

图1 中国网络游戏市场实际销售收入及增长率

数据来源：中国音数协游戏工委（GPC）

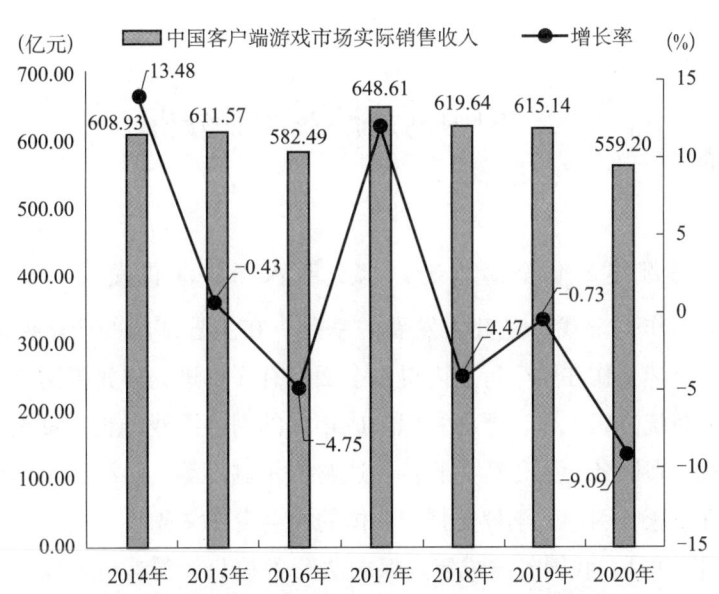

图2 中国客户端游戏市场实际销售收入及增长率

数据来源：中国音数协游戏工委（GPC）

近五年来，中国网页游戏市场实际收入持续下降，同比增速也呈逐年下降之势。

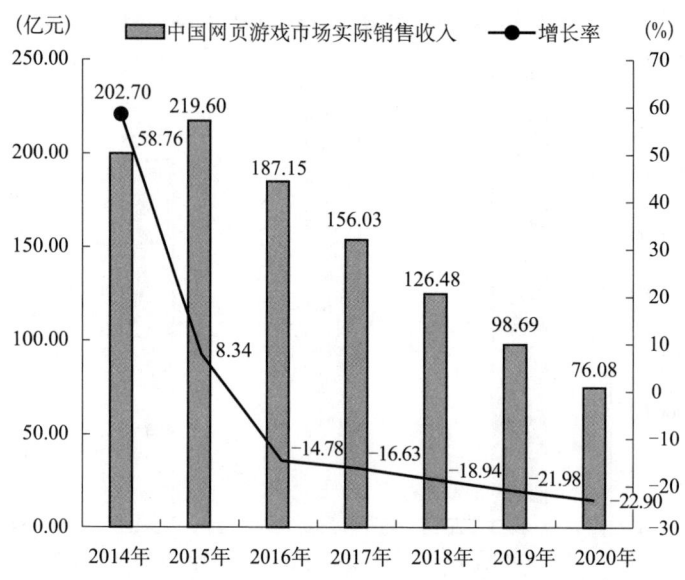

图 3 中国游戏产业网页游戏市场实际销售收入及增长率

数据来源：中国音数协游戏工委（GPC）

二、中国网络游戏产业分析

（一）防沉迷工作全面推进，未成年人保护深化发展

防沉迷工作是游戏产业健康发展的基础。在主管部门的严格要求和管理下，游戏防沉迷工作在整个行业内得以全面、有序推进，如完善网络游戏账号的实名认证系统升级工作、严格管理未成年人的网络游戏时长、重点监督未成年人的游戏付费服务、强化行业监督和适龄提示制度等。防沉迷工作已成为融合行业管理、家长引导、学校监督于一体的社会责任义务。

2020年10月，我国《未成年人保护法》的修订为游戏行业发展提出了新的要求。加强未成年人的保护工作是全社会必须履行的社会责任和基本义务。在"社会效益为先"的重要原则推动下，《网络游戏适龄提示》团体标准已基本完成，体现了全行业贯彻落实《未成年人保护法》的共识。

(二) 抗击疫情争做行业先锋，公益互助彰显社会责任

2020年，游戏企业除了开展支边、支教、助农、基建等大量的公益事业外，还在三个方面作出了积极贡献。一是在疫情期间，游戏企业积极响应国家号召，捐款捐物。据中国音数协游戏工委统计，截至2020年3月5日，80余家游戏企业合计捐款22.29亿元；二是游戏企业依托自身平台，推出抗疫题材的网络游戏，传播防疫知识，提高网民抗疫信心；三是在面对国家复工复产号召时，游戏企业快速响应，有序开展生产经营活动，很多头部企业基本不裁员不减薪，为经济的提升、社会的安定，作出了自己的贡献，提升了行业的服务水平。

(三) 内容创新凸显产品特色，精品化发展体现文化传承

创新是整个文化产业高质量发展的核心要义。作为迭代升级速度较快的产业，游戏的内容创新能力尤为重要，是推动产业发展的首要动能。

2020年，我国游戏产业深耕产品制作，从IP产品的孵化到游戏、动漫、影视等多平台的跨界联动，再到文化衍生品的授权开发，产业链条不断延伸。底蕴丰厚的中国优秀传统文化，为网络游戏的内容创新提供了更为广阔的发展空间，激发了游戏行业生产更多思想精深、艺术精湛、制作精良的精品力作，催生出了更多内容丰富、形态多样的游戏产品，进一步满足了消费者的精神文化需求。

(四) 各地政策支持力度加大，产业发展呈现全新景象

各地区依据各自的地缘优势和地方特色，聚焦区域产业发展，游戏开发和制作呈现出新景象。如北京立足产业全局，大力推动"一都五中心"建设工作，构建网络游戏发展的产业新格局；上海依托经济优势，着力打造中国"电竞之都"的产业标签，在组织电竞联赛、游戏解说方面取得了较快发展，孵化了一批有实力、有技术、有品牌的游戏企业。此外，越来越多的地方都在响应国家有关文化产业的政策号召，向以游戏为代表的数字内容产业发力，制订相关的城市游戏产业发展规划。

（五）技术赋能优化市场格局，新兴产业规模增势明显

随着 5G 技术在中国市场上的发展，新一轮科技革命和产业变革正蓄势待发，云计算、VR 等产业加速演进。技术赋能，产业升级，成为 2020 年中国游戏产业的重要标志。智能信息技术的发展为移动游戏的开发提供了全新平台和发展机会。过去一年我国的移动游戏发展持续推进，市场份额逐年增长。同时，云游戏、电子竞技、VR 游戏依托 5G 技术的商用，聚焦用户娱乐与生活需求，大力推进了游戏产业生态的革新和结构的调整。

（六）游戏著作权意识逐渐增强，版权管理日趋规范

游戏产业的快速发展，对版权保护提出了更高要求。作为版权的持有方，游戏企业运用多种手段保护自身合法权益，著作权意识在不断增强，版权管理水平也在不断提高。

当然，游戏版权的保护管理离不开国家和行业层面的指引，也离不开法治的保障。2020 年 8 月 2 日，中国版权协会网络游戏版权工作委员会在京成立。11 月 11 日，十三届全国人大常委会第二十三次会议表决通过了关于修改著作权法的决定，修改后的《中华人民共和国著作权法》从 2021 年 6 月 1 日起施行，成为我国现阶段保护公民、企业知识产权合法权利的有力工具，也为游戏行业的版权授权、使用、保护等工作提供了指引，使游戏行业的版权管理工作日趋规范。

（七）游戏"走出去"步伐加快，产品海外影响力逐渐上升

2020 年我国自主研发的游戏产品出海规模逐年攀升，海外影响力、海外市场份额、全球用户规模不断扩大。"走出去"的范围从港澳台地区、东南亚地区为主逐步转向全球，在发力美国、日本、韩国以及欧洲等成熟市场的同时积极探索中东、印度、俄罗斯、巴西等新兴市场。出海游戏类型与题材也逐渐丰富。游戏版权领域的引进与开发、海外代理、收购参股、共同开发等多种合作模式并存。以网络游戏为载体，借助互联网优势，突破全球资本和技术壁垒，为我国文化的海外传播创造了新的途径与方式，有效提升了国家的文化软

实力。

随着国际形势的变化，中国游戏企业出海也受到来自各方面的不确定因素影响，游戏"走出去"将面临机遇与挑战并存的新格局。

三、年度影响游戏出版产业发展的重要事件

（一）党的十九届五中全会通过的《中共中央关于制定国民经济和社会发展第十四个五年规划和二〇三五年远景目标的建议》

《建议》明确提出到2035年建成文化强国的远景目标，并强调在"十四五"时期推进社会主义文化强国建设。这是以习近平同志为核心的党中央基于历史和现实、着眼全局和长远作出的战略决策，标志着我国文化建设在"两个一百年"奋斗目标接续推进中进入了一个新的历史阶段。

（二）广东高院发布《网游案件审判指引》，网络游戏纠纷案件的判定准则逐渐完善

4月12日，广东省高级人民法院发布《关于网络游戏知识产权民事纠纷案件的审判指引（试行）》，对网络游戏纠纷案件的权益保护、侵权认定和赔偿原则作出明确规定。《指引》对游戏元素、游戏元素作为商业标识的审查，游戏直播画面、涉游戏直播或录播的不正当竞争行为以及游戏主播违约跳槽行为的审查等多个涉著作权、商标权与不正当竞争纠纷问题作出规定。

（三）国家版权局开展2020年全国知识产权宣传周版权宣传活动

国家版权局针对各省、自治区、直辖市版权局，中国版权协会，各著作权集体管理组织发布了关于做好2020年全国知识产权宣传周版权宣传活动的通知，通知指出为有效落实《关于强化知识产权保护的意见》（中办发〔2019〕56号），加强版权宣传普及，庆祝第20个世界知识产权日，做好2020年全国知识产权宣传周（以下简称宣传周）的相关工作。国家版权局自2020年4月

中旬起集中开展版权宣传活动，并将 4 月 20 日至 27 日作为重点宣传时段，同时要求各地版权局配合宣传周积极宣传。

国家版权局将围绕"强化版权治理，优化版权生态"主题，以网络环境下的版权保护和产业发展为主要内容，制作版权宣传片、海报并开展系列主题活动。同时，拟于 2020 年 4 月 27 日召开"第五届中国网络版权保护与发展大会"，聚焦网络版权年度热点，发布中国版权产业对经济贡献调研报告、网络版权产业发展年度报告、中国网络版权保护年度报告，促进版权保护，助推产业发展。

（四）《著作权法修正案（草案）》征求意见，加大侵权惩处力度

4 月 30 日，中国人大网发布《中华人民共和国著作权法（修正案草案）》，该草案共三十一条，亮点包括：①新增有关制度措施；②加大对著作权侵权行为的惩处力度，对于侵权行为情节严重的，可适用惩罚性赔偿；③加强与民事诉讼法等法律的衔接。上述草案已于 4 月 26 日经第十三届全国人大常委会第十七次会议进行了审议，现正向公众征求意见。

（五）国家网信办等 8 部门启动为期半年的网络直播行业专项整治和规范管理行动

6 月 5 日起，国家网信办、全国"扫黄打非"办会同最高人民法院、工业和信息化部、公安部、文化和旅游部、市场监管总局、广电总局等部门启动为期半年的网络直播行业专项整治和规范管理行动，并探索实施网络直播分级分类规范，以及网络直播打赏、网络直播带货管理规则，形成激励正能量内容供给的网络主播评价体系。

这次集中行动既要坚决有效地遏制行业乱象，又要科学规范行业秩序，促进网络生态的持续好转。

（六）修订后的《中华人民共和国未成年人保护法》公布，2021 年 6 月 1 日起施行

修订后的未成年人保护法分为总则、家庭保护、学校保护、社会保护、

网络保护、政府保护、司法保护、法律责任和附则,共九章132条。对比《未成年人保护法》2012年修订版与2020年修订版会发现,该法条目数由2012年版的72条,增至2020年版的132条。最新修订版当中,重点加入了网络保护、政府保护两大章节内容。值得注意的是网络保护部分增加了对网络游戏、直播、音视频以及智能硬件等联网软硬件产品的具体法律要求。

(七)最高法:未成年人游戏付费可请求退还

5月19日,最高法出台《关于依法妥善审理涉新冠肺炎疫情民事案件若干问题的指导意见(二)》,规定未成年人打赏行为无效。

《意见》明确:限制民事行为能力人未经其监护人同意,参与网络付费游戏或者网络直播平台"打赏"等方式支出与其年龄、智力不相适应的款项,监护人请求网络服务提供者返还该款项的,人民法院应予支持。

(八)工信部:鼓励基础电信企业推广游戏应用,促进5G消费

2020年3月24日,工信部印发《关于推动5G加快发展的通知》,明确加快5G网络建设部署等5个方面18条具体举措。在"丰富5G技术应用场景"这一项中,通知提到要"培育新型消费模式",鼓励基础电信企业通过套餐升级优惠、信用购机等举措,促进5G终端消费,加快用户向5G迁移。推广5G+VR/AR、赛事直播、游戏娱乐、虚拟购物等应用,促进新型信息消费。很大程度上,这对游戏行业是一个利好信号。

(九)广电总局加强网络秀场直播和电商直播管理

2020年11月12日,为加强对网络秀场直播和电商直播的引导规范,强化导向和价值引领,营造行业健康生态,防范遏制低俗庸俗媚俗等不良风气滋生蔓延,国家广电总局下发《国家广播电视总局关于加强网络秀场直播和电商直播管理的通知》。通知规定,网络秀场直播平台要对网络主播和"打赏"用户实行实名制管理。未实名制注册的用户不能打赏,未成年用户不能打赏。相关平台的一线审核人员与在线直播间数量总体配比不得少于1:50。

四、总结与展望

（一）总体态势

2020年是全面建成小康社会和"十三五"规划收官之年，也是谋划"十四五"的关键之年。游戏产业作为社会主义文化事业的重要组成部分，在2020年一系列的产业政策扶持和指导下，抵御住了疫情的冲击，稳中有升，为新时期高质量发展奠定了坚实基础。

近几年来，广大游戏从业者认真贯彻落实中央精神，更加注重社会效益，更加注重未成年人保护工作，更加注重精品化建设，更加注重文化内涵，更加注重科技赋能，不断创造优质内容，推动产业创新与融合，让中国游戏产业呈现出健康、繁荣、多元的发展态势。2020年，我国游戏用户规模逾6.6亿人，中国游戏市场实际销售收入2 786.87亿元，同比增长20.71%，增速同比提高13.05个百分点。"游戏出海"规模进一步扩大，自主研发游戏海外市场实际销售收入154.50亿美元，同比增长33.25%，增速同比提高12.3个百分点，国际化水平进一步提升。

企业的社会责任意识更加突出。新冠疫情开始后，广大游戏企业积极响应中央号召，迅速投身于抗疫防疫战斗中。通过主动捐款捐物、及时复工复产、用心开发抗疫游戏等方式，努力服务于全国疫情防控和经济社会发展大局，较好地践行了社会责任，体现了行业担当，赢得了广泛赞誉。

2020年，遵循新版《未成年人保护法》"网络保护"专章的法律要求，按照主管部门"规范网络游戏服务，保护未成年人身心健康成长"的工作要求，实名认证系统日趋完善，《网络游戏适龄提示》等团体标准编制完成，防沉迷工作得到普遍落实。新修订的《著作权法》加强了对著作权的保护力度。通过全行业的共同努力，我国游戏研发和运营水平达到新高度，游戏企业创作出一批高质量的作品，在画质、玩法、故事情节上都有了突破。以5G、云计算、人工智能为代表的技术创新，不断推动游戏产业生态变革，为游戏企业创造了更多的发展机会，提升了中国游戏的核心竞争力。

面向未来，中国游戏产业要坚持正确的历史观、民族观、文化观，正本清源、守正创新。立足于人民、立足于生活，不断创造出思想精深、艺术精湛、制作精良的精品力作。阐释好中国文化，讲好中国故事，把高质量发展的蓝图变为现实，为"十四五"时期推进社会主义文化强国建设贡献力量。

（二）未来走向预测

1. 坚持落实国家指导要求，未成年人保护工作持续加强

从行业的整体发展来看，落实未成年人保护工作始终是游戏行业的工作重点，也是游戏行业应当践行的首要责任。游戏行业的未成年人保护工作在未来将持续加强，防沉迷工作会继续深化。尽管部分游戏企业在未成年人保护方面的措施有待完善，但伴随着各项要求的逐步推进，游戏企业的社会责任意识、未成年人保护的参与度以及自我审查的标准和要求势必会大幅提升。未来，未成年人的保护工作将汇集国家、政府、企业、家长、用户等多方力量，构建起底蕴丰厚、形态多元的实践阵地。

2. 创新激发产业发展活力，精品化升级提高核心竞争力

创新和精品化发展仍是游戏保持竞争活力的关键因素，行业性政策的扶持将扮演更加重要的角色。在未来的行业发展中，游戏产业在创新层面的资金投入和政策倾斜会更加明显。不仅体现在财政扶持、激励补贴方面，更会体现在人才培养、打造精品方面。受到地方性政策的鼓励，全国各地游戏产业的精品化、品牌化工程将更加深入，由集中到发散，形成一线城市引领创新创造，各地方因地制宜集群发展的产业格局，推动产业高质量、可持续发展。

3. 技术加速产业换挡升级，云游戏、电竞、VR 持续发展

技术进步是游戏产业高速发展的内在动力，推动着整个产业的演变和进化。人工智能、大数据、5G、云计算等技术应用引发了新一轮的产业研发创新，加速了游戏产业换挡升级。

随着 5G 商用正式落地，基站的不断完善扩展，高速便捷的网络基础将推动云游戏、电竞和 VR 产业的快速发展。

云游戏市场在未来几年将会快速增长，成本的降低，运营模式的成熟，基础设施建设的推进速度还需假以时日。电子竞技产业的发展也将进入快车道，

与其他产业的融合程度逐渐深入。VR/AR 游戏等对技术依赖性强的产业分支也有着相当的发展潜力。

4. 跨界融合成为主流，"游戏+"实现多维市场共赢

跨行业融合发展将成为游戏产业盈利增长的新热点。衍生品和文创产品的开发，教育产业游戏化思维的深入是"游戏+"跨界联动的重点。通过"游戏+""IP+"去探索游戏产业新的边界，加速游戏与教育、旅游、影视、文创、体育等方面的融合发展，让游戏承载着越来越多的社会功能，在追求社会价值最大化同时催生新业态，增强产业活力。此外，多产业多平台一体化的经营发展模式，也为多元融合和跨界合作提供平台支撑，实现双赢或多赢。

5. "走出去"战略持续发力，海外影响力持续增强

中国游戏"走出去"依然是文化走出去的重要方向，是头部企业发展的重要布局，是中小企业发展的重要手段。中国游戏海外出口将保持高速增长，市场覆盖区域将继续扩大，产品类型亦将更加多元，越来越多的海外玩家将深刻感受中国文化的魅力。为此，出海游戏企业要进一步提升游戏的内容品质、技术含量、文化水平、品牌优势，用中国的优秀游戏产品，赢得更多的海外游戏用户，讲好中国故事，提升服务水平和竞争力。

（郑南提供）

2020—2021 中国网络（数字）动漫出版产业年度报告

徐楚尧

2020 年是第十三个五年规划的收官之年，也是承接"十四五"规划的重要启程之年。"十三五"时期，全国人民生活水平与福祉持续提高，物质富足的同时增强了社会大众对包括网络动漫在内的文化娱乐内容的旺盛需求，对国内文化产业发展提供了强有力的市场推动，催生出如《斗罗大陆》《一人之下》《大理寺日志》等众多优秀网络动漫作品。

2020 年我国进一步深化对动漫产业的指导和扶持，一方面，制定并推出相关行业政策，持续促进行业的规范发展；另一方面，由于受到新冠肺炎疫情等宏观大环境的重要影响，国内整体经济呈现下行趋势，但网络动漫行业却异军突起，虽然 IP 开发速度变缓，但防止疫情扩散的居家隔离管制使网络动漫观看人数激增，从而使更多优秀的作品被广泛传播。

一、网络（数字）动漫产业发展现状

2020 年，我国经济受到新冠肺炎疫情的强烈冲击，各行业均出现不同程度经济风险，虽然网络动漫行业也受到疫情影响，但因居家隔离政策，网络动漫也成为民众精神文化放松的重要娱乐来源之一。纵观 2020 年，中国网络动漫产业在加快产业结构优化升级，持续提升产品质量和品牌价值，不断创新商业模式和盈利模式，产业规模和市场效益等指标总体上平稳增长。2020 年，中国网络动漫市场规模达 238.7 亿元，较 2019 年增加了 47.3 亿元，同比增长 24.7%。[①]

[①] 观研报告网.2020 年我国网络动漫行业市场规模达 238.7 亿元，同比增长 24.7%，https://www.sohu.com/a/477530939_730526

（一）IP 内容持续增长，精品化竞争态势明显

近两年，网络动漫 IP 内容持续增长，精品化趋势明显，但精品力作数量仍具有较大缺口。国产网络动漫受利于 5G 互联网时代飞速发展的重要影响，行业体量已经达到了前所未有的爆炸式发展，以至于到 2020 年，网络动漫已经不存在明显的创作门槛，即使是画面拼凑、图像单一的网络动漫，只要内容有趣、题材新颖都能成为红极一时的热门 IP 作品。目前，虽然网络动漫正处于爆炸式发展背景下，各类作品层出不穷，但只有精品力作才能持续更新，并且长时间居于各大平台、短视频 APP 热门榜单。基于精品力作的影响力，不论在内容付费方面还是产业后端的 IP 开发方面，动漫作品都将获得长远发展和丰厚的回报。

一方面，近几年原创网络动漫断更和夭折已是常事，大量的网络动漫从业者转行投向游戏、潮玩、二次元周边等热钱较多的领域，这也直接导致有能力留下的原创作者基本都属于精品 IP 原创者。另一方面，如腾讯、B 站、爱奇艺等平台的热门榜单变化较小的背后，也可以看出原创网络动漫的产业发展已形成精品化竞争趋势，多数没有强大制作团队和充实资金储备的网络动漫创作公司难与当前头部企业或热门 IP 团队相竞争。同时也要注意，网络动漫制作成本高、专业创作团队相对较少、内容付费群体也多为平台 VIP 所产生的附加经济值，致使很多网络动漫仍处于免费供用户观看，以搏成为热门 IP 的可能。精品网络动漫无论是内容付费，还是 IP 产业开发的后端和周边，都可以为动漫作者带来更丰厚的回报，可原创动漫的产能毕竟有限，现阶段仅依靠原创动漫 IP 并不能满足整个网络动漫产业的旺盛需要，所以近两年网络动漫也在寻求新的内容生产突破口。

（二）网络文学漫改成为产业发展新趋势

网络动漫产业由于内容生产以不能满足日益旺盛的市场需求，开始逐步跨界携手网络文学行业，补足原创动漫 IP 来源。为满足网络动漫受众群体对精品 IP 新作的旺盛需求，网络文学的漫改已成为支撑产业持续稳步发展的重要模式之一。经过市场验证的网络文学其世界观、故事构架、人物设定已经完善，并且成熟的作品均具有一定的粉丝基础，漫改的成功率相对较高，同时也能为网

络动漫改编者带来稳定的经济收入。网络文学动漫化改编，其实是网络动漫作者与网络文学作者的一种内容共创，共同构建一个全新视觉化的 IP 新世界，网络动漫的呈现形态也可以为作品出圈打下坚实的基础，为后续的影视、游戏改编铺平道路。

盘点如今网络动漫平台的网络文学漫改情况，B 站网络动漫月票榜可以作为突出代表。目前，国漫能与引入型日本精品 IP 一争高下的网络动漫作品多源自网络文学改编。经统计得出，在榜时间超过 23 周的作品与 2019 年相比并无太大变化，且作品的更新时间多超过两年。对于网络动漫而言，借力网络文学是一个长远的发展方向，近几年不仅国内陆续涌现出类似《斗破苍穹》《斗罗大陆》等广受欢迎的漫改作品，风靡日本的韩漫平台 PICCOMA 中人气榜单前 16 部作品中，有 13 部也都来自网络文学的动漫改编。同时，我国网络动漫龙头企业间的合作与整合加速了网文漫改的发展进程，例如腾讯动漫和阅文集团合作的漫改项目，每年 TOP100 的排名作品中就有近 40 部来自网络文学漫改作品，因为网络文学 IP 大多具有一定的群众基础，由此改编的网络动漫后续产生重要 IP 价值的成功率也大幅提高。

（三）重点网络（数字）动漫影视剧数量持续增加

2020 年，我国网络动漫市场虽受到新冠疫情的严重影响，但重点网络动漫影视剧数量仍呈现稳定增长趋势。根据国家广播电视总局重点网络影视剧信息备案系统的数据统计显示，在 2019 年度，一共有 250 部项目进行备案，有 38 部成功上线。2020 年在系统中登记并符合重点网络原创视听节目制作相关规定的网络动漫共 267 部 5 831 集，平均每部 21.8 集。其中，传奇题材 96 部 1 150 集，青少题材 46 部 2 523 集，科幻题材 31 部 520 集，都市题材 19 部 725 集，武打题材 17 部 166 集，其他（含传记、农村等）题材 58 部 709 集；2020 年在系统中通过登记并取得上线备案号的重点网络动漫共 112 部 1 293 集。其中，传奇题材 66 部 579 集，青少题材 7 部 443 集，都市题材 13 部 95 集，科幻题材 9 部 88 集，武打题材 3 部 25 集，军事题材 1 部 1 集，其他题材 13 部 100 集。其中，上海宽娱数码科技有限公司、上海阅文影视文化传播有限公司和深圳市腾讯计算机系统有限公司等机构的上线数量较多，上海宽娱数码科技有限公司上线《大王不高兴》《我开动物园那些年》《天宝伏妖录》《百妖谱》《天官赐福》《解药》和《精忠报国》等 12 部网络动漫，共计 69 集。

表1 2020 年上线的部分重点网络动漫

序号	节目品牌名称	片目数量	集数	申报机构
1	狐妖小红娘	5	23	上海花原文化传播有限公司
2	恋与制作人	4	12	上海叠阿尼动画有限公司
3	武庚纪	3	32	深圳市腾讯计算机系统有限公司
4	大王不高兴	3	17	上海宽娱数码科技有限公司
5	宝宝巴士	2	344	福州智永信息科技有限公司
6	别惹流氓兔马修	2	70	江苏糖心文化传媒有限公司
7	万界奇缘	2	40	北京爱奇艺科技有限公司
8	麻辣女配	2	32	北京小鹰飞扬影视文化有限公司
9	一念永恒	2	26	北京视美精典影业有限公司
10	斗罗大陆	2	26	深圳市腾讯计算机系统有限公司
11	万圣街	2	24	北京分子互动文化传播有限公司
12	非人哉	2	24	北京分子互动文化传播有限公司
13	暗界神使	2	23	中华文化促进会传媒中心
14	画江湖	2	20	北京若森数字科技股份有限公司

数据来源：国家广播电视总局

（四）网络（数字）动漫播出平台稳步发展

近几年，爱奇艺、腾讯视频、优酷视频、芒果 TV 等综合视频网站均已设有动漫频道，在采购节目内容播映版权的同时，联合内容制作方，投资制作自有版权内容已成为主流模式之一，视频网站及其 App 成为各类网络动漫的重要播出平台；以 B 站为代表的垂直视频网站在以动漫、游戏为主的二次元社区的基础上，逐渐围绕着年轻群体的娱乐需求拓展至生活、娱乐、科技等大众化泛娱乐社区。随着 B 站内容的不断多元化，其定位也已从成立之初的动漫社区发展为在线泛娱乐平台。根据易统计数据显示，截至 2020 年 12 月，爱奇艺、腾讯视频、优酷视频和芒果 TV 在综合视频 APP 中遥遥领先，月活跃用户分别为 6.46 亿人、5.58 亿人、2.41 亿人和 1.34 亿人，领域渗透率分别为 65.48%、56.54%、24.44% 和 13.60%；B 站在垂直视频 APP 中脱颖而出，月活跃用户达到 1.31 亿人，领域渗透率达 81.29%。

在新冠肺炎疫情的催化下，网络视频的用户规模和使用率大幅增长。截至 2020 年 12 月，网络视频（含短视频）用户规模达 9.27 亿人，占网民整体的 93.7%。根据骨朵数据对腾讯视频、爱奇艺、搜狐视频、优酷、芒果 TV、B 站等播放平台的数据监测，2020 年国产动漫合计播放 387.4 亿次，相比 2019 年的 311.7 亿次增长 24.3%。其中，播放量最高的是由企鹅影视、玄机科技联合出品的网络动画《斗罗大陆》，在腾讯视频的播放量达 118.64 亿次。目前，播放量最高的十大国产动画片中，大多为持续更新的连载作品。

1. 腾讯视频

腾讯视频作为腾讯文化娱乐业务的一部分，拥有 IP 孵化、培育、开发、播出的全产业链资源。如表 2 所示，据不完全统计，腾讯视频 2020 年上线网络动漫年度播放量约为 50 部，其中，排名第一的网络动画《武神主宰》年播放量 15.8 亿次。年播放量超过 1 亿次的网络动漫有 28 部，题材多为玄幻奇幻、仙侠武侠、冒险、搞笑等，其中玄幻、奇幻类动漫作品在播放量排行榜前 50 名中达到 21 部。

表 2　腾讯视频 2020 年上线动画年度播放量

排名	名称	年播放量	题材	上线时间
1	武神主宰	15.8 亿	玄幻奇幻、仙侠武侠、冒险	2020 - 03 - 08
2	无上神帝	12.0 亿	古代、玄幻奇幻	2020 - 05 - 18
3	独步逍遥	9.3 亿	玄幻奇幻	2020 - 06 - 18
4	择天记第 5 季	9.1 亿	玄幻奇幻、仙侠武侠	2020 - 03 - 16
5	一人之下第 3 季	8.2 亿	现代、仙侠武侠	2020 - 04 - 24
6	地下城与勇士	5.7 亿	未来、冒险	2020 - 04 - 23
7	一念永恒	5.2 亿	玄幻奇幻、搞笑	2020 - 08 - 12
8	全职高手第 2 季	4.8 亿	竞技	2020 - 09 - 25
9	万界春秋	4.5 亿	玄幻奇幻、冒险	2020 - 04 - 13
10	首席御灵师	4.2 亿	玄幻奇幻	2020 - 06 - 20
11	阿衰合辑	4.1 亿	搞笑	2020 - 07 - 11
12	全职法师第 4 季	3.4 亿	现代、玄幻奇幻	2020 - 05 - 27
13	妖精种植手册	3.3 亿	玄幻奇幻、冒险	2020 - 01 - 17

(续表)

排名	名称	年播放量	题材	上线时间
14	绝世武魂	3.1亿	玄幻奇幻	2020-10-25
15	异世界中药铺	3.0亿	古代、玄幻奇幻	2020-05-08
16	仙风剑雨录	2.8亿	仙侠武侠	2020-07-11
17	麻辣女配	2.4亿	现代、搞笑、爱情言情	2020-04-07
18	魔道祖师Q	2.3亿	搞笑	2020-07-31
19	穿书自救指南	2.3亿	玄幻奇幻	2020-09-10
20	吞噬星空	2.2亿	科幻	2020-11-29
21	无限少女48	2.1亿	未来、冒险、科幻	2020-04-08
22	雪鹰领主之奇遇篇	1.9亿	玄幻奇幻、冒险	2020-01-02
23	我是大神仙	1.9亿	玄幻奇幻、仙侠武侠	2020-11-12
24	英雄再临	1.6亿	玄幻奇幻、科幻	2020-10-18
25	历师	1.4亿	现代、玄幻奇幻	2020-05-07
26	民调局异闻录	1.2亿	玄幻奇幻	2020-08-07
27	万圣街	1.2亿	搞笑、冒险、日常	2020-04-01
28	天荒战神	1.0亿	玄幻奇幻	2020-11-18
29	恋与制作人普通话版	9 919万	爱情言情	2020-07-15
30	画江湖之轨夜行	9 645万	竞技	2020-11-10
31	镜·双城	6 112万	玄幻奇幻	2020-08-15
32	烈阳天道	5 005万	玄幻奇幻、科幻、搞笑	2020-08-06
33	大话之少年游	4 136万	仙侠武侠	2020-08-15
34	星骸骑士	3 162万	科幻	2020-12-30
35	恋与制作人日语版	2 778万	爱情言情	2020-07-15
36	万界法师	2 525万	玄幻奇幻	2020-12-21
37	迷你家园	2 163万	搞笑	2020-06-24
38	末世觉醒之溯源	1 513万	科幻	2020-12-22
39	王者穿越记	1 388万	搞笑	2020-05-22
40	西行记粤语版	908万	玄幻奇幻	2020-10-05
41	九夜神传	681万	玄幻奇幻	2020-12-21

(续表)

排名	名称	年播放量	题材	上线时间
42	启蒙积木玩具定格动画：雷霆使命联合行动	497万	竞技	2020-07-07
43	獭獭突然想到	443万	搞笑	2020-07-08
44	长安幻街	355万	暂无	2020-12-31
45	最强蜗牛西能	261万	科幻、搞笑	2020-06-01
46	暗界神使	241万	玄幻奇幻、悬疑推理	2020-12-25
47	大鸾——周恩来童年读书的故事	227万	民国、历史	2020-06-01
48	僵小鱼的奇幻小森林	206万	搞笑	2020-09-18
49	女武神的餐桌第2季	170万	搞笑、美食、女性	2020-07-17
50	阿衰第三季	28.9万	搞笑	2020-07-11

数据来源：骨朵国漫

2. 爱奇艺视频平台

相比腾讯视频，爱奇艺视频平台没有网络文学平台支撑，在IP开发、内容改编方面优势略显不足。网络动漫定位上秉承精品化内容战略布局，围绕垂直圈层打造精品动漫和爆款IP，重点开发热血玄幻、恋爱成长、治愈搞笑等4类动漫作品，用优质内容来满足不同用户偏好。除近期上线的《嘟当曼4》外，还将重点开发《风起洛阳之神机少年》《神澜奇域无双珠》《赤焰锦衣卫》《只好背叛地球了》《有药2》等自制IP。在培养作者方面，推出"苍穹计划"，未来还将持续加大对网络动漫的投入，预计在3年至5年内实现50%至100%的产业增长。

3. 优酷视频平台

从影响力来看，优酷稍逊于腾讯视频和爱奇艺。由于优酷是阿里文化娱乐生态链的一环，在网络动漫经营方面要依从于阿里文化娱乐的整体业务规划，自主经营的灵活性较为欠缺。2020年，优酷动漫重点布局在原创网络动漫和引进日本动漫两个领域。独家播出《魔王学院的不适任者》《高校之神》《秦时明月6》《2020VSINGERLIVE》演唱会等内容。优酷视频还打造了为青少年服务的"小小优酷"平台。专为0—12岁孩子提供适合该年龄段的网络动漫内容。家长可以管理未成年人的观看时间，帮助孩子培养观看习惯。

4. B 站视频平台

B 站以用户创作内容为主，是 PUGC 视频行业的头部平台，其拥有社区产品特有的高创作渗透率和高互动率。B 站的弹幕文化和良好的社区氛围能够激发用户积极创作和互动，在 B 站每月有 220 万创作者上传 770 万只视频，产生 66 亿次互动。截至 2021 年一季度，B 站拥有 2.23 亿月活跃用户，凭借对年轻人深刻的理解，不断创作和运营年轻人感兴趣的内容，深受年轻人喜爱，形成独特的品牌和商业价值。

2020 年，B 站共推出 106 部网络动漫作品，其中，知名 IP 改编的《天官赐福》上线后就很快打破了平台单集最快破千万播放纪录。2021 年，B 站将推出 33 部网络动漫作品，包括《长安十二辰之白夜行者》《唐人街探案》等多部热门 IP 改编作品。

（五）网络（数字）动漫播出量激增

受新冠肺炎疫情影响，2020 年上半年很多用户需居家隔离，国家广播电视总局监制中心数据显示，2020 年全年上线网络动漫 396 部，相比 2019 年增加 108 部，其中，普通动画片 178 部，相比 2019 年增加 109 部，另有，动态漫画 218 部。这 178 部普通动画片中，原创动画片 97 部，占比 54%；改编动画片 81 部，占比 46%。3D 动画片 48 部，占比 27%；2D 动画片 127 部，占比 71%；定格动画片 3 部，占比 2%。

另据骨朵数据监测，2020 年播放量最高的十部原创国产动漫见表 3，最高的播放量为 118.64 亿次，位居第 10 名的作品也有接近 10 亿次的播放量，播放平台主要是腾讯视频、爱奇艺、搜狐视频、优酷、B 站。

表 3 2020 年播放量最高的十大国产网络动漫

排名	片名	播放量（亿）	类型	首播年份	播放平台
1	斗罗大陆	118.64	古代/玄幻奇幻	2018 年	腾讯视频
2	武庚纪	27.07	古代/玄幻奇幻/仙侠武侠	2016 年	腾讯视频、B 站
3	狐妖小红娘	22.57	古代/玄幻奇幻/爱情言情/女性	2015 年	腾讯视频、爱奇艺、搜狐视频、优酷、B 站

(续表)

排名	片名	播放量（亿）	类型	首播年份	播放平台
4	灵剑尊	19.37	古代/玄幻奇幻/仙侠武侠	2019年	腾讯视频
5	武神主宰	15.71	玄幻奇幻/仙侠武侠/冒险	2020年	腾讯视频
6	妖神记	15.62	古代/玄幻奇幻/仙侠武侠	2017年	腾讯视频、爱奇艺、B站
7	非人哉	13.00	搞笑/日常	2018年	B站、腾讯视频
8	万界神主	12.82	古代/玄幻奇幻/冒险	2019年	腾讯视频
9	无上神帝	11.68	古代/玄幻奇幻	2020年	腾讯视频
10	万界仙踪	9.89	古代/玄幻奇幻	2018年	爱奇艺、腾讯视频

数据来源：骨朵数据[①]

（六）网络（数字）动漫"走出去"成果显著

近年来，我国先后提出"动画大国"和"动画强国"等发展战略，网络动漫产业在相关政策支持下不断发展壮大，更多原创优质IP作品走进大众视野，经典力作频出。网络动漫虽仍存在质量差距良莠不齐的现象，但一部分品质上乘的动漫作品在输出到国际市场后取得了不俗的业绩。以《无敌鹿战队》为例，该作品已输出到新加坡、菲律宾、英国、澳大利亚、新西兰等国家。其中，在澳大利亚和新西兰平均收视率甚至超过了《小猪佩奇》。2021年1月，《无敌鹿战队》登陆北美，成为在美国尼克儿童频道播出的第一部原创中国动漫。国内网络动漫市场规模不断扩大的同时，还有一批有代表性的优秀IP作品拓展至海外市场，日韩、东南亚、欧美以及"一带一路"沿线国家均出现了国产动漫的身影，"走出去"的模式从商业路线到文化路线双通道发展，模式呈现多样化发展。例如《无敌鹿战队》在多国上映，《白蛇：缘起》在美国上映，《罗小黑战记》在日本上映，《熊出没：原始时代》在俄罗斯、土耳其、乌克兰等国上映。我国网络动漫也通过各种渠道远销海外，如《一人之下》在日本播放，《灵契》在美国、英国、俄罗斯等国播放等。

[①] 骨朵传媒. http://data.guduodata.com/

（七）网络（数字）动漫行业政策体系进一步强化

2020 年，有关部门给予了网络动漫行业更加有力的政策扶持计划，多个法规、条例陆续出台，制定了多项规范行动，多方位搭建政策管理体系。国家广播电视总局为全面了解广播电视和网络视听发展状况，加强对统计基本单位信息的管理，推进统计"全覆盖"，规范对全国广播电视和网络视听统计基本单位信息库的建设、维护和使用。同时，国家广播电视总局根据根据《中华人民共和国统计法》《中华人民共和国统计法实施条例》和《广播电视行业统计管理规定》于 2020 年 11 月 6 日发布了《广播电视和网络视听统计基本单位信息库管理办法》，规范和强化了网络视听相关行业管理。同年 11 月，中央会议审议通过《关于文化企业坚持正确导向履行社会责任的指导意见》。

政策法规的修订与颁布，使网络动漫企业和文化娱乐从业者对自身定位与社会责任有了更加深刻的认识，推进了创作 IP 作品的正确导向，促进企业和个人自觉弘扬和践行社会主义核心价值观，树立正确的历史观、民族观、国家观、文化观，坚守中华文化立场，反映中国人民审美追求，维护国家文化安全和社会公共利益，维护社会公序良俗，履行社会责任和道德责任，以创作更多健康向上、品质优良的网络动漫产品。目前，在以腾讯、爱奇艺、优酷、B 站等为代表的互联网文化龙头企业的共同努力下，网络动漫行业在弘扬传统文化、诠释社会主义核心价值观、保护未成年人等方面，逐渐承担起应有的社会责任。

二、年度影响网络（数字）动漫出版产业发展的重要事件

2020 年至 2021 年初网络动漫出版大事件主要体现在投资并购和侵权事件方面。

（一）B 站和绘梦动画投资瞳浦文化传媒有限公司

2020 年 12 月，北京瞳浦文化传媒有限公司（下称"瞳浦文化"）发生工商变更，新增股东 B 站关联公司上海幻电信息科技有限公司、上海绘界文化传

播有限公司，持股比例分别为 8.002 6%、10.003 3%。11 月 21 日，B 站举办 2020—2021 国创动画作品发布会，公布了 33 个动漫剧集项目的新进度，还透露 B 站已经布局了 4 部国产动漫电影。其中，包括 B 站、瞳浦文化联合开发的动漫电影《龙心少女》。目前，该片已在制作当中。①

（二）B 站入股原创 VR 交互动画 PintaStudios 和二次元游戏公司猫之日

B 站关联公司上海幻电信息科技有限公司又入股了两家 ACG 内容公司，PintaStudios（平塔科技）和二次元游戏公司猫之日，持股比例分别是 12% 和 20%。资料显示，Pinta 主要围绕原创 VR 动画、原创动画电影以及原创动画番剧。其 VR 动画《拾梦老人》和《烈山氏》分别被提名第 74 届和第 75 届威尼斯电影节 VR 竞赛单元，并入选 FIVARS、FoST、釜山国际电影节、Raindance 电影节等近 50 个国际电影节。第三个项目《Ello》入围 2019 年纽约 Tribeca 电影节等 15 个全球电影节，同时受邀以付费 ARAPP 的形式于 2020 年 2 月上线苹果商店 AppStore。Pinta 还有动画剧集《奇奇岛》。Pinta 的核心主创参与过超过 10 部全球顶尖动画电影项目，如《大圣归来》《小门神》《白蛇：缘起》《公牛历险记》等。②

（三）《哪吒之魔童降世》被诉侵害《五维记忆》改编权纠纷案

《哪吒之魔童降世》由彩条屋影业联合可可豆动画制作，导演是 80 后导演饺子。出品方包括彩条屋影业、可可豆动画、十月文化。该片于 2019 年 7 月 26 日在中国内地上映，总票房突破 50 亿元，位列中国影史第二。《五维记忆》是由中影华腾 2016 年制作出品的系列演出项目，至今已正式公演 3 年。其中，涉嫌被抄袭的作品是一部时长为 90 分钟，以"非遗"艺术表演形态演绎一个原创中国故事的沉浸式情景舞台剧。在庭审现场，中影华腾列举了其认为的《哪吒》与《五维记忆》的 12 个相似之处，涉及 8 处情节，以及人物形象、人物性格、人物关系和其他要素等。被告方也在庭审中进行比对、说明，并认为

---

① B 站关联公司入股北京瞳浦文化，后者出品原创动画《龙心少女》https：//baijiahao. baidu. com/s？ id = 1686032355170595277&wfr = spider&for = pc

② B 站入股 Pinta Studios 平塔科技和二次元游戏公司猫之日 https：//baijiahao. baidu. com/s？ id = 1677790435989853696&wfr = spider&for = pc

"两部作品的故事完全不相同"。目前此案还在审理当中。①

(四) 央视动漫集团成立

2020 年 1 月 5 日,中央广播电视总台所属央视动漫集团,在北京正式揭牌成立。成立央视动漫集团,是着眼引导青少年儿童,加强动画原创,开发优质 IP,传承弘扬中华优秀文化,构建具有全球影响力的动漫 IP 生态圈,打造全媒体传播、全产业链运营、国内领先、世界一流的动漫集团,建设中国动漫领域国家队和"文化走出去"的主力军。央视动漫集团将重点发力短视频和动漫电影,围绕核心 IP 进行全产业链布局。②

三、总结与展望

(一) 总体态势

2020 年,随着自媒体的高速发展,人们对网络(数字)动漫产业的宽容度不断提高,网络动漫产业也从小众到普及,被越来越多的不同年龄的人群接受并喜爱。虽然网络动漫对青少年群体产生了广泛影响,并形成了二次元群体和二次元文化,但网络动漫作品早已摆脱了单一的青少年受众群体,形成了儿童、青年、少年、成人所构成的多元化受众形态。同时,随着我国科学技术的不断提升,5G 网络的成熟,虚拟现实、增强现实等信息技术的进步与发展,为网络动漫产业持续注入发展动力,网络动漫产业方兴未艾,仍处于活跃的创新探索阶段,具有广阔发展前景。

(二) 存在的问题

新冠肺炎疫情裹挟着消费低迷、经济萎缩、政治博弈、文化冲突等多元问

---

① 《哪吒》电影身陷"抄袭风波" https://baijiahao.baidu.com/s?id=1686041265299039393&wfr=spider&for=pc
② 中央广播电视总台所属央视动漫集团在京正式揭牌成立 https://baijiahao.baidu.com/s?id=1654940213937905059&wfr=spider&for=pc

题，使得网络动漫企业的生产经营受到了不同程度的影响，中国网络动漫行业在疫情防控常态化的大趋势下也面临着中短期的不利影响。同时，我国网络（数字）动漫产业经过近几年的快速发展，现阶段仍存在着有待突破的难点问题。

1. 国产网络动漫产值较小，企业竞争力偏弱

网络动漫产业是以创意为基准点、以版权运营为核心、以动漫画和衍生品等为表现形式，贯穿于动漫产品的开发、流通、销售等各环节的重要文化产业。网络动漫产业并非单一行业，而是产业集群。许多研究机构通常按照广义的范畴来测算网络动漫的产值规模，通过数据测算，2019年我国动漫产业达到1 941亿元的产值规模，预计2020年产值规模将超2 000亿。[①] 但实际上，这种广义的测算只会助长动漫产业的数字泡沫，从业人员对此认可度较低。我国网络动漫产业的实际有效产值相对较低，其主要原因是网络动漫原创企业缺乏一定创新力，同时在技术层面受限于国际动漫先进水平。在未来我国网络动漫发展过程中要提升认识，引进技术、开发技术的同时培养自己的网络动漫原创人才，为产业发展提供有力支撑。

2. 网络动漫制作播放链不完善，影响行业持续发展

网络动漫产业本身具有文化产品的公共属性特征，同时其因具有消费的竞争性和排他性而采取用户付费购买的盈利模式，比较而言，作为准公共产品的电视动画已经形成了观众通过有线电视几乎可以免费观看的模式，因为电视是广告商付费购买观众注意力的盈利模式。通过这样的对比，我们可以看出，网络动漫制作播放需要具有一定的针对性，利用目标群体的特定需求，寻找具有潜力的IP资源，最明确的模式便是平台独家播放，尤其是平台自制热门IP作品。虽然市场机制促进了产品质量和内容品质的有效提升，但诸多平台非热门IP的免费+广告模式却割裂了生产者、传播者、观众、广告商的内在联系，这种形式类似于低成本的吸纳平台流动用户，不利于养成用户黏性和培养用户观看习惯，同时也影响着行业的向好和持续发展。

3. 精品力作稀缺，品牌影响力不足

受网络动漫企业规模偏小、人才团队相对年轻、投资回报周期长、创意思

[①] 中国动漫产业发展现状分析规模已接近两千亿 https://www.sohu.com/a/376004195_473133

维和创新力不足、技术水平偏低等多重因素影响，中国网络动漫在质量提升、内容提升等发展方面早已出现瓶颈。我国网络动漫产量较高，但有内涵、有视野、有深度和有影响力的精品 IP 相对匮乏，其中多属于对于中华优秀传统文化的简单复制，像《哪吒之魔童降世》《西游记之大圣归来》等具有创新性和创造性的精品力作十分稀少。相关从业者了解，网络动漫产业的前端对于人才和技术的要求非常之高，其产品在推向市场的过程中需要强有力的营销支持，同时后期版权经营和衍生品开发更是需要完整的公司团队进行规划设计和综合运营。很多经济发展相对较弱的地区缺乏这样的团队和企业，当然地处一线城市但规模偏小的动漫企业同样不具备推动和发展动漫产业的实力。

精品 IP 及产业链中网络动漫内容产品的开发周期都相对较长，需要企业较高的资本投入，例如没有热门 IP 基础的原创产品在投入市场后的反响将存在较多不确定性，对于投资回收周期和回报率具有较高风险。这也是为何面对目前网络动漫领域的市场前景，越来越多的网络动漫公司将业务重心转移到精品 IP 开发和 IP 衍生产业布局上，对于 IP 资源及流量热度的市场竞争愈发激烈，但值得我们注意的是这样的行为或可增加精品力作数量，但缺乏原创精品 IP 并不是产业健康发展的长久机制。

4. 网络动漫保护未成年人安全模式仍需完善

由于全国网络动漫侵害事件数据无法做到全面统计，此部分只借用个别省份数据突出问题性质并加以说明。例如江苏省 2020 年，有关网络动漫领域侵害未成年人成长安全的舆情共计 17 877 条。其中，敏感及负面相关舆情 4 711 条，占总舆情量的 26.4%。通过分析我们发现主要存在以下问题：一是网络平台监管不严格，部分来源不明网络动漫以及二次相关剪辑视频充斥平台，通过各类型关键词诱导未成年人进行点击；二是国内部分网络动漫涉及低俗、庸俗、过分暴露、暴力等毒害元素及禁止性内容，引发未成年人学习模仿；三是未成年人网络动漫上瘾情况频发，以及家长过早进行视频早教，且缺乏正确的引导，影响未成年人如视力、身体发育等身心健康；四是网络动漫授权同名手游，频发致使未成年人偷盗父母财产充值，引发财产损失是小，影响身心正向发展是大。

同时，危险模仿行为仍然存在，容易给自身及其模仿者带来身体伤害的夸张性举动。尤其是低幼龄儿童的网络动漫作品中仍然存在危险模仿行为。例如

《小猪佩奇》中人物做出了打开飞机舱门、冲浪等危险行为，《小马宝莉》出现了在岩浆中浸泡、喷火等场面，《百变马丁》中人物做出了亲吻癞蛤蟆、站在未封的高台上、吊在门框上等危险举动，《芭比》中人物做出了悬吊在直升机上、拉绳上树、从楼梯上滑下、悬吊在篮球筐上、踩着人体玩冲浪机、翻高墙、从天花板等高处掉下等危险举动，《精灵梦叶罗丽》中出现了从管道上滑下等场面。

表4 易模仿危险行为统计情况

序号	动漫名称	国别	危险模仿行为问题数量
1	芭比梦幻屋冒险旅程	美国	12
2	熊出没	国产	12
3	小猪佩奇	英国	5
4	百变马丁	国产	4
5	迷你特工队	韩国	3
6	小伶玩具	国产	2
7	小马宝莉	美国	2
8	精灵梦叶罗丽	国产	1
9	全职高手	国产	1

数据来源：江苏舆情监测

从2018年起，各大网络动漫平台开始使用青少年模式，目标是为了使未成年人收看符合其年龄特点的内容。从实施效果来看，大多数平台的青少年模式仅仅会在用户注册内容上进行判断，例如注册时填写的用户年龄，或是直接询问注册者是否成年，用户可以自行选择是否开启该模式。目前，网络动漫平台提供的选择只有青少年模式和成人模式。这样的划分并不能实现适龄匹配内容的初衷，因为0—3岁、3—6岁、6—12岁、12—18岁等不同年龄阶段的未成年人认知水平差别非常巨大，这样简单的划分已经失去青少年模式的意义。

5. 部分作品价值观导向仍需纠偏

根据调查问卷统计数据显示，从未成年人观看的网络动漫作品中选取21部有代表性的作品，涉及启蒙、亲子、校园、搞笑、故事、热血、科幻、历史等多种题材，受众群体覆盖未成年人的不同年龄段（如表5所示）。

表5　未成年人观看的网络动漫中选取的21部作品

序号	动画名称	勾选人数	占比
1	熊出没	2 517	57.62%
2	小猪佩奇	2 314	52.98%
3	精灵梦叶罗丽	2 101	48.10%
4	芭比梦幻屋冒险旅程	1 983	45.40%
5	百变马丁	1 981	45.35%
6	迷你特工队	1 688	38.64%
7	小伶玩具	1 569	35.92%
8	小马宝莉	1 553	35.55%
9	名侦探柯南	1 325	30.33%
10	迪迦奥特曼	1 204	27.56%
11	北美玩具	1 199	27.45%
12	全职高手	1 035	23.70%
13	刺客伍六七	986	22.57%
14	斗罗大陆	875	20.03%
15	精灵宝可梦	830	19.00%
16	魔道祖师	736	16.85%
17	斗破苍穹	655	15.00%
18	天官赐福	582	13.32%
19	成神之日	566	12.96%
20	拾忆长安	494	11.31%
21	从零开始的异世界生活	483	11.06%

数据来源：江苏舆情监测

　　经统计，此21部网络动漫作品中共梳理出1 465个问题点。其中，语言用词方面存在问题较多，共有687个问题点，包括使用渣男、草包、乡巴佬等庸俗词语；其次是场景方面共发现416个问题点，包括肢解、恐吓、阴暗、惊悚等画面；再次是剧情方面共发现 176 个问题点，包括强行植入广告、偷窃、抢劫等不良元素；最后是动作方面共发现 128 个问题点，包括吸烟、持械、殴打、纵火等暴力镜头；另外，其他与核心价值观不符的引导型暗示性元素存在 58 个问题点，包括吊在门框上、翻高墙、爬管道等危险动作。[①] 存在价值观导向问题的作品不在少数，只是此 21 部作品为观看次数较多并具有一定代表性，网络动漫具有特殊的社会责任，在给未成年人提供精神娱乐和价值观认知的同时还需注意内容尺度，针对未成年人保护方面需进行换位思考，加强内容审核。

6. 硬性广告植入情况需加以控制

网络动漫公司在 IP 作品的创作、制作和上线过程中是以盈利为主要目的，但在未成年人观看动漫过程当中，硬性植入广告的部分有悖中华优秀传统文化道德观念。因为，网络动漫具有推进未成年人形成优秀价值观的重要作用，所以在动漫作品中应格外注意避免利用故事情节、内容、人物等方面硬性植入广告的行为，优秀的网络动漫公司在盈利的同时也要承担应有的社会责任。

这里仍以上述统计的 21 部网络动漫作品举例，仅 21 部作品在仍有未完结的情况下植入广告行为就多达 142 次，包括《斗罗大陆》中插入的"康师傅绿茶"广告、《熊出没》中出现的"必胜宅急送"和"奇幻宠物饼干"、《天官赐福》中人物手拿"纯甄果粒酸奶"念广告词等情况。同时，不少家长普遍反映，《北美玩具》和《小伶玩具》作品存在严重营销倾向，部分玩具违背常识，比如可以吃的泡泡和橡皮泥、马桶饮料等（如表 6 所示）。

表 6 强植广告行为统计情况

序号	动漫名称	国别	强制广告行为问题数量
1	北美玩具	国产	88
2	小伶玩具	国产	49
3	天官赐福	国产	2
4	熊出没	国产	2
5	斗罗大陆	国产	1

数据来源：江苏舆情监测

[①] 21 部动画片被点名！https://www.sohu.com/a/459983730_121072318

（三）对策与建议

1. 建立网络动漫分级制度

网络动漫分级制度是指"针对网络动漫作品的不同受众，按年龄段加以区分分级，并对不同级别的网络动漫作品规定相应的播出范围、播出时段和收看受众的制度。"建立适合我国国情的网络动漫分级制度，推进网络动漫产业的健康发展成为不可回避的社会问题。

建立网络动漫分级制度的同时，需建立分级评审工作组统一协调各方面工作。工作组可由主管部门牵头，同时聘请不同领域的团体代表、专家学者、家长代表及社会人士组成并独立运作，尽快制定动画分级办法和审查程序。同时充分发挥行业协会的作用，建立和完善行业自律机制，强化从业人员的自律意识，维护行业利益；另外，加强社会监督，充分发挥公共传媒、维权组织、未成年人保护组织等第三方作用，形成合理可行的监管机制，对涉及公共利益的相关问题及时纠正，保护未成年人身心健康，促进社会和谐发展。

建议可以从两个维度探索网络动漫分级制度，一是从受众年龄方面，确定成年人和未成年人两个基础标准，对成年人网络动漫内容审查适度放宽。而在未成年人领域，需要进行进一步详细划分，可以考虑与儿童受教育程度保持一致，如0—2岁为婴幼儿保护级别、3—6岁为学龄前儿童保护级别、7—12岁为学龄期儿童保护级别、13—18岁为青少年保护级别划分，从科学益智、塑造典型人物、独立科学思考等不同层次递进开展内容审查。二是从网络动漫内容分级方面，如战斗类别可能含有激烈的冲突行为，或者非日常用语、出现对常识的颠覆性描写等内容的，进行限制级分类，在播放平台，播放时间上进行管理。同时，对涉及科普教育，日常生活类型的进行普通级分类，在常规网络等平台播放。

2. 加强网络动漫平台自查自纠规范建设

目前，对网络动漫的管理主要采用"黑名单"制度，这一制度属于事后管理措施，不能有效杜绝违规情况的发生。除了网络动漫分级标准外，还需从网络动漫平台的规范管理和审查监督入手，制定事前风险防范机制。网络动漫形成细分受众分级的基础上，尝试建立针对网络动漫平台预上线的自查内容核查和风险评估等规范，针对上线内容平台需全部进行自查，并由主管监督部门进行抽检，针对不合规的网络动漫内容对网络动漫平台进行相应处罚，形成有效和规范化的行业发展局面。

同时，基于各平台不同的媒介和传播渠道等映流标准，建议网络动漫平台从技术上为家长提供过滤与监督的多样手段，形成主管监管、平台自查、家长监督的闭环模式。最后，对于不合规的网络动漫产品，除了相应的行业规范外，也可以从法律的角度细化和界定对非法网络动漫的判断标准，加大监管及处罚力度。

3. 加大现实题材创作力度

从宏观角度而言，我国文化发展方面的现实题材创作既是中华民族从站起来到国强民富的精神特征，又构成了中华民族从大统一到大国风貌的重要精神动力。现实题材创作要表现出中华民族从富起来到强起来的精神气象，强调"加大现实题材创作力度"有着中国文化发展的历史必然性，对内凝聚和提振民族精神，对外展示中国形象贡献中国智慧。"加大现实题材创作力度"不仅仅是字面意义上的当下行为，更应表现出对新中国新时代的责任和关心，关注国家文艺发展与国家命运的重要关系，为中华民族伟大复兴提供强而有力的精神支撑。因此，现实题材虽是个非常宽泛的概念，但在国家文化软实力话语体系中，它更应书写现实并解构历史。

从微观角度来看，网络动漫创作生产企业加大现实题材作品创作所具有的社会价值和其他类型题材更有着本质差异，其不仅仅是精神文化的传播与消遣，对整个国家的未成年人更具有较为实际的教育意义。所以，我们应鼓励动漫相关从业人员要更多地深入群众、深入了解社会生活和社会现象，更多地去创作能够贴近时代发展、反映社会进步、弘扬传统文化、展现时代精神的网络动漫精品 IP，充分发挥网络动漫作品在帮助未成年人、青少年确立正确价值观导向方面的独特作用。同时，还要让网络动漫作品在国际传播中承担起"讲好中国故事，传播中国文化"的特殊国家责任。

4. 探索建立未成年人网络动漫防沉迷体系

网络动漫和网络游戏是大众精神娱乐的重要来源之一，网络游戏由于过多的未成年人沉迷其中难以自拔，国家已发布针对防止未成年人沉迷网络游戏的的重要政策举措，但在网络动漫中也同样存在未成年人过度沉迷的情况，甚至有些家长为了孩子不吵不闹而使得自己看护省心，已经将网络动漫作为约束未成年人行为的一项手段，"听话就能看，不闹就给看"的现象已不在少数，此种教育方式忽视了网络动漫和网络游戏具有的共通沉迷性，成年人尚会追剧到深夜，何况思想发育仍不健全的未成年人。

综上所述，建议网络动漫可参考网络游戏的防沉迷体系，针对未成年人提早进行防沉迷布局，根据实际情况探索制定限制未成年人观看时长、观看类型和引导监护人有效监督的方式方法。首先，包含网络动漫作品的平台应在成年人注册使用时要求填写家庭是否含有未成年人成员，做到注册人每年维护未成年人年龄数据。其次，应针对不同年龄限制向未成年人播放网络动漫的服务时间；最后，积极引导家庭、学校等社会各方面营造有利于未成年人健康成长的良好环境，督促依法履行未成年人监护职责，加强未成年人网络素养教育。网络动漫平台应承担起相应的社会责任，努力将工作做到行业监管部门之前，避免出现类似网络游戏行业一样的"主管部门尚未监管，企业平台便不作为"的情况。

（作者单位：中国新闻出版研究院）

2020—2021 中国网络社交媒体出版产业年度报告

张孝荣

一、中国网络社交媒体发展概况

2020年是我国深受疫情影响的一年，也是网络社交媒体发展历史上值得浓墨重彩记录的一年。疫情引发了经济下滑，广告费支出缩水，也促进了网络社交媒体用户的活跃。社交媒体填补了假期及疫情期间网民的娱乐需求，头部社交App表现抢眼，短视频类社交媒体异军突起，有效地抵御了行业下滑的危机，在抗击新冠疫情的社会活动中发挥了积极作用。

（一）中国网络音视频行业发展概况

1. 网络视频行业概况

网络视频整体用户量因疫情催发宅经济而有所上涨。短视频和网络直播成为网络视频行业的主要增量。

从宏观角度来看，我国网络视频行业的用户已经接近饱和。据中国互联网络信息中心第47次《中国互联网络发展状况统计报告》显示，截至2020年12月，我国网络视频用户规模达9.27亿，较2020年3月增长7 633万，占网民整体的93.7%。

其中，短视频用户规模为8.73亿，较2020年3月增长1.00亿，占网民整体的88.3%。短视频不断瓜分用户娱乐时间，同时，短视频平台也在试图入局中视频和长视频，这给旧有的视频服务商带来了不小的压力。

(单位：万人)

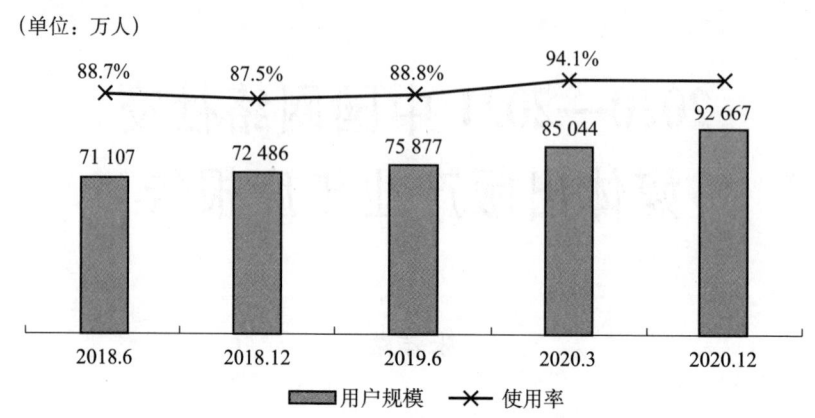

```
       88.7%      87.5%      88.8%      94.1%
                                                   92 667
                                        85 044
                             75 877
                  72 486
       71 107

       2018.6    2018.12    2019.6    2020.3    2020.12
                    用户规模    —×— 使用率
```

图 1　网络视频用户规模与使用率

网络直播用户增长，主因是电商直播带动。截至 2020 年 12 月，我国网络直播用户规模达 6.17 亿，较 2020 年 3 月增长 5 703 万，占网民整体的 62.4%。

其中，显示增长的有三个领域：一是电商直播，用户规模为 3.88 亿，较 2020 年 3 月份增长 1.23 亿，占网民整体的 39.2%；二是真人秀直播，用户规模为 2.39 亿，较 2020 年 3 月份增长 3 168 万，占网民整体的 24.2%；三是演唱会直播，用户规模为 1.90 亿，较 2020 年 3 月份增长 3 977 万，占网民整体的 19.2%。

显示减少的有两个领域：一是游戏直播，用户规模为 1.91 亿，较 2020 年 3 月份减少 6 835 万，占网民整体的 19.3%；二是体育直播，用户规模为 1.38 亿，较 2020 年 3 月份减少 7 488 万，占网民整体的 13.9%。

2020 年，网络视频节目内容品质迅速提升，各平台商业模式逐渐成熟，长中短视频业务呈融合发展趋势。

在优质内容的支撑下，视频平台开始尝试优化商业模式，并通过各种方式鼓励产出优质短视频内容，提升短视频内容占比，增加用户黏性。短视频平台则通过推出与平台更为匹配的"微剧""微综艺"来试水，再逐渐进入长视频领域。

目前自制内容的营收能力已经得到验证，部分爆款内容使得平台在与制作方分成后仍能保持较高收益。制作方话语权逐渐加大，在商业合作中占领主动位置。

平台对内容制作战略逐渐从资本扶持向内容生产转移。具体来看，自制剧进行上游 IP 囤积，包括网文、游戏、动漫等；自制综艺设立内部工作室，国外版权采买，掌握内容设计源头。

在演员、嘉宾成本过高，且互联网造星能力提高的前提下，偶像批量生产的同时，会带来酬劳的快速提升，而对于经纪公司而言，早期艺人的收入与公司的分成比例较高，可以在增长红利期获得较高收益。

2. 网络音频行业概况

网络音频行业的用户量整体增长缓慢，在用户使用率上呈现下滑态势。各类平台竞争白热化，同质化竞争情形出现，比如头部音乐 App 也开通了长音频诸如相声、综艺、评书戏剧等专区，在资本驱动下，市场有进一步集中的趋势。

广义的网络音频分为三类：一是音乐工具类应用，如 QQ 音乐、网易云音乐等，此类应用与音乐版权业的关联度较高；二是听书工具类应用，如咪咕听书、懒人听书等，此类应用与出版业的关联度较高；三是电台类应用，如蜻蜓FM、考拉 FM、喜马拉雅 FM 等，此类应用与广播业的关联度较高。

由于这三类网络音频平台用户群体上高度重合，音乐类的用户基本包括听书类和电台类的用户，CNNIC 第 47 次报告已经不对后两者进行单独统计，对于行业整体用户情况，本节用网络音乐用户的数据做说明。

截至 2020 年 12 月，我国网络音乐用户规模达 6.58 亿，较 2020 年 3 月增长 2 311 万，占网民整体的 66.6%；手机网络音乐用户规模达 6.57 亿，较 2020 年 3 月增长 2 379 万，占手机网民的 66.6%。

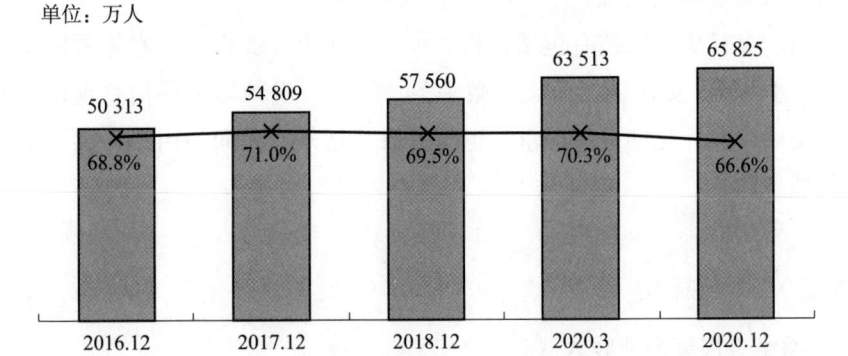

单位：万人

时间	用户规模	使用率
2016.12	50 313	68.8%
2017.12	54 809	71.0%
2018.12	57 560	69.5%
2020.3	63 513	70.3%
2020.12	65 825	66.6%

图 2　网络用户规模与使用率

在线音乐行业创新业务活跃，新业态如云演艺、IoT 全场景音乐服务等创新模式获得较好发展。艾媒咨询数据显示，仅 2020 上半年，中国在线演出用户规模就超过了 8 000 万人，云演艺用户中也有超过八成更偏好从在线音乐平台中观看 live 表演，而受访 IoT 音乐用户则主要通过车载设备收听，占比 38.4%。

（二）博客类自媒体行业发展概况

博客类自媒体发展达到饱和阶段，鉴于用户增长停滞、创作者活跃度下降，各大平台不再发布用户数据。根据行业经验估算，博客类自媒体总量保持在 2 000 万—3 000 万之间。

从平台来看，自媒体比较活跃的平台主要是今日头条、微信和微博三大平台。其他的自媒体平台规模较小一些，包括百家号、企鹅号、大鱼号、搜狐号、一点资讯、新浪看点，另外还有一些小众平台，比如快传号、趣头条、东方号等。

其中，今日头条是最具有行业代表性的博客类自媒体平台。根据 36 氪研究院发布的《2020 年中国泛资讯行业研究报告》调研数据，在以日均活跃用户数 DAU、人均使用次数、人均单日使用时长作为评判标准时，今日头条、微信等的用户使用数据位居行业前列。其中，今日头条的人均单日使用时长居于行业首位。

报告还显示，80 后与 90 后用户占比高达 90%。有超过七成的用户愿意视资讯内容的质量为其付费，以实现自我成长与提升。因此，在各平台陆续提出创作者扶持计划，为新人创作者提供内容发布指导等服务的当下，有九成以上的用户对成为内容创作者不再排斥，有超过半数的用户创作意愿较强，希望获得入门渠道实现观点变现。

目前，今日头条已拥有包括科技、军事、文史、教育、三农等领域在内的 100 个垂直领域，更覆盖了图文、微头条、问答、视频等多种信息载体，不仅可以满足用户多元化的资讯需求，也为有成为创作者意向的用户提供了丰富的创作领域备选。

（三）收入规模

1. 网络音视频产业收入

今年长视频行业广告收入不容乐观。年初新冠肺炎疫情的暴发对在线文娱的广告收入冲击明显，整个长视频广告行业普遍面临困境。

据"财通证券"整理的数据，2020年中国在线视频广告整体规模817亿，其中移动视频广告692亿元。

随着用户付费习惯的养成，会员业务逐渐成为视频平台重要的营收来源。据Analysys的统计数据显示，2019年中国网络视频付费市场规模为514亿元，同比增加49%。2020年，我国网络视频付费市场规模将突破600亿元。

短视频平台形势较好。据中国网络视听节目服务协会在2020年10月发布的报告显示，短视频人均使用时长已经超过了即时通讯，成为用户"杀时间"的第一利器。艾媒咨询数据显示，2020年中国短视频市场规模达到1 408.3亿元，继续保持高增长态势，2021年预计接近2 000亿元。

2021年中国数字音乐市场规模将近430亿元。中国手机音乐客户端用户规模持续增长，音乐付费成为各大平台及用户的关注重点，以音乐为核心的音乐付费生态正在形成，中国在线音乐付费市场具有较好的发展前景。

2. 自媒体收入规模

自媒体平台的数据呈现冰火两重天的现象，一方面是博客类自媒体增量不再，另一方面是短视频类自媒体日益火爆。在新媒体技术和流媒体的广泛应用下，自媒体整体访问量稳定（注：包含短视频），使得自媒体对广告主的吸引力依然存在，自媒体行业的广告市场规模也有了一定增长。

智研咨询预估2020年自媒体行业广告市场份额会突破1 000亿元。

另有数据认为，行业客户较传统门户网站于自媒体投放更多资源和营销预算。以收益计的自媒体营销市场规模由2013年的97亿元增加至2019年的1 624亿元，预计于2023年前达到3 396亿元。

需要注意的是，上述市场规模数据更多的源于抖音、快手等短视频自媒体平台的支撑。

3月25日，北京字节跳动发布《2020年企业社会责任报告》披露，过去一年，在抖音，2 200万名创作者获得收入累计超417亿元；在今日头条，创作者累计创造收入76亿元，月薪过万作家达9 359人，年收入超过1 000万作家有45人；在西瓜视频，近400位西瓜视频创作人年入百万；在巨量星图，创作人总收益达52.54亿元，同比增长142.01%，变现创作人数达44万人，短视频传播任务人均收入超20.1万元。

对于其他博客类自媒体而言，形势不妙。其中营收历来最强的微博已经出现了下滑态势。2021年3月18日，微博公布了2020年第四季度及全年财报，由于受到疫情冲击及互联网增长趋势见顶的影响，微博全年整体营收下滑4%。财报还显示，2020年全年微博营收16.9亿美元（约折合116.3亿元），较上年的17.67亿美元同比下滑4%。

二、主要服务商发展情况

（一）主要的网络视频服务提供商

网络视频服务提供商主要分为3类，主要包括：长视频、短视频和网络直播。其中，长视频以BAT旗下的爱奇艺、腾讯视频、优酷和B站为代表；短视频以抖音、快手等为代表；网络直播以斗鱼、虎牙直播为代表。

1. 网络长视频典型平台

（1）爱奇艺

爱奇艺第四季度总营收为75亿元（约合11亿美元），同比下降1%；净亏损为15亿元（约合2.372亿美元），相比之下上年同期的净亏损为25亿元，同比收窄亏损。

整体来看，财报表现平淡，营收继续亏损。爱奇艺在营收和利润方面总体波动不大，但市场一直担忧的订阅用户规模下滑问题依然较为突出。财报发布后，其股价盘后跌近10%。

会员服务和在线广告依旧是爱奇艺收入的主要支撑，在总收入中占比分别达到51%和25%。而在上一季度，这一比例为55%和26%。2020年第四季度，爱奇艺订阅会员总数为1.017亿，较去年同期不增反降。

2020年第一季度，爱奇艺会员数量曾达到历史最高峰，会员收入达到46亿元。然而在去年一季度之后，因为内容的缺失，会员数量持续下降。

内容缺失的原因，官方解释，一是因为疫情的关系，院线电影不上院线，所以视频网站也拿不到院线电影；二是电视剧受疫情和审核的影响，延期播

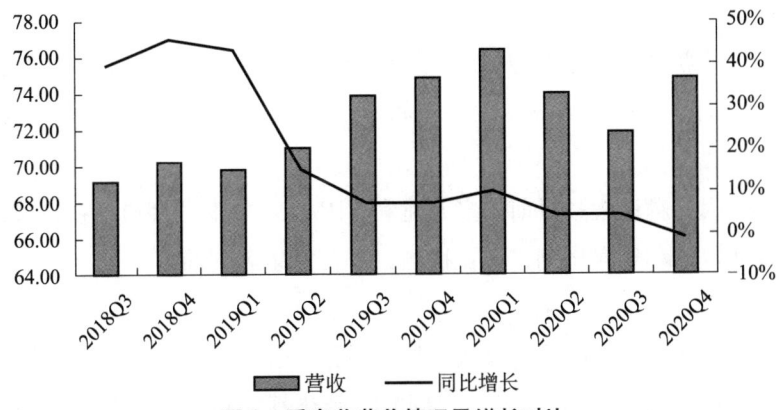

图3 爱奇艺营收情况及增长对比

出；三是综艺节目受广告主停止投放广告、停止赞助的影响，也导致延期，以及动画制作等其他影响，导致了会员数量下降。

在整个长视频领域，尽管头部平台的付费用户都超过了1亿，但国内的长视频网站整体长期仍处于亏损状态。11月13日，爱奇艺正式对黄金VIP会员服务订阅费用进行调整，多端价格统一定价。这也是爱奇艺推行付费会员策略9年以来首次涨价，涨幅约为26%。

然而此举动并未被用户完全接受，引起了很大争议。不过从市场环境变化和平台发展需求来看，视频网站涨价可能会成为行业常见现象。

（2）腾讯视频

2020年4月，腾讯视频上线了腾讯视频VIP开放平台。据中金公司研究部数据，截至2020年11月，腾讯视频月活跃用户为4.6亿。腾讯2021年财报显示，长视频行业视频付费服务会员数达到1.23亿，主要受益于热门动漫IP及剧集的推出，同时对文学、动漫、游戏及长视频服务的跨IP价值进行增强，以创造具有吸引力的内容并吸纳付费用户。

在其他长视频平台还在为资金而奔走时，腾讯视频已经走到了"开放收入，吸引第三方公司进场来制作内容"的阶段。

相关报道显示，这次开发对腾讯视频以分账生态建设为合作方打通了"从内容到用户的通路"，把内容创作者、平台和用户这三方进行了"有机结合"，因而也被舆论视为长视频行业的一次"彻底的革命"。

数据显示，在建立了"长视频分账生态"后，腾讯视频2020年TOP10累计分账金额为2.75亿元，而爱奇艺、优酷的分账金额则分别为2.6亿元、1.8

亿元。

由于这些新型的制作方的加入，腾讯视频内容进一步多元化，用户的订阅数量也随之上升。三季报显示，腾讯视频的订阅用户数超过 1.2 亿，同比增长 20%。

也正是因为腾讯视频目前的多元化和 VIP 收入分享平台的存在，腾讯视频会员的月活数量和绝对比例，在长视频大平台中也名列前茅。

（3）优酷

优酷已经从爱优腾阵营中掉队。从用户数上看，2019 年末，爱奇艺的订阅会员达到 1.07 亿，同比增长 22%。同时，腾讯视频付费会员数也宣布增长至 1.06 亿。但是，优酷近几来已经不再公布用户数了。

财报没有披露优酷的业绩，但也显示优酷的努力。通过审慎投资于内容和制作能力，数字媒体及娱乐业务的经营效率持续提高。得益于原创内容的吸引力以及 88VIP 会员计划的持续贡献，优酷的日均付费用户持续增长，同比增长约 30%。

优酷网络电影开启全网首个"怪兽制燥"的厂牌，为影片提供定向营销解决方案，涉及用户研究、垂类营销渠道、口碑观影团、衍生品开发以及 IP 商业化 5 个版块，从营销流量到口碑破圈全方位助力片方获取内容收益，提升影片影响力。

（4）哔哩哔哩

据哔哩哔哩 2020 年第四季度及全年财报显示，B 站 2020 年实现总营收 120 亿元，同比增长 77%。但依然没有盈利，处于亏损扩大状态。

B 站的增长非常惊人，要知道在 5 年前，也就是 2015 年，B 站的全年营收只有 1.31 亿元。换而言之，5 年间，B 站营收暴涨近 100 倍。更为难得的是，2020 年 B 站营收同比增长 77%，这个增速为 B 站上市以来最高，比 2018 年的 67% 和 2019 年的 64% 明显要高。

除了收入增长，还有用户规模的急速扩大。2020 年第四季度，B 站月活用户 2.02 亿，同比增长 55%，而去年同期为 1.303 亿，同比增速为 40%；2020 年第四季度，平均日活用户 5 400 万，实现 42% 同比增长。

为了实现更大范围的用户增长，B 站从以下 3 方面努力：

第一，能够在更广泛的年轻用户群体里面扎下根。从"90 后"到"00

后",拓展到"85后"到"00后",甚至"80后"到"00后";

第二,在内容的质量上,占领越来越多的品类的质量高地和价值高地,占领越来越多的品类的内容心智;

第三,在做到前两点的前提下,保持内容品味的领先性,年轻审美的感觉,良好的社区氛围,以及健康的商业化的方式。

为此,B站也付出了巨大的代价。

一是2020年B站的净亏损明显有了进一步扩大,2019年全年净亏损为12.89亿元,而2020年净亏损高达30.12亿元。

二是原本独特的社区氛围受到了一定的冲击,也失去了一定的用户黏性。如2019年第四季度,B站平均DAU/MAU的百分比为29.1%,而2020年同期这一数据为26.7%。从这一数据来看,B站的用户黏性,正在下降至与"优爱腾"近似的水平。

2. 短视频典型平台

(1) 抖音

2021年1月5日,抖音公布了《2020抖音数据报告》。数据显示,截至2020年8月,抖音日活跃用户突破6亿,截至2020年12月,抖音日均视频搜索次数突破4亿次。

巨量算数发布的《2020年抖音用户画像报告》显示,抖音与头条的重合度为32.1%,重合用户占抖音的42.2%。抖音与西瓜的重合度为24.6%,重合用户占抖音的29.5%。抖音10—19次占比领先,30分钟以上时长占比提高到38%。

随着抖音生态的完善发展,明星艺人、头部主播纷纷入驻平台。平台和主播的变现模式已经跑通。在抖音,不仅能记录美好生活,还能通过抖音过上美好生活。

抖音已经形成了亿万用户和创作者、商家互利共生的就业生态,催生出五大类超20种较稳定的岗位机会。2021年3月25日,北京字节跳动发布的2020年企业社会责任报告显示,2019年8月到2020年8月,抖音直接及间接带动就业机会达3 617万个。无论是返乡创业青年,还是应届生、退伍军人、农民等,各种群体都在通过抖音实现灵活就业。

抖音的增长势头非常迅猛,在用户规模上形成巨大优势。2020年初的疫情,让线下需求大量转移到线上,视频和直播在人们生活中扮演着越来越重要的角色。为了满足用户多种生活场景的需要,抖音先后推出并完善直播、社交、电商、搜索等服务,丰富大众的日常生活。

抖音商业运营模式也在不断地突破。随着5G技术的应用,短视频有望在移动端扮演更重要的角色,未来短视频行业发展将取决于社交功能的接入。若未来抖音正式上线抖音支付以及完善社交功能,依靠本身的各种资源优势,有望继续拉大与短视频行业其他平台的差距。

(2) 快手

据快手发布2020年财报显示,2020全年快手实现营收587.8亿元人民币,同比增长50.2%,不及市场预期的593.82亿元;全年实现净利润亏损1 166亿元,同比扩大493.5%。营收增速放缓迹象显著。

2020年底,快手大数据研究院发布《2020快手年度内容报告》,报告显示,2020年快手应用上共开展近14亿场直播,快手电商GMV为2 041亿元,平均复购率超65%。

2020年,快手持续打造"老铁们自己的购物节",前后推出"616品质购物节""116购物狂欢节"。数据显示,仅6月16日当天实际支付金额便达14.2亿元。

截至2020年9月30日,9个月的时间内,内容创作者占平均月活跃用户在快手应用上的比例约26%,日活跃用户在快手应用的日均使用时长超86分钟,日均访问快手应用超10次。截至2020年9月30日,快手应用上有超过90亿对互关,展现出强大的用户黏性。

3. 在线直播行业典型平台

在线直播市场集中度进一步提升。2020年10月12日,虎牙与斗鱼联合宣布双方已签订"合并协议与计划",虎牙将通过以股换股合并收购斗鱼所有已发行股份。也就是斗鱼将成为虎牙私有全资子公司,并将从纳斯达克退市。

2020年3月23,虎牙斗鱼发布财报。据虎牙财报,2020年第四季度,虎牙总收入为29.90亿元,较2019年同期增长21.2%,归属虎牙的净利润为3.06亿元,同比增长26.5%。

在国内用户数据方面,第四季度虎牙直播MAU(月均活跃用户数)和移动端MAU分别为1.785亿和7 950万,同比增幅分别达18.8%和29.1%,持续稳健增长。直播付费用户数为600万，同比增长17.6%。

据斗鱼2020年财报显示，斗鱼2020全年营收96亿元，同比增长31.8%，依然亏损。其中，第四季度总营收为22.7亿元，同比增长10.0%。第四季度运营亏损为2.3亿元，而2019年同期运营亏损1.24亿元，同比扩大85.5%。

（二）主要的网络音频社交媒体

1. 网络电台

（1）喜马拉雅

喜马拉雅发布的数据称，喜马拉雅广播用户数据较去年呈现较大幅度的突破与提升，截至11月30日，2020年电台总收听人次高达5.2亿；活跃用户日均收听时长为170分钟（即2.5小时）。截至2020年8月，喜马拉雅的夜听用户数量是2018年同期的167.15%。同时，2020年，活跃夜听用户的收听时长达117分钟。

喜马拉雅的业务模式采用PUGC内容生态，侧重于"UGC"（用户生产内容），用全品类内容吸引用户。规模化IP运营，利用明星效应带来流量和吸引资金流，汇聚多个相关领域的专业人才，利用他们的影响力和号召力，通过开辟精品栏目，吸引大量粉丝用户；通过推荐精品栏目、活动运营吸引付费用户，打造粉丝经济。

此外，通过智能音箱、车载硬件、可穿戴设备，用户提供在家、通勤、运动等全场景下收听音频内容。喜马拉雅大数据显示，夜跑、睡前、汽车成最快增长的场景。目前，夜听用户中，使用音箱收听的比例提升31.3%，使用车载设备的收听比例提升23.08%。

（2）荔枝

2020年1月18日，中国UGC音频社区荔枝正式登陆纳斯达克。

在有喜马拉雅、蜻蜓FM等竞争对手的在线音频行业，荔枝在知识付费风口时期选择押注语音直播和UGC社区，形成直播社交、付费内容、粉丝会员、游戏联运等多种商业模式。

2021年3月12日，荔枝发布了2020年全年财报，全年下来公司仍是亏损，但亏损已经收窄。2020年全年营收15.03亿元，同比增幅为25%，净亏损8 220万元，与2019年的净亏损1.33亿元相比收窄38%。

2020年以来，新冠肺炎疫情影响下，在线音频市场迎来更多关注，荔枝多项数据随之增长。比如，运营数据方面，荔枝2020年第四季度平均移动端月活跃用户数（MAU）为5 840万，为历史最高水平。此外，第四季度月均总互动次数超过33亿次，去年同期为27亿次。同时，公司营收表现也较为亮眼。财报显示，荔枝在2020年第四季度营收为4.2亿元（人民币，下同），同比增长15%。

（3）蜻蜓FM

2020年蜻蜓FM获得小米战略投资，双方将建立更加紧密的战略协同关系，共同探索打造AIoT时代的智能音频生态。

蜻蜓FM的业务模式也是采用PUGC内容生态，但侧重于"PGC"（专业生产内容），拥有大规模的意见领袖和自媒体人的合作关系，有着资源好、内容质量高的优势。一直对"UGC"持观望态度，不是很看好平台社交化的前景。通过投放画面创意型广告和音频内生广告实现盈利。

蜻蜓FM的盈利模式是付费增值服务、广告和粉丝经济。与运营商的合作也是其重点盈利方式之一，从与电信运营商合作的收费内容中抽成获利。这种盈利模式相对被动，具体的抽成比例和合作模式可能随着运营商的意向而改变。

在蜻蜓FM的全场景生态布局中，包含移动互联网生态和物联网生态两大部分。在移动互联网生态中，蜻蜓FM与华为、vivo、今日头条等企业开展合作。

在物联网方面，蜻蜓FM已内置智能家居及可穿戴设备3 700万台，包括小米小爱音箱、天猫精灵、百度小度等品牌在内的智能音箱，海信、TCL等品牌在内的智能家居产品，以及苹果、华为、三星等品牌的可穿戴设备。

2. 在线音乐平台

（1）腾讯音乐

在线音乐行业中，腾讯音乐一家独大。腾讯音乐确立了"在线音乐＋社交娱乐"双轮驱动的发展模式，社交娱乐逐渐成为营收主力。

截至2020年12月31日，腾讯音乐全年总营收同比增长14.6%至人民币291.5亿元，归属于股东净利润同比增长4.3%至人民币41.6亿元，非国际财务报告准则下（Non-IFRS）归属于股东净利润增长至人民币49.5亿元，业绩表现持续稳健。

基于成熟的商业模式，腾讯音乐娱乐集团通过长音频、TME live 等创新业务进行长线布局。

财报显示，腾讯音乐在长音频领域的生态布局获得了重要的里程碑式成果。2020 年第四季度，长音频专辑数量同比增长 370%，极大丰富了长音频内容池；长音频 MAU 渗透率从去年同期的 5.5% 增长至 14.8%，长音频用户日均使用时长持续增长。

腾讯音乐的娱乐社交服务主要包括 3 个模块：全民 K 歌、酷狗音乐和酷我音乐中的直播模块，以及酷狗直播和酷我直播。

(2) 网易云

在线音乐行业原本是网易云音乐与腾讯音乐两强共存格局，但是两者之间的差距越来越大。比达数据报告显示，2020 年 6 月主要数字音乐 APP 日活用户数中，QQ 音乐以 7 260.5 万人排名第一，酷狗音乐以 7 202.8 万人排名第二，酷我音乐以 4 125.5 万人排名第三，网易云音乐以 3 277.3 万人排名第四。其中，QQ 音乐、酷狗音乐、酷我音乐同属腾讯音乐旗下，腾讯音乐占领音乐版权市场 90% 以上。

造成这种大差距的原因主要是市场竞争导致版权价格过高。丁磊曾表示，过去几年，三大唱片公司在中国进行的独家销售模式，使中国的音乐运营商付出了合理价格两到三倍以上的成本。这让当时资金有限的网易云只能看着对手在音乐市场攻城略地。

为了弥补版权鸿沟，网易云也进行了几次大规模融资。即便如此，网易云还是难以追平腾讯音乐。比达报告中的数据也体现出腾讯音乐版权库丰富度仍高于网易云。数据显示，2020 上半年度中国音乐流媒体平台数字音乐下载量市场份额中，腾讯音乐下载量合计占国内流媒体音乐平台下载量 66.4%，网易云音乐下载量占比为 17.6%。这导致网易云音乐用户不断流失。

(三) 主要的自媒体类应用服务商发展概况

1. 新浪微博

3 月 18 日，微博发布了 2020 年四季度及全年未经审议的财报。

2020 年全年，微博营收 16.9 亿美元，较上年的 17.67 亿美元同比下降 4%；归属于微博的净利润为 3.134 亿美元；非美国通用会计准则下，净利润为 5.796 亿美元。截至 2020 年 12 月 31 日，微博拥有现金、现金等价物及短期投资为 35 亿美元。

营收主力下半年恢复元气。2020 年，微博广告和营销业务收入为 14.9 亿美元，与 2019 年的 15.3 亿美元同比下降了 3%。广告业务仍是微博营收主力，该业务占总收入的比重为 88%，而 2019 年同期，该业务的占比为 86%。

2020 年微博认证的媒体机构账号数量超过 3.8 万个，媒体机构全年所发布微博累计被转评、评论和点赞超过 66.8 亿次，总阅读量超过 2.4 万亿次。在媒体融合创新的大趋势下，视频成为媒体重要的报道形式，2020 年媒体机构在微博发布的视频数量相比 2019 年大幅增长超过 110%，总播放量超过 4 000 亿次。

2020 年微博认证的政务机构账号数量超过 14 万个，其粉丝总数突破 30 亿，所发布微博的总阅读量超过 4 500 亿次。权威疫情信息、社会热点回应、正能量暖心故事，是用户关注政务微博最希望看到的内容。

2. 今日头条

今日头条发布《2020 年度数据报告》，从内容、用户、创作趋势、作者变现等多个维度总结了过去一年今日头条作为通用信息平台的价值。报告显示，今日头条创作者 2020 全年共发布多种体裁的内容 6.5 亿条，累计获赞 430 亿次，来自专业创作者的内容正受到越来越多的关注。

2020 年，今日头条平台的热门信息互动量显著增加。2020 年，今日头条用户共点赞 430 亿次，分享相关内容 7.4 亿次，总评论数达 443 亿次，其中，点赞数是上一年的近 5 倍。

报告显示，2020 年，有 1 566 万新用户首次在头条发布内容，这让头条平台上的内容供给更加丰富。健康相关的内容在今日头条呈现快速增长趋势，与娱乐、财经和科技等成为 2020 年最受用户欢迎的内容。

今日头条在 2020 年完成了新一轮的品牌升级，Slogan 变更为"看见更大的世界"。在此前举行的今日头条生机大会上，今日头条内容生态总经理洪绯发布了新一年的创作者扶持计划——"头条行家计划"，按照该计划，今日头条在未来一年将投入 2 亿现金和价值 20 亿元的品牌曝光资源，并将拿出 100 亿流量来支持专业创作者，目标是在未来一年帮助 1 万名专业创作者获得总收入 10 亿元。

今日头条的创作者呈现年轻化趋势，根据报告显示，"80 后""90 后"作者占到了今日头条平台创作者总数的 69%。北京是拥有头条创作者最多的城市，每 5 个今日头条创作者中就有 1 个来自北京。

PUGC 成为潮流。据今日头条官方披露，平台专业创作者已经达到 13.8 万名，他们在今日头条平台上拥有医生、律师、博士、学者、考古专家、农技专家等职业身份认证，创作的内容涵盖了 5G、芯片、疫苗、北斗卫星等话题。

3. 微信公众号

2020 年，微信公众号已经诞生 7 年，微信公众号数量约 2 000 万个，依然停留在 5 年以前。据西瓜数据统计，2020 年上半年公众号发文量总体同比增长 17.76%。尤其是 2 月份疫情暴发时期，发文量增长 37.77%，文章留言数增长 52.94%。

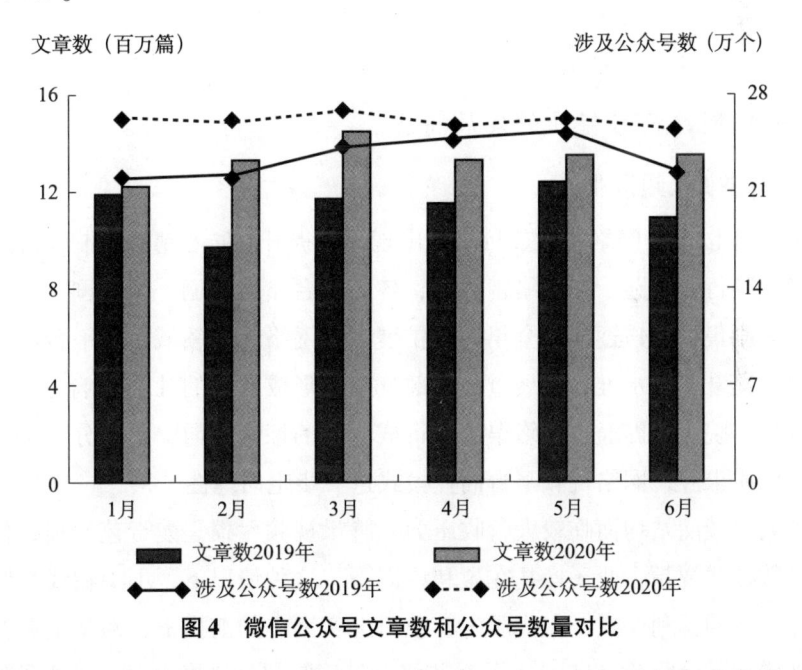

图 4　微信公众号文章数和公众号数量对比

虽然原创文章总体占比仅 5% 左右，但 2020 年上半年原创文章数同比增长了 19.85%，"10 万+"的原创文章数增长 29.95%。

公众号内容以资讯、搞笑趣闻、情感等三个行业为主，流量占比大。2020 年受疫情的影响，搞笑趣闻和情感类文章有所减少，媒体类账号较去年活跃，发文量同比增长 40.05%。在线教育的兴起也使得教育类公众号的内容也有大幅增长。对于招聘类账号而言，许多线下大型招聘取消，转向"云招聘"，行业内容活跃度有所增长。

由于来自短视频的竞争，微信向视频化衍进，推出视频号。视频号初期运营，并未向全部微信用户开放，首批创作者主要有两个来源：一是优先给原微信公众号创作者开通内测资格；二是引入明星艺人以及一些网络红人、MCN 的入局。

随着视频号版本更新至今，视频号与公众账号逐渐打通，其产品形态向抖音快手靠近的同时，其创作生态也会将向抖快靠齐——即视频号会更倚赖网红生态、运营 MCN 化。

三、2020 年社交媒体行业发展特点

（一）网络视频行业的发展特点

1. 网络长视频行业

2020 年以来，网络视频节目质量出现大幅提升。匠心精制的制作理念得到了网络视频行业实践，在网络剧领域，各大平台布局短剧、竖屏剧、互动剧等创新形态剧集，用户逐渐向全年龄段扩展；在网络综艺领域，各平台以深入垂直用户、提升节目水准为发展重心，部分节目形成较大的社会影响力；在网络电影领域，院线电影通过网络渠道发行成为新的探索方向，票房分账金额涨势明显。以质求胜，网络视频平台商业模式进一步走向理性。

各大视频网站均面临较大营收压力。腾讯视频亏损、爱奇艺亏损、优酷亏损，多数在线视频企业还挣扎在盈利线以下。这种情况下，不少在线视频平台开始探索新的盈利模式，在优质内容吸引忠实用户的前提下，网站上调会员价格，来增加平台收益。11 月，爱奇艺将会员连续包月价格由 15 元/月调整至 19 元/月，上涨 27%，这是国内视频平台首次对价格进行调整。与此相对照，美国流媒体视频网站 Netflix 已经在全球范围内 6 次上调会员价格。

市场竞争白热化。长短视频平台业务相互渗透融合，同质化发展，行业呈现内卷化，主要表现如下。

一是长视频平台大力发展短视频业务，以吸引用户和流量。各大长视频平台通过各种方式鼓励产出优质短视频内容，提升短视频内容占比，增加用户黏

性。如爱奇艺推出短视频内容社区"随刻",利用其拥有的丰富IP内容优势,全面赋能创作者;腾讯视频则在微信内加入视频号,依托于微信庞大的用户基础和社交优势,布局短视频业务。

二是短视频平台开始涉足综合视频业务,通过推出与自身平台更为匹配的"微剧""微综艺"来试水,再逐渐进入长视频领域。短视频平台通过不断调整用户的视频最大拍摄时长,与专业团队合作推出长视频节目等措施,提高用户留存时间,同时也更利于产出优质内容。如抖音在15秒、1分钟、3分钟视频后,开放了15分钟的视频拍摄权限;快手亦于2020年上线专业团队制作的长视频节目,重点在社会题材纪录片、网络电影等方面发力。

2. 短视频行业特点

2020年,短视频发展迅速。从市场规模上看,短视频及其衍生产品目前已成为整个网络娱乐产业的核心支柱,产业进入快速发展期。短视频平台一方面加大对支付领域的布局,形成自身电商交易闭环,另一方面积极拓展海外市场,凭借其先发优势取得不俗成绩,同时也面临政策监管风险。

短视频平台进一步完善生态布局,进军支付领域。2020年,字节跳动、快手陆续通过收购方式获得支付牌照,形成电商业务闭环。原因有两个:一是电商良好的发展势头对支付与产品、运营的协作提出了更高要求。对于快手等平台而言,电商业务是其核心业务之一,而支付是电商业务的重要环节。短视频平台使用第三方支付业务不仅增加合规成本,而且影响用户体验,拓展自身支付业务是实现未来发展的保障。二是支付业务有利于平台后续的精细化运营和业务拓展。基于支付业务,平台可以积累大量用户数据,据此更好地描摹用户和商家画像,有针对性地进行产品推送和营销。此外,依托支付业务,短视频平台有望将单一的支付交易用户转化为其他金融产品的用户,在提升营收的同时增强用户黏性。

短视频应用迅速占领海外市场,同时也面临政策监管风险。数据显示,2020年上半年,抖音海外版TikTok全球下载量达6.26亿,名列全球第一,在苹果和谷歌系统内产生收入为4.21亿美元,列全球第三,但是也受到了极大挑战。快手则针对不同海外市场推出了Kwai、Snack Video等不同的短视频应用,目前在韩国、俄罗斯、越南等市场表现突出。

短视频应用在海外市场迅猛发展的同时,也面临着相当的政经环境风险。

未来，中国短视频企业的出海战略需要根据国际形势和所在国法律法规做出相应调整。

随着短视频普及程度加强以及用户规模增多，头部平台已逐渐发展成互联网超级应用，并拥有巨大流量，因此也加强商业模式拓展，其中以短视频和直播结合电商模式发展最为明显。但对于入局电商带货，短视频平台在供应链和售后环节不具备优势，其他电商平台带来的竞争压力大。

3. 网络直播行业特点

受疫情影响，2020年"宅经济"迅猛发展，观看游戏直播也成了越来越多足不出户的年轻人进行娱乐消费的场景之一。由于疫情扩散带来的用户居家、延迟复工复产等问题，更是进一步刺激了线上直播的发展。不仅各平台、各企业纷纷加大对直播的投入，同时主播规模、用户规模也在迅速壮大。

各大直播平台积极推动"直播+"布局，与电竞、综艺、文化、旅游、教育等产业相结合，努力构建多元化、差异化、高品质的直播生态体系。如知乎上线直播功能；微信开启小程序直播组件公测；QQ音乐推出"Fanlive"；斗鱼上线"斗鱼购物"功能等。

目前，我国网络直播平台主要分为三大梯队（不包含电商直播）：

其中，第一梯队以游戏直播为主，主要是虎牙、斗鱼和YY，游戏直播平台的主要流量来源还是游戏直播；第二梯队和第三梯队主要是泛娱乐直播以及部分"直播+"平台，第二梯队包括映客直播、花椒直播、企业电竞、一直播，第三梯队主要有触手直播、么么直播、小米有播等。参照2019年数据，网络直播第一梯队收入占比达到55.1%；第二、第三梯队占比分别为27.3%、9.0%。

学习、消费、娱乐等日常生活场景的线上直播比重明显增加。就学习场景而言，线上教育直播重构学习场景，补足线下教育局限，使得在线教育渗透率大幅提升；就消费场景而言，除比较普遍的室内直播和店铺直播，商场、工厂、货源地、产业带等场所的直播有所增加；就娱乐场景而言，"云蹦迪""云音乐节"等各种娱乐形式受到欢迎。

电竞直播行业进入新阶段。受新冠疫情严重冲击，行业相关线下业务运营困难，品牌赞助减少；云游戏市场发展火热，且部分线下赛转为线上赛，电竞直播平台利好尽显，同时也凸显了极强的抗风险性，为电竞直播行业生态链带来了生机。相关平台利用深耕电竞直播赛道资源优势，借助自身资本力量和庞大用户规模，为用户提供更多元的观看电竞赛事及相关直播内容的选择。以抖音、快手、B站为代表的视频平台加码布局直播，这些长视频及短视频平台借助自身资本力量，并利用庞大的用户规模及用户结构多元化的优势对电竞直播平台形成挑战。

围绕直播平台，生态圈涌现了各类相关主体，涉及内容制作、内容传播、商业业务、市场监管等多领域。

随着各种新形态的网络直播模式的出现，我国网络直播政策更是密集出台，网络直播行业不断向健康方向发展。由于电竞直播行业在发展之初处于野蛮生长阶段，国家及地方多部门相继出台多项政策、规范性文件及行业标准，推动直播与游戏产业融合，促进电竞赛事、电竞直播等新业态发展，引导电竞直播行业健康有序发展。

（二）自媒体行业发展特点

在短视频产品的挤压下，博客类自媒体数量增长呈现颓势，各大平台均不再披露用户数据。由于变现形式比较单一，因此，流入博客类自媒体号的广告投放费用随之减少，相对一些长尾帐号，品牌方自然会选择坐拥百万粉丝的大号进行投放，此举无疑会进一步加剧博客类自媒体生态的马太效应。

疫情以来，用户在家时间变长，对学习的渴望也增加，更关注社会参与度高，自我提升等泛知识类的内容，对垂直类账号需求增加，科技、文化、财经等行业内容略有增长。总体特点大致如下：

首先，行业客户对效果类营销服务的需求不断增加。随着数据收集能力、数据分析能力的不断提高及效果优化算法发展不断改善，自媒体营销服务提供商能更好地理解受众兴趣及甄别目标受众以分配合适内容。更多的行业客户意识到效果类营销服务的好处，将对效果类营销服务需求持续增加。

其次，丰富的内容形式及类型。新形式的内容展现（例如短视频及直播）越来越多。自媒体平台将自身服务延伸至新的内容形式，为用户提供更佳的服务。此外，自媒体作者也在不断追求丰富的内容类型及内容形式，为其在线流量赚取盈利，并有望从中可提升营销的有效性及效率。

最后，数据及算法的重要性日益增加。自媒体平台运用高级算法推荐内容，通过对受众的过往行为数据更好地了解其行为及偏好，以确保精准匹配。近年来，一些资讯客户端和短视频客户端，纷纷以"算法推荐"的方式进行内容推送，出现了侵犯用户隐私的情形。

（三）网络音频行业的发展特点

1. 网络音频

2020年，我国网络音频市场进入存量竞争阶段。用户内容付费习惯逐步养成，版权付费收入成为网络音频平台重要收入来源，原创扶持成为平台构建内容"新秩序"关注重点。

从整体市场来看，音频较直播、视频等来说相对小众，在线音频市场增长率呈现下降趋势。据艾媒咨询发布的《2019—2020年中国在线音频专题研究报告》显示，在线音频市场从2016年的36.9%增速一路下滑到了2018年的22.1%，艾媒咨询还预测2019年、2020年在线音频行业用户规模增长率仍将持续下滑至15.1%、10.8%。这种趋势也导致了整个音频市场竞争日趋激烈。

从商业模式来看，网络音频行业的商业模式主要由用户付费、用户打赏、广告营销及硬件销售为主。用户付费依托内容类型多元化和优质化得到深入发展，用户打赏依托音频直播模式成为平台主要收入来源，而广告营销凭借音频媒介的独特性开创多种营销模式，为平台持续带来相关营销收入。

从行业生态来看，版权方、主播、公会及平台有效建构网络音频平台内容生态，通过版权的积累、主播的培育养成及平台的持续发力不断丰富音频内容。而硬件生态则是由传统的移动收听设备和不断发展的场景化收听设备构成，硬件与平台的结合能够让音频内容的场景化播放实现零障碍。

从发展趋势来看，音频平台将进一步稳固内容建设，加强平台内容的精细化运营模式，拓展多维度内容分发渠道。行业深入规范化发展，内容监管层面还将不断改进，市场环境日渐优化。此外，随着5G及IoT物联网技术的发展，不同设备之间的协同作用和联动效应得到提升，音频应用场景也会进一步得到拓展和丰富。

国内在线音频市场进一步集中。在线音频活跃用户规模排名较靠前的主要为喜马拉雅、蜻蜓FM、荔枝，其中用户大量集中于喜马拉雅，使其活跃用户远高于其他平台。

根据七麦数据显示，荔枝、喜马拉雅、蜻蜓 FM 近 30 天的日均下载量分别为 4 339、32 890、6 976，且三款 APP 的每日下载量排序为：喜马拉雅＞蜻蜓 FM＞荔枝。

2. 在线音乐

在线音乐市场高度集中，腾讯音乐和网易云音乐形成一大一小两家垄断。腾讯音乐确立了音乐付费以及包括 K 歌、直播在内的社交娱乐商业模式，成为中国最大的在线音乐平台，旗下拥有 QQ 音乐、酷狗音乐、酷我音乐和全民 K 歌等强势平台，腾讯音乐交叉持股横向结盟全球音乐流媒体巨头 spotify，入股全球音乐版权巨头环球音乐，交叉持股华纳及索尼实现与产业链上游版权方结盟，无论版权能力还是用户流量，都对其他厂商形成碾压态势。

网易云音乐着力于社区建设，相关动作明显落后，导致基于音乐版权的会员服务业务和拥有广泛商业空间的娱乐社交业务都没有达到预期目标，结果网易云音乐 CEO 朱一闻于 2020 年底被"内部降级"，由网易 CEO 丁磊接替。

腾讯庞大的社交体系以及海量版权是腾讯音乐"社交娱乐服务"系列产品得以快速占领市场的关键，平台上的用户可以通过微信、QQ 来分享自己 K 歌、直播等活动，并产生实时互动。在线 K 歌平台以 UGC 为主，用户有较强的内容生产能力，可以看出丰富的功能不仅满足了用户的多维度需求，也激发了用户的创作热情。作为头部在线 K 歌平台的全民 K 歌，用户平均每天在平台上传歌曲累计总时长近 56 万小时，相当于收听超过 18 万场演唱会。

四、2020 社交媒体年度大事

2020 年 1 月 15 日虾米宣布倒闭。虾米最为国内最早的音乐网站之一，在 PC 时代，获了得大批音乐人和爱音乐的用户。近年来，音乐平台之间的竞争提高了版权成本，虾米平台盈利难上加难，最终关闭。

2020 年 1 月 18 日，音频社区荔枝正式登录纳斯达克股市，成为"在线音频行业第一股"。

2020 年 1 月，微信推出视频号测试，知名自媒体纷纷入局，尝鲜视频号。3 月 4 日，李子柒微信视频号发布第一条视频，24 小时内点赞过千。

2020 年 4 月，腾讯音乐正式对外发布长音频战略，通过加速推动音乐与音频的融合发展，为用户提供更丰富和优质的视听内容与产品体验。

2020 年 5 月，爱奇艺、优酷、腾讯联合六家影视公司发布自救倡议书《关于开展团结一心，共克时艰，行业自救行动的倡议书》，规范剧集长度建立反腐黑名单。

2020 年 5 月 19 日，上海市网络视听行业协会宣布成立 MCN 专业委员会。这是全国首个针对 MCN 的专委会。

2020 年 6 月 2 日，超前点播案判决。北京互联网法院认为，爱奇艺单方增加超前点播条款，实质损害了黄金 VIP 会员的主要权益，构成违约。

2021 年 1 月，腾讯音乐宣布收购懒人听书 100% 股权，为音乐与音频行业融合发展带来了崭新思路。

2021 年 2 月 2 日，抖音向法院提起反垄断诉讼，称三年来抖音被微信、QQ 禁止分享，要向腾讯索赔 9 000 万元。此案被舆论视为互联网平台反垄断第一案。

2020 年 6 月，国家互联网信息办公室会同相关部门对 31 家主要网络直播平台的内容生态进行全面巡查，视违规情节对相关平台采取停止主要频道内容更新、暂停新用户注册、限期整改等处置措施。

2020 年 11 月，国家广播电视总局发布《关于加强网络秀场直播和电商直播管理的通知》；国家互联网信息办公室会同有关部门起草《互联网直播营销信息内容服务管理规定（征求意见稿）》并向社会公开征求意见。

五、总结与展望

（一）网络音视频行业发展总结与展望

2020 年，短视频和网络直播为产业带来变革，网络视听产业加速发展。短视频行业规模占网络视听规模的比重已经超过四成，预计未来一段时间里，短视频和网络直播将成为网络视听产业的主要增量，其渗透率将持续扩大。与此同时，由于竞争加剧，在技术和资本推动下，网络视听平台也将进一步融合发展。

随着用户内容付费习惯逐渐养成，平台进入存量竞争阶段。在运营模式上，差异化付费模式将逐步推广，优质内容将成为主要竞争力，平台致力构建内容"新秩序"，原创扶持成为重点。

除加快争取固有版权资源外，网络音视频平台不断推出各类原创计划，帮扶原创力量，为在线平台版权构建护城河。平台对于自媒体的扶持投入也从百万千万到亿级，全方位多维度地服务原创作者。

另外，新兴技术将加速赋能，为行业拓展新的应用场景。随着5G、AI等新兴技术普及应用，网络音视频平台加快技术创新，加速与前沿科技深度融合，为行业发展注入新动力，拓宽应用场景。

网络音视频及直播行业发展的同时，将进一步加强内容治理。"软色情"、侵害版权等违规不良内容随时会侵蚀着优质内容的生态，甚至将线上危害转移至线下。平台应完善技术监控体系，协同有关部门，在法律规范、制度做好衔接，建立长治久安的治理机制，加强权益保护。

（二）博客类自媒体发展的总结与展望

在信息爆炸的当下，优质图文内容仍然是稀缺资源。无论是创作者还是平台本身，稳定输出的优质内容都是吸引用户留存、提高用户黏性、增加平台曝光的关键。

作为内容生态当中的重要组成部分，UGC的高频创作量必不可少，各行各业的高质量PUGC原创内容作用也不容忽视。因而，自媒体平台构建差异化的内容生态将成为其在内容同质化市场竞争中脱颖而出的关键。加强布局PUGC，将成为这些平台的新的发力点。头部平台将进一步瞄准细分市场，发掘本地化内容，错位竞争，整个行业发展呈现四大趋势：

首先是从业者更加专业化，野蛮生长的草根时代已经过去。未来随着国内传媒行业继续洗牌，预计有更多传统媒体人将投身于自媒体，他们将把更多新闻专业主义的规范注入到自媒体的内容生产中来。

其次是内容生产更垂直。目前，从互联网金融、母婴到旅游，几乎每一个细分领域都已形成一批少数头部自媒体。未来，这些头部自媒体预计仍将保持内容的高度垂直，并在专业度上继续提升。相比以整合既有资讯、以搞笑逗乐为主、带有浓厚草根气息的自媒体，聚焦高质量原创性内容生产的自媒体将更容易获得资本注意，并赢得更高估值。

最后，内容开发更长尾。自媒体的内容生产还将进一步打通上下游产业链，类似餐饮老板内参这样，把上游供应商、下游餐饮实体店与用户全产业链打通的做法将得到更多同行的效仿和升级。此外，基于内容的周边产品开发也将更加活跃，比如关注二次元文化的自媒体将更多地进入到电商领域，关注情感问题的自媒体还有可能与线下心理咨询沙龙相互结合。

另外，自媒体的专业化表现为传统媒体人转型。一些从传统媒体也开始推出一些类似自媒体的账号，尝试建立人格化、试水粉丝经济，与自媒体争夺用户。

参考文献与主要数据来源：

《2020 抖音数据报告》，2021 年 1 月 15 日，抖音

《2019—2020 微信就业影响力报告》，2021 年 5 月，腾讯微信与中国信通院

《2020 年度数据报告》2020 年 12 月 22 日，今日头条

《2020 年中国在线 K 歌社交娱乐行业发展洞察白皮书》，2020 年 4 月 16 日，艾瑞

《夜听经济趋势报告》，2020 年 9 月 7 日，喜马研究院

《2020 年中国泛资讯行业研究报告》，2020 年 10 月 20 日，36 氪研究院

《2020 中国在线音乐行业报告》，2020 年 11 月 Fastdata

《第 47 次中国互联网络发展状况统计报告》，2021 年 2 月，CNNIC

《2020—2021 年中国短视频头部市场竞争状况专题研究报告》，2021 年 1 月 26 日，艾媒咨询

《2020—2021 年中国电竞直播行业发展专题研究报告》，2021 年 03 月 17 日，艾媒咨询

《字节跳动 2020 年企业社会责任报告》，2021 年 3 月 25 日，字节跳动

《2020 快手年度内容报告》，2021 年 2 月 16 日，快手大数据研究院

《2021—2027 年中国网络视频行业市场竞争态势及市场需求潜力报告》，2021 年 02 月 26 日，智研咨询

《2019—2020 年中国在线音频专题研究报告》，2019 年 12 月 16 日，艾媒

咨询

微博 2020 年 Q4 即全年财报，2021.03.19

腾讯音乐 2020 年 Q4 及全年未经审计财务报告，2021.03.17，

荔枝 2019 财年第四季度及全年未审计财报，2021.03.12

斗鱼 2020 年第四季度财报，2021.03.23，

虎牙 2020 财年第四季度财报及全年财报，2021.03.23

哔哩哔哩 2020 年第四季度和全年未经审计的财报，2021.03

腾讯控股 2020 年第四季度及全年业绩报告，2021.03.25

爱奇艺 2020 年第四季度及全年财报，2021.02.18

阿里巴巴 2021 财年第三季度财报，2021.02.02

快手 2020 年财报，2021.03.23

2020—2021 中国移动出版产业年度报告

郝园园

2020 年，突如其来的新冠肺炎疫情在世界范围内蔓延，数字经济成为实现经济复苏、推动我国可持续发展的关键之举。移动互联网在变局中孕育新生，数字内容生态进一步演化，各细分领域不断渗透、交叉、融合，改变着大众的社会生活，疫情及常态化后，移动出版整体用户数量平稳，用户网络依赖度较高，"00 后""70 后"用户比例逐渐扩大。

一、移动出版产业发展概述

（一）发展环境

1. 经济发展环境

2020 年极不平凡，百年变局与疫情交织叠加，中国经济遇到了世纪罕见的严重冲击，最终通过坚守战略定力，准确判断形势，精心谋划部署，果断采取行动，付出艰苦努力，中国成为全球唯一实现经济正增长的主要经济体。在抗击新冠肺炎疫情过程中，数字经济发挥了不可替代的积极作用，成为我国实现经济复苏、推动可持续发展的关键之举，成为有效推动我国经济社会高质量发展的新动能和新引擎。根据中国信通院发布的《全球数字经济白皮书》显示，2020 年年末我国数字经济增速是 GDP 增速的 3 倍多，规模近 5.4 万亿美元。2020 年年底召开的中央经济工作会议指出，"要大力发展数字经济"，通过加快数字化来推动经济体系优化升级。移动互联网作为数字经济的重要组成部分，生产方式、生活方式、商业模式都在加速演进。移动出版作为文化与数字经济深度融合的产业，涉及移动阅读、网络文学、移动游戏、移动动漫、移动音频、移动教育、移动视频等领域。伴随新一轮科技革命和产业变革迅猛发展，移动出版进一步深入人们生活，在内容服务、文化服务、生活服务等数字化形态中，协同满足大众的各类精神文化生活需求。

2. 移动通信基础设施建设

2020年，国家发改委首次明确了"新基建"的范围，包括信息基础设施、融合基础设施、创新基础设施三个方面。移动通信网络作为信息基础设施的组成部分在我国数字经济的发展中起着重要作用。

目前，我国政府已陆续推出了非常积极的产业发展政策来推动基于5G的移动通信网络发展。政策类型大致可分为四个方向：一是对5G相关基地建设部署进行支持，以此推进5G网络建设进度；二是对5G技术应用场景进行培育，即促进5G产业与各产业融合发展、协同进步；三是加大5G技术研发力度，即加强研发技术，对研发工程进行一定的补贴；四是构建5G安全保障体系，加强安全保障措施，构建良好的产业生态环境。

移动信息通信基础设施建设成效显著，加快释放其对移动出版高质量发展的支撑作用。从具体移动信息通信基础设施来看，在扩大规模、提速降费，提升群众生活品质、降低企业成本等工作上取得了积极成效。截至2021年上半年，我国移动LTE网络IPv6升级改造全面完成；农村和城市实现了"同网同速"；全国移动通信基站总数达931万个，5G网络按需建设和深度覆盖径正在有序推动，5G基站建成96.1万个，覆盖全国地级以上城市及重点县市；用户移动资费单位流量平均下降了10%以上，移动网络体验速度较5年前增长约7倍；各类互联网应用快速的普及，信息消费潜力被大大激发；移动用户月均流量达10.85GB，较5年前提升了40多倍。随着5G网络建设快速推进，蜂窝物联网用户数增长迅速，三家基础电信企业发展蜂窝物联网用户达11.36亿户，全年净增1.08亿户。

在良好的移动信息通信基础设施下，我国移动用户市场和使用行为整体趋向稳定。根据《中国互联网发展报告（2021）》数据显示，截至2020年12月，中国手机网民规模已达9.86亿，占整体网民的99.7%。移动互联网用户总数超过16亿。其中，4G用户总数12.89亿，占移动电话用户数的80.8%。5G用户规模同步快速扩大，5G手机加速放量，市场新机型明显增加，售价已经降到2000元以内，用户以每月新增千万的速度爆发增长，至2020年年底，我国5G手机终端连接数近2亿户。

3. 移动出版文化建设

2020年10月党的十九届五中全会召开，明确提出实施文化产业数字化战略，加快发展新型文化企业、文化业态、文化消费模式，壮大数字创意、网络视听、数字出版、数字娱乐、线上演播等产业，到2035年我国要建成文化强国，以文化焕发出的内生动力，凝聚起全面建成小康社会的精神力量。移动出版作为顺应数字产业化和产业数字化发展的文化业态，在十九届五中全会的思想引领下，肩负着文化高质量发展的重任。作为推动文化产业与数字技术融合发展的创新阵地，移动出版要做好大众精神文化产品的供给站，不断创新满足人民群众对高品质、多样化、个性化数字文化消费新场域的需求，提升中华文化在数字化、信息化、网络化时代的全球竞争力和影响力。

根据《第47次中国互联网络发展状况统计报告》显示，截至2020年年底，我国网络音乐用户达6.58亿，短视频用户达8.73亿，网络游戏用户达5.18亿，网络直播用户达6.17亿，其中，游戏、真人秀、演唱会以及体育直播用户分别达1.91亿、2.39亿、1.90亿和1.38亿。大众可以在更多的时间、空间中通过各类移动端接触到丰富多彩的文化成果、进行社交活动。移动出版已成为亿万网民的日常生活的重要组成部分，且在智能硬件和移动支付的加持下，新的精神文化消费形式正在成为大众获得感、幸福感的重要来源。由此可以看出，我国的数字内容生态体系、网络传播格局和舆论生态正在被不断迭代、重塑。

（二）发展态势

1. "宅经济"激发移动出版市场潜力进一步释放

2020年充满了未知和挑战，疫情并没有阻断人们获取信息和表达自我的需求。"宅经济"供需匹配，快速崛起。移动出版整体产生"被动宅"的叠加效应，大众线上的娱乐、学习、工作等日常精神需求大幅度提升，移动互联网助力运作效率，催生了丰富多彩的移动出版成果。新产品、新业态和新模式极大地改变了大众的生活方式，全新领域和全新场景的工作、学习、文化、娱乐形式展现在大众视野中,"远程办公""线上交流""在线教育"等的新型工作方式开始普及。云拜年、云旅游、云娱乐、云逛街、云打卡、云展览、云音乐会、云录制、云观影、云开业、云看房、云健身等云场景的大量涌现。"宅经济"离"人"更近,让产品和服务可以更便捷地融入生活,在内容供给者和用户之间建立起了一个基于信息的纽带,通过精细化处理,内容供给者能够更加了解用户需求。

比如云娱乐,用户平均每天花在数字娱乐上超过两个半小时,主要在短视频和游戏方面平均耗时最久。在视频、社交、游戏三大领域,5G 用户的人均使用时长明显高于 4G 用户,尤其是视频、社交,5G 用户月人均使用时长分别达到 3 255 分钟、3 186 分钟。从国民级互联网公司腾讯的年报来看,2020 年腾讯年收入 4 820 亿元,其中,游戏占了 1 561 亿贡献了总收入的 32%;数字音乐、数字视频的会员业务及直播业务占 1 081 亿,贡献了总收入 22%;视频、音频中的网络广告占 823 亿,贡献了 17%。云娱乐通过科技基因拓展了人与人之间的社交关系,通过融合显示体验和虚拟体验,让人们在更大的时空里体验更惬意的娱乐方式。

另外,"宅经济"让"老来喜乐"成为现实,中老年群体加入线上文化娱乐消费大军,开始接受云服务模式,随着线上平台和娱乐项目的不断丰富,在线学习培训、K 歌、烹饪、直播等让中老年群体轻松地在移动出版领域找到自己的爱好,使生活变得更加丰富。

2. 技术应用赋能移动内容全链条

在数字技术与文化产业融合发展的大背景下,移动出版依托数字技术从事数字内容创作、生产、传播和服务。2020 年,5G、大数据、区块链、云计算、人工智能等信息技术的快速发展,为垂直行业融合应用的发展提供了坚实的基础,相应的终端及产业融合应用生态加速完善,实现生产要素及环境的全方位互联。如 5G 云服务、AI、大数据对内容生产效率的提升,5G + XR 技术、5G 终端、视频、直播等服务推动移动出版产业升级发展,边缘计算、数字家庭正在为大众文化带来更多内容、更加丰富的沉浸式体验。云上 VR 书店、云博物馆、5G 体验馆、VR 书店、全息演绎等让用户"置身"影像现场。

技术的应用让更多可信赖的新形式移动内容呈现在大众面前。咪咕数媒聚焦智能语音、VR、AR 阅读、超高清无损音质、情境智能 TTS 等板块,推出了包括 5G 富媒书、至臻听书（24bit）、至境听书以及 5G 融媒体手机报等产品及服务发力移动阅读领域的内容生产与聚合，推动信息消费在整个移动阅读产业的扩展，深耕数字化服务的价值。红色文化传播"互联网＋长征"示范项目"长征数字平台"以 5G＋AR 实现红色文化沉浸式体验场景，以中国行政区划地图为地图数据基础，结合全国 15 个省（直辖市、自治区）的长征文物数据、长征路线数据及长征沿线发生的历史事件、历史故事等数据，在全国长城数字平台小程序与强渡大渡河 APP 互联互通，采用以动态专题地图的形式，展示长征要素的分布和内容等信息。由上海世纪出版集团、上海辞书出版社开发建设的《辞海》网络版呈现于世，《辞海》网络版根据推荐词条和延伸词条智能生成的"知识导图"，能够可视化立体呈现词条间关系，方便用户进行内容拓展和知识发现，《辞海》融合了音视频、图像和三维立体模型直观展示远古生物、历史建筑和部分天体的形态，移动用户可根据不同需要使用语音识别检索、拍照识字检索等方便用户进行内容拓展和知识发现。

3. 行业规范制度体系不断完善

移动网络凭借其超强的融合力、快捷的传播力、广泛的影响力，深刻改变着社会生产生活方式，在价值观传递和信息文化传播中发挥重要作用。网络宣传、网络文化、网络服务规范化治理的重要性和紧迫性日益凸显。2020 年，相关各级部门继续加大了对各类移动内容信息服务的监督检查、整治和规范化管理，颁布了多部规范化制度和重要举措。2020 年 3 月，《网络信息内容生态治理规定》正式实施，明确规定网络信息内容服务使用者、生产者和服务平台不得通过人工方式或者技术手段实施流量造假、流量劫持以及虚假注册账号、非法交易账号、操纵用户账号等行为，破坏网络生态秩序，网络信息内容服务平台应当履行信息内容管理主体责任，加强本平台网络信息内容生态治理，《规定》的实施，为推进网络诚信建设、构建良好网络生态提供了明确可操作的制度遵循。2020 年 6 月，国家网信办全国"扫黄打非"办等 8 部门联合召开工作部署会深入推进网络直播行业专项整治和规范管理，推动研究制定主播账号分级分类管理规范，提升直播平台文化品位，引导用户理性打赏，规范主播带货行为，促进网络直播行业高质量发展。浙江省网商协会制定出台全国首个直播电商行业规范标准《直播电子商务管理规范》，从直播电商生态圈和产业链的视野出发，对直播电商的不同参与角色如直播平台、入驻商家、主播、MCN 机构等提出要求，进行了规范。2021年1月，中央网信办召开全国网信系统规范网络传播秩序工作视频会议部署加强全平台网络传播秩序管理。2021年1月，国家互联网信息办公室发布新修订的《互联网用户公众账号信息服务管理规定》进一步加强互联网用户公众账号的依法监管，促进公众账号信息服务健康有序发展。2021年7月，中央网信办已启动"清朗·暑期未成年人网络环境整治"专项行动，聚焦解决七类网上危害未成年人身心健康的突出问题，整治网络空间扭转不良网络文化。

二、移动出版产业各领域发展现状

（一）移动阅读

1. 我国国民移动阅读总量稳步上升

据《2020年度中国数字阅读报告》显示，2020年以移动阅读为主战场的数字阅读行业市场规模达351.6亿元，增长率达21.8%。中国数字阅读用户规模为4.94亿，同比增长5.56%。人均电子书阅读量9.1本，人均有声书阅读量6.3本，较2019年增长5.5%。第十八次全国国民阅读调查报告显示，2020年我国成年国民各媒介综合阅读率持续稳定增长，数字化阅读方式接触率呈上升态势。综合阅读率为81.3%，较2019年的81.1%提升了0.2个百分点，大众数字化阅读方式（网络在线阅读、手机阅读、电子阅读器阅读、Pad阅读等）的接触率为79.4%，较2019年的79.3%增长了0.1个百分点。手机仍是移动阅读的主要媒介，成年国民人均每天手机接触时长为100.75分钟，与2019年度基本持平。2020年人均每天电子阅读器阅读时长为11.44分钟，人均每天接触平板电脑的时长为9.73分钟。用户平均单次电子阅读时长为79.3分钟，有声阅读时长为62.8分钟，17点至22点是阅读的"晚高峰"，有三成以上（31.6%）的成年国民有听书习惯，较2019年提高了1.3个百分点。2020年有声阅读内容和用户的增长势头都很强劲，内容同比增长63.56%，用户同比增长22.23%。根据喜马拉雅发布听书报告显示：喜马拉雅积累品类过百，声音条接近3亿，总用户6.3亿，全场景活动用户2.5亿。2021年第一季度人均听书量为 7.4 本，比 2019 年同期增长 32.14%，用户的周末收听时长比工作日略高 1.55%。从数据上开看，用户已形成稳固的听书习惯，通过声音阅读、追剧已经成为许多人的生活日常。不论工作日的忙碌，还是周末的清闲，用户听书时长变化不大，在听书用户的年龄分布方面，"80 后""90 后""00 后"年轻用户占比超 70%，组成听书最大群体，"10 后"儿童用户亦在崛起，听书将成为他们从小养成的习惯。

2. 移动阅读内容逐渐向高质量转化

从数据来看，我国民众的数字阅读率和国民综合阅读率都保持了稳定增长，但数字阅读内容偏向娱乐化、碎片化等特征，许多成年国民认为移动阅读品质不高，自己的阅读量较少。这说明国民有追求高品质移动阅读的主观需求。从《2020 年度中国数字阅读报告》的数据可以看到高质量内容用户付费意愿达 86.3%。8 成用户认为数字阅读行业迫切需要在内容质量、完善产品功能方面得到提升。

网络文学是移动阅读的重要领域，近一年来从中央高层到地方政府越来越关注网络文学对于文化建设、文化产业的推动作用，正在引导网络文学向主流化、精品化过渡。网络文学的监管体系正在完善，人机结合的评估标准正在筹备建立。中国社会科学院发布《2020 年度中国网络文学发展报告》认为 2020 年是网络文学的分水岭之年，由此，行业正式迈入精耕细作与创新拓展并举阶段。网络文学的内部也正在发生质变，一是作家读者更年轻有朝气，二是内容生态更蓬勃有活力的，三是新兴商业模式更灵活有动力。目前，优质网络文学的覆盖面和生命周期得到了极大地拓展和延伸，其流动变化的发展状态也会带来新的增量和新蓝海。

我国有声阅读高质量发展迅猛。TME、字节跳动等巨头相继入局，字节跳动推出"番茄畅听"APP，海量正版小说免费音频奉上。腾讯音乐娱乐集团先是收购懒人听书 100% 股权，又推出"酷我畅听"，从精品内容、场景推荐、智能交互和定制服务等各个方向发力音频产业，带动用户需求升级。龙头企业喜马拉雅将发展定位转变为："优质好书成为一家人一辈子的精神食粮。"有声阅读内容提供方越来越成熟，无论是出版机构、网文企业还是 PUGC 的演绎，其内容的品控质量明显越来越精品化。越来越多的有声阅读与文字内容同步策划、制作、发行。例如围绕文学精品《红楼梦》，有声内容呈现各种精彩的演绎形态，除了有各类型主播的朗读版与讲解版、少儿版，还有红楼梦的精品课程包括讲红楼梦里面的历史典故、艺术化的呈现有声剧演绎、前文化部长王蒙的讲述版、刘心武讲红楼梦、解密红楼梦里的是是非非等，有声书让阅读变得更有趣，让越来越多的党建、历史、人文、社科等精品内容"声入人心"。有声阅读对于构建阅读型、学习型社会，以及推动我国文化强国进程正发挥着重要的作用。

3. 智能化阅读服务逐渐兴起

媒体的深度融合带来移动阅读向智能阅读迈进。智能化革命正在以开放知识为基础、以技术创新为推动力改变移动阅读领域，信息用户、立体感知、数据分析、智慧阅读服务新变化逐渐形成一个新的经济体系。出版机构的思维方式正在发生转变，随着互联网、大数据、人工智能等新技术及应用不断深入，出版业生产方式在创新，产品形态更丰富，优质资源在加速盘活，智能化阅读的新生态也在逐步构建中。目前，移动阅读已经多采用个性推荐算法，用户需要什么推什么，并逐渐建立与用户需求更加匹配的各类数据库，为真正实现个性化、订制化订制打下了坚实的基础。越来越多的移动阅读APP正在探索超越用户心理预期的服务，主要有以下几种形式：一是采用人工智能技术加入情境交互体验，通过语音阅读交互体验、情境订制交互体验、动效创意交互体验等微创新来激发用户深入体验的兴趣。二是通过升级用户体验需求，如借助人工智能采用神经网络算法、遗传算法等模拟人的思维方式和认知规律，通过机器学习提升对用户行为、心理和情感的感知能力，在大数据信息挖掘的基础上进行用户情感计算，体现智能关怀。三是提供需求升级体验。借助大数据通过信息服务架构的细分设计来满足用户社交关系需求和情感个性需求。

（二）移动游戏

1. 移动游戏增长迅猛

近年来，中国游戏产业迅速发展，成为数字内容产业的重要增长点。在快速发展的同时，游戏不仅成为重要的文化娱乐产品，也日益成为意识形态传播的重要阵地，在价值观传递、文化传播、教化育人、国家文化软实力提升、文化走出去方面发挥日益重要的作用。2018年在版号限制的大背景下，游戏公司多选择先出海再回归策略，2019年版号恢复发放，游戏行业既在国内迎来回春，又在海外市场得到青睐。2020年疫情隔离提高了用户对移动游戏和电子竞技的参与度。2020年，中国手机移动游戏"贸易顺差"超过600亿元。

《2020中国游戏产业报告》显示，我国移动游戏用户规模达6.54亿人，同比增长4.84%。中国游戏市场实际销售收入2 786.87亿元，移动游戏市场实际销售收入2 096.76亿元，占比为75.04%。从游戏广告投入来看，根据伽马数据统计2020年重点题材游戏增速达到219%，现代题材游戏广告投入数量增速为210.1%。

2. 移动游戏未成年人保护工作持续加强

未成年人保护始终是游戏行业政策的核心关切点，从政策内容和监管措施来看，其关切点主要在两方面：一方面是游戏行业的合法规范化经营，即以游戏版号为核心的总量调控和对一部分题材和内容的审核限制；另一方面是针对未成年人的保护，这部分内容始终贯穿行业监管，是监管的核心关切点，从近年来的政策走向来看，在未成年人保护方面，监管政策逐步趋严。

2019年11月，国家新闻出版署发布《关于防止未成年人沉迷网络游戏的通知》，对未成年游戏用户从实名注册、游戏时长、付费、适龄提示、行业监管、监护责任六个方面进行规定。2021年6月新修订《未成年人保护法》正式实施，第一次从法律层级确定了网游防沉迷、宵禁、统一身份认证系统以及适龄提示。明确网络游戏服务提供者应要求未成年人实名注册、做出适龄提示且不得在每日22：00至次日8：00向未成年人提供网络游戏服务。另外主管部门也在不断强化事前、事中、事后监督机制。在未成年人保护工作逐年强化的背景下，国内绝大部分游戏企业都能严格贯彻各项规定要求，且效果明显。未成年人游戏防沉迷工作是一个长期的系统性工程，需要全社会共同付出努力，需要来自政府、协会、家长、企业、媒体、学校等多方面的支持，面对新问题、新挑战不断发展完善修订，共同构筑保护未成年人成长的健康生态。

3. 创新激发活力，游戏精品化成为行业共识

移动游戏行业是技术创新和产业链协同的重要领域，2020年游戏行业对精品游戏的思考更加深入与多元。游戏市场不仅取得了良好的成绩，游戏厂商在制作游戏的理念上也开始回归理性，追求游戏产业的高质量发展，鼓励精品内容创作，扩大精品游戏消费，已经成为行业风向标。从技术上来看，5G、云计

算、虚拟/增强现实技术可丰富游戏的呈现方式和效能，为玩家带来沉浸式的娱乐体验，人工智能、大数据可实现服务的个性化、订制化，在洞察用户需求、优化服务模式方面发挥重要作用，为企业提供精品化发展的环境与技术基础。2020年是云游戏行业转折年，腾讯游戏、三七互娱、中国移动、中国电信等产业链上下游各类企业均推出云游戏相关合作或措施。

从内容上来看，游戏与文化连接，格局更大地建设游戏品牌内容，如《梦幻西游》与敦煌博物馆合作通过游戏让文物活起来，让文化火起来，让文旅热起来。虚拟与现实连接，如《我的世界》联合广州消防救援支队，开发了一种新互动玩法，打破了虚和实的界限。中国与世界连接，2020年有多款游戏入选年度国家文化出口重点项目，包括米哈游的《原神》，鹰角网络的《明日方舟》，巨人网络的《球球大作战》，上海沐瞳的《无尽对决》，友谊时光的《浮生为卿歌》，中手游的《新射雕群侠传之铁血丹心》等游戏。从运营渠道来看，高质量的游戏想要在众多游戏产品中脱颖而出，除了内容高口碑，优秀的运营能力与合适的推广渠道也是游戏精品化的重要组成部分，游戏企业特别是在海外市场正在逐步从买量的初级模式升级为更加发力品牌建设。

（三）移动音乐

1. 移动音乐成绩亮眼

据国家互联网信息中心数据显示，截至2020年12月，我国网络音乐用户规模达6.58亿，其中手机网络音乐用户规模达6.57亿，占手机网民的66.6%。在线音乐订阅服务表现强劲，通过艾瑞相关分析数据可以看到，国内在线音乐服务付费率在2020年约为8%。移动音乐企业的头部格局既定，酷狗音乐、QQ音乐、酷我音乐与网易云音乐地位稳固。2020年市场排名第一的腾讯音乐用户月活规模为6.44亿，付费用户数4 940万，在线音乐服务收入达到93.49亿元。排名第二的网易云音乐，用户月活规模1.81亿，付费用户为1 600万，在线音乐服务收入26.23亿元。

2. 数字音乐向创新生态转变

随着5G的发展，数字音乐迎来快速发展期。2020年我国首个5G音乐标准《基于5G数字音乐超高清音质技术要求》发布，助力"音乐+科技+智慧"的产业融合和转型升级。各在线音乐平台在内容宣发、音乐人扶持、产业生态完善上进行了大量的探索与多维度的突破，逐步进入全场景沉浸时代。用户从为产品买单过渡到为体验买单的新阶段。如腾讯 TME 推出 TME live，让音乐告别了过去单一的线上发行模式，而是在更多的场景下为"推歌"带来更多可能性，以及让音乐与社交的融合，促进了私人化的兴趣分享过程中带动好音乐的破圈。另外，虚拟现实等相关技术将改变数字音乐消费方式，创造音乐场景的新玩法。

3. 移动音乐上游创作生态走向良性发展

移动互联网带来的数字音乐在交互、分发、兴趣社交等方面的变革已经初见端倪。音乐、音乐人以及与用户的视听互动关系正在重塑音乐生态。2020 年各类原创音乐人扶持计划初见成效，独立音乐人入驻腾讯音乐数量达 23 万。TME 旗下的腾讯音乐人平台，先后推出了亿元激励计划、音乐人广告计划等，来改善当代音乐人创收难的现状。其中，亿元激励计划将音乐人的分成比例从 50% 提升到了 100%；而音乐人广告计划进一步开拓版权变现渠道，加入该计划后，音乐人的推荐广告收入最高可享受 100% 的分成。在线音乐平台还不断探索互联网宣发的可能性，拓展数字消费市场和盈利模式。优质内容的提升以及付费订阅模式的优化不断增强用户的付费意愿。区块链技术正在重塑数字音乐产业、帮助优秀内容创作者在产业价值链上拥有更多主动权，让音乐回归粉丝付费的零售本质，是数字流媒体产生以来最大的变革机会。

4. 移动音乐非独家版权内容多面开花

随着各家数字音乐在内容正版化、付费化的道路上持续迈进，独家版权妨碍了移动音乐服务的多样化和个性化发展。独家版权模式所引发的反垄断争议及相应的市场乱象也日渐凸显。2020 年 1 月 2 日，《反垄断法》修订完成。2021 年 7 月国家市场监督管理总局发布对腾讯控股收购中国音乐集团的处罚结果，腾讯音乐独家版权垄断地位被迫打破。随着国家市场监督管理总局的出手，中国音乐市场的独家版权模式将成为历史。2021 年，国家版权局召开"中国网络版权保护与发展大会"，腾讯音乐联合多家知名唱片公司，开创性地组建了国内第一个网络音乐维权联盟，在共同促进产业可持续发展的同时，也打开了重塑音乐内容价值的新篇章。随着在线音乐市场来到后版权时代，非独家版权内容将开始呈现多面开花。

（四）网络视听

1. 疫情期间网络视听领域发展迅速

2020年网络视听领域发展迅猛，成为第一大细分市场。根据中国网络视听节目服务协会《中国网络视听发展研究报告》显示，截至2020年12月，我国网络视听用户规模达9.44亿，网民使用率为95.4%，技术加速迭代，业态不断创新，综合视频、短视频、网络直播、网络音频等应用构成网络视听行业的主体构架。泛网络视听市场规模超6 000亿。

2. 短视频呈现新面貌，成为信息传播的重要媒介

根据数据显示，短视频的市场规模达2 051.3亿，占到整个网络视听市场规模的三成以上（34.1%），用户规模达8.73亿，超六成用户因短视频看网络视频内容，短视频平台的行业地位首次超过所有综合视频平台。2020年，短视频呈现出了新的面貌。一是用户增速趋缓、黏性更强。2020年12月，短视频用户月均使用时长达42.6小时，用户在使用抖音、快手应用已超过BAT巨头旗下的应用，其中快手2020年总收入588亿元，日活用户达3亿，日均视频播放量超过150亿。二是商业规模发展迅猛。2020年短视频广告营销和直播电商发展迅猛，与互联网广告整体增速下滑相比，短视频广告同比增长5.3%。三是短视频电商直播呈高速发展态势。抖音官方数据显示，2020年1—11月抖音电商增长11倍。快手招股书显示，截至2020年11月底，快手电商交易额达到3 226亿元，远高于2018年的不足1亿。四是内容多维拓宽。

随着以字节跳动、快手等为代表的短视频平台高歌猛进的发展，主流媒体也纷纷根据自身的实际情况，采取各种方式布局短视频。"央视频"客户端亮相，成为中国首个国家级以短视频为主的5G智能化新媒体平台。另外，传统电视媒体、主流报刊、广播媒体传统媒体尤其是报纸等积极进入短视频领域，主要方式有生产新闻短视频、帮助机构和企业生产短视频。其中，典型代表有澎湃视频、封面视频、浙视频、南方+等。例如，"浙视频"一方面承担浙江日报报业集团专业短视频新闻与视频直播等原创视频新闻的生产，另一方面又承担当地政府机构、企业的短视频生产，每年这块收入为千万元级别。

短视频与直播融合成为新媒体时代营销的主战场。"短视频+直播"具备

社交和媒体两大属性,一个用来"种草",一个用来"带货"。其传播内容承载力更强,与受众的互动形式更丰富。一方面,直播具有强大的社交属性,可通过分享等互动形式形成社交链接和社群。另一方面,"短视频+直播"是"富"媒体,内容真实、丰富。乡村振兴直播带货已经成为扶贫助农新模式,成为助力各地精准扶贫增收、破解农产品滞销、企业复工难等问题的有效手段。

3. 网络视频渗透发展趋势加深

2020年短视频、长视频、中视频渗透发展趋势加深。一方面,爱奇艺、优酷、腾讯视频等长视频平台纷纷加码短视频内容,或推出独立APP,向综合性视频转型的趋势明显。动漫、电影、电视剧、纪录片、综艺等内容纷纷布局短视频平台。另一方面,抖音、快手等短视频平台也加快向长视频领域探索,投入影视、短剧等内容制作,并与直播电商融合。字节跳动旗下西瓜视频提出"中视频"的概念,腾讯视频、B站、知乎、微博、爱奇艺、小红书等平台纷纷布局。中视频成为视频领域热门方向。

4. 音频生态成为万物互联时代的文化入口

随着音频产品与盈利模式的日渐成熟,移动音频的全场景生态布局将作为万物互联时代的重要入口,开启智慧内容生活。2020年以来,音频龙头喜马拉雅加大在外围的发展,如家居生态、车载生态、穿戴智能音箱等。随着电动汽车的普及,车载生态变化较大,音频场景也有了新的拓展和发展。目前已有60多家车企植入了喜马拉雅的车载内容。音频全场景生态布局为文化跨界融合开辟了新的赛道,线上线下内容的融合最终形成一站式知识文化服务平台,老百姓、文化精神内容、文化生活场景将连接得更加紧密,构筑出新的产业生态。

三、总结和展望

(一)行业发展面临考验和对策建议

1. 强化价值导向引领,扩大优质内容供给

国际环境日趋复杂,各种思想文化交流交融交锋,迫切需要增强文化软

实力来加强话语权建设。我国进入高质量发展阶段，人民群众对高品质产品和服务的需求越来越旺盛。移动出版是新时代文化传播中的新担当。随着时代的变化和发展，移动出版的众多领域都在尝试以用户体验为王的理念来打造生态系统，通过 UGC、PGC 模式提供相应的内容，用户发表各自看法和观点的方式更加直接、便捷，这是好现象但也带来了新挑战，一些鱼龙混杂、粗制滥造的内容充斥着移动屏幕。作为时代精神的引领，移动出版既要坚持创造性转化、创新性发展，又要精准把握时代主题，扩大优质精品内容、特色内容供给顺应时代发展，突出重点，发挥价值引导、精神引领、审美启迪作用。推动文化事业的繁荣发展，增强全民精神力量，要把好文化建设的方向盘。

2. 加强技术研究和创新应用

以互联网、大数据、人工智能为代表的新一代信息技术日新月异，为移动出版实施创新发展提供重大机遇，在数字经济发展阶段，以数字化的知识和信息作为关键生产要素，运用现代信息网络与数字技术，实现对既有文化内容服务的颠覆性重塑，成为移动出版产业结构优化升级、催生新业态新模式的重要推动力。积极探索新一代信息技术在移动出版领域的研究和创新应用，打造有机的生态系统，实现内容和服务的丰富化和多样化，如全息影像、声纹模拟、动作捕捉等技术的进步，将推动移动出版的体验升级，释放虚拟内容的增量空间。

3. 提升移动内容数据治理能力

2021 年中央宣传部等五部门联合印发《关于加强新时代文艺评论工作的指导意见》。该《意见》提出，健全完善基于大数据的评价方式，加强网络算法研究和引导，开展网络算法推荐综合治理，不给错误内容提供传播渠道。过去几年中，算法推荐根据用户喜好、阅读习惯等向用户推荐其可能感兴趣的内容，提高了信息检索的效率。但算法推荐一方面有可能为偏激、仇恨等内容推波助澜，进而侵犯社会利益；另一方面，算法推荐起初是"投其所好"，会导致用户信息来源被固定化、单一化，限制了用户的信息知情权。特别是年轻人喜欢浏览搞笑、刺激或者猎奇内容，算法会大量推送类似的内容来赢得用户。因此对算法推荐进行综合治理，是互联网合规的重要一环。移动出版未来应该实行"积极立法、算法透明、用户知情、多方监管"的管理思路，用好网络新媒体评论平台，推出更多优质的内容资源，加强文艺内容阵地的管理，为人民提供更好更多精神食粮。

（二）未来展望

1. 拓展数字化场景，加快应用融合

随着 5G 网络逐步实现广域覆盖，数字技术与垂直行业融合探索将走向深入。移动出版业态涉及日常生活的方方面面，移动场景的拓展将优化数字内容体验，更好服务数字生活。2020 年，米哈游出品爆款游戏《原神》获得了 Google Play 和 App Store 双平台年度最佳游戏，这款现象级的游戏提出了"反手游"的观念，即"将手机看作器官，具有便捷性与日常性，手游不能完全视作社交产品"。米哈游作为中国互联网百强企业，专注于图形学、游戏性、深度学习、智能工具平台等信息技术领域的开发与应用。2021 年 3 月，米哈游宣布与上海交通大学医学院附属瑞金医院签订战略合作协议，双方将以中国脑计划的实施为契机，以神经调控与脑机接口临床应用为突破口，合作共建"瑞金医院脑病中心米哈游联合实验室"。这意味着虚拟世界移动内容产品与现实场景正在重新连接，并基于虚拟现实技术的数字游戏将场景拓展到助力医学服务与研究的数字化、移动化、远程化和智能化。未来能更好融入数字生活，将是移动出版优化服务的重要方面。

2. 供应链、产业链、价值链将步入数字化管理

随着互联网、大数据、人工智能等新技术及应用不断深入，移动出版形态更加多元，优质资源加速盘活，带动产业链条重塑融合。技术创新的系统化、创新组织的网络化和产业组织的虚拟化将共同加速知识供应链格局的变化。颠覆性创新的数字贸易将推动更多移动服务和产品嵌入价值链条。

3. 区块链的成熟应用将成为助力移动出版新业态发展的强有力手段

2021 年 6 月，工信部、中央网信办印发《关于加快推动区块链技术应用和产业发展的指导意见》。该指导意见明确，到 2025 年，我国区块链产业综合实力达到世界先进水平、产业初具规模，区块链应用渗透到经济社会多个领域，在产品溯源、数据流通、供应链管理方面，我国区块链技术应用和产业已经具

备良好的发展基础,正在保护知识版权、供应链管理、数据共享、强化网络完全等方向与移动出版融合。区块链将助力数字内容从传递信息向传递价值变革,重构信息产业和文化产业体系。

(作者单位:中国新闻出版研究院)

相关专题报告

中国数字教育出版产业发展报告

祁兰柱　刘　焱　杨兴兵　唐世发

在教育信息化"红娘"的牵线下,教育和出版联姻诞生了数字教育出版业这个新业态。数字教育出版是线上、线下教育活动的新业态,是数字出版的重要组成部分,体现了以用户、学习者为中心的经营与市场理念。从本质上来说,它是基于信息技术和教育规律,为用户提供优质内容和规范化教育的一种服务,发挥了出版企业、在线教育企业、硬件厂商、通讯运营商等各方的核心优势。

随着第四次信息技术革命浪潮的扑面而来,人工智能、云计算和大数据等技术与传统产业深度融合,推动社会各产业变革、创新和跨越式发展。在这一发展过程中,人工智能是引领未来的战略性技术,大数据促进行业商业模式重塑,5G加速人们对富媒体内容产品的消费。

2020年初,突发的新冠肺炎疫情重创了社会各行各业,数字教育出版业受到影响。但是,在党和政府的正确领导下,各行各业按了暂停键,教育主管部门宣布"延期开学、停课不停学",迫使数亿师生开展在线教育,导致在线教育异军突起。在这一教育过程中,教育出版企业及时提供数字化资源,助力在线教育极速发展,取得了一定发展成果,赢得了社会好评,革新了传统教育模式。但是,由于当前在线教育资源形式单一、持续服务力不够和只关注用户量的上升而忽视教育质量的提高,数字教育出版业的问题暴露了。针对疫情给予数字教育出版业极端压力测试所出现的问题,数字教育出版业相关方需要及时总结经验和采取改进措施,为后疫情时代的数字教育出版业持续发展提供更优质的服务与支持。

一、中国数字教育出版业发展环境分析

（一）宏观发展环境分析

1. 政策环境分析

为了规范和推动数字教育发展，教育部与其他部委相继出台了一系列文件。《2020年教育信息化和网络安全工作要点》《教育部关于加强"三个课堂"应用的指导意见》《关于启动部分领域教学资源建设工作的通知》《关于支持新业态模式健康发展激活市场带动扩大就业的意见》《国家开放大学综合改革方案》等政策文件的印发，对教育领域网络安全和信息化的战略部署，深入实施教育信息化2.0行动计划；建立健全利用信息化手段扩大优质教育资源覆盖的有效机制；分年度在部分重点领域建设优质教学资源库；强调大力发展融合化在线教育；提出以主动适应数字化、智能化、纵深化、融合化发展趋势，引领"互联网+教育"又好又快发展。2021年3月，《政府工作报告》提出要"发展更加公平更高质量的教育"。这些政策表明政府鼓励教育行业积极应用新技术、新模式，加快在线教育数字化转型，促进教育公平发展。

2. 经济环境分析

国际货币基金组织（IMF）报告指出，2020年中国经济增长率约为1.9%，为全球唯一实现正增长的主要经济体，同时预计2021年中国经济"报复性复苏"增速将达8.7%[①]，整体经济环境向好。2021年3月，《政府工作报告》中指出，国外疫情形势尚不明朗、全球经济复苏乏力，但我国经济长期向好的基本面没有改变，预计"国内生产总值增长6%以上"。向好的经济走势，为数字教育出版提供了有力支持。

2020年7月10日，面向全国十万民众的花钱排行榜的《中国经济生活大

---

① 全球唯一正增长！预计2020年中国经济将增长1.9%，https：//www.360kuai.com/pc/9135f540d1aed5bd3？cota=4&kuai_so=1&tj_url=so_rec&sign=360_57c3bbd1&refer_scene=so_1

调查》报告发布,花钱排名第一的是教育培训,占比 32.44%[①],其原因是我国在推进城市化的过程中,市场对专业人才和知识劳动者需求增大,年轻人需要提升自身的职业发展和各种技能培训以减轻职业压力和生存焦虑;其次是义务教育之外还有大量教育空白,教育培训可以弥补义务教育不足。

3. 技术环境分析

5G、大数据、人工智能、物联网、区块链、XR、VR、AR、边缘计算和 Diibee[②]等技术,与当前教育、出版、流通、制造、金融和消费等领域融合,形成具有在线、智能、交互特征的新业态、新模式;未来,这些新技术与实体经济全方位融合与创新,将世界网络化、信息化,使物理空间、信息空间和用户空间实现关联和融合,联通物理世界、信息空间和社会空间,实现"人—机—物"三元空间域的信息消费,迈向多领域、全场景、广渠道发展的深度拓展期。

4. 社会环境分析

中国互联网络信息中心发布的第 47 次《中国互联网络发展状况统计报告》显示,截至 2020 年 12 月,中国网民规模达 9.8 亿,手机网民规模达 9.86 亿。在这样庞大的网民群体中,在线教育用户规模为 3.42 亿,占网民整体的 34.6%;全国中小学(含教学点)互联网接入率达 99.7%,学校联网加快、在线教育加速推广。在疫情期间,众多在线教育平台向各类学生推出免费直播课程,方便学生居家学习,用户规模迅速增长。在疫情的袭击下,出版单位及网络文学、数字出版、数字阅读等企业发挥了数字内容的传播优势,展现了强大的发展潜力。在线教育企业从事教育相关业务已经得到越来越多人的认可,其涵盖内容包含语言培训、学习辅导、兴趣培养、技术训练等门类。

(二)微观发展现状分析

1. 数字教育出版市场规模与服务情况

2020 年初,在疫情的影响下,传统出版营收和利润下滑,唯有数字出版逆

---

① 其次是住房,占比 31.53%;再次是保健养生,占比 26.11%。
② Diibee 是睿泰传媒集团针对新时代下数字媒体技术需求,基于国际标准关联标识符 ISLI 技术框架体系,经过多年持续研发推出的一种在全新数字媒体技术支持下的智慧互动媒体工具。除了包括现有 PDF、EPUB、MP3、MP4、JPG 等数字媒体的优点外,还具备用户可互动性、内容可封装、数据可记录、版权可控制、技术开放性等特点。

势增长。各类教育传播载体和产品形态迅速进入全数字化发展阶段；虽然很多出版社、教育机构早有产品数字化方面的准备，但是种类繁多的电子教材以及在线课堂、网络课程等对数字化产品的需求让很多企业措手不及。为了应对疫情造成的挑战，各级教育出版社、各类学校、各类教育机构和技术运营商，根据市场需求和自身优势，开启数字教育产品专业化打磨之路来满足各类数字教育市场需求；它们在教育信息化、在线教育和教育出版领域涌现出了一批优秀企业，其市场服务情况见表1。

表1 教育信息化、在线教育、教育出版代表性企业情况

行业领域	典型企业	服务对象	主要服务内容	盈利模式
教育信息化	科大讯飞（启明科技）	初高中学校	中、高考网络评卷、标准化考场建设	向学校、政府、机构、用户收费
	华宇软件（联奕科技）	各大高校、高职、中职及普教学校	教育信息化系统的软件和硬件集成、数字化校园软件开发、移动校园建设及校园数据管理等	
	浙江万朋教育	中小学生	智慧教育云服务平台、无限宝、家校互联、互动网校平台、微课掌上通	
	全通教育	幼儿园、中小学校及学生家长	系统开发+业务运营+内容提供	
	广东泛爱众	平台搭建、运营、维护	在线学习、课件分享、学生成绩分析	
	二六三	教育局和学校	提供整套空中课堂解决方案	
	拓维信息	学前教育、小学、初中和高中	在线教育平台	
	博瑞传播	学校、教育局、企业	为学校、教育局、企业实现教育数据标准化、教育资源数字化、教育教学精准化、教育管理精细化服务	
	南天信息（星立方）	K12	软件及数据信息平台建设业务	

（续表）

行业领域	典型企业	服务对象	主要服务内容	盈利模式
在线教育	昆仑万维	幼小衔接、少儿培训	在线少儿思维训练	
	蓝色光标	职业教育	首次布局在线教育和职业培训板块	
	凯文教育	学校、教育局	直播课堂、录播微课、在线答疑	
	北京捷成世纪科技	体制内学校	智慧教育云平台	
	能特科技	移动教育社区云平台	家风教育、素质教育、安全教育	
	三盛教育（和君商学）	中小企业	商学教育管理培训、职业教育、互联网教育	
	睿泰爱英语	中小学、幼儿园	中外教双师教育	
教育出版	睿泰爱中文	国际中文	双师教育、教师培训、课程研发	同上
	凤凰传媒	学校	智慧教育、数字产品、数据产业	
	皖新传媒	学校、机关	智慧教育"阅+"平台	
	时代出版	小初高	数字教材、数字书刊、智能题库、教学素材	
	南方传媒	学校	数字教材应用平台、版权内容资源库和核心报刊	
	中国出版	数据公司	内容、用户、知识图谱	
	中国科传	行业服务	专业学科知识库、数字教育云服务、医疗健康大数据、数字业务产品、知识服务平台	
	中南传媒	学校、数媒公司	智慧教育、考试服务、增值产品与服务、IP运营	
	中文传媒	数字出版运营	在线教育平台、电商销售	
	新华文轩	大众阅读、学校	阅读平台、智慧教育产品、教育装备	
	长江传媒	知识服务	智慧习、早教产品、长江中文网	
	中原传媒	学校教育	数字教育资源与产品、云书网电商平台、职教云学院	

187

(续表)

行业领域	典型企业	服务对象	主要服务内容	盈利模式
教育出版	出版传媒	学校教育	鼎籍学堂智能教育平台、知识服务平台产品线	同上
	读者传媒	大众阅读	《读者》微信平台和数字版	

2. 教育信息化实施情况

教育信息化发展经历过三个时代：1.0 时代注重校园基础设施和网络建设；2.0 时代是运用新技术如 5G、云计算、VR、XR 在校园教学、管理、学习和生活中，打造整体关联、过程智慧和管理智能的数字化教学环境；3.0 时代是运用大数据技术对学生的学习效果、学习行为和学习状态等进行科学评价，实现有效的教学管理。

疫情期间的智慧教育市场规模急剧上升[①]（见图1），促使教学内容、教学方法、教学模式和管理机制的革新。

（亿元）

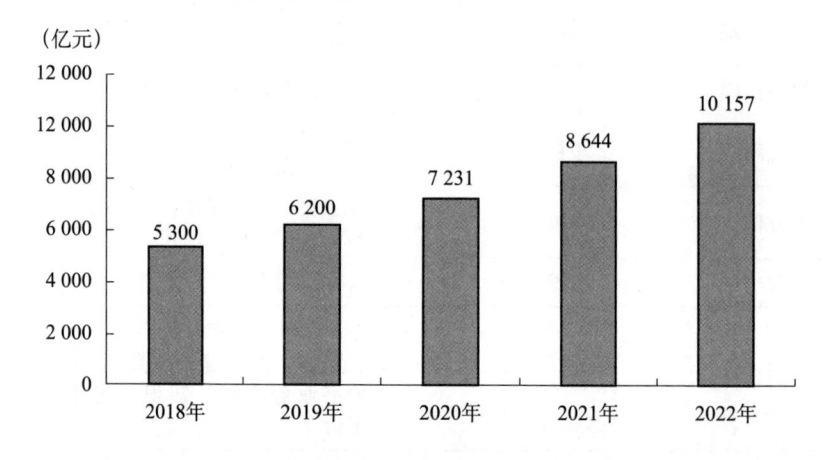

2018年	5 300
2019年	6 200
2020年	7 231
2021年	8 644
2022年	10 157

图 1　智慧教育市场规模变化情况

2020 年初，受疫情影响，教育部出台的"停课不停学"的政策催化了教育信息化行业的建设与发展，地方各级政府积极出台相关指导政策，依托各类在线教学平台等开展在线教学活动，教育信息化程度较高的地区通过与软件企业合作共同开发 APP 开展在线学习。

---

① 数据来源：互联快报网．北上广深智慧教育全国领先　2020 年智慧教育行业市场规模及发展趋势预测

表2 "校园停课不停学"方案实施情况

地区	文件/通知	主要网络平台	课程内容
北京	《关于中小学延期开学期间"停课不停学"有关工作安排的通知》	开通"北京数字学校"	数字学校涵盖了义务教育阶段所有年级、所有学科的同步课程
天津	《关于中小学延期开学期间"停课不停学"有关工作安排的通知》	建设"天津市高校思想政治理论课教师网络集体备课平台"、天津市基础教育资源公共服务平台、津云APP和北方网	思想政治精品在线课程；分年级云课堂、拓展学习数字图书馆等
山东	《关于做好延迟开学期间普通中小学教育教学和管理工作的通知》《关于做好疫情防控期间普通高等学校教学组织与管理工作的通知》	山东省教育云服务平台、"学测量"智慧课堂	"一师一优课、一课一名师"；学测量智慧课堂等
河南	《关于做好新型冠状病毒肺炎疫情防控期间网上教学工作的指导意见》	河南省基础教育资源公共服务平台	"一师一优课、一课一名师"；人人通空间APP（豫教通）微课等
江苏	《全省学校延迟开学通知》《省名师空中课堂"抗疫助学"课程公告》《关于做好全省普通本科高等学校疫情防控期间教育教学工作安排的通知》	"名师空中课堂"等在线教育平台和各类网络媒体的作用	辅导、答疑等教育教学服务
湖北	《关于全省中小学在疫情防控期间开展网络教学的指导意见》《关于做好疫情防控期间高校教学工作的通知》	中国大学MOOC平台、智慧职教、学堂在线、超星尔雅、学银在线、智慧树网等	学科课程、考研、考证等
湖南	《湖南省教育厅2020年春季延迟开学十条措施》	湖南教育大平台	"我是接班人"湖南省网络大课堂；分年级和学科的精品课程等
广东	《广东省教育厅防控新型冠状病毒感染的肺炎疫情工作领导小组关于加强疫情防控期间中小学教育教学管理工作的通知》	粤教祥云数字教材应用平台	翻转课堂培训课程；分年级分学科分教材版本的在线课堂等

这次疫情充分暴露了信息化建设中智慧校园的不足和痛点、难点问题，需要总结经验教训，提升教学质量，为后疫情时代的智慧校园建设提供新的发展契机。

移动计算、大数据、云计算、物联网等技术的不断进步与更新，将彻底改变整个传统教育行业的教学模式、教学方法，加速教育信息化产业发展，未来前景十分可期。当下其发展方向、发展内容表现如下表。

表3　教育信息化发展方向与发展内容

发展方向	发展内容
教育信息化技术应用	物联网、云计算、大数据、区块链技术等产品
创新学科建设	人工智能实验室、STEAM教育及课程；智能机器人与编程工作；机器人教育及课程；创客教育及课程；科技体验馆；数字化书法（美术、音乐、地理等）创新教室、创新陶艺实验室等
智慧校园建设	智慧教室布局、智慧数字图书馆、智慧教育测评、网络安全、校园信息平台、智慧教育资源平台、智能穿戴产品、各种终端设备等
在线教育应用及服务	网络课堂、云课堂、云直播教室、录播及直播系统、在线互动平台、教育资源平台建设、在线培训、考试及阅卷系统、视频会议系统、中控系统、同声传译系统、语音识别系统、智能语音技术、微课/MOOC、数字出版内容提供商（课件资源、流媒体、阅读、动漫、游戏、音乐）、教育云解决方案、数字教育云服务等
各类学校教育装备	教学仪器及成套设备；物联网教学设备；智慧教育产品；教育特色课程；职业学校自制教具、电教器材、图书馆设备、教育机器人、智能教具、模型；3D打印机、三维扫描仪、印刷及复印设备等
校园后勤与平安校园	校园节能设施及建设方案、节能环保设备、校园安全设备、平安校园建设及整体解决方案、艺教器材及创新体育装备、门禁系统、广播呼叫系统等

3. 在线教育情况

券商数据显示，2020年中国在线教育市场规模超过2 000亿元。

由于疫情的暴发，在线教育向三线以下城市下沉，2020年中国在线教育用户规模约3.05亿人，相比2019年2.59亿人增长17.8%。其中在线青少儿英语发展迅猛，到2020年4月份，市场规模达260亿元、用户规模约580万，市场渗透率达22%，疫情迫使在线用户习惯养成，2021年的市场渗透率将达到37%。

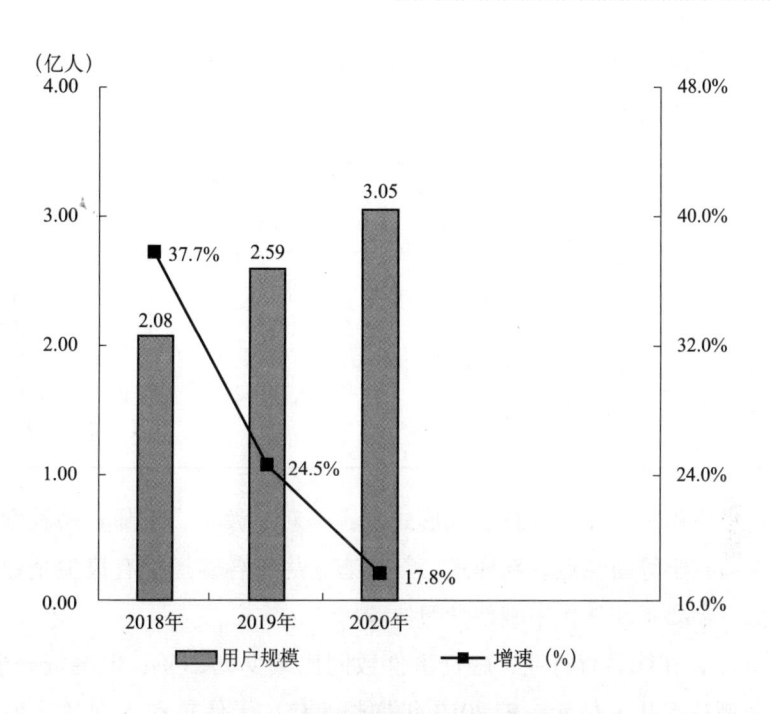

图2 中国在线教育用户规模及增速

疫情期间，广大用户宅家学习，最受欢迎的十大课程类目依次是职业技能、编程语言、建筑工程、互联网产品、平面设计、实用英语、医疗卫生、前端开发、设计软件和绘画创作；课程类目付费人数前十由多到少依次是建筑工程、考研、职业技能、医疗卫生、编程语言、环境艺术设计、财会金融、平面设计、公考求职和绘画创作。

在疫情的影响下，在线教育学习APP新增三、四、五线及以下城市用户，较平日提高10个百分点。

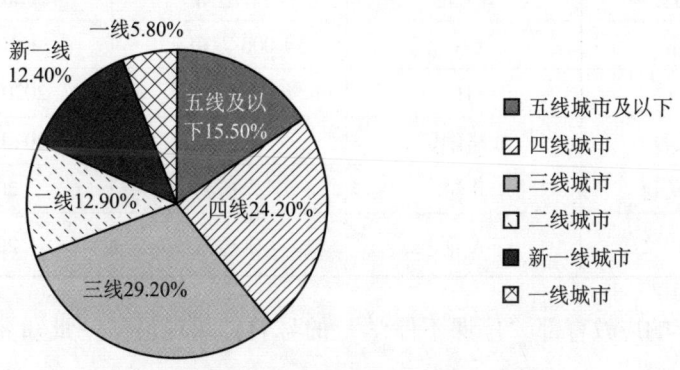

图3 在线教育学习APP城市用户占比情况

由于在线教育年龄、地域、需求的分散化特点，因此在线教育行业细分赛道种类繁多，表现如下表。

表 4　在线教育平台产品覆盖年龄段赛道情况

早幼教产品	K12 教育产品	高等教育	职业培训
早教内容 亲子内容 儿童内容 益智玩具	艺考 学科辅导 高考志愿咨询	考研 留学 成人高等教育	企业培训 职业考试培训 职业技能培训 心理辅导 职业生涯规划

新技术应用下的在线教育表现形式有：一对一教学、双师直播教学、录播教学、点播教学等新亮点、新模式、新业态，尽管各赛道都有拔尖企业，但集中度较低，需要不断迭代来刷新学习体验。

2020 年，在线教育行业，融资事件数同比减少 27.9%；但融资规模飙升，融资总金额达 539.3 亿元，较 2019 年增长 5 倍，天使轮和 A 级轮次发生的融资事件数较多；融资事件数量最多的是北京市在线教育行业，达 55 起，占全年行业总融资事件数的 49%；其次是广东省和上海市，融资事件数量分别占比 18% 和 12%。

表 5　2020 年在线教育部分企业获得投融资情况

企业名称	投资轮次	融资金额	投资时间
大米网校	A 轮	8 000 万美元	2020.1.6
DoubtNut	A+轮	1 500 万美元	2020.1.31
西瓜创客	B+轮	未透露	2020.3.31
美术室	C+	4 000 万美元	2020.7.8
猿辅导	H	24 亿美元	2020.8.31
高顿教育	战略融资	未透露	2020.9.24
睿泰爱英语	B 轮	未透露	2020
睿泰爱中文	A 轮	未透露	2020

2020 年响应教育部"停课不停学"的号召，涌现出了一批知名在线教育直播平台。

表6　在线教育直播平台响应教育部"停课不停学"号召推出的服务

产品名称	相关服务内容
睿泰爱英语	幼儿、中小学外教双师直播课堂
学习强国	提供多家合作的直播课程
好未来直播云	在线教育直播课堂
跟谁学在线课堂	K12在线教育
学而思网校	小初高全学科课外教学
猿辅导	K12在线教育
作业帮直播课	中小学在线教育
超星网学习通	课程学习、知识传播与管理分享
科大讯飞智学网	初高中学科课程
钉钉	在线课堂、直播互动等教学场景解决方案
哔哩哔哩	提供各年级、专业课、兴趣班等课程
新东方在线	出国留学、考研、中考培训
环球网校	职业考试远程辅导
读书郎双师直播课	中小学学生在线直播课
网易云课堂	专注职业技能提升
抖音	清华北大直播课等
快手	K12、学前、职教等课程
YY教育	中小学在线教育等
课堂派	远程直播互动教学

天眼查显示：截至2020年10月，新增教育相关企业47.6万家，注销13.6万家，净增34.0万家，净增企业数量同比2019年上涨22.5%。在线教育就区域数量而言，北京第一，数量是80 251家；其次是广东，超过13 000家；这些企业注册超过5年的有70%，注册资本100万以内超过75%。此外，BAT开始布局在线教育：百度投资了作业帮和PROUD KIDS；阿里投资了作业盒子、超级讲师；腾讯投资了百词斩、猿辅导。

4. 教育出版上市企业情况

2020年初，新冠疫情蔓延，防控措施升级，归途、复工、开学均在不断延期；很多企业处在极度压抑的气氛中，第一季度惨淡经营；22家出版上市公司与2019年相比一季报为近年来所未有，营收大幅受挫，但是像掌阅科技、中文在线和读者传媒3家教育出版企业业绩却实现量利同增、逆势上扬，见下表。

表7 22家出版上市公司2020年一季度受疫情影响下经营情况

序号	股票简称	营业收入（亿元）	同比变化（%）	净利润（亿元）	同比变化（%）
1	中文传媒	25.25	-12.30	3.57	-28.08
2	凤凰传媒	20.90	-11.09	2.62	-18.57
3	皖新传媒	17.56	-27.46	2.19	-24.03
4	山东出版	15.40	-11.94	1.38	-36.41
5	中南传媒	15.36	-16.54	2.02	-32.26
6	新华文轩	14.88	-12.93	1.56	-27.85
7	中原传媒	14.65	-13.53	0.851 133	-4.93
8	南方传媒	14.40	-2.17	1.14	-58.68
9	时代出版	10.44	-38.15	-0.635 858	-46.08
10	长江传媒	8.90	-44.58	1.22	-48.71
11	中国出版	6.98	-20.34	-0.433 746	-174.37
12	出版传媒	4.96	-22.86	-0.161 879	-186.80
13	城市传媒	4.93	-11.02	1.15	21.64
14	掌阅科技	4.91	9.25	0.552 227	78.24
15	中信出版	3.22	-17.36	0.241 965	-57.58
16	中国科传	2.45	-33.10	-0.196 218	-258.58
17	新经典	1.91	-13.81	0.585 084	4.81
18	天舟文化	1.70	-32.51	0.167 210	-68.75
19	中文在线	1.67	8.01	0.403 98	105.01
20	新华传媒	1.53	-38.32	-0.341 63	-155.74
21	读者传媒	1.50	9.05	0.445 42	20.49
22	世纪天鸿	0.345 3	-31.91	-0.258 85	-222.08

从上表看出，除了掌阅科技、读者传媒、中文在线3家逆袭上扬外，19家企业一季度营业收入同比下降，原因归咎于新冠肺炎疫情的影响。由于传统出版的出版、发行、印刷、物资销售等多在线下，实体书店停业和学校延期开学

导致发行业务收入下滑，从而整体营收下降。

对于疫情造成的巨大影响，传统出版企业还是积极应对：中文传媒和凤凰传媒营业收入超过 20 亿；10 亿—20 亿的有皖新传媒、山东出版、中南传媒、新华文轩、中原传媒、南方出版、时代出版；1 亿—10 亿营业收入的有长江传媒、中国出版、出版传媒、城市传媒、掌阅科技、中信出版、中国科传、新经典、天舟文化、中文在线、新华传媒、读者传媒；不足 1 亿的有世纪天鸿。

世纪天鸿面对低迷市场积极调整布局教育出版业：以教育出版为核心，面向教育科技、教育服务、教育学科化等领域培育孵化优质教育项目，形成涵盖线上、线下、纸媒、数媒为一体化的全媒体创业、创新生态圈，推动企业产品迭代和产业升级，降低了此次突发事件带来的影响。

疫情常态化时代，教育出版企业的发展方向要把握三点：其一，重点强化有声内容产品，这将是未来的爆发点，掌阅、中文在线和阅文集团已开始在该领域有规模投入；其二，在线教育、新媒体阅读和影视是未来数字教育出版的又一重点，掌阅和中文在线已经在在线教育领域的软硬件产品和"教育+"战略方面开始有所动作；其三，强化版权意识，未来，无论是原创内容产品还是高质量数字内容的争夺，都与版权有关，它将是教育出版业的核心发力战略。

二、中国数字教育出版发展面临问题和策略

（一）数字教育出版发展的问题

2020 年初的新冠肺炎疫情对各行各业都产生巨大影响。民众居家、学校延期，工作学习由线下转为线上，一时间线上学习、线上阅读、线上办公成为新的工作常态，很多行业面临洗牌，出版业也如此。数字教育出版业针对现实背景，加速进行数字化转型和线上线下融合发展，致使众多出版机构、在线机构、各类学校开始"涅槃重生"和进行现实发展，他们在各自发展过程中也暴露了一些问题。

1. 疫情中教育信息化问题暴露

疫情让所有学校停课，教学转入线上，教学平台流量大增，平台稳定性不

够，学生上课互动性体验差；教师信息化教学能力不够；远程学习的学习管理和教学效果反馈难保证；线上优质教学内容有限；经费投入大、硬件上搭载的教学支持与应用软件少。

2. 疫情中的在线教育存在短板

由于全国各地网络基础设施、师生硬件配置差异大，很多地方的学生反映上课"卡顿""死机"问题，很多平台服务器出现"崩溃"现象；部分在线教育 APP 传播色情低俗信息、捆绑广告、外链游戏；个别在线教育公司盗录、盗播优质网课并进行售卖，侵犯了《著作权法》；也出现直播老师讽刺学生、说脏话、要求刷礼物等不当行为；还有学生在评论区、弹幕中发表不当言论、尬聊、政治敏感话题、造谣言论等。

3. 疫情中教育出版薄弱之处凸显

疫情导致产业链下游严重受阻（实体书店闭店）、顾客居家，线上阅读和网络购物兴起，导致实体书店销售额和市场占有率进一步遭挤压，实体书店经营走入困境；线上学习、线上阅读摆脱了对实体书店的依赖，要再吸引这部分读者回流难度重重；免费阅读平台的开放，严重挑战了实体书店的价格体系、降低了出版社的经济效益；闭店期间，实体书店承担租金、员工薪资等成本以及图书库存、资金链不畅等压力；疫情期间交通管制导致出版物流通不畅，电商物流的发展也影响了读者的购买习惯，读者习惯了网上购书；疫情中读者增加了听书和电子书的需求，线上授课、线上学习的习惯迫使出版企业调整出版计划，加大线上资源开发和供给，满足读者对在线教材、在线课程、在线测评、在线学习资源、在线学习平台等多样化、个性化需求；出版企业与在线教育公司、科技公司在教育平台和技术上有巨大差距，影响了数字教育出版的高质量、高效率发展。

（二）数字教育出版发展对策

1. 疫情环境下的教育信息化发展举措

网络运营商改善网络支撑条件、保障各类学校网络稳定来开展网络教学、资源获取和有效互动；依托国家数字教育资源公共服务体系，结合地方、企业教育服务平台并汇聚各方资源支持学校教育教学活动开展，提升平台服务能力；通过网络平台、数字电视、移动终端等方式自主选择在线直播课堂、网络点播教学、MOOC、SPOC、学生自主学习、集中辅导答疑等线上教学方式；充分利用各类管理平台，做好数据监测分析、可靠统计，提供优质的"互联网+"服务；加强对重要系统网站监测通报，组织通讯运营商和网络安全服务商强化网络安全保障[①]。

2. 应对疫情中在线教育短板策略

加强立法和执法，细化出版领域的《著作权法》《出版管理条例》《出版物市场管理规定》《音像制品管理条例》等法律法规，形成在线教育体系的法律法规；协同教育类、文化类、技术类等法律法规，加大对违法、违规企业处罚力度，使之望法却步；把人工智能、5G、大数据等技术运用到在线教育音视频内容产品、版权保护中，进行实时监测、识别、在线取证、源头追溯、传播追踪、侵权跟踪等，收集违规违法线索并及时进行行业预警；加强同教育、科技、文化、网信、公安等系统联动开展整治活动，与其他部门共享监测数据，建立违规企业黑名单制度，提高教育出版监管效率；政府加强对企业的宏观指导、指导内容审核规范，建立信息安全防护平台、利用人工智能等技术，帮助学生规避不良信息侵扰；鼓励在线教育行业协会引导企业自我规范、制定行业公约、搭建内容监管、技术创新、履行社会责任方面交流平台；呼吁建立版权保护联盟，保护优质课件、优质资源[②]。

3. 应对疫情中教育出版薄弱之处的发展手段

加快数字化转型、创新经营模式[③]，实行经营智能化、用户社群化、体验多元化目标，布局线上线下结合业务，开发线上阅读平台和数字产品（如数字化教材、学习视频），让内容与服务结合，公益与效益结合；实施精准营销，满足各级各类学校线上学习资源需求，同时满足职业技能群体资源需求；出版企业建立智能化、一体化供应链体系，通过智能化设计、快速选品、精准营销，解放出版发行企业后台业务，建立出版发行业新型分工商业模式。

[①] 教育部：关于疫情防控期间以信息化支持教育教学工作的通知
[②] 参考文献：黄艳，中宣部机关服务中心（信息中心）在线教育为出版监管带来挑战，编辑出版，第3卷第08期 P92
[③] 参考文献：顾婷逸、刘少弈、王雨昕，重大疫情冲击下的出版业数字化转型之路，现代商贸工业，P10

同时，聚焦主业、遵循市场规律，联通主营业务上下游产品链，适当拓宽业务范围，开发与出版发行主业相关的文创、教育、学习装备等多元化业态，通过直营、联营、自营等模式，推动出版业态融合、转型升级和多元化发展，规避单一风险和盲目扩张；与场地租赁主体沟通租金增加网点，并且该网点在产品、业态、渠道加速转型升级以适应新零售、新消费的需求，有条件的网点实体书店要主动开展线上图书销售业务并与物流快递企业沟通协调，力争物流服务不停歇，加强下游网点建设，尤其是向农村地区下沉培育新市场，更好地满足基层群众文化需求；中央主管机关加强对实力弱小的中小型出版企业在税收、融资、房租等方面的金融扶持，同时给予人员津贴、补助、购书券发放等精准救助，帮助他们渡过难关。

出版协会加强与主流电商平台、政府主管出版发行部门沟通，争取更多政策资源支持，促使电商平台规范线上图书销售行为，杜绝恶性竞争；传统出版机构加大 5G、区块链、大数据、人工智能等技术在出版领域应用，促进数字出版融合转型，同时出版企业重视宣传推广、开放一部分免费资源、承担出版业社会责任，为后疫情时代发展树立良好形象。

三、中国数字教育出版产业发展趋势

经过二十年的发展，信息技术尤其是智能技术给数字教育出版业带来一场重大变革，提供了出版业融合发展新空间、新教学理念、新教学模式和新教学方法，提高了教学质量和教学效果。在国家稳步推进教育信息化的政策背景下，数字教育出版业发展趋势如下。

（一）在线教育平台建设与应用将成为时代发展的必然选择

出版社作为在线教育平台内容资源和数字化课程的重要提供方，与在线教育企业相互补充、取长补短，同时通过在线教学实践来检验平台效果。近年来，国家精品在线开放课程的认证从政策上推动了在线教育的发展，此外在 2020 年新冠疫情期间，全国性在线教学对出版社在线教育平台进行了检验，指出了其在数字教育平台架构、平台管理和资源建设方面的提升方向。

（二）在线教学形式将呈现多样化

出版社往往满足对不同类型学校、机构的服务，要准备灵活多样的授课形式为教师提供不同选择，出版社根据在线教育特点适当引导教师对授课形式进行合理选择：如果面向大班学生在线授课发展直播课堂，将教师讲课过程、课件传播出去，师生互动少；如果小班在线授课发展同步互动直播课堂，师生间充分讨论；如果一对一在线授课发展一对一同步互动直播课堂，适合语言培训机构；如果学习者点播学习，发展录播课堂即将系列讲课视频提前录好，满足学习需求；如果学生自主学习能力强，发展在线自主学习，教师将包括学习安排和各种形式的学习资源包发给学生进行学习。

（三）构建交互功能将进一步提升用户体验

在线教学是基于媒介、师生时空分离的一种教育教学实践，这种教学实践的互动基于师生交互、生生交互、学生与学习资源的交互提供高效的学习服务。师生交互主要表现为直播时师生提问、留言区及时答疑解惑；生生交互表现为同伴间类似微信群的课堂讨论、协作学习等共同提高学习；学生与学习资源互动主要指学生在使用各种多媒体资源时记录学生数据、提供个性订制化学习内容，实现人机智能学习。

（四）出版企业将进一步提供基于平台的数字化教学设计

除了传统教学设计包括的教学目标、教学方法、教学材料、教学材料和教学评价五阶段外，平台通过教学设计辅助工具帮助教师实现完整的教学过程：课前知识、技能和情感方面目标；课中基于数字资源的精细化教学流程设计、笔记记录、师与生以及生与生交流、基于大数据和图像识别以及"数镜"等技术的及时教学评价；课后拓展资源等。只有这样的设计才能确保在线教育教学质量和教学效果。

（五）在线教学管理系统与院校自有系统将有望对接

在线教育不仅仅是教学行为，还应该有管理行为，这也是院校的核心工作之一。信息化时代，院校教务处每天对教学任务落实情况或突发情况等进行行为监控、师生意见反馈和突发情况摸排。在线教育平台为还没建构在线教学管理系统的院校提供大量有价值的教学监测数据，进行院校管理跟踪，并根据学生课堂学习的行为数据调整教学方法与手段。

（六）出版社将建设多元化优质教学与课程资源

出版社有数字教材、音视频、图片、表格和文本等多种形式资源来支撑在线教学平台，这些资源不仅要精心设计、完美呈现还要体现教学认知规律和满足不同阶段学习特点，各阶段资源要兼顾微课与大课，满足不同层次、不同学科的在线学习需要；平台开放资源开源功能，院校可自主录制课程、满足个性化需求和资源不断迭代以保持资源活力。

（作者单位：上海睿泰信息科技有限公司）

中国数字出版标准化年度报告

陈 磊

一、行业背景

（一）标准化工作迈上科学管理新台阶

在中宣部和国家标准化管理委员会的共同指导下，新闻出版行业标准化工作科学管理、锐意进取，打开了新局面，正不断向着科学化、引领化、适用化的方向迈进，为产业数字化融合、转型升级提供了巨大助力。

主要表现在以下几个方面：一是体系完整有力，实现标准小康。经过近年来持之不懈的努力，目前新闻出版行业已初步确立起了行业急需、系统协调、科学适用的国家标准、行业标准体系，先后编制了国家标准100余项、行业标准300余项，基本确立了新闻出版行业标准的范围和整体骨架，为提升出版业标准化、规范化、数字化、融合化水平提供了重要支撑。此外，行业标准化工作有序进展，已建成了较为完善的标准化组织体系，成立了全国新闻出版标准化技术委员会等全国新闻出版信息标准化技术委员会、全国印刷标准化技术委员会、全国出版物发行标准化技术委员会、全国版权标准化技术委员会等共5个不同领域的国家级、行业级标准化机构。各机构分工协作，在各自领域均做出了瞩目的成绩，如以经济发展阶段指标衡量类比当前标准化工作全局，可以说行业标准化已经完全进入小康阶段，正在向全面现代化方向奋力前进。二是机构运作规范、办法科学有效。国家标准化管理委员会于2016年出台了《全国专业标准化技术委员会管理办法》（以下简称《办法》），几年运作下来可以看到，该办法优化了委员会的体系结构，使技术委员会运转更加规范有效。首先，标委会运作更加科学合理。标委会制修订标准立项时，必须开展前期研究工作，明确标准化对象，着力做好标准论证工作，加强标准制定过程中的调查研究和试验验证，保证所有标准项目内容的科学合理性。其次，标委会运转更加公正公开。在工作制度方面，各标委会都遵循《办法》的规定，定期召开年会、总结上年度工作，安排下年度计划，向全体委员汇报经费使用情况，建立内部审议和表决制度，相关事项提交全体委员审议决策，在委员征集时也向全社会公开征集并公示，确保了机构决策的公正性、科学性。最后，标委会运作更加合规透明。各技术委员会在运行时，都严格遵守国家有关标准化法律法规、规章制度的规定开展标准制修订和日常管理等标准化工作，充分利用信息化手段及时向社会通报、宣传标准化工作动态，自觉接受社会监督。合规透明带来了标委会广泛的社会美誉度和良好口碑，使标准化推动工作与行业采标意愿相长相辅。三是理念不断提升，手段持续改进。各标委会正充分利用数字技术发展带来的便利，将其转化为标准化工作新方式，如全国新闻出版标准化技术委员会将以往的线下会议转化为线上腾讯会议，将以往的线下讨论转化为线上微信群意见交流，将以往的纸质投票邮递的方式转化为公众号投票。这些思路的转变、工作模式的升级大大提升了工作效率，改进了服务手段，为标准化工作的持续发展注入了全新动能。

（二）标准的行业实施效果逐步凸显

标准化的目的是在国家层面或行业层面获得最佳秩序和社会效益。《国家标准化法》明确规定："制定标准应当有利于科学合理利用资源，推广科学技术成果，增强产品的安全性、通用性、可替换性，提高经济效益、社会效益、生态效益，做到技术上先进、经济上合理。"近几年来，数字化标准的行业落地推广实施力度不断加大，标准化工作在促进行业数字技术进步，提升行业核心竞争力，推动行业转型升级方面作用愈加明显、成效显著。如，由广东大音音像出版社牵头编制的 CY/T 183.1—2019《有声读物　第 1 部分：录音制作》、CY/T 183.2—2019《有声读物　第 2 部分：发布平台》与 CY/T 183.3—2019

《有声读物　第 3 部分：质量要求与评测》行业标准，为众多有声读物制作单位提供了统一的音频上传格式和版权审核规范。标准出台后，咪咕数媒、蜻蜓FM、喜马拉雅 FM 等多家听书平台均采用上述系列标准作为平台开发依据，普遍提高了效率，取得较大的经济效益。据标准牵头单位广东大音音像出版社测算，行业采用该标准一年来，已累计实现经济效益超过 5 000 万元，为听书行业带来了超过 30% 的营收增长。

该系列标准规定了有声读物的制作流程、制作工序，统一了有声读物的录音要求、发布格式，明确了有声读物的文字版权、声音版权以及内容、音效等评测体系。标准的颁布推动了一大批内容高雅、制作精良、双效显著的精品有声读物涌现。2020 年 4 月，在国家新闻出版署组织实施的"2020 年全国有声读物精品出版工程"项目评审过程中，评审委员会在对有声读物的思想导向、出版价值、录音特点等有声出版作品内容及其相关社会效益、经济效益进行评判时，就全面引用了《有声读物　第 1 部分：录音制作》《有声读物　第 3 部分：质量要求与评测》标准中相关参数和分值作为评选指标，从技术要求、声音质量、制作质量、艺术处理、主观评价、双效情况等多个维度，对有声读物进行了优秀、良好、中等、一般、不合格的五大等级评定。依据标准最终评选出的 55 个思想精深、艺术精湛、制作精良的年度有声读物精品工程项目，在社会引起良好的反响，获得了行业一致赞誉。

二、数字出版标准化现状与特点

（一）标准工作进入攻坚克难的关键时期

随着标准化领域不断扩大，制定标准的推动力度不断加大，标准的类型也更加多样化，与市场需求的结合更加紧密。按照《国家标准化体系建设发展规划（2016—2020 年）》的目标，结合全行业发展实际情况，当前标准化工作重心已经逐步进入到安全、健康、环境保护、资源节约与利用服务、保护消费者利益等深水区域。这些领域特别是安全健康相关领域，按照《标准化法》第十条的规定："对保障人身健康和生命财产安全、国家安全、生态环境安全以及满足经济社会管理基本需要的技术要求，应当制定强制性国家标准。"强制性标准又称技术法规，具有通过法律强制执行的特点，因此在立项前必须进行长期的深度研究论证，在获取大量真实可靠数据的基础上，方能进入申报程序。全国新闻出版标准化技术委员会秘书处单位中国新闻出版研究院，立项了课题《儿童数字阅读产品安全指标体系研究》项目，在这方面进行大胆的预研探索。该课题涉及出版、电声学、材料学、医学、电子信息等十多个独立交叉学科领域，难度较大，属于行业内的首次攻关尝试。

课题结合医学领域关于数字阅读产品对儿童听力、视力及心理等健康方面的疾病诱发因素、发病机理、疾病成因、病症特点、发病种类及相关危害等研究成果，从载体和内容两个方面，集中研究数字阅读产品对儿童健康安全构成的影响。通过研究发现，在内容方面，文字、图像、音频、视频及上述四种要素的组合都可能对少年儿童身心健康构成伤害；在数字阅读产品载体方面，屏幕、扬声器、材质设计及使用习惯都能对少年儿童健康形成负面影响或损害。以材质设计中的质地部分为例，首先构成威胁的是元素迁移。目前已知锑、砷、钡、镉、铬、铅、汞、钴、镍、硼等17种重金属元素易从物质表面析出，如儿童使用不当经手口进入身体，将对身体产生重大危害。重金属进入人体后，能与各种蛋白质发生作用，使其结构改变，失去活性，从而引起神经、造血、肾脏、骨骼等多系统损害。摄入的重金属还能在体内蓄积，造成慢性中毒。其次是附菌性。附菌性决定了使用一定时间后产品表面一定单位面积的细菌群落数量。在数字阅读产品较常采用的材质中，纸质的附菌性最高，其次是塑料，不锈钢附菌性较低，玻璃附菌性最低。最后是燃烧数据。不同材质的燃烧性也是特殊情形下对儿童造成影响的因素之一。表面材质触火时出现闪火现象，火焰扩散时间过短都可能在接近明火时造成重大隐患，甚至可能在某些特殊条件下给儿童生命造成危险。

该课题现已经专家审核结题，对今后强制性标准的立项制定，提高青少年阅读产品加工质量，保护青少年身心健康，都会起到很好的借鉴作用。

（二）标准化工作结出硕果，成绩斐然

标准化是推进新闻出版融合发展、促进数字出版资源共享、提升传播影响

力的关键性工作，更是形成产业核心竞争力的重要手段。2020年，新闻出版行业标准化工作在各标准化委员会的共同努力下取得可喜成果。全年共发布28项数字出版相关标准，16项标准获得立项。

其中，正式发布10项国家标准，这些标准均由全国新闻出版信息标准化技术委员会归口，如表1所示。

表1　2020年发布数字出版相关国家标准一览表

序号	标准号	标准名称	发布时间	实施时间
1	GB/T 38371.1—2020	数字内容对象存储、复用与交换规范　第1部分：对象模型	2020.3.6	2020.10.1
2	GB/T 38371.2—2020	数字内容对象存储、复用与交换规范　第2部分：对象封装、存储与交换	2020.3.31	2020.10.1
3	GB/T 38371.3—2020	数字内容对象存储、复用与交换规范　第3部分：对象一致性检查方法	2020.3.31	2020.10.1
4	GB/T 38548.1—2020	内容资源数字化加工　第1部分：术语	2020.3.6	2020.10.1
5	GB/T 38548.2—2020	内容资源数字化加工　第2部分：采集方法	2020.3.6	2020.10.1
6	GB/T 38548.3—2020	内容资源数字化加工　第3部分：加工规格	2020.3.6	2020.10.1
7	GB/T 38548.4—2020	内容资源数字化加工　第4部分：元数据	2020.3.6	2020.10.1
8	GB/T 38548.5—2020	内容资源数字化加工　第5部分：质量控制	2020.3.6	2020.10.1
9	GB/T 38548.6—2020	内容资源数字化加工　第6部分：应用模式	2020.3.6	2020.10.1
10	GB/T 39659—2020	生僻汉字结构数字键编码	2020.12.14	2021.7.1

此外，共有5项标准列入2020年国家标准制定计划，分别为：《新闻出版知识服务　知识对象标识符（KOI）》《数字版权保护　版权资源标识与描述》《数字版权保护　版权资源加密与封装》《数字版权保护　可信计数技术规范》和《期刊文章标签集》。

2020年，新闻出版业共发布了18项数字出版相关行业标准，如表2所示。

表2　2020年发布数字出版相关行业标准一览表

序号	标准号	标准名称
1	CY/T 102.1—2020 代替 CY/T 102.1—2014	新闻出版数字内容对象存储、复用与交换规范 第1部分：对象模型
2	CY/T 102.2—2020 代替 CY/T 102.2—2014	新闻出版数字内容对象存储、复用与交换规范 第2部分：对象封装、存储与交换
3	CY/T 102.3—2020 代替 CY/T 102.3—2014	新闻出版数字内容对象存储、复用与交换规范 第3部分：对象一致性检查方法
4	CY/T 102.4—2020	新闻出版数字内容对象存储、复用与交换规范 第4部分：篇章
5	CY/T 102.5—2020	新闻出版数字内容对象存储、复用与交换规范 第5部分：条目
6	CY/T 102.6—2020	新闻出版数字内容对象存储、复用与交换规范 第6部分：论文
7	CY/T 208—2020	文献片段标识符（DFI）
8	CY/T 209—2020	ISLI标志码图标应用
9	CY/T 235.1—2020	出版资源内容部件数据元 第1部分：文本
10	CY/T 235.2—2020	出版资源内容部件数据元 第2部分：静态图像
11	CY/T 235.3—2020	出版资源内容部件数据元 第3部分：动态图像
12	CY/T 235.4—2020	出版资源内容部件数据元 第4部分：音频
13	CY/T 235.5—2020	出版资源内容部件数据元 第5部分：表格
14	CY/T 235.6—2020	出版资源内容部件数据元 第6部分：列项
15	CY/T 235.7—2020	出版资源内容部件数据元 第7部分：索引
16	CY/T 235.8—2020	出版资源内容部件数据元 第8部分：数学公式
17	CY/T 235.9—2020	出版资源内容部件数据元 第9部分：化学式
18	CY/T 235.10—2020	出版资源内容部件数据元 第10部分：程序

此外，2020年还有11项数字出版相关行业标准立项并启动研制工作。分

别为：《出版物（图书）编校质量差错判定细则和计算方法》《出版物二维码技术应用要求》《出版物 VR 技术应用要求》《专业知识资源权利描述》《数字教育出版 课程制作要求（5 部分）》《智媒体电子书存储格式要求（4 部分）》《图像识别与检索技术规范》《区块链技术在版权保护中的应用技术要求》《复合数字教材制作质量要求》《数字教材标准体系表》和《出版业区块链技术应用标准体系表》。

（三）锐意进取，标准化科研工作打开新局面

科学技术是第一生产力，但必须通过技术标准提供的统一平台，才能迅速快捷地过渡到生产领域，实现向生产力的转化，产生经济效益和社会效益。当前我国新闻出版业进入了融合发展、转型升级的改革关键，行业标准化工作面临着新情况、新问题，也迎来了更多的机遇和更广阔的发展空间。必须要持续加大标准科研力度在关键数字技术创新方面的应用、产业数字化和数字产业化、数字治理体系完善等方面，尽快融入标准要素，使科技通过标准规范推动产业协同创新，进而推动新闻出版业的数字经济升级，打造数字出版的新产业、新业态、新模式。为此，全国新闻出版标准化技术委员会秘书处承担单位中国新闻出版研究院、全国新闻出版信息标准化技术委员会秘书处承担单位中共中央宣传部机关服务中心均对此投入了大量精力，开展了基于未来数字化方向的标准化科研工作。

2020 年中国新闻出版研究院承担的 3 项科技部重点研发计划项目顺利推进，完成了既定的阶段任务目标。包括 2 项 2017 年科技部"现代服务业共性关键技术研发及应用示范"重点研发计划专项《文化内容资源产权交易技术》课题 3 "专业知识资源资产管理与交易服务技术集成应用"，和《知识服务领域关联标识符注册解析系统与应用示范》课题 1 "研制 ISLI 标准在知识服务领域的系列应用标准"，以及 2018 年科技部重点研发计划"国家质量基础的共性技术研究与应用"重点专项《数字出版技术标准研究》课题 2 "知识服务标准研究"任务。《文化内容资源产权交易技术》项目团队被科技部高技术研究发展中心评为"项目执行优秀团队"。

全国新闻出版信息标准化技术委员会秘书处承担单位中共中央宣传部机关服务中心牵头承担的科技部国家重点研发计划项目"数字出版技术标准研究"，

完成了3项发明专利已申请，16项国家标准的发布。通过标准化科研项目，实现了对传统企业数字化、智能化升级的有效赋能。

（四）标准化宣传亮点突出，创新前行

要提升标准行业覆盖率，就必须把牢政策导向和产业发展方向，以标准化宣贯为抓手，逐步推动实现标准化工作的全行业普及。2020年，新闻出版标准化宣贯工作持续创新，亮点不断。国际标准化组织理事会发布第1969/59号决议，决定把每年的10月14日定为世界标准日。2020年10月14日，我国出版领域首次举办世界标准日宣传活动，以"用标准保护地球"为主题，各相关单位分工协作，通过制作媒体宣传手册，邀请专家撰写专题论文，录制相关标准视频课程等方式，开展了内容丰富的宣传工作。该活动由全国新闻出版标准化技术委员会承办，全国新闻出版信息标准化技术委员会、全国印刷标准化技术委员会、全国出版物发行标准化技术委员会、全国版权标准化技术委员会共同协办。通过对出版标准化工作情况的宣传介绍，进一步提高了全行业的标准化意识，激发了出版单位关注标准、使用标准的积极性和主动性，优化了高质量标准供给的应用能力，提升了出版业以标准助力创新发展、协调发展、绿色发展、开放发展、共享发展的能力和水平。

在新冠肺炎疫情肆虐之际，行业标准化工作根据实际情况因地制宜，勇于创新，探索全新的标准宣贯思路，改传统线下教育为线上培训，开展了卓有成效的标准教培工作，有力实现了疫情条件下全行业的标准推广目标。疫情暴发之前，国家新闻出版标准化技术委员会原本制定了3期面授培训计划，培训内容根据标准发布实施情况以及行业需求进行合理编排，包括知识服务系列国家标准培训、学术出版规范系列标准培训和编辑业务标准培训。但由于新冠肺炎疫情，2020年整体面授培训全面叫停。为最大限度降低疫情对培训工作的影响，该标委会调整了标准培训工作方案，培训方式由单纯的线下培训调整为线下线上相结合，培训机制由集中培训调整为支持单项标准讲解，培训手段由单纯的教师授课调整为编写解读教材等多种灵活多样的形式。为支撑线上培训，2020年全国新闻出版标准化技术委员会购买了2 800项新闻出版相关的国家标准和行业标准，录制了9项国家标准和41项行业标准的培训视频。2020年10月和12月通过腾讯会议平台举办了2期线上培训，每期名额限制在200名，网络方式使各地学员报名异常踊跃，基本做到短期内报满。对于此培训新形式，学员普遍反映标准培训模式很好，标准培训内容紧贴业务实际，收获很大，希望能多举办这样的培训。

三、存在的问题和对策建议

（一）国际标准化工作水平有待进一步提升

我国新闻出版走出去，参与全球化竞争的关键是国际标准化工作。全行业都应该积极寻找机会参与国际标准的共商共建共享，有效提升我国企业的国际竞争力。但目前因我国新闻出版业从事国际标准化工作的时间不长、经验不足，我们在国际标准领域的发言权、话语权一直不足。这就需要我们做到以下几点，有力提升我国新闻出版的国际标准化工作力度。

首先，应广泛参与国际标准化活动，团结相关力量，共同促进加快中国标准走向世界。借鉴国际标准化经验，为我所用，结合行业现状，实现标准化工作与行业时间的有效结合，推动行业在更高台阶水平上运营。大力推广应用国际标准，积极推进国际标准与合格评定相结合，努力实现"一个标准、一次检验、一次合格评定、一个合格标志"。进一步参加有关海外国际组织、区域组织、国家组织以及企业团体等国际标准化主流团队组织的国际标准化活动，在国际上积极主动开展广泛的合作与交流。

其次，要抓住国际标准化机构的组织特点，积极稳妥地把我国标准化事业推进国际。国际标准化机构数量众多、组织复杂、规则繁密、头绪庞杂，需要各标准化技术委员会更加务实，组建专班团队不断跟进、谨慎推动，才能保证我国新闻出版业的国际标准化工作扎实有效。目前，全世界有300多个国际组织和区域性组织在制定和发布标准和技术规则，其中国际标准化组织（ISO）、国际电工委员会（IEC）、国际电信联盟（ITU）是国际上影响最大的三个标准化机构，前两个国标机构都与新闻出版行业存在紧密关联度。上述国际机构之间的标准有互认机制，加入这个互认机制的国际组织还有40多个。这些机构之间千丝万缕的勾联客观上加大了我们推动国际标准化工作的难度。这就需要我们各标委会平时要注意与国际标准化机构的交流密度，注重信息收集的广度、信度与时效性，实时研判、深度分析，对国际标准化工作的机制、特征的理解要更加透彻。

最后，要加大国际上的标准化推广力度。推动国际标准是世界贸易组织（WTO）成员共同遵循的规则。我国是 WTO 成员国，应该采取多种形式，开展丰富多彩的标准化活动，宣传和普及国际标准。推动行业积极采用国际标准，促进标准与行业评定相结合，实现新闻出版标准化发展的战略任务。还可举办开展多种国际论坛，推动国际标准化活动的开展和国际标准的应用。

（二）标准化教育培训水平仍待加强提升

总体上看，新闻出版业的标准化人才仍较为缺乏，无论质量或数量还不能完全满足行业各领域建设发展需要。造成这一问题的主要原因有两个：第一，随着行业融合速度加快，人才更新随之提速，虽然各标委会为行业每年举办形式多样的各类标准相关培训，倾力培养行业标准化人才，但其速度仅勉强跟得上行业标准化人才流失量。以全国新闻出版标准化技术委员会为例，其委员会委员每年都有一定比例调动工作、更换岗位，给标准化工作的推进在客观上带来一定的阻碍。第二，行业的蓬勃发展，使全社会对标准化的需求极速扩张，但限于财力物力，各标委会平稳的标准培训产品供给与行业标准化需求的逐年增长之间存在巨大的矛盾，且有愈演愈烈之势。

因此，需要根据行业发展实践，对标准化教育培训进行有效调整，做好标准化人才发展战略规划，从方法、模式、效果考评等多角度，全面提升标准化教培水平和能力。特别要做到"两个突出"。

第一，突出计划全面性，疏浚堵漏，不留死角。首先，要建立稳妥的人才培训体系，包括一整套完善的培养机构、培养对象、培养方法、培训师资等。要结合既往的国内外新闻出版行业标准化人才培养实际，对标准化人才需求做出科学评估，以确定各类人才培养的规模，确立由国内外院校、科研单位、实践单位构成的培养机构，然后采取学历教育、在职培训与继续教育相结合的培养方式，扩大教培主体，增强培训力量，丰富培养层次，实现多头共举，建立集行业合力的标准化人才培养模式。其次，要建立与国际接轨的标准化培养内容，包括完整的知识构造、总体素质、标准化基础知识等。所谓知识构造是指标准化培训的知识内容构架。国外高级标准化培训通常涉及两大理论学科，即工程科学和商业管理。我国技术型标准化人才的培训可参照国外工程学科，结合国内学科建设体系，分别创设针对中、高层次标准化人才培养的内容。而针对管理类标准化人才的培训的内容则应突出管理学原理、管理方法、战略管理、系统理论、标准体系与技术创新管理等。

　　第二，突出重点，实现标准化教培的有序推进。首先要注重重点领域标准化人才的培养。标准化涉及范围大、热点多，必须突出重点课题和重点领域，以重点内容和重点领域带动其相关方向的标准化建设，确定标准化工作的关键领域与关键环节，方能做到有的放矢，效果突出。其次要注重培养国际标准意识。随着"走出去"战略的实施和国际文化交流的不断增强，行业对国际标准的需求日益增长，标准国际化趋势日益明显。在此形势下，一方面企业想要引进国外先进的技术装备或管理方法，就必须了解国际标准；另一方面新闻出版企业要参与国际竞争，进行国际交流与合作，也必须了解国际标准，只有加大突出培训内容中的国际标准比例才能满足这一行业发展要求。

（作者单位：中国新闻出版研究院）

中国数字版权保护状况年度报告

童之磊　闫　芳　田　晶

2020 年注定是不平凡的一年，我们亲历了一场前所未有的疫情，我们感受到了国际局势的动荡，我们见证了股市崩盘、经济下行。与此同时，这一系列突如其来的不确定因素也带来了前所未有的机遇和挑战，中国的数字经济总量规模和增长速度已然位居世界前列[1]。

在这场抗疫扶贫的"战斗"中，我国网络版权产业展现了强烈的社会责任担当，将正能量注入到各类文化产品和媒体形态中，并获得广泛传播，走在了数字经济发展的最前沿[2]，与之相伴随的数字版权保护同样也步入了一个全新的发展阶段。

一、我国数字版权保护新进展

习近平总书记指出，知识产权保护工作关系国家治理体系和治理能力现代化，关系高质量发展，关系人民生活幸福，关系国家对外开放大局，关系国家安全。[3] 数字经济的发展需要更为规范的知识产权保护、更为完善的网络版权治理去引领和支持。《民法典》的正式通过、《著作权法》的修订完成，一系列行业立法、司法解释及政策陆续出台，为解决新型网络版权问题打下了良好

---

[1] 参见前瞻产业研究院：2020 年中国互联网行业发展现状分析，https//bg.qianzhan.com/report/detail/300/200430-d144dcfd.html

[2] 参见搜狐网：媒体聚焦｜网络版权产业在保护中创新发展，https://www.sohu.com/a/421196177_120207320

[3] 参见央广网：《求是》杂志发表习近平总书记重要文章《全面加强知识产权保护工作 激发创新活力推动构建新发展格局》，https://baijiahao.baidu.com/s?id=1690390558225673440&wfr=spider&for=pc

的立法及政策基础。与知识产保护相关的国际公约加入和生效实施，也充分体现了我国版权保护制度的内外部环境在不断完善、国家间在知识产权保护问题上互利共赢的局面进一步得到实现。

疫情影响下，全国各地各级法院在线"云法庭"的从疫情前的试点运行到日益常态化，各项新的司法解释和规范性文件的出台实施不断提升审判质效，使得我国知识产权司法保护力度不减反增。"剑网 2020"专项行动针对群众反映强烈、社会舆论关注的网络侵权盗版问题和侵权盗版多发的重点领域，重拳出击、集中整治，取得了显著成效。

新类型作品形态及新的传播方式和途径下不断涌现的典型案件，引发了社会各界广泛讨论，并不时上升为新的社会热点讨论话题，并由此驱动了一系列行业自律和规范行动，从而使得公众对数字版权保护的认知得到了进一步强化和深入。

2020 年，在数字版权保护方面，我国从立法保护、司法保护、行政保护及社会保护层面采取了一系列的措施，并取得了诸多成果。

（一）整体概述

1. 数字版权立法保护新进展

（1）《中华人民共和国民法典》正式通过，为版权产业发展提供了系统性、规范性的法律制度保障

2020 年 5 月 28 日，《民法典》正式通过，这部法律自 2021 年 1 月 1 日起施行。《民法典》对我国现行《民法通则》《合同法》《侵权责任法》等民事法律规定进行了全面系统的编订修撰，对改革开放以来我国所有民事立法进行了总结和梳理，解决了长久以来社会发展中出现的诸多问题，共有 1260 条，分为 7 编。《民法典》的颁布，落实了"以人为本"的价值理念，也使得司法审判的原则更加统一，为公正司法提供了制度保证。

《民法典》以体系化、私权化、创新性、权威性的立法形式和完整详实的法律规则，为版权产业的进一步繁荣发展提供了规范性的制度条款和有力的法治保障。很多规则很好地弥补了既有版权法律制度中的缺漏和不足，对既有的《著作权法》及其配套法规和规定提供了上位法的指导性规定和补充性规定，从法律规则上可以进一步丰富和补充版权交易的规制等问题。《民法典》实施

后在版权合同等方面应用与规制，既是版权产业利益价值的实现过程，亦是版权法律规则与实践的完善过程，① 将为版权产业发展提供系统性、规范性的制度保障。

（2）《中华人民共和国刑法修正案（十一）》正式通过，加强了对侵犯著作权行为的打击力度

2020年12月26日，《刑法修正案（十一）》正式通过。这次刑法修正案根据新修改的《著作权法》，对涉及侵犯著作权或者与著作权有关权利犯罪行为的规定进行了修改，加强了对侵犯著作权行为的打击力度，从严打击涉及侵犯著作权或者与著作权相关权利犯罪行为，将知识产权类犯罪原最高量刑限制更改为十年。

这些改动，旨在解决知识产权犯罪成本低的问题，显示了从严保护知识产权的立法精神。该修正案自2021年3月1日起施行。

（3）《中华人民共和国著作权法》全面修改并通过，解决现实问题

2020年11月11日，《著作权法》全面修改并正式通过。② 修订后的新《著作权法》加大了著作权保护力度，一是调整侵权损害赔偿基础的计算方法适用顺序，当事人可以自行选择更有利于其自身权利保护的赔偿数额计算方法，赔偿数额可以按照权利人因被侵权所受到的实际损失或者侵权人因侵权所获得的利益来确定。二是把权利许可使用费增设为确定侵权赔偿额的一种参考方式，即"权利人的实际损失或者侵权人的违法所得难以计算的，可以参照该权利使用费给予赔偿"。三是增加了惩罚性赔偿制度，即"对故意侵犯著作权或者与著作权有关的权利，情节严重的，可以在按照上述方法确定数额的一倍以上五倍以下给予赔偿"。这与民法典和其他法律的规定相衔接。四是进一步完善了法定赔偿制度。这次修法将法定赔偿额上限从五十万元提高到五百万元，并增加了法定赔偿的下限五百元，强化了对著作权的保护力度。法定赔偿是在侵权损害赔偿数额难以计算时的一种替代方法，有利于提高司法保护的效率。③

---

① 参见丛立先：《民法典》的实施与版权合同的完善，出版发行研究，2020年10期
② 参见腾讯网：2021年6月1日起施行！新旧《著作权法》修改对照表，https://xw.qq.com/cmsid/20210418A03M7S00?ivk_sa=1023197a
③ 参见：石宏．著作权法第三次修改的重要内容及价值考量．知识产权，2021年第2期．https://mp.weixin.qq.com/s/nc1_eCIr8PEsPMOWqwpjkA

此次修订后的《著作权法》增加了著作权主管部门调查维权行为的职能权利，增设了举证妨碍制度，还增加了承担侵权责任的具体方式，能有效解决著作权维权难、对侵权行为处罚偏轻的问题。

(4)《视听表演北京条约》生效

2012年6月在北京举行的WIPO保护音像表演外交会议，缔结了《视听表演北京条约》，这是新中国成立以来第一个在我国缔结、以我国城市命名的国际知识产权条约，是中国版权事业的里程碑。该《条约》于2020年4月28日生效。

条约涉及表演者对视听表演的知识产权，充分体现对视听表演者权利的保障，将"视听录制品"做了明确定义，扩大了表演者的范围，将民间文学艺术的表演者纳入表演者之列，还赋予表演者跨境保护和救济表演者权的权利。

从1998年开始启动谈判，到2020年《条约》生效，充分体现了国际版权保护制度在不断完善，中国版权保护制度也在不断发展和完善。

(5)《RCEP区域全面经济伙伴关系协定》正式签署

2020年11月15日，中国、日本、韩国、澳大利亚、新西兰和东盟10国共15个国家签署了RCEP协定。RCEP的知识产权章节共有83个条款，是RCEP协定中内容最多、篇幅最长的章节，也是我国迄今已签署自贸协定所纳入的内容最全面的知识产权章节，涵盖了著作权、商标、专利、知识产权执法等领域。

RCEP的知识产权相关内容全面提升了区域内知识产权的整体保护水平，有利于知识产权的保护、创新和持续发展。在著作权方面，对著作权主要制度作了框架规定，如明确了作者、表演者和录音制品制作者的权利，鼓励发挥著作权集体管理组织的作用，对著作权进行有条件的限制使用等。

作为开放合作的标杆，RCEP在知识产权方面的规定为不同发展阶段的国家实现互利共赢提供了有力支撑。囊括了亚太地区主要国家的RCEP，将大大激发商品、技术、服务、人员及资本流动活力，为区域和全球经济增长注入强劲动力。①

---

① 参见李倩：亮点多多！区域全面经济伙伴关系协定（RCEP）知识产权相关内容备受关注．中国知识产权报，2020－12－17，https://mp.weixin.qq.com/s/TYN3Gh9qlYYmKScWSXH38g

2. 数字版权司法保护新进展

面对2020年突如其来的新冠肺炎疫情，中国法院系统积极探索新的审判方式，加强信息化成果的使用，改善互联网司法服务的精准性。全国法院早在疫情前就已经开始推动互联网法院等在线争端解决技术的应用，疫情发生后各级各地法院迅速推广，提高了在线争端解决能力，网络立案、远程审判、智慧执行成为案件处理的主要形式，互联网法院还尝试将多种人工智能应用到审理简单案件之中，这些举措使得我国知识产权司法保护力度不减反增。

最高人民法院不断制定出台与知识产权相关的司法解释和规范性文件，出台涉及网络知识产权、知识产权刑事保护、知识产权民事诉讼证据等方面的10个司法解释和规范性文件，落实惩罚性赔偿等制度，[1] 明晰裁判规则，解决法律适用疑难问题，统一司法标准，加大知识产权保护力度，严惩侵权行为。

根据最高人民法院发布的《中国法院知识产权司法保护状况（2020）》，全国法院审理的知识产权案件数量继续增长，新型案件不断增多。2020年全国法院共新收一审、二审、申请再审等各类知识产权案件525 618件，审结524 387件（含旧存），比2019年分别上升9.1%和10.2%。[2] 2020年法院新收和审结知识产权案件的数量增速有所放缓，但仍保持10%左右的较高增长率。从案件类型来看，著作权案件在知识产权案件中占比最大，新收和审结著作权民事一审案件占全部知识产权民事一审案件的比重超过70%。[3]

虽然受疫情的影响，各级各地法院仍然不断深化审判领域的改革创新，完善和健全诉讼制度，全面深化智慧法院的建设。法院新收和审结知识产权案件的数量增速有所放缓，但是对关键核心技术、重点领域、新兴产业的保护力度不断加大。各地各级法院尊重知识产权、鼓励创新运用、维护公平竞争，在审判中努力缩短审理周期、提高侵权赔偿数额，审理了一大批具有较大影响的知识产权案例。

（1）杭州、北京、广州互联网法院：知识产权案件呈现新特点

自2017年以来，我国先后设立了杭州、北京、广州三家互联网法院。通过

---

[1] 参见澎湃网：最高人民法院工作报告（全文），https：//m.thepaper.cn/baijiahao_11754708
[2] 参见澎湃新闻网：最高人民法院发布2020年知识产权十大案例、五十件典型案例，https：//www.thepaper.cn/newsDetail_forward_12377272
[3] 参见知产财经官网：【白皮书】最高院发布2020年中国法院知识产权司法保护状况，http：//www.ipeconomy.cn/index.php/index/news/magazine_details/id/2775.html

一站式解决纠纷的工作模式——在线完成起诉、调解、立案、审判、送达、执行等环节，互联网司法创造了平均庭审时长29分钟的速度。截至2020年8月31日，三家互联网法院共受理案件222 473件，审结194 697件，在线立案申请率99.7%，在线庭审率98.9%。互联网法院不仅推动了网上司法，节省了审案时间，还审理了一大批具有先导示范意义的案例，对类案审理起到风向标的作用。

杭州互联网法院面对疫情，率先创设常态化疫情防控在线司法服务样本，首创司法拍卖"5G + VR"720°全景直播系统，完善执行平台"在线执行"功能。[①]

2020年北京互联网法院共受理著作权案件28 946件，审结27 925件。涉及信息网络传播权的案件共计28 604件，占比高达99%。案件涉及聊天表情和红包、人工智能生成内容、体育赛事直播画面等作品形式，也有"配音秀""听音识剧""图解电影"等新型传播方式。

2020年，广州互联网法院当年新收各类案件55 837件，审结50 727件，收、结案数保持在全国三家互联网法院首位。[②] 2020年，广州互联网法院全年受理互联网知识产权类纠纷案件共27 792件。

广州互联网法院借助"网通法链"智慧信用生态系统，为权利人提供24小时云端取证存证通道，固定电子数据，至今已存储各类电子证据逾1.5亿条。

三大互联网法院自成立来，细化在线诉讼操作规范，制定审理规程、诉讼指引、审判指南等文件。同时，利用人工智能的发展，全面推进智能技术在司法工作中的应用，使司法运行从网络化向智能化推进。

（2）涉网知识产权案件数量持续增长

从2020年全年知识产权案件和互联网案件量分布状况来看，知识产权案件量持续增长。全国地方各级人民法院新收知识产权民事一审案件中，著作权案件占比最高，案件数量达到313 497件[③]，其中网络著作权案件占据了相当大的比重。

[①] 参加澎湃新闻：杭州互联网法院召开2020年总结表彰大会，https://www.thepaper.cn/newsDetail_forward_11279939

[②] 参见新浪网：广州互联网法院案件在线立案率达99%，http://finance.sina.com.cn/tech/2020-12-30/doc-iiznezxs9665832.shtml

[③] 参见网易：中国法院知识产权司法保护状况2020，https://www.163.com/dy/article/G891V1A8051187VR.html

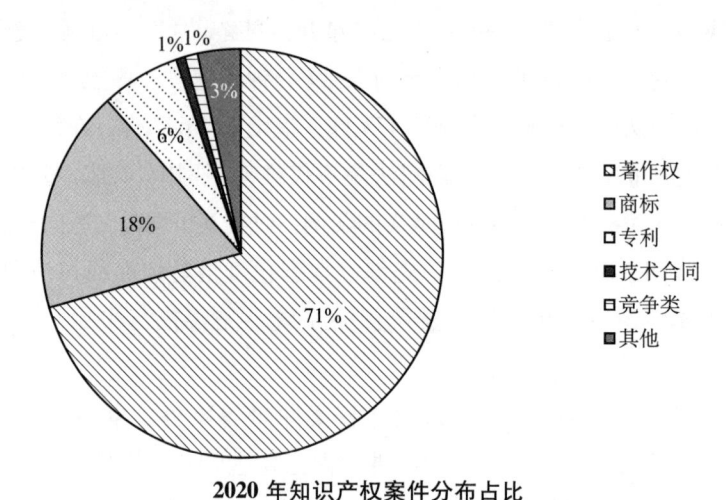

```
       1% 1%
         3%
      6%
   18%
                    □ 著作权
                    □ 商标
                    □ 专利
     71%            ■ 技术合同
                    □ 竞争类
                    ■ 其他
```

2020 年知识产权案件分布占比

数据来源：《中国法院知识产权司法保护状况（2020）》

（3）各地案件审判数量

从地域来看，东部发达地区收结案数量稳步增长，从案件地区分别来看，知识产权诉讼案件较多的地区仍然是北京、上海、江苏、浙江、广东，分别收案 66 710 件、40 214 件、24 869 件、26 594 件、196 070 件。部分中西部地区收结案增幅较大，突出的有四川、云南、贵州，分别比上一年增加 125.46%、59.58%、44.96%。[①]

（4）知识产权审判格局形成，行政执法与司法保护形成良性互动

截至 2020 年底，知识产权专门化审判特征鲜明，格局初步见雏形，以最高人民法院为龙头，以北京、上海、广州、海南自贸港知识产权法院为示范，以 22 家地方法院知识产权法庭为重点，以高、中级法院和部分基层法院知识产权审判庭为支撑的知识产权审判格局体系出现。[②]

解决纠纷多元化方案得以积极推动。人民法院积极推动与多部门建立沟通协作机制，形成行政执法与司法保护的良性互动，积极推动纠纷解决的多元化。江苏高院与省委宣传部版权管理处联合对音乐电视作品著作权案件进行调解；吉林高院与多部门建立知识产权联席会议制度，完善线索通报、案件协

---

① 参见网易：中国法院知识产权司法保护状况 2020，https://www.163.com/dy/article/G891V1A8051187VR.html
② 参见中国审判：服务创新驱动发展　知识产权司法保护再迈新台阶，https://mp.weixin.qq.com/s/XhjMVTYv7qrG043LWDjbng

办、联合执法、案件移送等机制；上海浦东新区法院和世界知识产权组织仲裁与调解上海中心合作，成功调处全国首例境外争议解决机构参与调解的涉外知识产权纠纷。

3. 数字版权行政保护新进展

（1）"剑网2020"行动使网络版权环境得到进一步净化

疫情推动了创作者的积极性，从创作者的数量到产量都在增加，视频化、直播化成为内容创作的另一特征，短视频成为中国移动网民使用时长排名第一的应用类型。"剑网2020"专项行动，聚焦网络文学、游戏、音乐、知识分享等平台，对视听作品、电商平台、社交平台、在线教育等领域的侵权盗版行为进行了打击，共删除侵权盗版链接323.94万条，关闭侵权盗版网站（APP）2 884个，查处网络侵权盗版案件724件，其中查办刑事案件177件、涉案金额3.01亿元，调解网络版权纠纷案件925件，推动了网络侵权盗版大案要案的查办进度，使得我国网络版权环境得到进一步净化。

国家版权局、国家互联网信息办公室、工业和信息化部、公安部联合开展的"剑网"行动已经连续十六年针对网络侵权盗版开展专项行动，成为维护网络版权、清朗网络空间的有效手段和著名行动。

（2）国家版权局规范摄影作品版权秩序

2020年5月，国家版权局发布《关于规范摄影作品版权秩序的通知》，对摄影作品相关版权问题进行了规范，推动构建摄影作品版权保护长效机制。《通知》指出，图库经营单位应当本着诚实信用的原则开展授权和维权活动，不得对不享有版权的摄影作品虚构版权，不得向他人提供未获授权的摄影作品及主张权利，不得以投机性牟利为目的实施不正当维权行为。此外，摄影作品著作权人及使用者、图库经营单位、摄影行业组织等应当共同探索合理、便捷的摄影作品授权体系，进一步完善摄影作品授权交易机制，促进摄影作品的合法有序传播。

（3）国家新闻出版署出台《关于进一步加强网络文学出版管理的通知》

2020年6月，国家新闻出版署印发《关于进一步加强网络文学出版管理的通知》，要求网络文学出版单位建立健全内容审核与考核机制、加强评奖推选活动管理、加强网络文学出版队伍建设、在平台上明示登载规则和服务约定，并实行网络文学创作者实名注册制度。

此次《通知》要求规范网络文学行业秩序，加强网络文学出版管理。与常规出版物相比，网络文学毋需经受多层审核，内容质量因此参差不齐，盗版现象层出不穷。版权界定不清晰和盗版的肆虐严重打击了原创作者的创作热情。此次加强管理旨在为网络文学营造健康的发展环境，通过实名认证和平台增强管理的方式培养版权意识及责任意识，有利于网络文学的长远发展。①

4. 数字版权社会保护新进展

（1）网络作家和百余名影视从业者联名抵制抄袭剽窃

2020年12月，中国作协组织国内136位知名网络作家发出《提升网络文学创作质量倡议书》，呼吁全国网络作家反对抄袭跟风、推进网络文学精品化。② 与此同时，两批共156位影视从业者联名发表公开信《抄袭剽窃者不应成为榜样！》，呼吁抵制有剽窃行为的于正和郭敬明，③ 引发了社会广泛关注。

影视从业者和网络作家发布联名公开信或倡议书的行动，增强了原创者维权的底气，让抄袭者有所顾忌，使公众对数字版权保护的认知得到了进一步强化和深入，提升了公众对原创作品的保护意识。

（2）进一步规范卡拉OK领域的版权秩序

为推进著作权集体管理治理体系，提升治理能力，2020年1月21日，中国音像著作权集体管理协会发布《歌舞娱乐行业著作权许可业务实施方案》④，维护著作权人合法权益，完善歌舞娱乐行业著作权许可。2020年2月5日，为抗击新冠肺炎疫情，音集协与中国文化娱乐行业协会共同发布《音像著作权和歌舞娱乐行业抗击疫情倡议书》⑤，宣布对2020年度卡拉OK版权费进行减免。

2020年6月底《2020年卡拉OK著作权许可使用费实施方案》发布，根据疫情影响采取扶持性、阶段式收费模式。减免措施是音集协和卡拉OK行业决

---

① 参见中投网：传媒行业：网络文学出版管理再加强，http://www.ocn.com.cn/touzi/chanjing/202006/dyzpz23074307.shtml

② 参见文化产业政策与法律，行业热点 | 管平潮、匪我思存等136位知名网络作家发出《提升网络文学创作质量倡议书》，https://mp.weixin.qq.com/s/jqPVWFA4CerjMZaLKhvkFg

③ 参见光明日报，影视圈的抄袭之风，怎么破？https://mp.weixin.qq.com/s/cHnr723UYAJMLOfds6KTRg

④ 参见中国音像著作权集体管理协会网站公告：歌舞娱乐行业著作权许可业务实施方案，https://www.cavca.org/newsDetail/1262

⑤ 参见中国音像著作权集体管理协会网站：音像著作权和歌舞娱乐行业抗击疫情倡议书，https://www.cavca.org/newsDetail/1265?continueFlag=ef35509e2658c3f0ff59a9297e988a6f

心共渡难关、共同发展的切实行动，得到了中宣部版权管理局的充分肯定及卡拉 OK 从业者的普遍认可，对卡拉 OK 领域版权市场秩序稳定和健康有序发展起到积极作用。

（二）年度对比分析

较之 2019 年，2020 年的数字版权保护在立法保护、司法保护、行政保护和社会保护方面都有一些新的进展。

在立法保护方面，《民法典》实施、《著作权法》完成第三次修订、《视听表演北京条约》生效，以及最高法出台的涉及网络侵权、知识产权民事诉讼证据等十余项司法解释和司法政策，对知识产权司法保护打下了坚实的政策法律基础。

在司法保护方面，知识产权案件数量不断增多、新类型案件不断增多、案件日趋复杂，案件审理难度不断加大，同时民法典及知识产权领域引入惩罚性赔偿制度，人民法院仍在着力完善符合知识产权案件特点的诉讼规则，积极优化知识产权案件审理模式。

在行政保护方面，2020 年的"剑网行动"取得显著成效，集中整治了视听作品、电商平台、社交平台、在线教育等领域，突出查办了一批案件，进一步加大了对网络侵权盗版案件的处罚力度。

在社会保护方面，文化娱乐行业知名人士对抄袭剽窃的联合抵制，行业协会积极推动版权市场秩序稳定和健康有序发展，均说明了保护版权、保护原创的意识正逐渐深入人心，行业版权的良好秩序正在健康发展。

二、各省区版权保护状况统计分析

（一）各地区版权保护状况综述

2020 年全国法院新收知识产权案件 52 万余件，其中民事案件 443 326 件，占 94.82%，比 2019 年的民事案件数量上升 11.1%，民事案件中涉及著作权的案件 313 497 件。① 与 2019 年相比，2020 年各地新收知识产权案件的数量和审结数量均呈上升趋势，部分地区新收各类知识产权案件同比也迅猛攀升，如贵州、云南涨幅均突破 50% 以上。②

（二）我国部分地区版权保护情况

1. 北京

2020 年，北京知识产权审判工作呈现案件基数大、增幅快、案多人少的特点。全市三级法院共受理各类知识产权民事、行政案件 66 710 件，其中知识产权民事案件共 42 330 件，占比 63.5%。③ 2020 年邮寄立案数量 10 162 件，是 2019 年的 2.5 倍，网上立案 5 065 件，是 2019 年的 2.5 倍，线上庭审和调解案件数超过 1.3 万，占新收案件数的 56%。④ 北京互联网法院推出全国首个在线诉讼服务平台，提供诉讼辅导、自助评估、线上调解等服务。

北京知产法院、朝阳法院的速裁对于分流案件和案件速裁均取得了明显效果和成绩。北京市高院通过调研，统一了知识产权损害赔偿的裁判尺度，落实了知识产权惩罚性赔偿制度，为惩罚性赔偿在司法实践中的适用做了良好的尝试。

2. 上海

2020 年，上海法院共受理知识产权民事、行政、刑事案件 40 136 件、审结 37 435 件，同比分别增长 70.21% 和 59.23%。⑤ 其中，一审著作权纠纷案件数量大幅增长。上海知识产权法院 2020 年共收案 5 279 件，同比增长 111.5%；共审结各类案件 4 789 件，同比增长达到 122.23%。⑥

---

① 参见网易：中国法院知识产权司法保护状况 2020，https：//www.163.com/dy/article/G891V1A8051187VR.html
② 参见网易：中国法院知识产权司法保护状况 2020，https：//www.163.com/dy/article/G891V1A8051187VR.html
③ 参见搜狐网：北京高院召开 2020 年知识产权审判工作发布会，https：//www.sohu.com/a/462355794_115565
④ 参见搜狐网：北京高院召开 2020 年知识产权审判工作发布会，https：//www.sohu.com/a/462355794_115565
⑤ 参见澎湃新闻：2020 年上海法院知识产权司法保护白皮书，https：//m.thepaper.cn/baijiahao_12332262
⑥ 参见澎湃新闻：上海知识产权法院知识产权司法保护状况 2020，https：//m.thepaper.cn/baijiahao_12333529

上海法院持续创新裁判和庭审方式，完善技术事实查明机制。徐汇法院知产庭探索"网上案件网上办"的新模式，通过信息化、智能化手段，提高了电商平台知识产权案件办案效率；知识产权法院运用全景远程示证平台进行远程在线审理，解决证据原件核对和实物证据侵权比对的问题。

上海法院在疫情防控和收案量大幅增长的情况下，攻坚克难，完成各项审判任务，并审结了一批有重大影响的案件，其中陈力等侵犯著作权罪案被评为"2019年度全国打击侵权盗版十大案件"；爱康网公司诉美东公司、美年公司侵害计算机软件著作权纠纷案入选中国法院技术类知识产权典型案例。

2020年上海市检察机关受理审查逮捕和审查起诉知识产权犯罪案件分别增长95.50%和40.10%；公安机关侦破侵犯知识产权案件增长15.70%。市场监管、知识产权、文化执法、城管执法、农业农村、海关等部门开展"铁拳""蓝天""剑网""昆仑""龙腾"等执法专项行动，严厉打击知识产权侵权违法行为。[①]

3. 广东

2020年，广东法院共审结各类知识产权案件19.3万，同比增长26.1%，案件总数占全国三分之一。广东新收知识产权案件196 070件，同比增长约24.6%，审结193 019件，同比增长26.1%。新收知识产权民事、刑事和行政案件分别为191 317件、1 683件、19件。其中，受理著作权案件146 577件。在刑事案件方面，全省法院受理侵犯著作权犯罪案件51件，涉案领域涉及游戏动漫、影视作品等。[②]

广东法院开展"一站式"诉讼服务，建立现代化知识产权诉讼服务体系，充分将新兴信息技术运用到司法中。广州知识产权法院的"跨区域远程诉讼服务平台"，新增网上见证授权委托等诉讼服务；广州互联网法院在粤港澳多地布设12个"E法亭"，成功调处纠纷3万余件；[③] 深圳知识产权法庭深化3D技术扫描实物证据，破解知识产权案件远程固证、存证、示证难题；广州互联网法院研发的著作权案件智能审判"ZHI系统"实现个案平均审理期限为35天。[④]

---

① 参见：【除隐患铸平安】加快建设国际知识产权保护高地! 上海打算这么做, https://www.163.com/dy/article/G8K7K03B05341J45.html
② 参见澎湃新闻：广东高院发布知识产权司法保护状况白皮书2020, https://www.thepaper.cn/newsDetail_forward_12331582
③ 参见澎湃新闻：广东高院发布知识产权司法保护状况白皮书2020, https://www.thepaper.cn/newsDetail_forward_12331582
④ 参见澎湃新闻：广东高院发布知识产权司法保护状况白皮书2020, https://www.thepaper.cn/newsDetail_forward_12331582

广东法院审结的"梦幻西游"直播著作权侵权案等6个案件入选全国十大知识产权案件和50件典型案例，入选数量再次位居全国第一。

三、数字版权保护技术发展状况

5G、大数据、人工智能、区块链等技术改变了网络媒体的内容生产和信息分发机制，全方位赋能网络媒体的生产、传播、服务全过程[①]助力数字版权保护在内的各个环节工作的开展。

（一）法院人工智能应用快速升级，智慧法院助力提升知产审判质效

面对新冠肺炎疫情，全国法院没有按下"暂停键"，电子诉讼、在线审判加速成为常态。2020年1至7月，全国法院新收案件1 651万件，已结1 308万件，收结比与2019年同期持平，网上开庭同比增长9倍。[②]

全国多家法院把人工智能等技术引入办案系统，打造智慧法院。最高人民法院打造的移动微法院、"云端法庭"、"云端调解室"；北京互联网法院创建了"一键立案"；杭州互联网法院对特定案件实现全程"智能化"；杭州西湖人民法院引入阿里云人工智能ET，庭审中，法庭现场只有法官一人，原被告双方及代理都在远程，由"机器人"担任的书记员，不仅能准确同步记录，还能够及时自动纠错；上海一中院自行研发的"案件繁简分流分类处置平台"实现了"案件智能管家"的功能；上海二中院运用人工智能辅助技术审理案件，运用图文识别（OCR）、自然语言理解（NLP）、智能语音识别、司法实体识别、实体关系分析、司法要素自动提取等人工智能技术，通过制定统一适用的证据标准指引、证据规则指引，为办案人员收集固定证据，并对证据进行校验、把关、监督，确保侦查、审查起诉的案件事实证据经得起法律检验。这些技术的应用极大地提高了审判效率。

[①] 参见国家信息中心：国家信息中心发布《2020中国网络媒体发展报告》，https://mp.weixin.qq.com/s/jDPYikBPBJiJcO90Vzra3Q？

[②] 参见百度：智慧法院如何实现跨越发展，https://baijiahao.baidu.com/s？id＝1688588903980686500&wfr＝spider&for＝pc

智慧法院的一个重要标志是全业务网上办理，很多法院建成了审判流程、庭审直播、裁判文书、执行信息的四大公开平台。截至2020年底，全国93%的法院建成了电子卷宗系统，73%的案件实现了全流程电子卷宗随案同步生成。[①]

人工智能等技术支持下的智慧法院建设助力审判效率提高和创新驱动发展。市场主体在创新过程中可能遇到各种纠纷，高效、便捷化解纠纷是人民法院发挥司法功能、服务创新发展的职责所在。我国知识产权审判中的智慧法院建设，不仅在国内司法保护中显现成效，而且在世界范围内为司法领域应用新技术贡献了中国智慧。[②]

（二）区块链技术在数字版权管理和数字版权保护领域应用继续深入

区块链技术在中国的发展十分迅速，国家政策的扶持以及市场力量的推动，让其在各个领域大放异彩。2019年10月，区块链正式上升到国家战略高度。2020年4月，国家发改委首次将"区块链"列入新型基础设施的范围，明确其属于新基建的信息基础设施，[③] 给疫情冲击下面临严峻考验的区块链市场带来了机遇，也让区块链在技术发展和行业应用方面有了进一步发展的动力。

在国家政策、基础技术推动和下游应用领域需求不断增加的促进下，我国区块链行业市场规模不断发展，地域集中度较高，产业集群效应明显。随着区块链技术成熟程度的不断增加，区块链行业正处在从2.0阶段向3.0迈入的阶段，在版权保护等领域有着良好的表现，为推动我国数字化建设，加快数字中国进程贡献了巨大的力量。

数字文化产业也在探索通过技术手段强化版权保护。在各类新技术中，区块链技术以其分布式、不可篡改性、时序性的特点，成为版权保护领域内重点的关注对象。目前，区块链技术落地的场景已从金融领域向实体经济领域延伸，覆盖了版权、身份认证、防伪溯源、能源、共享经济、公益慈善、泛娱乐

[①] 参见百度：智慧法院如何实现跨越发展，https://baijiahao.baidu.com/s?id=1688588903980686500&wfr=spider&for=pc

[②] 参见人民法院报：2021-01-22，智慧法院助力提升知产审判质效，https://www.china-court.org/article/detail/2021/01/id/5774692.shtml

[③] 参见前瞻经济学人APP：预见2021：《2020年中国区块链产业全景图谱》，https://xueqiu.com/8302426719/165696223

等非金融领域场景。

区块链技术在数字版权管理和保护领域具有广阔的应用前景,可以极大地提升版权的确权、产权溯源的效率,配合智能合约,能够为版权的管理、变现流转、价值分配等带来巨大推动,从而推动版权产业良性发展。①

四、典型案例分析

(一)"藏书馆"APP未经许可传播知名出版物著作权侵权纠纷案

【案情】

原告中文在线(天津)文化发展有限公司经知名作家周梅森授权,获得涉案作品《至高利益》作品的信息网络传播权。原告中文在线发现二被告厦门简帛图书馆和厦门简帛科技有限公司经营的"藏书馆"APP中的"精读VIP"模块提供包括涉案作品在内的电子书籍,对二被告未经许可传播涉案作品的事实进行了证据保全。原告认为,被告简帛图书馆和简帛公司擅自在APP上提供涉案作品的阅读服务,其行为严重侵犯了原告的权利,给原告造成重大经济损失,故诉至天津市滨海新区人民法院要求判决二被告立即停止侵权,赔偿原告经济损失。滨海法院经审理后判决被告厦门简帛图书馆赔偿原告经济损失28 000元。原告和厦门简帛图书馆均不服,上诉至天津市第三中级人民法院。

二审时主要争议在于简帛公司、简帛图书馆是否应当承担侵害涉案作品著作权的民事责任以及一审法院判赔数额是否适当。

厦门简帛公司辩称其仅负责涉案APP的平台维护、后续技术服务工作,不构成侵权;"精读VIP"是藏书馆内设置的独立模块,涉案作品是由用户上传、分享,简帛公司作为APP软件开发方对涉案作品的提供并无关联。厦门简帛图书馆辩称一审法院强加其主动审查的义务,其地位为网络服务提供者,适用"避风港"原则,不承担赔偿责任,且一审判决的赔偿金额明显过高。

---

① 参见:腾讯云秦青:区块链技术在数字版权管理和保护领域应用前景广阔,https://finance.ifeng.com/c/85q6WGQFWPj

二审法院认为，就简帛图书馆而言，用户上传图书资源通常未被强制进行图书分类，而是由简帛图书馆对平台用户的上传资源进行分类编辑等操作，可以认定简帛图书馆对其平台的侵害信息网络传播权的行为存在明知或者应知的过错，应当承担帮助侵权之责任。而且简帛图书馆的数据中无法识别上传用户的具体信息，因此无法认定上传涉案作品系用户所为。简帛公司将存储涉案作品的数据库交付简帛图书馆，简帛图书馆向用户提供涉案作品，二者共同完成了提供涉案作品的行为。简帛公司明知数据库存在涉案作品，且明知简帛图书馆极易将包含涉案作品的数据库上传供用户下载；简帛图书馆明知数据库存在涉案作品，亦未对数据库进行筛查即将涉案 APP 上线运营，据此，简帛公司与简帛图书馆侵害涉案作品著作权存在主观故意，是未经涉案作品著作权人许可，通过网络共同提供了涉案作品供用户下载，实施了侵害涉案作品著作权的行为。

涉案作品系知名度较高的图书，简帛图书馆和简帛公司通过涉案 APP 向用户提供涉案作品的行为为涉案作品的著作权人带来较严重的侵权后果，一审法院的判赔额过低，二审法院改判判决厦门简帛信息科技有限公司及厦门简帛图书馆连带赔偿原告经济损失 120 000 元。

【判决文书】

天津市滨海新区人民法院（2019）津 0116 民初 2378 号民事判决书

天津市第三中级人民法院（2019）津 03 知民终 71 号民事判决书

【分析】

该案二审法院对一审法院队员被诉侵权网站的举证证明责任认定进行了修正，网络服务提供者对其提供的网络服务负有较高的举证证明责任。简帛图书馆提供的用户数据中无法识别具体用户的信息，因此该数据证据不足以证明涉案作品由网络用户上传，因此，法院认定简帛图书馆涉嫌提供侵权作品，应当承担侵权责任。

（二）计算机软件智能生成内容不构成作品案

原告北京菲林律师事务所于 2018 年 9 月 9 日首次在其微信公众号上发表涉案文章《菲林影视娱乐行业司法大数据分析报告——电影卷·北京篇》，涉案文章由文字作品和图形作品两部分构成。涉案文章对检索概况进行了说明，包括检索使用的威科先行库及检索关键词、案件类型、文书类型、审判程序等。涉案文章包括北京电影行业案件的基本情况、北京电影行业各类案件特点等。

2018年9月10日,被告北京百度网讯科技有限公司经营的百家号平台上发布了被诉侵权文章,且删除了涉案文章的署名、引言、检索概况、电影行业案件数量年度趋势图等部分,文章署名"点金圣手"。原告认为被告的行为侵害了其享有的信息网络传播权、署名权、保护作品完整权,并造成相关经济损失,故诉之于法院。

此案的争议焦点在于计算机软件智能生成的内容可否构成作品。法院认为,根据现行著作权法规定,文字作品应由自然人创作完成。分析报告系威科先行库利用输入的关键词与算法、规则和模板结合形成的,从某种意义上可认定威科先行库"创作"了该分析报告。此类由计算机软件智能生成的"作品",不是自然人创作的,不是著作权法意义上的作品。软件研发者和使用者均不能以作者身份进行署名,但是,从保护公众知情权、维护社会诚实信用和有利于文化传播的角度出发,应添加相应计算机软件的标识,标明相关内容系软件智能生成。

虽然计算机软件智能生成的内容不构成作品,但公众并非可以自由使用。法院认为,涉计算机软件智能生成内容凝结了软件研发者和软件使用者的投入,具备传播价值,应当赋予投入者一定的权益保护。被诉侵权文章删除了原告的署名,且出现了"点金圣手"的字样,足以导致公众误认为"点金圣手"系作者,侵害了原告享有的署名权。法院最终判令百度网讯公司自判决生效之日起7日内连续48小时刊登道歉声明,为菲林律所消除影响,并向菲林律所赔偿经济损失1 000元及合理费用560元。

【判决文书】

北京互联网法院(2018)京0491民初239号民事判决书

北京知识产权法院(2019)京73民终2030号民事判决书

【分析】

此案是人民法院首次对涉计算机软件智能生成内容的著作权保护问题进行回应,对人工智能和大数据应用时代背景下智能生成内容的著作权保护、利益分配问题进行的有益探索。本案的判决既肯定了计算机智能软件的价值,又守住了著作权创作和权利主体的界限。是司法主动应对新技术、新问题的一次有益尝试。不仅体现了对现有法律制度的充分挖掘和准确应用,也体现了互联网司法面向未来、拥抱科技创新的鲜明态度,在国内国际引起巨大反响和关注。①

(三)"网络爬虫非法抓取电子书"侵犯著作权一案

【案情】

被告北京鼎阅文学信息技术有限公司及相关管理和运营负责人等12人未经掌阅科技股份有限公司、北京幻想纵横网络技术有限公司、中文在线数字出版集团股份有限公司等权利人许可,利用网络爬虫技术,爬取正版电子图书后,在其推广运营的"鸿雁传书""TXT全本免费小说"等10余个APP中展示,供他人访问并下载阅读,通过广告收入、付费阅读等方式进行牟利。北京市海淀区人民法院审理查明,涉案作品侵犯掌阅公司、幻想纵横公司、中文在线公司等权利人享有独家信息网络传播权的文字作品5 000余部。北京海淀区人民法院通过被告的12名相关人员一致供认和相互指证,以及公安机关依法提取收集并经勘验、检查、鉴定的涉案侵权作品信息数据、账户交易明细、鉴定结论、广告推广协议等证据证实了12名被告侵犯著作权罪的事实清楚,认为指控罪名成立。

法院判决鼎阅公司及覃某某等12名被告人均犯侵犯著作权罪,判处鼎阅公司罚金150万元;判处覃某某等四人有期徒刑三年,罚金80至20万元不等;判处陈某等五人有期徒刑一年十个月,罚金15万元;判处陈某某、梁某某二人有期徒刑一年六个月、缓刑二年,罚金分别为8万元、5万元;判处王某某有期徒刑一年三个月、缓刑一年六个月,罚金3万元。一审宣判后,各方均服判,未提起上诉。

【判决文书】

北京海淀区人民法院(2020)京0108刑初237号刑事判决书

【分析】

本案是网络电子书侵权的新型案件,也是北京市近年来破获的涉案人员最多、涉案作品种类最多、影响最大的一起侵犯网络著作权犯罪案件。该案中对网络电子数据的提取,对网络抓取行为非法性的认定,侵权作品内容、复制传

---

① 参见知产前沿:法官解读 | 两件写入北京高院工作报告的知产案例,https://www.sohu.com/a/446843012_120133310

播原理等问题，均是侦察突破的难点。作品内容异同性鉴定，侵权 APP 功能性鉴定，广告展现功能鉴定，内容获取路径鉴定，手机及电脑数据提取鉴定，从根源上确立了爬虫技术的侵权模式。该案呈现出科技化、新型化、复制化的特点，检察官组织引导多家权利人配合取证，及时固定侵权电子数据，高效提交权属文件，该案提出的许多较为新颖有据的裁判观点，为今后类似案件的审理提供了借鉴。①

五、数字版权保护存在的困境及应对措施

数字出版凭借高新技术手段融合了传统出版业的内容服务并超越了传统出版的内涵与形式，成为未来出版业发展的重要趋势。与数字出版产业蓬勃发展相比，数字版权保护的方式往往还是显得落后于现实需要，对很多长期存在的固有问题及日益出现的新问题依然很难从根本上扭转局面，数字出版的版权保护仍然面临着诸多新老问题②。

（一）盗版问题依然未得到有效解决

盗版问题一直困扰数字内容产业的发展。随着新《著作权法》施行，很多产业尤其是数字出版产业又进入新一轮的产业规范和版权保护的发力期。以网络文学行业为例，根据易观分析发布的《中国网络文学版权保护白皮书》，2020 年中国网络文学市场规模为 288.4 亿元，而与网络文学市场规模发展相伴随的盗版损失规模高达 60.28 亿元，同比 2019 年上升 6.9%。截至 2020 年 12 月，重点盗版平台整体月度活跃用户量达到 727.4 万，月度人均使用时长接近 19 小时，月度人均启动次数高达 115 次。新技术滥用、传播途径杂多和盗版在全产业链实现覆盖是盗版规模上升的主要因素。通过 IP 版权运营，网络文学间接或直接影响了动漫、影视、游戏等合计约 2 531 亿元的市场规模，网络文学的版权保护问题可以说是整个文娱产业链能否得到良性发展的根本和基础，网

---

① 参见京法网事. 北京高院：2020 年度北京法院知识产权司法保护十大案例，https://xw.qq.com/amphtml/20210425A01CL300
② 参见：祝得彬. 数字出版版权保护的难题与完善路径. 北京印刷学院学报，2021 年第 1 期

络文学行业数字版权保护工作的重要性愈发凸显。

2020年国内版权领域出现了首例MOBA类游戏短视频侵权案、人工智能生成作品著作权侵权及不正当竞争案、听音识剧APP案等热点案件。从这些案例可以看出，涉及AI的案例相比2019的同类型案例更接近AI，说明新技术的发展也在不断对权利的保护提出了更多更高的要求，也使得数字版权纠纷的性质和层面上都有提升。版权纠纷案件类型向着全新的领域扩展，随之而来的，数字版权保护纠纷案件的判决难度和衡量范围也随之扩增。

新《著作权法》在制度设计层面已经进一步完善了侵权惩罚性赔偿制度，但创作者的合法权益在未来能否得到更加有效的维护，有待于产业和数字版权保护实践的进一步验证。另外，新法与互联网新技术的发展、产业的快速更迭，都对能否适应市场经济条件下的新时期，真正驶向创新驱动高质量发展的新经济机制，保证网络文学市场发展的基本秩序和基本法律规则提出新的挑战，还需要相关各方不断有新的举措积极应对。

（二）数字版权保护的刑事治理司法体系有待进一步完善[①]

数字版权保护的刑法依据主要存在于《刑法》第217条侵犯著作权罪、第218条销售侵权复制品罪中，2020年12月发布的《刑法修正案（十一）》与新修正的《著作权法》相衔接，对《刑法》第217条和第218条中进行了修改，回应了网络环境下著作权犯罪日益增多且日趋复杂的问题，增加了对通过信息网络实施著作权犯罪行为的规制，扩大了刑法对著作权的保护范围，增强了侵犯著作权犯罪的刑罚处罚力度。

我国著作权保护制度实行行政保护和司法保护双轨制，司法保护又分为刑事保护与民事保护。在实践中，我国数字版权保护的刑法保护与民事保护、行政保护体系之间存在脱节。触发行政保护是严重侵害著作权，损害社会公共利益的行为，相关行政机关可以对其予以行政处罚，而刑法的性质决定了传统版权侵权行为的入罪条件仍是"营利目的"。2001年《著作权法》被进行修订后，行政保护"以营利为目的"的限定性条件被删除。这种对著作权侵权行为民事保护、行政保护与刑法保护之间的脱节，反映出我国整个版权保护体系仍

[①] 参见：阿力木·艾木地拉，麦买提·乌斯曼. 刑法版权保护范围的检视与完善. 法制与社会，2021（2）.

存在较大的缺陷，具体到刑法而言，其严重缩小并限制了刑法对版权保护的范围。

另外，侵犯著作权犯罪绝大多数属于财产型犯罪，极少侵害权利人的人身利益，被侵权人最大的诉求是其被侵权后的经济上得到补偿和赔偿的诉求，现有的数字版权刑事司法保护案件有保护力度上升趋势，但往往侵权行为人仅仅被判处自由刑或罚金，而权利人的经济损失通过刑法保护途径则非常难以弥补。如果权利人寻求因被侵犯著作权而获得经济补偿，在现有刑法保护和民法保护、行政保护脱节的前提下，以及刑民交叉案件的流程并不通常的情况下，非常难以开展，使得权利人的经济诉求往往无法得到满足。

在今后的立法完善或司法实践中，应进一步将版权的刑法保护和民法保护、行政保护进行关联，尤其在权利人寻求民事赔偿的救济途径进一步通过立法和司法实践进行完善，除了追究侵权行为人的刑法刑罚外，应便利权利人的民事救济途径，切实保障权利人的经济诉求，保障和保护权利人的原创创新动力。

六、2021年数字版权保护展望

2021年是"十四五"时期的开局之年，这一年以《民法典》的实施为开端，以新《著作权法》的实施为中继，身处"后疫情时代"，随着新技术的广泛和深入应用，社会各界对于各种不确定性因素也将不断地快速反应和调整，必将对我国的版权产业及数字版权保护产生重要而深远的影响。

（作者单位：中文在线数字出版集团股份有限公司）

中国数字出版教育年度报告

张 博 胡瑜兰 肖 盼 叶沁宇

一、中国数字出版教育的新进展

随着出版业向数字化、智能化方向不断迈进,对数字出版、智能出版人才的需求和要求也在不断发展、变化,2020年突如其来的新冠肺炎疫情加速推动了出版向数字化、智能化的快速转型,数字出版教育所发挥的重要作用日益凸显。与传统出版业相比,数字出版更强调创新、实践和具体操作能力,在这样一种职业素养要求之下,数字出版教育更加注重理论与实践的有效结合,其人才培养机制需为数字出版行业的快速、协调、可持续发展提供稳定的人才支撑。数字出版人才培养在2020年的变化和进展可以浓缩为"重基础、重融合、重技术、重改革"十二个字,具体进展如报告所示。

(一)夯实基础,推进"出版学"一级学科建设

在2020年全国两会期间,全国政协委员、中国期刊协会会长吴尚之在《关于独立设置"出版学"一级学科的提案》中建议,加强出版人才的培养,必须加强出版学科建设,尽快将出版学作为一级学科列入国家《学位授予和人才培养学科目录》之中。我国国务院学位委员会在2010年批准设立了出版硕士专业学位,成立了全国出版专业学位研究生教育指导委员会,但出版硕士专业学位不能涵盖出版学的学术性学位,不足以支撑整个出版学的学科体系,而学科建设是人才培养的基础,在数字出版、智能出版浪潮下,完善出版学科的基础知识体系建设尤为重要。

2020 年 11 月，在高等学校出版专业教学指导委员会主办，北京印刷学院、北京文化产业与出版传媒研究基地承办的"全国出版学学科建设与人才培养研讨会"上，与会人员共商出版学学科建设发展。中国传媒大学李频教授、浙江大学陈洁教授、南开大学出版社刘运峰社长、上海理工大学施勇勤教授、河南大学王鹏飞教授、河北大学杨金花教授、吉林工程技术师范学院陈少志教授、浙江传媒学院崔波教授、湖南师范大学易图强教授等 10 余位嘉宾为出版一级学科建设建言献策。大家一致认为，在新的历史方位下，出版学一级学科建设势在必行，只有将出版学的地位提升到新的高度，才能够解决数字媒介时代知识产业所面临的复杂问题。

（二）融合创新，培养新时代复合型人才

近年来，融媒体发展在出版业表现为各种新业态的不断涌现，包括数字教材、按需出版、全媒体出版、自助出版、移动出版、社交出版、众筹出版、优先出版等新兴形式，从传统媒体到新兴媒体的深度融合加快了传统出版行业的数字化转型，这对人才质量和能力培养提出了更为高水平的要求，从教学培养角度来说，数字出版就是数字技术加出版的复合型人才培养。研究者刘玲武、唐哲瑶在对 18 所高校出版专业培养方案的"培养目标"进行词频统计发现，目前出版专业人才培养大都以"从事内容生产、技术运用和管理等复合型人才"为定位。未来数字发展方向从一定程度上来讲就是技术加数据，数字出版人才是数据型人才、创新型人才，在实际工作中善于洞察技术发展，能创造出符合市场规律的优质产品。

数字出版教育和人才培养越来越呈现出以市场需求为靶向的趋势，在融合业态之下，各种新兴职业不断涌现，成为出版业转型升级过程中人才机制建设的重要参照系。2020 年 7 月，人社部联合市场监管总局、国家统计局发布一批新职业，其中包括互联网营销师、互联网应用操作员、在线学习服务师、区块链工程技术人员等，这些职业与数字出版均密切相关。另外，网络作业、互联网营销工作者、公众号博主、电竞工作者等职业获得认可，也为数字出版人才体系建设提供了更为明晰的政策依据。

（三）建设实验室，助力数字出版转型

2020年9月28日，国家新闻出版署发布了《国家新闻出版署关于开展出版业科技与标准重点实验室申报工作的通知》。从出版业发展来看，重点实验室的建设能更好地发挥了科技与标准的支撑作用，助推出版业创新体系建设，服务出版业高质量发展；从出版人才培养来看，重点实验室的建设能加快出版人才的产学研融合，提高数字出版、融合出版、智能出版人才质量，推动优质成果的产出进程。《通知》中重点关注的实验室申报方向包括生产技术与装备、资源编码与管理、知识挖掘与服务、内容表达与呈现、产品传播与营销、数据管理与运营等专业领域和跨领域方向。此外，实验室的申报条件也体现了高标准严要求，如应具有结构合理、相对稳定的科研队伍，拥有学术水平高、科研能力强的带头人等。

2021年2月10日，国家新闻出版署关于重点实验室的申报项目有了新的进展，其官网公布了"出版业科技与标准重点实验室"名单，全国共有42家实验室获批，具体名单如表1所示。从列表名单可以看出，高校、研究所或高校出版社牵头的实验室占50%以上。从2020年6月国家新闻出版署公布的13家2019年度出版业优秀科技与标准重点实验室名单来看，经过不断建设，各实验室管理运行逐步完善、创新能力也得到加强，比如在人才产出方面，各实验室高度重视人才培养工作，积极营造良好的人才成长环境，鼓励实验室技术人员通过参加行业会议、国际访学、专题讲座、相关培训等形式提升专业技能。并且，部分高校与科研机构作为牵头单位，依托实验室课题进行硕士、博士研究生培养，为行业输送了高层次专业人员。

表1　出版业科技与标准重点实验室名单

序号	牵头单位	实验室名称
1	北京大学	新闻出版智能媒体技术重点实验室
2	北京理工大学出版社有限责任公司	出版产业通用数据交换技术重点实验室
3	北京师范大学	出版业用户行为大数据分析与应用重点实验室
4	北京体育大学	体育融合出版可视化技术重点实验室

(续表)

序号	牵头单位	实验室名称
5	北京印刷学院	新闻出版领域关键技术研发及应用综合实验室
6	北京语言大学出版社有限公司	出版业"一带一路"国别化语言服务关键技术研发与应用重点实验室
7	北京卓众出版有限公司	科技期刊数字出版及全流程管理重点实验室
8	北方工业大学	CNONIX 国家标准应用与推广重点实验室
9	电子工业出版社有限公司	基于区块链的出版业知识服务模式创新及应用重点实验室
10	高等教育出版社有限公司	"智能+"教育融合出版创新与应用重点实验室
11	古联（北京）数字传媒科技有限公司	古籍数字化与知识工程重点实验室
12	南京大学	智慧出版与知识服务重点实验室
13	清华大学出版社有限公司	教育领域融合出版知识挖掘与服务重点实验室
14	人民教育出版社有限公司	数字教育出版技术与标准重点实验室
15	山东数字出版传媒有限公司	融合出版内容传播创新应用重点实验室
16	陕西师范大学	西部多语种文化资源智慧出版重点实验室
17	上海出版印刷高等专科学校	智能与绿色柔版印刷重点实验室
18	上海理工大学	可信数字版权生态与标准重点实验室
19	时代新媒体出版社有限责任公司	文化资源数字出版与知识服务重点实验室
20	四川大学出版社有限责任公司	融合出版超高清视频技术应用重点实验室
21	苏州工业园区新国大研究院	增强现实技术（AR）融合出版重点实验室
22	武汉大学	语义出版与知识服务重点实验室
23	武汉理工大学	融合出版智能服务技术与标准重点实验室
24	新华文轩出版传媒股份有限公司	出版业科技与标准综合重点实验室
25	知识产权出版社有限责任公司	知识产权内容挖掘及服务重点实验室
26	中共党史出版社	中共党史数字影像和虚拟仿真（VR）教程与推广标准研究重点实验室
27	中国版权保护中心	DCI 技术研究与应用联合重点实验室

(续表)

序号	牵头单位	实验室名称
28	中国传媒大学	融合出版与文化传播重点实验室
29	中国大百科全书出版社有限公司	百科知识融合创新出版工程重点实验室
30	中国建筑出版传媒有限公司	富媒体出版资源管理与数据应用重点实验室
31	中国科学技术信息研究所	富媒体数字出版内容组织与知识服务重点实验室
32	中国科学院文献情报中心	学术期刊新型出版与知识服务重点实验室
33	中国科学院自动化研究所	数字版权服务技术重点实验室
34	中国民主法制出版社有限公司	数字影音互动科技与标准重点实验室
35	中国农业科学院农业信息研究所	农业融合出版知识挖掘与知识服务重点实验室
36	中国新闻出版研究院	出版业技术与标准应用重点实验室
37	中国医学科学院医学信息研究所	医学融合出版知识技术重点实验室
38	中国印刷科学技术研究院	印刷环保与智能技术重点实验室
39	中国中医药出版社有限公司	中医药知识挖掘与出版创新服务重点实验室
40	《中华医学杂志》社有限责任公司	医学期刊知识挖掘与服务重点实验室
41	中宣部机关服务中心（信息中心）	新闻出版业高新技术应用综合实验室
42	中原大地传媒股份有限公司	数字出版应用智能部署重点实验室

资料来源：国家新闻出版署官网

（四）完善机制，改革专业人员职称制度

2020年9月，国家新闻出版署经过专题研究、反复修改讨论，起草形成了《关于深化职称制度改革的意见》，向社会公开征求意见。这项意见旨在促进出版业职称制度与人才培养使用相结合，建立健全与职称制度相衔接的出版学科学位教育制度，加快培育出版专业人才。《意见》对出版系列职称名称做出了统一规范，明确通过出版专业技术人员职业资格考试取得的初级、中级职业资格，即对应相应层级的职称，并作为申报高一级职称的条件。

同时，值得关注的是，对于出版人才知识水平和思想建设方面的评价标

准，《意见》也做出了相应改革，突出强调坚持把思想政治素质放在职称评价的首位，全面考察出版专业技术人员的政治立场、职业道德和从业操守，注重评价出版专业人员的能力素质和工作业绩，推行代表性成果评价机制，注重成果的质量、贡献和影响。随着出版教育越来越注重人才综合素质的培养，目前我国出版人才队伍在知识文化水平和政治素养方面的优势凸显。出版单位在完善人才管理机制上也做出了许多努力，如多渠道引进优秀人才，通过高校对口专业应届生招聘，面向社会同行业、跨行业招聘等方式引进复合型人才；强化人才教育培养机制，通过产学研结合、提供国内外深造机会、组织或参加各种专业培训等方式不断培养人才、打造人才、成就人才。

（五）市场新需求，成为人才培养发力方向

为了更好地了解数字出版行业人才市场需求的变化，本报告选取了百度招聘网站排行榜前十的网站作为数据取样来源网站，分别是大街网、智联招聘、前程无忧、猎聘网、58同城、拉勾网、齐鲁人才网、应届生求职网、百度百聘以及中华英才网。以"文字编辑""策划编辑""美术编辑""版权编辑""数字出版剪辑""新媒体内容编辑""数字出版编辑""编辑助理""网站运营""网站运营主管""新媒体运营编辑""新媒体运营主管""校对""发行""印刷领机""副总编""主编""责任主编""编辑主任""数字出版主任""数字出版主管"为搜索关键词，共抓取2020—2021年2月数字出版相关招聘信息27 403条。本报告将抓取的职位描述信息数据去除停用词，分词后进行词频统计，结合高频词和相关学者对数字出版人才的职业能力细分要求进行分析。通过内容分析，发现专业知识还是最为重要的招聘需求，相关岗位需求描述共有46 537个（每条招聘信息中可能有多个描述）；职业技能重要性紧随其后，职业技能相关的岗位需求描述有41 832个，数字出版技术的发展促进了生产流程和营销方式的改变，进而对从业人员的相关职业技能提出了新的更高的要求；职业素质也较为重要，相关岗位需求描述26 437个；市场对关键能力即跨职业的、普遍适用的能力如外语能力、创新能力等也较为重视，相关岗位需求描述38 161个；文化基础知识即基础性的人文、社会科学知识相关岗位需求描述最少，仅为2 131个。

其中，专业知识细分为出版专业知识、数字媒体经营管理知识、信息科技

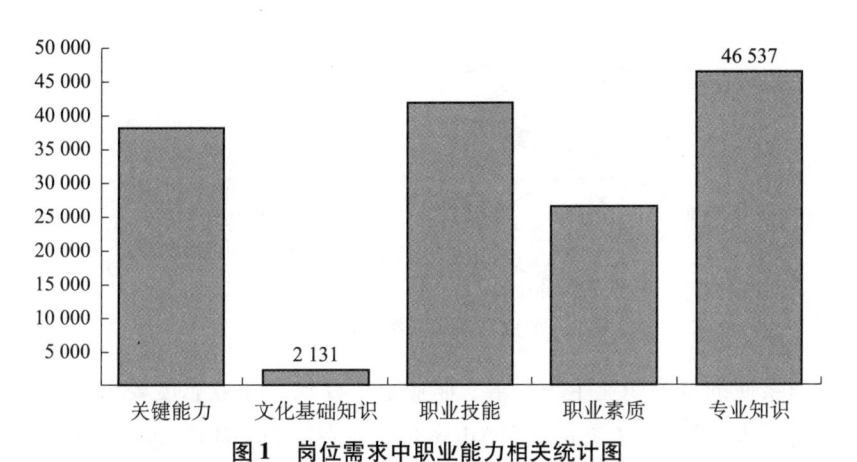

```
50 000                                          46 537
45 000
40 000
35 000
30 000
25 000
20 000
15 000
10 000
 5 000        2 131
         关键能力  文化基础知识  职业技能  职业素质  专业知识
```

图 1　岗位需求中职业能力相关统计图

（注：一条招聘信息中可能包含多个岗位需求描述，因而统计个数超过招聘条数）

应用知识、新媒体应用技术知识、出版法律法规知识等，出版专业知识包括出版学知识、编辑学知识、图书学知识、中西方文化知识、传播学理论知识、社会心理学知识、选题策划知识、编印发出版流程知识以及出版美学知识（含装帧设计）等；数字媒体经营管理知识包括市场调查与分析知识、公共关系学知识、信息资源管理知识、媒介经营与管理知识、数字资产管理知识等；信息客户及应用知识包括计算机网络技术知识、数据库技术知识、信息安全技术知识、网页设计技术知识、电子出版物制作知识、XML 技术基础知识、数字版权保护知识、跨媒体出版知识等；新媒体应用技术知识包括数字内容管理知识、新媒体存储知识、媒体传输知识、新媒体再现知识和媒体表达知识等；而出版法律法规知识即出版法律法规，特别是版权保护知识。其中出版专业知识占 47.41%，其余四个细分指标数据分布较为平均。

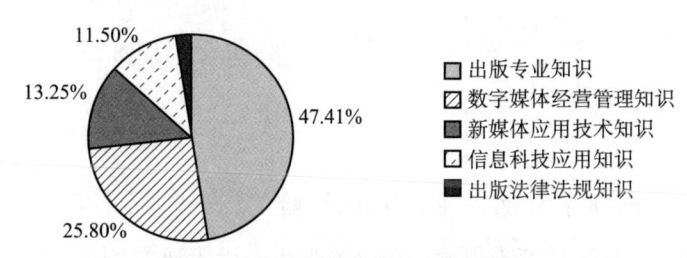

图 2　专业知识细分指标占比统计图

在职业技能细分指标中，选题策划技能占比 20.3%，信息加工技能和新媒体运用技能分别占比 18.23%、28.70%。

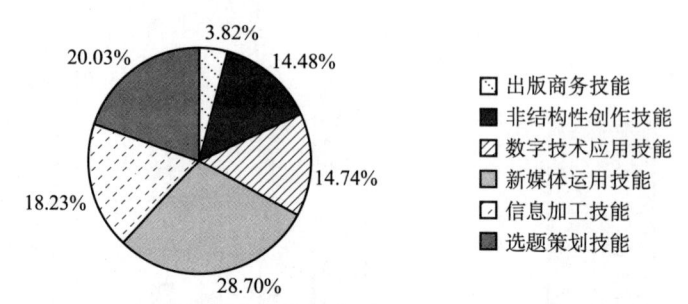

图3 职业技能细分指标占比统计图

- 出版商务技能 3.82%
- 非结构性创作技能 14.48%
- 数字技术应用技能 14.74%
- 新媒体运用技能 28.70%
- 信息加工技能 18.23%
- 选题策划技能 20.03%

职业素质细分为职业生理要求、职业道德要求、职业态度要求，职业态度要求占比最大，超过92.7%，说明市场对职业态度的关注度较高，诸如较强的事业心、好奇心、同情心；良好的工作情趣，具有敬业精神、开拓精神、独立精神、实干精神、团队精神；具有自制能力、自我调适能力、挫折承受能力；勤奋刻苦、意志力强、忍耐、韧性等。

以上对2020—2021年度数字出版相关招聘信息的分析表明，行业人才的能力要求总体构成虽未发生太大改变，但能力所占比重的变化显著。从专业知识要求细分指标来看，各方面知识的比重更加均衡，这说明复合型数字出版人才的要求已经深入行业各个方面，人才各方面的能力都成为重要的考核目标。从职业技能来看，新媒体运用技能的要求较往年有明显增加，而选题策划能力要求有所下降，这也是在媒介融合大环境下数字出版行业对新媒体、新技术的关注和重视，传统的数字出版人才亟需根据行业背景、技术背景做融合性转型，这种市场需求趋势必然是数字出版教育的发力方向。

二、数字出版教育的典型范例

（一）打造办学特色，重视实践经验

出版学专业高等教育不仅要注重培养学生的学术研究能力，而且要着力培养他们的应用实践能力。所以，在专业基础理论课程之外，对学生的实践能力也有一定的要求。一些大学特别重视培养学生的实际应用能力，在此方面形成了自己的办学优势和特色。一方面要积极借鉴国外办学经验。在俄罗斯，高等

教育的教学模式有全日制、函授和业余教育。大学本科的全日制学制一般为4年，硕士阶段为2年，函授和业余教育的学制一般为半年至一年。出版业本科教育标准要求修满240个学分（1学分=36个学时，1学时一般为45分钟），其中，理论课程不少于159学分，学习与生产实践课程不少于21学分；硕士教育标准要求修满120个学分，其中，理论课程不少于60学分，学习与生产实践课程不少于30学分。如远东联邦大学的出版业专业教师主要来自出版业，既有远东联邦大学出版社的社长，远东Dalnauka出版社的前社长，也有出版业排版与印刷专家。有了行业丰富经验的专业教师队伍，学生可以学到更多的实践经验，与行业的联系也更加紧密。与此同时，远东联邦大学还与多家地方出版社和出版机构，如"边界"出版社、"金色号角"出版公司、信息分析类期刊《大学图书》等，开展了社会实践活动。俄罗斯大学"出版业"专业的办学特色之一，就是在业界建立师资队伍，并与业界共同培养实用型专业人才。另一方面，要积极探索国内办学的宝贵实践。以北京大学为例，依托北大现代出版研究院、传媒与传播研究所，组建了包括网络、营销、传统出版在内的专家研究团队，在教学过程中积极邀请出版界的专家来校讲课，并针对选题策划、出版运作等方面提供实际案例，帮助学生开拓视野，提高实践能力。

（二）构建课程体系，多元化培养

高等学校数字出版教育首先要认真分析当前及未来复合型人才的特点，剖析其培养目标、教学模式和课程设置，以形成一套完整的课程知识体系，使数字出版专业人才培养多样化。面对我国出版业的转型，以北京印刷学院为例，在学科建设方面，重点重视并优先发展"数字出版与传播"学科和专业建设，形成一个由数字印刷、数字出版、数字媒体艺术和数字媒体技术组成的新的数字媒体专业群；在传播学、出版学两个专业中，有硕士学位授权点；北京印刷学院新闻出版学院拥有编辑出版、传播学（数字出版）、广告学、英语语言文学（跨文化传播与版权贸易）等4个本科专业，在学科专业方面，横贯两个方向，对数字出版与传播有很好的支持。并制定了"2+2模式"与"3+1模式"人才培养方案。尤其是"3+1模式"，即前三年完成校内授课，四年级学生到企业实习，加强学生的实践技能训练。

出版作为一门应用型学科，在英国，各大学都非常重视理论与实践相结合,牛津布鲁克斯大学也不例外,采用了多种理论与实践相结合的教学方法。理论性知识主要通过讲座、研讨会和讲习班进行,其目的是为学生提供基础知识和学习框架,使他们能够获取单元的学习结果;研讨会和讲习班的目的是鼓励学生与导师和同行进行讨论,检验理解和运用想法的能力,培养转换技能,并鼓励深入学习。另外,学校还设立了一个出版公司,它有大众出版、学术出版、期刊出版等部门,学生可选择进入各个部门,参与产品开发规划和市场营销,系统掌握出版方面的知识和技能。实践教学是牛津布鲁克斯出版专业的特色,主要应该通过计算机学习,参加图书展览和行业相关会议,小组工作,实习等方式来完成。计算机学习的目标是使学生迅速掌握信息技术技能;参加图书展览和行业相关会议,使学生了解出版业的最新动态,为就业作好充分准备;小组工作角色扮演,目的是使学生在真实的发行环境中模拟新产品开发,锻炼他们的动手操作和思考能力;通过实习,学生能够更快地了解出版过程,把理论知识与实际工作相结合。

(三)学以致用,培养新型出版人才

自 2013 年颁布《第三代高等教育联邦国家教育标准》以来,俄罗斯联邦教育和科学部分别通过了第 905 号和第 1168 号令,发布了《出版事业专业国家教育标准》(以下简称《标准》),并对《出版事业专业》本科和硕士阶段教育大纲的实施要求作了详细规定,于 2017 年进行了修订。《出版事业》专业是按照国家教育标准的要求,培养印刷和数字出版物制作与发行方面的专门人才,其毕业生应具备与出版有关的软、硬件技术、经济、营销与管理等知识,并能从事出版领域的相关研究活动。

各校根据俄联邦国家教育标准,制定了各自的专业教学计划,确定了"出版业"专业的培养目标和办学宗旨。每一所大学都清楚地说明了学生的专业技能和职业方向。在数字技术飞速发展的今天,数字出版融合人才越来越受到重视。各高校都重视新型出版人才的培养,以期继承悠久的出版文化传统,在掌握现代科技和市场营销策略的基础上,创造性地发展出版人才。除了课堂学习外,各高校还特别重视数字出版技术的学习,注重实践创新,掌握现代出版工作的基本技能和技术工具,注重对出版单位内容创新、组织管理和新型业务模式的研究,注重现代传播技术的发展。就俄罗斯各大学的培养目标而言,出版

专业人才应该是文学编辑，能够控制文本的内容质量；其次，作为现代出版过程中的全面参与者，编辑管理者应该能够协调出版商与作者、印刷商与书商之间的关系，研究和预测整个图书市场和读者偏好。在此基础上，俄罗斯出版高等教育教学大纲注重培养学生的文化素养，并注重数字出版相关技能的培养，以建设能适应数字时代出版工作需要的高素质、技能型、复合型、应用型出版人才。就出版业的就业方向而言，出版业毕业生可到出版业、印刷业、书业等与传统出版业数字内容有关的单位，或到中高等专业教育机构从事教育和科研工作。本科生和硕士研究生参加的职业活动主要有四类：纸本和数码出版物的编辑活动，出版产品的销售和发行活动，编辑和出版企业的组织和管理活动，图书和出版事业领域的科研活动。毕业后的职业通常是各种类型的编辑（如文学、艺术、技术等）、校对、书店销售、广告业经理、图书馆和档案馆职员、网络行销及出版业经理等。

三、中国数字出版教育发展中的主要问题

我国数字出版产业迅猛发展，规模迅速扩大。随着数字出版产业链纵深发展，行业对数字出版人才的数量和质量提出了更高的要求。目前，我国数字出版教育人才培养模式和体系正在不断完善，但是在学科定位、课程设置、师资结构等方面仍然存在一些问题。

（一）学科定位较模糊

目前有许多高校都开设数字出版专业，专业所属学院不尽相同，通常是建立在出版印刷学院、新闻传播学院或是计算机学院之下。不同的一级学科影响了各学校的数字出版专业的不同定位，而清晰明确的专业定位和培养目标，关系到课程体系、教学内容的确定。学科定位从前几年的以培养传统出版人才为目标，渐渐向培养数字出版人才所转变，但受一级学科的限制，数字出版专业的定位存在过于模糊或是狭窄的问题。不同的专业定位关系到学生未来就业择业，过于模糊、宽泛的专业定位，将造成学生学而不精，而定位狭窄将造成知识面狭隘、无法适应社会需求等问题。

（二）课程设置轻实践

实践性课程在数字出版专业的课程设置中比例普遍偏低。据研究，我国编辑出版专业课程中理论课与实践课的比例为9∶1，而国外为1∶1。高校课程大致可分为专业课、专业基础课、公共课以及实践课，其中类似传播学概论、数字媒体概论、经典文化赏析等课程占据了一部分，这固然培养了学生文化底蕴，但数字出版专业与其他文科专业不同，需要培养学生较好的实践动手能力，这样的课程设置与生产实践脱节，造成学生实践能力薄弱，与社会需求不符。

（三）师资结构待调整

教师的专业背景、教学方法、教学思想、职业培训等都影响着对学生教育的成果。数字出版被认为是复合型的跨专业学科，传统的编辑出版学、新闻传播学等学科背景已不能满足数字出版人才的培养教育需求，教师需要掌握编辑出版、数字媒体技术、媒介经营管理、数字出版物版权领域的知识，且这些知识的储备需要不断更新，紧跟时代的潮流。此外，高校致力于培养实用型数字出版人才，因此就对教师提出了需要具有数字出版实战经验的要求。但目前的师资结构不尽如人意，大部分老师都不是数字出版的业内人士，学术派教师专注理论研究，缺乏在行业中的实践经验，因此在教学内容编排上难免脱离实际，过于理论，难以引用到实践中。数字出版行业专家的精力、数量有限，只能作为兼职教师，自然无法满足大多数学校的教学任务。

（四）教材问题待解决

数字出版课程不断丰富的同时，其教材方面的问题越发突出。第一，经典教材的缺乏。经典教材在学习过程中起着举足轻重的作用，其严谨的逻辑、开阔的思路，让学生对专业有全面的认识，从而培养学生的思考能力。各学科专业都有其经典教材，如传播学有施拉姆著的《传播学概论》、经济学有萨缪尔森的《经济学》。但数字出版作为一个新兴的学科，经典教材几乎没有。第二，教材陈旧，实用性不足。由于经济利益等诸多原因，多数的数字出版教材依然采用陈旧的再版教材。这些教材的结构相似，理论部分占较大篇幅，无法反映产业的新技术、新趋势，也与培养实用性数字出版人才的目标相差甚远。第三，讲义教材质量参差不齐。与数字出版界热点结合的课程，类似《微博与移动媒体传播研究》《微博传播》等，因没有适合的教材，大多数教师选择自行编写讲义作为教材。编写的讲义没有专业的标准以及审核过程，由于编写时间限制、教师学术水平等问题，讲义的科学性、规范性、系统性都无法保证。第四，交叉学科缺少针对教材。目前数字出版的产品策划、研发、经营等环节人才十分紧缺，媒介经营管理、文化传播与贸易研究等方向成为学科的新研究方向，不难发现这些都具有跨学科的特点，此时采用传统传播学教材，亦或是经济学教材也无法满足学习需求。这一现象目前在数字出版高端人才的教学培养中日渐凸显。

四、加快中国数字出版教育发展的对策

我国网络化、数字化以及智能化技术的高速发展，对出版行业产生了很大的影响，高校现存的育人方案已经无法满足出版市场的人才需求，而人才是产业发展、市场竞争的关键，人才培养是行业发展的重要保障。为解决高校人才培养与市场需求相脱节这一核心矛盾，本报告提出以下几点对策。

（一）直面市场人才需求导向，优化课程与师资体系

在融媒体时代，出版业技术发展日新月异，涉及专业领域日渐广泛，并仍有不断地与其他行业融合的趋势，单一的出版传媒知识已经无法满足媒体市场的人才需求。因此，为应对多专业交叉的复合型人才需求，高校需要敏锐洞悉社会与行业需求，将培养方案与市场人才需求接轨，关注技术创新给出版业态带来的新变化，明确学科定位，凸显自身培养优势，并及时优化课程与师资体系。

本报告通过对数字出版企业2020—2021网络招聘的不完全统计发现，学生的专业知识依旧是市场最为重视的招聘要求。其中，出版专业知识（47.41%）、数字媒体经营管理知识（25.8%）、新媒体应用技术知识

（13.25%）占据专业知识细分要求的前三位。此外，在数字出版人才职业技能细分指标中，新媒体运用技能（28.7%）、选题策划技能（20.03%）以及信息加工技能（18.23%）为企业最为重视的人才技能。

因此，高校在指定人才培养方案时需明确自身学科定位、直面市场人才需求。首先，高校需要建立跨学科的复合型出版传媒教学体系，融合多学科与多专业的教学内容，使学生具备多元化的知识体系，促进人才培养的高质量发展。其次，培养学生的媒体思维。例如高校需要重视对出版专业学生的数据素质教育，在大数据时代，数据处理能力是对出版传媒类人才的基本要求，帮助学生打造"数据—信息—知识—智慧"的数据思维金字塔，不断促进学校教育与市场需求相接轨。

（二）建立长效合作机制，打造协同育人模式

面对出版专业毕业生难以短时间内胜任出版编辑工作这一问题，高校在培养学生理论性知识时应同时培养学生的实践性、社会性，例如与企业建立长效的合作机制，加强与出版行业之间的联合培养。具体操作如，高校可将行业动态带入校园，为学生争取更多的与业界接触的机会，举办诸如前沿讲座等，让业界精英走进校园、走近师生，从而把更多行业声音与需求传达进校园，防止出现人才培养需求与市场人才需求脱节的尴尬，同时可助力开展实践培训、暑期工作等活动，以培养提高学生解决问题以及理论运用于实际的能力。

例如，北京印刷学院为学生搭建了校内校外联合培养基地，切实保障学生在培养过程中实践性的塑造。在校外，学校与杭州国家数字出版基地等7个国家数字出版基地签订合约，保障出版人才实践性培养的落地，在校内，新闻出版学院与艺术科技电子出版社建立实习中心，让学生足不出校也能拥有实践基地。因此，通过建立良好的合作机制，有助于助力高校培育出综合性的编辑人才。

（三）积极响应国家号召，解决数字出版教材问题

根据国务院印发的《关于加快推进媒体深度融合发展意见》，将"大力培养全媒体人才"作为专门篇章，并指出要培养具有专业背景的复合型人才，着力打造"一专多能"的全媒体人才队伍。可见，全媒体型、专家型人才是全媒

体时代媒体人迭代升级的努力方向。此外，在市场导向方面，出版业在搭乘技术快车的同时，也对高校培养人才提出了更高的要求。这也要求高校应直面数据时代下市场的人才需求，而非以老旧的教材、教育理念目标来束缚学生。教材开发是培养人才的基础性工作，高校可组织专业学科带头人或联合其他高校教师、行业领军人物一起，在聚焦新时代专业人才新形势与新要求的背景下，打造出一套重视提升人才的专业知识、职业素养以及创新创造能力的教材，并且突出教材内容的务实性，例如配备视频课程、题库等，满足多元化的人才培养需求，为出版编辑人才搭建起知识更新之舟、能力提升之桥。

（作者单位：上海理工大学）

中国国家出版产业基地（园区）研究报告

重庆华略数字文化研究院

2020年，新型冠状病毒引发的肺炎疫情席卷全球，亦对我国经济社会发展带来严峻考验。国家出版产业基地（园区）积极出台措施，通过房租、物业费减免等举措，助力产业发展，应对疫情冲击；如北京国家数字出版基地减免入驻企业2月份房租与物业费，根据企业经营情况，免除房租缓交滞纳金。2020年，国家出版产业基地（园区）尽管受到新冠疫情的重大冲击，也迎来数字教育、在线办公、数字文娱等业态爆发式增长难得的历史机遇。

综合来看，2020年，国家出版产业基地（园区）整体运行稳中有进，产业融合进程加快，马太效应愈加突出。如重庆两江新区国家数字出版基地，2020年已聚集了400多家企业，年产出超过80亿元。但也有部分国家出版产业基地，发展进入沉寂期，少有重大项目、重要活动的有关动态。进入新发展阶段，出版创意、动漫游戏、数字出版、音乐产业、产品制作、绿色印刷包装、物流仓储等基地（园区）产业聚集加深，空间布局、业态升级、政策体系不断加快融合，国家出版产业基地（园区）加快进入洗牌前夜。

一、2020年国家出版产业基地（园区）发展态势

（一）国家出版产业基地助力服务业扩大开放

2020年，国家服务业扩大开放趋势进一步加快，国家出版产业基地（园区）"走出去"迎来新一轮政策利好。2020年9月7日，《深化北京市新一轮服务业扩大开放综合试点建设国家服务业扩大开放综合示范区工作方案》（以

下简称《方案》）获得国务院批复，为国家出版产业基地"走出去"政策提供参照。依据《方案》内容，北京服务业扩大开放的若干政策中，有两个方面对北京国家出版产业基地发展产生直接效用。一方面，《方案》明确了在风险可控的前提下开展文化金融项目试点。《方案》明确提出，支持银行文创专营分支机构、文化证券、文化产业相关保险、文化企业股权转让平台等以试点方式开展文化金融项目。另一方面，《方案》在文旅产业商事制度优化方面给予松绑。立足国家对外文化贸易基地（北京），聚焦文化传媒、视听、游戏和动漫版权、创意设计等高端产业发展，开展优化审批流程等方面试点。2021年2月印发的《北京市丰台区建设国家服务业扩大开放综合示范区工作方案》，将建好北京国家数字出版基地纳入特色领域开放创新，进一步开展数字文化、软件设计、创意应用等业务，吸引数字传媒、数字娱乐、数字出版等领域的龙头企业集聚。2020年4月，商务部会同中央网信办、工业和信息化部联合认定了首批12家国家数字服务出口基地，为我国打造一批数字服务出口集聚区奠定基础。陕西自由贸易试验区也明确了加快推进国家文化出口基地与西安国家数字出版基地建设，加快推进国际文化交易平台建设和数字出版产业聚集，支持智能技术和创新服务在新闻出版、广播电视电影、文化艺术等行业中的应用，创新服务模式和业态。我国持续深化改革开放，国家出版产业基地（园区）将逐步加深与各类对外开放平台融合发展。

（二）融合发展成为国家出版产业基地新方向

2020年，国家出版产业基地呈现较强的产业融合特征。一方面，以动漫游戏产业为代表，出版产业集聚区加速与国家出版产业基地融合。动漫游戏作为数字娱乐消费的核心业态之一，亦加快成为国家出版产业基地（园区）发展重要动力。一是头部国家出版产业基地（园区）加快优化动漫游戏产业布局。2020年8月1日，在上海浦东举行的2020年全球电竞大会上，中国游戏产业研究院揭牌，落户张江国家数字出版基地，该院由中国音像与数字出版协会设立并与上海市共建，成为服务政府主管部门行业管理的重要平台。二是传统动漫产业巨头不断发力，不断提升动漫产业附加值。腾讯光子创新研发基地（重庆）自2019年成立以来，在渝合作的游戏美术内容制作企业超过10家，已直接服务10余款游戏的研发和美术创意制作，其利用游戏产业生态赋能重庆市彭水县地方实体产业，推动其继续加强和发挥线上化、流量化优势，为偏远地区特色农产品和文旅消费输送流量，助力当地产业发展。另一方面，国家出版产业基地成为推进区域数字化进程、文化产业发展的重要推动力量。2020 年 2 月，青岛市政府办公厅发布《数字青岛 2020 年行动方案》，明确培植数字经济动能，推进数字文化产业发展，加快青岛国家数字出版基地、中国（青岛）新媒体基地建设，建设非物质文化遗产数据库，大力发展内容创意、数字媒体、3D 动漫、VR/AR 游戏和视频等数字产品，培育 1—2 家数字出版骨干企业。2020 年 12 月，北京国家数字出版基地获"北京版权保护示范园区（基地）"，进一步提升该基地政策宣讲、专项培训、申请代理、举报投诉、维权援助等版权产业链条公共服务能力。

（三）国家音乐产业基地加快迈向高质量发展

2020 年，国家出版产业基地（园区）中，有 5 家国家音乐产业基地发展活跃。一是国家音乐产业基地加快高质量发展。2020 年 10 月 9 日，在首届北京国际音乐产业高质量发展促进大会（BME）上，有关负责同志表示将打造音乐城市列入全国文化中心建设中长期规划，出台推动音乐产业繁荣发展的专项政策，高标准、高水平推动市级音乐产业示范园建设。同时，"1＋4＋9"音乐产业论坛、北京国际音响展、BME 音乐盛典也同步举行。北京国家音乐产业基地发展态势良好。二是国家音乐产业基地抢占技术高地。在 2020 中国数字音乐产业发展峰会上，中国音像与数字出版协会音乐产业促进工作委员会、浙江国家音乐产业基地、咪咕音乐有限公司联合发布我国首个 5G 音乐标准——《基于 5G 数字音乐超高清音质技术要求》，从音频格式、技术参数、生产流程、适配环境等层面提出了 5G 时代数字音乐音质技术要求。杭州钱江世纪城管委会、中国音数协音促会和杭州国家音乐产业基地共同发起成立未来工程实验室。三是部分省市启动国家音乐产业基地孵化。重庆市大渡口区规划建设钓鱼嘴音乐半岛，计划打造 7.8 平方公里的国家音乐产业基地，规划长江音乐厅、长江音乐学院、音乐博物馆、音乐营、音乐广场、音乐台六大功能性项目，具有音乐教育、音乐演出、艺术展览、休闲娱乐等核心功能。陕西洛南县计划斥资 20 亿元，融合表演、餐饮、住宿等文旅业态，打造国家音乐产业基地。国家音乐产业基地建设成为牵引产城融合发展、提升城市品质的重要载体。此外，上海国家音乐产业基地举行了 2020 上海国际音响 M+C 双媒展,成都国家音乐产业基地东郊园区凭借独有的文创气质火爆网络。

(四) 特色小镇成为国家出版产业基地新延伸

2020 年,位于山东泰安的新闻出版特色小镇发展亮眼,成为国家新闻出版基地(园区)发展新延伸。泰山新闻出版小镇作为我国首个服务新闻出版行业的特色小镇,抢抓北京非首都功能疏解发展历史机遇,致力于将文化出版领域中北京的外溢产业引领到泰山出版小镇。2020 年 12 月 1 日,在 2020 年泰山国际新闻出版大会暨泰山新闻出版小镇建设发布会上,北京印刷学院泰安研究院、北京印刷学院教学实习(实践)基地、泰山印刷博物馆、山东省文化产业十强民营企业、山东山版权示范园区(基地)等正式揭牌;中国水利水电出版传媒集团、泰安高新发展集团、泰安传媒集团、华岳科技文化产业有限公司签订了中国水利水电出版传媒集团泰山新闻出版小镇基地项目战略合作协议;京紫峰文化发展有限公司、泰安高新发展集团、华岳科技文化产业有限公司签订了北京紫峰文化发展有限公司泰山新闻出版小镇项目战略合作协议。目前,该小镇已经有中国新闻出版传媒集团、中国大百科全书出版社、机械工业出版社、北京时代天华、北京人天书店集团等 40 余家出版机构和出版企业签约入驻,涵盖了编辑、出版、印刷、发行、仓储、物流等新闻出版全产业链。泰山新闻出版小镇已经成为新闻出版特色鲜明的产业集聚区,被国家发改委推介。2021 年 3 月,泰山新闻出版小镇也被国家版权局评选为 2020 年度全国版权示范园区(基地)。

二、2020 年国家出版产业基地(园区)面临的主要挑战与对策建议

(一) 2020 年国家出版产业基地(园区)面临的主要挑战

1. 国家出版产业基地(园区)空间格局加快重塑

2020 年,国家出版产业基地(园区)发展活跃度差异显著,各类新闻出

版基地（园区）空间布局加快重塑。一方面，从宏观方面看，北京、上海、广州、杭州、成都等地凭借完善的政策支持、深厚的产业基础，形成了以动漫游戏、数字音乐、版权产业等新兴业态为核心的产业发展牵引。因此，相关数字出版、音乐产业等国家出版产业基地（园区）发展态势更好，部分基地已在相应领域形成了显著的竞争优势。另一方面，从微观方面看，随着地方政府数字经济、科技创新、服务业发展相关产业政策的日趋完善，以国家数字基地为代表性的复合业态型基地（园区），正将加快融入数字经济、科技创新等包容性较强的产业基地（园区）。动漫游戏、数字音乐等面向垂直市场为主的国家数字出版产业园区发展势头进一步激发，基地（园区）布局失衡加剧。

2. 国家出版产业基地（园区）产业竞争持续加剧

2020年，新冠肺炎疫情背景下，数字内容消费热潮使得国家出版产业基地（园区）产业竞争日趋激烈。一方面，版权产业治理能力建设不足，导致版权产业发展失衡、版权产业价值垄断，加剧产业创新乏力。因此，数字教育、动漫游戏、数字音乐、网络文学等新闻出版产业价值，被把持平台的行业龙头垄断，平台优势、流量优势和资本优势等进一步加剧行业价值分布失衡。这对国家出版产业基地（园区）形成了较高的产业价值分配壁垒。另一方面，国家出版产业基地（园区）产业发展路径分化成形：融入行业龙头价值链、打造传统新闻出版集聚区、独立打造特色产业集聚区。融入行业龙头价值链，面临激烈的招商引资竞争；印刷发行、仓储物流等传统新闻出版集聚区已较为成熟；动漫游戏、数字音乐等特色产业园区打造则需要深厚的产业积淀，需要漫长的周期。价值垄断裹挟园区发展困境，国家出版产业基地（园区）发展失衡。各地为招揽客商、人才、资本各显神通，国家出版产业基地（园区）竞争"内卷"加剧，龙头企业市值飙升、基地（园区）产业生态发展缓慢。

3. 国家出版产业基地（园区）精细发展迫在眉睫

2020年，特色小镇、音乐产业基地、数字出版基地、印刷包装、物流仓储等基地园区中，业态集中度高的基地（园区）更加活跃。这既受到业态类型和产业特色的影响，还受到基地精细发展程度的制约。一方面，国家出版产业基地（园区）业态单一，产业集聚度更高，公共服务体系更加健全。如2020年，即便新冠肺炎疫情对传统印刷包装、物流仓储等新闻出版业态形成较大冲击。但由于业态集中，相关基地（园区）也随着实体经济发展逐渐复苏。国家音乐产业基地、新闻出版特色小镇也呈现相同特点。另一方面，业态类型相对分散的基地（园区），在早期客商引进时缺乏精准性、系统性，导致产业集群不稳定，核心产业集群实力较弱。随着经济发展新动能培育不断加快，传统新闻出版业态空间格局日趋稳定，国家出版产业基地（园区）提升运行管理精确性迫在眉睫，加强提升产业相关度、培育特色产业已刻不容缓。

（二）国家出版产业基地（园区）优化发展的对策建议

1. 加强顶层设计规划

"十四五"经济社会发展规划体系构建已接近尾声，亟待加强国家出版产业基地园区发展顶层设计。一是从国家层面制定国家出版产业基地（园区）发展规划。加强从文化安全、业态布局、空间分布、产业布局、主要方向、重点工作、保障措施等方面统一目标、加强协调，对提高国家出版产业基地（园区）建设成效，筑牢新闻出版业发展驱动平台，具有重要指导作用。二是各省市加快编制省市层面出版产业基地（园区）发展规划。当前，各省市"十四五"经济社会发展规划中鲜有对国家出版产业基地发展作出明确部署和单独出台基地（园区）发展规划。尽早标定各国家出版产业基地（园区）未来的发展之路，有利于提升有关基地（园区）发展成效。三是各国家出版产业基地（园区）要进一步做好产业发展、空间布局和体制机制发展计划，对破解部分国家出版产业基地（园区）核心产业、核心企业空心化，精准引导产业发展、空间布局和体制机制创新有重要作用。

2. 加深多维融合发展

随着数字技术浪潮的不断深化，国家出版产业基地（园区）多维融合发展有助于新闻出版产业加快升级。一是加深国家出版产业基地（园区）与区域相关产业融合发展。国家出版产业基地（园区）与数字经济、文旅产业诸多业态有较高契合度。我国经济发展的产业数字化、数字产业化，能为国家出版产业基地（园区）的基础性技术、共享性平台和发展性政策提供有力支撑，能有效提升基地（园区）的发展综合效能。二是加深国家出版产业基地（园区）与城市空间布局的融合发展。产城融合发展具有的提升城市品质、夯实产业基础、降低公共服务成本等优势，对现有国家出版产业基地（园区）升级具有重要参考。当前，特色小镇、特色园区、特色项目建设发展较为活跃，如重庆大渡口区、陕西省洛南县，音乐产业与城镇建设融合，拟规划建设一批重大音乐项目，申报国家音乐产业基地。三是要推进国家出版产业基地与既有产业发展基地（园区）融合发展。我国服务业对外开放不断加快，各类服务贸易"走出去"试点园区为动漫游戏等为代表性的数字内容产业走出去带来发展机遇，也为引进国外资本加快内容产业发展提供了政策依据。同时，广泛分布的数字经济、数字内容园区，提升国家出版产业基地（园区）发展协同效能。

3. 加强平台体系升级

国家出版产业基地（园区）本身作为产业发展集聚平台，具有集聚政策、企业和要素的效能。一是加快国家出版产业基地（园区）硬件环境升级。国家出版产业基地（园区）园区布局方式主要采用单体园区和一区多园的形式。但同样也有部分基地（园区）空间布局保障滞后，保障政策多年未调整，已经不能适应激烈的产业竞争。二是加快国家出版产业基地（园区）软件环境升级。国家出版产业基地（园区）公共服务平台需求旺盛，尤其是版权服务平台、投融资平台、公共管理平台、园区运行监测平台等，对基地（园区）动态发展意义重大。此外，大数据、人工智能技术对新闻出版业渗透加快，国家出版产业基地（园区）的技术、政策两大基础平台也有待改造升级。三是强化国家出版产业基地（园区）招商平台建设。现有的国家出版产业基地（园区）招商平台建设普遍较为薄弱，资金、项目、政策集约程度低。招商方式则对龙头企业以"一事一议"的方式给予大量政策、资金的招商支持，但对中小微企业支持力度薄弱。强化基地园区统一招商平台建设，以项目方式引入专门运行团队，有利于提升基地（园区）产业集聚度。

4. 加快产业体系更新

部分国家出版产业基地（园区）产业布局态势已相对稳定，但出版产业形态创新层出不穷，产业体系更新仍为部分基地（园区）提供了发展窗口。根据管理办法，国家出版产业基地（园区）主要以出版创意策划、内容采集加工、产品生产制作、数字内容服务、印刷复制、出版物物流配送、进出口贸易、音乐、动漫游戏等为主要发展方向，以聚集出版企业及为其提供技术支撑、原料设备供给、行业相关服务等企业为主的产业集群区域。在现有基地（园区）体系中，各国家出版产业基地在前期发展中明确了各自产业发展重点。音乐产业、印刷包装、动漫游戏、数字出版、物流配送等基地（园区）空间格局已相对稳定，进出口贸易等业态发展格局已雏形初显。但出版创意策划、内容采集加工、产品生产制作、数字内容服务等领域还存在产业机遇。如江西发展虚拟现实产业，对产业研发、硬件生产、内容制作、平台搭建等各产业环节具有显著牵引作用；重庆市电子信息产业集群，对智能终端、平台设备、显示终端设备等具有较强支撑作用；如贵州大数据产业支撑，给贵阳数字内容产业园区产业更新提供了发展机遇。

三、2021 年国家出版产业基地（园区）趋势研判

（一）国家出版产业基地（园区）竞争态势分化加剧

一是国家数字出版产业基地（园区）竞争格局分化加快。14 家国家数字出版基地（园区）产业基础、政策支持、公共服务参差不齐，导致各基地（园区）发展差距逐渐拉开。2021 年国家数字出版基地发展的马太效应可能将进一步显现，尤其是动漫游戏等新兴业态布局加快成熟，新兴业态发展带来的机遇正迅速衰减。二是国家音乐产业基地（园区）发展将进一步加快。北京、上海、杭州、成都四家国家音乐产业基地（园区）将进一步加快产业特色打造，重庆、陕西音乐集聚区建设步伐加快。随着国民消费水平的不断提升，音乐产业基地（园区）将迎来更好发展机遇。三是国家出版产业基地（园区）新形态加快涌现。围绕特色企业、龙头企业生态，分园区快速发展将加快助力国家出版产业基地园区高质量发展；围绕先进平台建设、先进内容制作、先进技术研发、先进终端制造，为国家出版产业基地（园区）带来新一轮发展机遇。

（二）国家出版产业基地（园区）助力支撑产业"走出去"

一是国家出版产业基地（园区）加快融入国家对外开放的各类平台。新一轮对外开放各项重大举措不断落地，北京、上海、陕西等陆续开展国家出版产业基地（园区）政策试点，从外资引进、商事制度等领域进行了系列探索，动漫游戏、网络文学等数字文娱产业"走出去"，对应基地（园区）迎来更多发

展机遇。二是国家出版产业基地（园区）加快对外开放产业政策创新示范。如北京、陕西服务业扩大开放的各项决策，明确了利用国家数字出版基地的平台优势，加强政策创新，整合境内外资源，壮大产业发展。为此，国家出版产业基地（园区）对外开放的整体产业政策导向将更明确。三是国家出版产业基地（园区）支撑新兴业态参与国际市场竞争。国家出版产业基地（园区）与服务业开放的融合走向深入，动漫游戏、网络文学、数字电影等业态将加快冲击国际市场。

（三）国家出版产业基地（园区）产业融合发展加深

一是产城融合将进一步促进国家出版产业基地（园区）发展。城市发展日趋成熟，政策体系、交通出行、公共服务、教育卫生等综合条件的加快改善，将为国家出版产业基地（园区）提供更加稳定的发展环境。数字经济业态不断丰富，对应的产业红利加快释放，为国家出版产业基地（园区）创造发展机遇。二是业态融合进一步推进国家出版产业基地（园区）产业业态转变。各类数字经济、数字技术、数字创新、数字网络集聚区的涌现，与国家出版产业基地（园区）的业态、形态、空间边界越来越模糊，逐渐形成以内容产业为核心的园区特征，大出版业态正加快向大内容产业、大IP产业转变。三是国家出版产业基地（园区）加入融入社会治理体系。数字技术对社会治理变革产生了深刻影响，国家出版产业基地（园区）作为文化安全、文化产业、文化治理的重要平台，其单一角色正加快转变，成为区域社会数字治理的路径选择之一。

（本报告课题组成员：袁毅、黄黎平、陈璐、刘爱民）

中国出版与虚拟现实融合发展研究报告

王 扬 李梦竹

据《2020年中国网络版权产业发展报告》显示,当前网络游戏与新闻媒体是网络版权产业的核心业态,短视频、直播、网络新闻媒体占比大幅提升,整体呈现"视频化"与"多元化"的发展趋势。VR/AR受益于技术进步与消费级应用增长,其市场规模为128.4亿元,与2019年相比,在网络版权产业中占比提升超过一倍。这一数据也说明了VR/AR技术在行业应用中逐渐走向普及,成为大众文化消费领域的新常态。具体到出版行业来说,VR/AR技术门槛降低,大众认可度增加,VR/AR图书产品愈加多元,VR/AR报刊创意频出。与音频、视频等多媒体形态一样,VR/AR成为出版业数字化转型的方式之一。

一、出版与虚拟现实融合发展现状

(一)虚拟现实技术助推媒体融合

虚拟现实技术随着计算机技术的发展一直在进行技术的演化,在此过程中其媒体价值越发凸显。虚拟现实被誉为媒介时代的最后一块屏幕,由此也被定义成为一种新的信息传播方式,虚拟现实技术带来的各种终端设备的升级也成为继报纸、广播、电视、互联网、移动互联网之后的第六大媒体传播形态。尤其是在当下大融合媒体时代,众多广电、报业集团借助媒体技术的变革推动企业发展的变革,虚拟现实技术俨然成为一个重要的选择和发展方向。

近年来,国内三大央媒纷纷建立VR相关机构,从央视春晚到VR看两会,再到地方的新闻报道,全景图片、全景视频、全景直播成为新闻报道的一种常态,VR技术也成为新时代记者必须掌握的技术。从新闻的媒介、传播者、内容和受众四方面影响着新闻传播的发展。结合5G技术,形成了技术逻辑主导下传播要素的全面变革。相较以往媒介传播的形式,虚拟现实技术具有革命性的创新,通过虚拟现实技术传播的新闻内容不仅是一个现实中存在的场景或者人物,也可能是一个现实中不存在的异次空间中的场景或者物体。人们在媒介信息消费过程中,从被动观看变身为主动参与,观众以沉浸式的方式与媒介内容进行信息传递,虚拟现实交互方式的出现不仅颠覆了媒介信息消费的形态,更是让媒介传播的制作和投放成了一门有待研究的课题,而虚拟现实媒体内容的制作、传播和消费也成为研究的重点。[①]

1. 虚拟现实技术赋能报业集团融合发展

虚拟现实技术助力传统报业创新。技术带动的创新不仅体现在技术变革上,也体现在产品形态上。在国家新闻出版署公布的2020年中国报业深度融合发展创新案例中可以看到,VR/AR新闻的制作、编辑、发布已成为一种媒体新形态。前沿技术应用类获奖案例中的"全息军报",是解放军报推出的具有丰富网络科技元素、能为读者提供视觉盛宴的"全息报纸",可以带受众从平面纸媒进入"可读、可视、可听、可互动、可分享"的全息世界。在2020年的"全国两会"报道中,"全息军报"在报纸中加入融图文、视频、音频、VR于一体的二维码链接。读者扫描这些二维码,既能通过智能语音读报倾听军队代表委员学习贯彻习主席重要讲话的心声、通过三维立体动漫直观体验国防科技创新新成就,又能通过H5、Vlog等新媒体手段点击了解政策法规。"全息报纸"极大丰富和提升了用户体验,创新了主流媒体重大主题宣传报道的新模式。

虚拟现实技术已成为报业集团转型发展的一种技术支撑。上海报业集团在2020年第三届长三角文化博览会上展示了具有上海特色的文创产品、先进的VR技术和AI技术,以及现场直播带货等。新闻内容可视化与视频化,AR(增强现实)文化和VR(虚拟现实)是上海报业集团目前20个场景布局中的重要一环。从传统纸质媒体《华西都市报》裂变而生的封面传媒在媒体融合的路上一路快速行进。封面传媒自2016年开始与北京师范大学新闻传播学院、

[①] 李晓波,王学松,于文江.5G之下,VR文旅的现状与发展挑战[J].北京文化创意产业发展研究,2019(6).

人民网等单位联合主办中国 VR/AR 创作大赛，以虚拟现实为核心、内容创作为重点、VR/AR 业态应用为导向，拓展虚拟现实领域的创意文化发展前景，探路 VR/AR 未来发展。在封面新闻品牌价值的提升中，技术起到了很好的作用。封面新闻不断创新表达方式，用新技术生产新内容，包括 MR 视频、动漫视频、5GVR 全景直播、3D 全景解析视频等。由封面传媒承建的 2020 科博会云上展览，通过 3D 建模方式打造的云展馆，很好地体现了封面传媒的技术能力。封面传媒依托 5G、AI、大数据、虚拟现实、云计算等新兴技术，推出云展馆、云论坛、云发布、云路演系列新型产品，为其品牌价值提升提供了动力。由此可见，虚拟现实技术为传统报业带来发展新契机，为传统报业实现创新发展提供了强有力的技术保障。

2. 虚拟偶像在时尚杂志中融合应用

从 2019 年开始，虚拟偶像开始登上时尚杂志封面，跨越次元，展现时尚与科技的完美融合。2020 年 3 月，受新冠肺炎疫情影响，《时尚芭莎》电子刊封面采用的是虚拟偶像歌手洛天依，读者可以与虚拟偶像进行互动和游览。9 月，两位虚拟偶像 Sam（山山）和 Liz（栗子）与杨超越一起登上了 SuperElle 的杂志封面，以独树一帜的方式开启了时尚达人之路。杂志结合 AR 技术，打造出整整 12 套完整的未来科幻场景，以及不同造型的虚拟偶像。读者可以通过 AR 扫描让杂志内容"动"起来，人物"活"起来。

2020 年，虚拟人物跨界浪潮来临。虚拟偶像大火的原因之一是互动化、社交化的内容崛起。早期由于技术的限制，虚拟偶像与内容合作的方式比较单一，多是图片、衍生品的 2D 内容联动，内容生硬且单薄。自媒体、短视频、3D 建模等平台崛起使虚拟偶像制作的短视频、直播等新的内容形式逐步流行起来。虚拟偶像的打造意在依托虚拟现实技术等技术，推动内容与互动形式有机融合，提升传播效果。

虚拟偶像作为时尚杂志的新选择，不必受限于"真人"档期、疫情风险等诸多问题。同时，在 VR/AR 技术飞速普及与发展的当下，虚拟偶像的应用场景已越来越多、营销效果也越来越突出，尤其是结合了 AR 技术的广告营销，开拓了新的领域，让无数原本受限于现实环境的奇思妙想都有了实现的可能性。AR + 虚拟偶像 + 杂志的表现形式，降低了用户观看 AR、传播 AR 的门槛，为大众普及了 AR 的使用场景。这种虚拟与现实跨界的内容和形态未来会越来越多,也给数字出版、媒体融合带来更深层次的应用思考。

(二) 虚拟现实技术与图书阅读融合发展

1. VR/AR 图书发展平稳成为出版新常态

自 2016 年 VR 元年开始,VR/AR 图书就成为一种新兴出版形态被广为关注。随着虚拟现实技术发展的浮浮沉沉,VR/AR 图书也从盲目跟风到合理选择,成为图书出版的一种常见形态。总体来说有如下几大特点:一是 VR/AR 图书发展平稳,品种数和印数没有显著增长。从电商销售平台数据显示,可以看到,近几年,VR/AR 类图书品种每年有 200 种左右,没有爆发性增长,保持稳定。这是因为 VR/AR 技术与图书结合还没有清晰的盈利模式,同时也看到越来越多的出版社将出版 VR/AR 类图书作为纸书创意发展的一种选择;二是 VR/AR 与其他媒体形态融合,打造融媒体图书。如湖北科技社的"新昆虫记:基于 AR 技术的青少年科普融媒体出版项目"以"互联网+"的方式融合 AR、VR 技术,由过去单一的纸质出版物,过渡到多媒体融合出版,包括融音乐、动漫视频、图片及科普文字等于一体,全方位介绍昆虫科普知识。三是 VR/AR 与人工智能技术结合打造智媒体图书。中国石化出版社推出的《智能油田》,在阅读方式上,该书突破传统阅读方式,利用 AI 技术、虚拟现实技术打造了自己的数字助理。读者通过扫码下载并安装"AIBOOK"应用,便可召唤数字助理来讲解本书、回答问题、与读者互动,帮助读者更好地理解本书内容。四是 VR/AR 图书数字出版精品涌现。自 2019 年起,在出版行业的各类图书推介项目中,VR/AR 类图书开始出现在榜单上。如 2019 年国家新闻出版署数字出版精品遴选推荐计划入围项目名单中就包括吉林出版集团股份有限公司的"伴读"——少儿 AR 融合出版(英童4D 馆)项目,安徽少年儿童出版社的皮影中国 AR 绘本,湖北科学技术出版社有限公司的新昆虫记:基于 AR 技术的青少年科普融媒体出版项目,成都西南交大出版社有限公司的"轨道在线"——AR 数字教育平台,测绘出版社的学生专用 AR 地球仪;2020 年,中国地图出版社有限公司的 AR·3D《地理》数字教学资源系统(初中版)也入选该项目。五是 VR/AR 图书种类更加多元,与教育、文旅等产业融合发展。2020 年 10 月,在世界 VR 产业大会云峰会上,一批 VR、AR、MR 等新技术、新产品集中亮相,其中,由中国新闻出版研究院承办的教育图书展区的 VR/AR 文创图书吸引了大量观众。红色地标科技有限公司的《中国共产党领导力 VR》将党建图书与 VR 相结合，增加了产品的科技感和新鲜感，有利于调动党员干部群众的阅读积极性。

2. 疫情形势催生网上 VR 云读书

2020 年新冠肺炎疫情之下，"疫情宅"加速了数字经济的发展，人们渐渐接受了各种"云"端工作生活。在足不出户的日子，VR 全景图书馆，VR 云端书店开始走入大众阅读生活。

VR 全景图书馆利用虚拟现实技术与图书馆的内、外环境进行完美的结合，充分发挥虚拟图书馆的优势，读者可以快速、无间断地浏览图书馆的各阅览室实景，在书海中游览，感受沉浸感、交互性和想象性，读者既可以看到极似真实图书的外形、浏览图书的概要、有选择的浏览图书的全部内容，也可以进行图书的自助借还。虚拟现实图书馆倡导创新的阅读方式，打破时空限制，这种看似属于未来的阅读形式，正在一步步向大众普及。

2020 年 4 月，咪咕云上 VR 书店闪亮登场。云上 VR 书店 360°实景还原线下实体书店场景，读者通过下载应用程序，点击手机屏幕，就能身临其境般浏览书店，畅游在书山字海中。咪咕云上 VR 书店收录了钟书阁、杭州最文艺的晓风书屋和咪咕数媒西溪书店。此外，云上 VR 书店全景环境中设有 20 多本互动图书，轻轻点开，就能立马进入酣畅淋漓的阅读模式，还可以在线订购。

二、出版与虚拟现实融合发展的问题与瓶颈

（一）技术薄弱，掣肘出版 + VR/AR 纵深发展

随着出版与 VR/AR 技术的深入融合，实际应用过程中也暴露出一些问题，技术层面尤为凸显。AR/VR 技术在运用过程中对出版单位有着高技术背景和高技术基础的要求，特别是对于产品的呈现和维护上。但传统出版单位以往的工作内容更侧重于包括选题策划、校对发行等环节在内的内容编辑，对于新兴技术的掌握与应用稍显力不从心。如若聘请专业的技术人员来从事相关工作，难免会出现因为对内容整体思想及作者想表达的信息把握不准确，以至最终 VR/AR 的呈现效果略有偏差的问题，由此对新兴技术的熟练运用是目前出版

行业与 VR/AR 技术向纵深融合发展的一大瓶颈。

此外，由于 VR/AR 出版物需要借助手机、平板电脑、头戴式显示仪器才能实现阅读，作为出版物接收终端的用户，往往会受到手机等移动终端设备的网络信号、电池续航以及产品特定的 APP 客户端的限制，并且部分读者在使用 VR/AR 产品时所产生的眩晕感、身体失衡等生理问题，也是制约出版 + AR/VR 技术进一步发展的技术难点所在。

（二）内容转化，融合方式较为单一

在"内容为王"的出版物市场，只有打造出融合知识性、创新性、技术性于一身的出版物，才能在激烈的出版物市场竞争中开辟出自己的一方天地，产生良好的社会效益与经济效益。纵览现今的 VR/AR + 出版物市场，虽出版物种类层出不穷，但内容良莠不齐，同质化严重，题材创新力度不足，"跟风出版"现象时有发生，并且对于 VR/AR 出版物的融合方式还停留在浅层，内容呈现较为单一，由于技术限制，目前大多数 VR/AR 出版物集中在对于书中部分场景的展示，效果上也仅是三维呈现，并没有实现交互性、沉浸感。

此外，交互功能与内容表达的脱节问题也不容小觑，读书的真正意义在于通过阅读出版物的内容，不断地认识、判断和思考，以此达到提升自身思考能力、想象能力和逻辑推理能力的目的。VR 阅读交互式的特点，使得读者在沉浸式阅读的过程中，更加注重该模式所带来的感官刺激，而忽略出版物本身的剧情设计以及在阅读过程中的思考与感悟。并且，虽然感官刺激能带来一时的快感，但没有剧情的支撑，VR/AR 产品的使用就仅停留在"体验"阶段，难以长远地发展下去。

（三）成本略高，大众普及度有待加强

目前，VR/AR 出版物内容呈现需要构建一个三维数字模型，并在此基础上形成知识化空间数据库，再采用独特的数据压缩技术，将海量高精度模型及数字内容存储到较小的空间中，该过程需要耗费大量的人力、物力、财力，高额的花销使得本就利润微薄的传统出版单位放弃通过自身力量打造 VR/AR 出版产品。并且出版单位要想实现 VR/AR 出版物，在自身不具备相应技术条件的情况下，就只能优先选择与专业 VR/AR 技术公司进行合作，这无形中增加了类似于核心源技术厂商撤回技术授权的风险。此外，额外的技术投入还会使

出版物成本增加，最直观的体现就是更高的出版物价格，进而导致"虽然出版物形式更新颖，技术更先进，但消费者并不买单"现象的出现，这种投入和产出不成正比的矛盾也是阻碍 VR/AR 出版的问题之一。

再者，对于 VR/AR 出版物而言，读者如想获得相关内容，须购置专业设备才能满足其需求，但就目前而言，专业设备的价格仍居高不下，动辄万元，这一现象使得不少消费者望而却步，潜在需求无法转化为现实需求，VR/AR 出版物的大众普及度稍显不足。

（四）行规不足，制度监管亟需完备

VR/AR 出版作为汇集融合大数据技术、计算机技术和传统出版行业的融合产物，其产业链呈现出复杂性、多层次、多领域等特点。VR/AR 出版的快速发展，对传统出版的监管工作体系提出了新的要求，在监管内容上，以传统的人力监管、内容监管为基础，增加了网络安全监管、平台监管、后期维护监管等方面；在监管场景上，由于 VR/AR 产品的跨时空性、跨地域性、跨平台性等特征，大大增加了监管的整体难度。

对 VR/AR 出版物权利的保护也是亟需解决的问题之一，尤其是著作权领域，VR/AR 出版物作为新兴的出版形态，相关法律对其出版物类型的界定不甚明晰，基于互联网易获取性、传播速度快特点的版权侵权行为屡见不鲜，如何制定相关的行业准则与法律法规来完善对 VR/AR + 出版物相关权利的保护，进而为 VR/AR 出版打造出更加健康的发展环境，以促进其可持续发展是我们需要深度思考的问题。

（五）人才缺失，缺乏前进强助力

人才是发展的第一动力，只有拥有足够的人才后备军，才能在未来的发展道路上掌握先机，挺立潮头。就 VR/AR 出版而言，只有大力培养 VR/AR 技术加出版专业知识的复合型人才，才能解决"VR/AR 出版物不能准确表达原作者思想""出版物成本过高""出版物技术受制"等卡脖子问题，也只有顺应时代发展，积极优化出版单位人才结构，将整个 VR/AR 出版产业链打造成从人才到技术，从内容到形式的全虚拟生态链条，才能实现真正的 VR/AR + 出版融合，进而满足消费者日趋个性化、多样化的需求。

三、出版与虚拟现实融合发展对策与建议

（一）推进科技融合，打破技术壁垒

随着科学技术的更迭发展，5G 的出现为解决 VR/AR + 出版所遇问题提供了新的契机。在 5G 技术商用落地逐步完善的背景下，各出版单位应积极探索文字、视频、音频、VR/AR 融合发展新布局，进一步加强平台与接收端的开发力度，尝试利用 5G 技术高速率、低延时、大容量的优势，优化 VR/AR 技术与出版融合方式，坚持"以人为本"的原则，从用户需求出发，提升读者对出版物的体感，减少不良生理反应，打破当前 VR/AR + 出版物的仪器限制、客户端限制等，解决 VR/AR 硬件兼容性问题，真正实现从固定走向移动。

同时，还应努力推进 VR/AR 出版与人工智能、云计算等技术的融合，从单一融合转变为多向融合，拓宽融合渠道，利用不同技术解决不同问题，打破产品技术壁垒，为消费者提供更贴合需求的 VR/AR 出版产品，进一步促进出版行业的快速可持续发展。

（二）坚持守正出新，始终以内容为本

出版物的最终面向对象是读者，增加出版物与读者之间沟通的流畅性是使用新技术的根本目的，因此，VR/AR 只是一种呈现方式，内容才是 VR/AR 技术支持背景下融合出版的根本。

VR/AR 出版物要求从用户自身视角出发进行创作，从跨媒介、跨平台的角度进行内容编辑，以提供真实感、沉浸感与交互感。对于出版单位而言，相较于硬件方面的提升，更应该加强对内容方面软实力的把控。始终坚持"内容为王"的理念，加强对网络热门 IP 与原创 IP 的深度开发，积极开创新的选题，有效避免同质化恶性竞争，始终以高质量为基础，以内容创新为支点，打造精品 VR/AR 出版物。

同时，出版单位要摆正内容与技术的关系，深刻了解内容与技术背道而驰的后果不是殊途同归，而是"1 + 1 < 2"，当内容强过技术，技术便不再是锦上

添花，过于粗糙的技术使得无论内容如何精彩，用户的整体体验也会大打折扣，甚至从此对 VR/AR 出版物嗤之以鼻，同样，如果技术强于内容，虽然可能因一时的新奇而带来良好的经济效益，但没有内容做支点，VR/AR 出版也不能持续发展下去。因此，出版单位应该始终把持用户的阅读动机是为了获得知识，满足自身精神文化需求，努力促进 VR/AR 技术的应用与图书内容的传统优势间的交相辉映，相得益彰，从而更好地发挥其阅读的意义。

（三）积极探索盈利模式，激发消费需求

就目前 VR/AR 出版物的开发现状而言，软件公司依靠其自身的技术优势在 VR/AR 出版产业链中占据主导位置，营销公司因其新媒体营销能力与粉丝运作基础处于枢纽地位，而出版单位更多的是承担了内容编辑制作与销售的功能，在市场中仅处于从属地位，这导致了在关键技术的把控和出版物的成本等问题上，出版单位没有足够的话语权与控制能力，盈利也局限于将 VR/AR 技术的开发成本和品牌溢价加在出版物定价中进行售卖，并从中获取差价的模式。单一的盈利模式带来的是无创新性的产品和服务形态，并导致消费者的后续需求无法被激发，越来越多的出版单位在 VR/AR 出版领域寸步难行。

为解决这一难题，出版单位应从 VR/AR 出版物的成本入手，积极拓宽产品的发行渠道，打造全新的盈利模式。在成本上，各出版单位应着力共建 VR/AR 内容资源数据库，积极储备更多优质资源，为制作有关内容的出版物及时调用与参考提供便利，大大节省设计和检索时间，显著提高生产效率，降低制作成本。在发行渠道上，探索线上+线下新型发行渠道，利用社群营销、新媒体营销、短视频营销、微博微信营销等营销方式，吸引读者注意，在公域流量中努力寻找潜在用户，进一步转化为出版单位私域流量，并利用大数据对目标读者的偏好内容进行分析，将自己的 VR/AR+出版产品利用算法技术有针对性地投送给消费者，激发其消费需求，从而提高出版产品的成交率，创新出版单位盈利模式，带来更多的经济效益。

（四）制定标准规则，全力为发展"保驾护航"

任何新兴事物的发展，都离不开制度的支撑作用，VR/AR 出版也是如此。由于 VR/AR 出版物技术环境日益复杂，用户对出版物内容和形式的需求也日

趋多元化，相关行业标准和法规制度的制定急需提上日程。以著作权为例，VR/AR+出版作为一种全新的出版业态，其"出版"行为界定困难、参与主体著作权归属问题混乱、VR/AR出版物作品类型不明等问题都给VR/AR出版物的保护增加了难度，在这种情况下，有关部门需针对VR/AR出版物的特殊性制定一系列相关标准，明确VR/AR出版物的定义、归属及相关保护原则，并且，出版单位应积极参与VR/AR+出版标准的制定，为其提供出版视角，以促进所制定的行业准则、法律法规实现VR/AR产业、出版产业全覆盖，切实贴合VR/AR+出版产业发展现状，为其今后的快速发展"保驾护航"。

（五）大力培养人才，为行业发展注入全新动力

现今，同时兼备出版才能和VR/AR技术的复合型人才缺失仍是制约VR/AR出版融合发展主要因素之一。在出版+VR/AR专业人才空缺较大的背景下，出版单位应努力全方位培养复合型人才，首先出版单位可以尝试对现有员工进行培训，举办专题讲座或培训课程，邀请VR/AR领域专家进行相关技术的讲解，以促进传统编辑跟上时代的步伐，成长为掌握VR/AR基础技术要领的复合型人才；其次，自2018年教育部正式宣布在《普通高等职业教育（专科）专业目录》中增设"虚拟现实应用技术"起，各大院校陆续开设"虚拟现实应用技术"专业，出版企业可以借此积极与高校开展合作，打造出版+虚拟现实精品课程，从根本上满足出版融合发展的人才需求；最后，传统出版单位的用人制度、薪资水平、技术考核标准等与VR/AR专业人才的引进和发展适配度较低，很难通过现行制度吸引目标人才，因此，出版单位应根据自身状况和特点积极探索形式多样、自主灵活的分配激励机制，对不同工作内容采用不同的分配制度，真正做到人尽其才、物尽其用，通过分配和激励的有效结合，充分调动行业整体积极性，并以此引进更多复合型人才，为出版行业的健康快速发展注入鲜活的血液。

（作者单位：中国新闻出版研究院）

中国有声阅读产业年度报告

孙晓翠　王姿懿　宋宵佳

一、有声阅读产业概述

有声阅读产业的发展繁荣，离不开政策、经济和技术等产业发展环境的驱动，具体而言，我国有声阅读产业必须要有国家政策的有序引导，需要良好的经济基础作为支撑和适合的社会环境来促成，还必须善于利用科技创新成果来提升产品与服务品质。

（一）政策层面

1. "十四五"规划建议推动公共文化数字化建设

2020年10月29日，党的十九届五中全会通过《中共中央关于制定国民经济和社会发展第十四个五年规划和二〇三五年远景目标的建议》（以下简称《"十四五"规划建议》）。《"十四五"规划建议》在"提升公共文化服务水平"条例中指出：推进城乡公共文化服务体系一体建设，创新实施文化惠民工程，广泛开展群众性文化活动，推动公共文化数字化建设。

《"十四五"规划建议》相关条例，强调了公共文化建设在"十四五"时期发展中的重要地位，并提出了纲领性的实施策略。"推动公共文化数字化建设"策略，将持续引导新型科技与优秀文化在公共文化领域的快速融合。有声阅读作为当下十分流行的文化作品形式，将在推动公共文化数字化建设中发挥重要作用。

2. 2020 年全国有声读物精品出版工程入选项目公布

2021 年 11 月 30 日，"2020 年全国有声读物精品出版工程" 55 个入选项目发布。这些入选的项目主题鲜明，题材丰富，演播录制水平较好，在选题方向、制作形式和呈现方式上都有很多创新之举，体现了当前有声读物创作出版的较高水平。

有声读物精品出版工程通过优秀项目的示范作用，将引导有声阅读生产发行服务的各企业，切实把出版传播优秀作品作为中心环节，始终把社会效益放在首位，创作出版更多思想精深、艺术精湛、制作精良的优秀有声作品，从而有效推动有声行业健康持续有序发展。

（二）经济层面

1. 城镇新增就业人数显著下滑

《中华人民共和国 2020 年国民经济和社会发展统计公报》数据显示，2020 年全国城镇新增就业人数为 1 186 万，相比于 2019 年减少 166 万，同比减少 12.3%。值得注意的是，李克强总理在 2021 年政府工作报告中，也将 2021 年城镇新增就业目标定在了 1 100 万以上。由此可见，2020 年全国城镇新增就业人数下滑十分显著，而且很大程度上短时间内实现复兴的难度很大。

2020 年新增就业人数发生突然下滑，主要源于年初新冠肺炎疫情全面暴发，众多生产服务型企业停工停产停业，市场人才招聘需求和学生入职意愿全面降低。从当前全球疫情发展形势来看，国际经贸距离恢复正常水平恐怕还需 3 年时间，中国经济发展距离全面复苏也还需更多时间。在传统经济面临困境时，科技文化行业则能凸显出更大的市场潜力。互联网音频作为科技文化行业的热门领域，UGC（用户生产内容）模式吸引了大批青少年入驻成为播客，就业困境下的很多年轻人实现了在互联网音频平台上的自由就业。

2. 文化产业科技创新增长迅速

据中国人民大学文化产业研究院发布的《2020 中国文化产业系列指数》数据显示：截至 2020 年底，我国文化企业获得专利授权超过 50 万件，同比增长 23%，2020 年度我国文化类国家高新技术企业增加数量超过 2 000 家。由此可见，当前文化产业科技创新增长十分迅速，文化产业也是一个科技应用创新活力十足的行业。

当前，高新科技逐渐成为推动文化产业发展的重要力量，科技创新也成为推动相关企业走向成功的必要因素。数字阅读、有声阅读、网络音频等科技文化领域的企业，只有通过不断技术创新才能推动企业的快速发展，相关行业也只能在科技创新的推动下走向繁荣。

（三）社会层面

1. 新冠肺炎疫情激发国民精神文化更多需求

2020年初新冠肺炎疫情的突然暴发，让太多人短时间内无所适从。居家隔离的禁足生活里，很容易遭遇枯燥乏味的挑战。家庭亲人的长期相处，也难免产生意想不到的矛盾。各地抗疫中的亲情爱情故事跃然网络，悲伤感动之情常感人肺腑。全国上下众志成城抗击疫情，团结友爱的精神感染众人。全世界抗议行动中中国独领风骚，爱国热情汹涌高涨。

疫情的突然暴发，让众人生活遭遇到了困境。但度过2020年的疫情难关，却让众多国人全身心获得了全面洗礼。经过洗礼的心灵，对于精神文化也有了更多的需求。在科学技术与文化娱乐深度融合的时代，使用互联网获取精神文化体验已经成为一种常态，此中听书越来越成为精神文化生活的一种重要方式。

2. 智能音响成为家居物联网重要入口

据亿欧智库发布的《2020中国智能家居行业研究报告》数据显示，在2018—2019年中国智能家居从业者最看好的入口产品中，智能手机、智能音响、智能机器人和可穿戴设备分别位列前四位，报告认为这类设备具有良好的普及度，移动性强，交互方式优良，并具有一定的价格优势。

众多智能家居从业者看好智能音响成为家居物联网的重要入口，这是基于当前智能音响普及应用现状，对未来5—10年内智能家居发展趋势比较准确的预测。智能音响作为良好的语音交互设备，虽然当前更多是作为有声阅读设备，但未来随着家居物联网的建设普及，智能音响将成为家居控制交互的重要设备。未来，智能音响在更大范围内的普及，也将促进更多的家庭用户获取有声阅读体验。

（四）技术层面

1. AI 大幅提升有声阅读生产服务效率

随着人工智能技术的不断发展，其在有声阅读行业中的应用正在变得越来越广泛而高效。在语音转换、语音合成、语音交互等各方面，AI 技术的应用大幅提升着有声阅读生产服务效率。

首先在 AI 语音转换方面，不仅转换的速度越来越快，而且所转换成的语音也越来越接近于真人的声音。2020 年 10 月，中文在线发布 TTS 智能语音技术，1 天单机可音频转换 500 万字内容，录制成本节约 90% 以上，产出声音更逼真动听。其次在 AI 语音合成方面，通过拾取部分语音片段来完整复刻某个指定人物的声音已经不再是一项黑科技，而已经成为一种市场普遍开始运用的技术。2020 年 6 月，标贝科技推出 AI 声音转换解决方案，用户只需 5 分钟录入十句话，大约 2 小时后即可拥有媲美原声的个性化语音包。然后是 AI 语音交互方面，现在智能音响不仅能非常准确地判断语音的含义，而且还能识别出越来越多的方言。目前小米 AI 音响，已经能支持东北话、河北话、河南话、山东话、陕西话、山西话、天津话等多种方言。未来在智能语音公司、有声阅读服务商、有声音响生产商的快速协同服务下，用户也将获得越来越优越的有声阅读服务体验。

2. 5G 助力构建全场景音视频服务生态

5G 时代的到来，标志着万物互联的愿景即将实现。5G 高速度、泛在网、低时延和低功耗的优势，是真正能实现人与人、物与物、人与物全面连接的新一代移动通讯技术。随着 5G 基站的全面铺开，手机、电视、汽车、音响、耳机等音视频电子设备将实现紧密的链接，从而构建起全场景音视频服务生态。

行业主流的有声阅读服务商，在手机端有声阅读积累了大量的优势资源后，开始全面布局居家、出行、运动等特定的有声阅读场景，以及面向学校、企业、社区等群体机构提供有声阅读服务。当前，喜马拉雅已经与超过 95% 的汽车品牌达成了合作，2020 年 5 月更是联合一汽—大众奥迪推出励志音频节目《开阔人生，无畏前行》；蜻蜓 FM 音频内容服务的汽车已经超过 1 000 万辆，2020 年 9 月宣布与百度 Apollo 智能车联达成合作。2020 年，喜马拉雅、懒人听书的有声阅读服务开始走入商场、社区、图书馆等多个场所。

随着未来5G技术的普及应用,有声阅读的服务将会逐渐触达我们日常所有的活动场所,并在多个场景间建立起无缝衔接的有声阅读服务。

二、有声阅读产业发展现状

(一)市场现状

1. 全球有声书市场规模达35亿美元

2020年10月法兰克福书展上,美国前任有声书出版商协会主席、咨询顾问琳达·李(Linda Lee)发布了名为《席卷世界的有声书》的全球有声书市场报告。报告数据显示,目前全球有声书消费者数量已超过5亿,2020年全球有声书市场规模将增长25%至35亿美元。值得注意的是,2019年美国和中国的有声书市场总和在全球占比为75%。按照目前发展速度,中国将在2022年成为全球有声书市场第一大国。

2020年,全球有声书市场只有35亿美元的规模,预计未来还有上千亿的增量市场空间。当前全球市场快速增长的趋势,为有声阅读行业的发展奠定了良好的基础。2022年中国有声阅读市场地位全球第一的预测,也给了国内从业者充足的信心。

2. 中国有声书市场规模大幅增长

自有声阅读在中国兴起以来,就成为数字出版行业的热门领域,市场增长非常迅速。2020年,在多重利好因素影响下,中国有声阅读市场实现了大幅增长。据艾媒咨询《2020年中国有声书行业发展趋势研究报告》数据显示,2020年中国有声书行业规模达到94.7亿元,同比2019年增长48.9%,详情如图1所示。

2020年中国有声阅读市场的快速增长,得益于三个方面的利好因素。一是疫情因素。疫情期间的出行聚集限制,让居家禁足的用户将更多消费投入到有声阅读上。二是企业优惠因素。行业主流的有声阅读平台,不仅举行了多场促

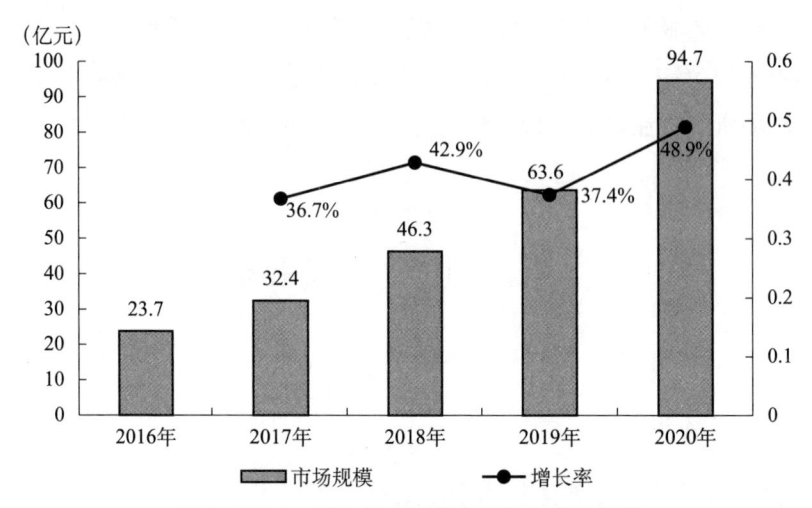

```
(亿元)
100                                              94.7        0.6
 90                                                          0.5
 80                          42.9%                  48.9%
 70                                        63.6              0.4
 60                 36.7%           46.3    37.4%
 50                                                          0.3
 40         32.4
 30  23.7                                                    0.2
 20                                                          0.1
 10
  0  2016年  2017年  2018年  2019年  2020年              0
            市场规模        增长率
```

图 1　2016—2020 年中国有声书行业市场规模

数据来源：艾媒咨询

销活动，还纷纷推出了"买一得多"等联合会员限时优惠活动。三是市场下沉因素，部分有声阅读平台推出了免费听书模式，吸纳了大量的价格敏感用户，并通过广告收入实现了变现，从而扩大了整体市场规模。未来数年，随着互联网巨头的逐渐进入，有声阅读市场规模还会实现高速增长。

（二）用户现状

1. 有声书阅读用户增速持续放缓

据艾媒咨询《2020 年中国有声书行业发展趋势研究报告》显示，2020 年中国有声书行业规模达到 5.69 亿人，同比 2019 年增长 19.0%。综合过去四年的增长情况来看，有声阅读用户增速持续放缓趋势十分明显，详情如图 2 所示。

用户增速持续放缓，这是用户红利逐渐消失的必然表现。对于一个音频类的文娱领域，其用户规模也基本已到瓶颈。有声阅读行业经过十年的发展，热衷互联网新生事物的青壮年用户基本已经加入其中。如果想进一步拓展用户规模，可以开发面向青少年学生、中老年人退休人群的定制化产品。如果想在音频领域打造一个国民级应用，则必须要有颠覆式的创新出现。

2. 青壮年成为有声书阅读主力军

据艾媒咨询《2020 年中国有声书行业发展趋势研究报告》显示，2020 年

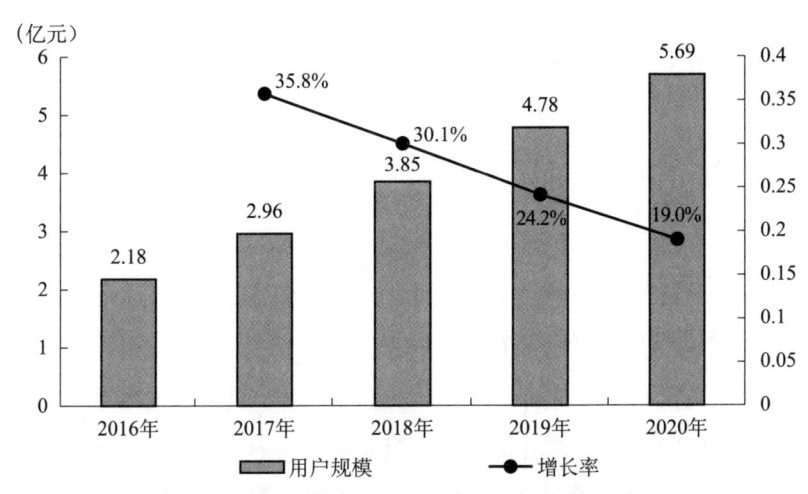

图 2 2016—2020 年中国有声书行业用户规模

数据来源：艾媒咨询

中国有声书阅读用户中，31—40 岁的用户占比 34.9%，是规模最为庞大的用户人群。26—30 岁、19—25 岁的用户分别占比 29.1% 和 15.9%，用户规模分别分列第二和第三位。综合来看，19—40 岁的用户合计占比高达 79.9%，青壮年成为有声阅读的主力军，详情如图 3 所示。

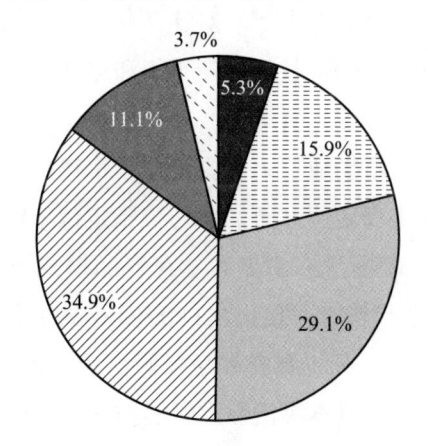

图 3 2020 年中国有声书阅读用户年龄分布比例

数据来源：艾媒咨询

青壮年成为有声阅读主力军，主要源于三个方面的原因：一是青壮年对于新生事物具有强烈的探索精神，愿意去尝试有声阅读这类互联网文化产品。二是青壮年具有更多有声阅读场景，睡前、驾驶、运动都是青壮年常用来收听音频内容的重要场景。三是青壮年良好的文化娱乐教育消费能力，且愿意为类似有声阅读这样的创新型智能电子产品服务付费。

（三）企业现状

1. 头部企业领先优势持续扩大

中国有声阅读行业走过十年的市场迭代，如今只有喜马拉雅、蜻蜓FM、懒人听书、荔枝四大平台脱颖而出。在四大平台中，喜马拉雅一马当早已成为行业领先者，蜻蜓FM、懒人听书和荔枝三者形成第二阵营的角力。随着近两年有声阅读市场竞争愈演愈烈，头部企业喜马拉雅的领先优势持续扩大。

各有声阅读平台孰强孰弱，以及彼此间的竞争差距，从各平台对外宣称的内容数量、用户数量、市场估值等可以看出一些端倪，通过第三方平台监测的活跃用户数量则更能反映出更为客观的情况。据易观千帆"APP月度TOP榜"数据显示，2020年1月，喜马拉雅活跃用户超过1亿，蜻蜓FM、懒人听书、荔枝的月活跃用户均在2 000万上下。对比两年的数据来看，喜马拉雅月活跃用户相比上年同期实现了大幅增长，蜻蜓FM和荔枝基本变化不大，懒人听书则出现了大幅下滑，详情如图4所示。

喜马拉雅遥遥领先的市场地位，主要得益于市场定位、产品模式和资本推动三个方面的优势。在市场定位方面，喜马拉雅定位于综合性音频平台，相比于懒人听书垂直性平台市场基本面更大。在产品模式方面，喜马拉雅采用了"UGC + PGC"的内容生产模式，相比主打PGC模式的蜻蜓FM更加灵活。在资本方面，喜马拉雅早先获得的融资都是互联网领域的知名资本，而蜻蜓FM则是国有资本占据重头。在资本灵活性上喜马拉雅更强，而且所能带来的资源连接作用更大。凭借多重优势，喜马拉雅在市场竞争中快速获得了领先地位，并逐渐形成了强者恒强的格局。

2. 互联网大厂快速入局有声阅读领域

中国有声阅读市场的发展，长期只有创业型企业参与角逐，而互联网大厂大多是以风险投资的方式参与。但随着市场不断培育，有声阅读的"蛋糕"越

相关专题报告

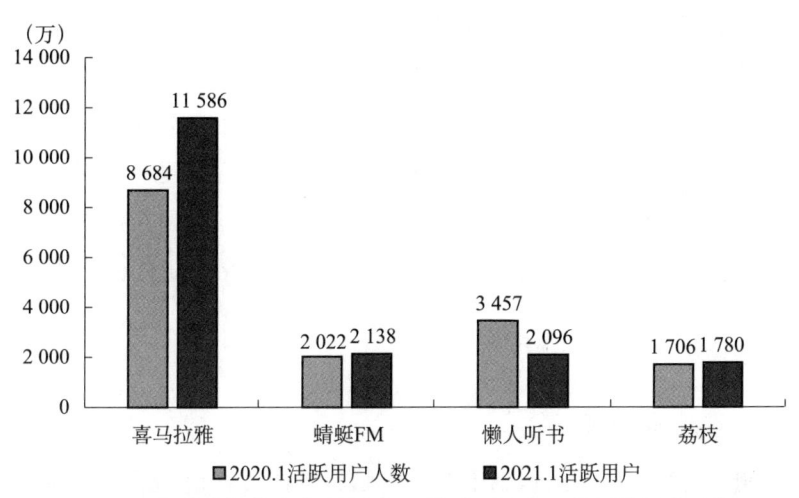

(万)
- 喜马拉雅: 2020.1 活跃用户人数 8 684, 2021.1 活跃用户 11 586
- 蜻蜓FM: 2 022, 2 138
- 懒人听书: 3 457, 2 096
- 荔枝: 1 706, 1 780

图 4　四大有声阅读平台 2020 年 1 月—2021 年 1 月月活用户对比

数据来源：易观智库

做越大，一些互联网大厂开始对这块"蛋糕"垂涎。2020 年初，在新冠肺炎疫情助力有声阅读快速发展的时期，腾讯、网易、字节跳动、快手科技、若有科技五大互联网大厂纷纷开始对有声阅读市场发起冲击，以"自研产品""产品升级"或"企业并购"的形式快速入局有声阅读行业，详情如表1 所示。

表 1　2020 年互联网大厂入局有声阅读市场概况

企业名称	产品名称	产品类型	入局方式	入局时间
腾讯科技	酷我畅听	综合音频	自研产品	2020.4
	微信听书	垂直听书	自研产品	2020.12
	懒人听书	垂直听书	企业并购	2021.2
字节跳动	番茄畅听	综合音频	自研产品	2020.6
网易	网易云音乐（声之剧场）	垂直听书	产品升级	2020.9
快手科技（快手）	皮艇	播客类	自研产品	2020.10
若有科技（即刻）	小宇宙	播客类	自研产品	2020.4

综合分析以上概况可知，五大互联网大厂入局有声阅读市场的跨界模式主要包括三种，一是从音乐到有声阅读，二是从社交到有声阅读，三是从文字阅读到有声阅读。腾讯科技旗下酷我音乐、网易旗下网易云音乐均已在音乐领域积累了大量用户，通过挖掘音乐听众的听书需求从而推出听书应用（板块），

也是顺理成章的事情。快手和即刻本质上都是社交工具，基于短视频社交和兴趣社交的经验积累，进入音频社交（播客）领域也是一种大胆尝试。微信推出微信听书，主要是基于微信读书所积累的听书资源和用户群体；字节跳动推出"番茄听书"是在番茄小说的"免费模式"验证成功后，便将其复制到了听书领域，这也是互联网商业模式复制的典型策略。随着互联网大厂快速入局，更激烈的行业竞争将推动行业的变革创新，从而为用户带来更好的有声阅读服务与体验。

（四）终端市场现状

有声阅读终端，广义上包括手机、电脑、电视、音箱、录音机等所有音频的电子设备，狭义上指当代最流行的有声阅读设备。本文取用有声阅读狭义之定义，聚焦在当前相对流行的智能音箱。

1. 中国智能音箱出货量达 3 676 万台

智能音箱作为当前最流行的有声阅读终端，在全球范围都获得了普遍的应用。依据权威调研机构 Omdia 的数据：2020 年，全球智能音箱出货量达 1.36 亿台，同比 2019 年增长 39.7%。中国作为全球重要的有声阅读市场，智能音箱每年的出货量也非常大。据《IDC 中国智能音箱设备市场月度跟踪报告》显示，2020 年我国智能音箱出货量为 3 676 万台，较上年下降 8.6%。

2020 年，在全球智能音箱出货量快速增长的背景下，中国智能音箱整体市场陡然下滑，主要受到新冠肺炎疫情、渠道调整和应用场景限制三方面影响。新冠肺炎疫情方面，由于疫情期间的财富创造力有所下滑，国民教育文化娱乐消费也有所收窄。渠道方面，由于传统电商平台的补贴减少，有声阅读厂商开始启动拼团和线下等销售渠道。受应用场景限制，主要是起步于生活助手、音乐播放和家居控制的智能音箱逐渐失去了最初的形象感，无法刺激消费者更多的购买欲望。随着新冠疫情的消弭、市场渠道的调整、应用场景的深化，智能音箱市场也会逐渐回暖。

2. 中国智能音箱三足鼎力格局基本形成

自中国智能音箱兴起以来，众多电子科技企业进入这个行业，在激烈的市场竞争中阿里、百度、小米三大厂商脱颖而出，占领了中国智能音箱绝大部分市场。据《IDC 中国智能音箱设备市场月度跟踪报告》数据显示，三大厂商所占市场份额超过 95%。其中，阿里以微弱的优势位居榜首，其次是百度与小米。在我国智能音箱市场中，阿里、百度与小米三足鼎立的竞争格局基本形成，详情如图 5 所示。

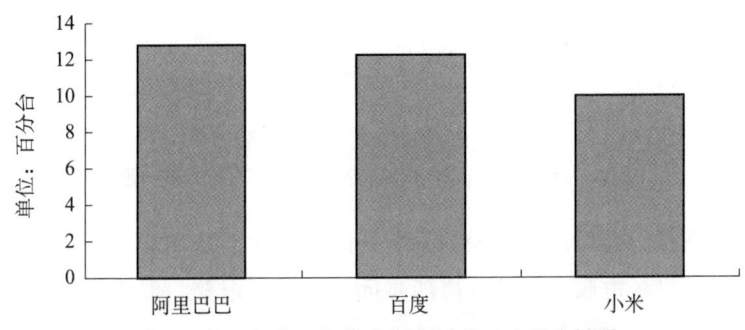

图 5　2020 年中国智能音箱市场前三大厂商销量

阿里是三大厂商中最早推出智能音箱的企业，在 2017 年 7 发布首款智能音箱——天猫精灵 X1，小米紧随其后也在当月发布了首款小米 AI 音箱，百度则是在 2018 年 3 月才发布了首款视频音箱——小度在家。过去三年，三大厂商均陆续发布了时钟音频、美妆音箱、教育音箱等智能屏（音响）和智能音箱产品。如今三足鼎力的智能厂商，均各有占据市场的优势。天猫精灵凭借首发优势，收获了一大批忠实的用户；小米音箱凭借强大的营销能力和庞大的粉丝群体，迅速被广大年轻人所熟知。百度音箱则凭借小度 AI 助手的技术优势和附带屏幕的创新，获得市场的广泛认可成为后起之秀。

3. 带屏智能音箱逆势增长成为市场热点

在 2020 年中国智能音箱出货量大幅下滑的背景下，其中带屏音箱的出货量却实现了快速增长。《IDC 中国智能音箱设备市场月度跟踪报告》公布的数据显示，2020 年带屏幕智能音箱出货量达到 1 305 万台，同比 2019 年增长 31%，在智能音箱市场的占比提升至 35.5%。在 2020 年带屏智能音箱市场中，百度占据 63.4% 的市场份额，详情如图 6 所示。

带屏智能音箱逆势增长，快速成为市场热点。主要是因为带屏智能音响比起普通智能音响具有天然的产品优势，"屏幕 + 音箱"的功能属性比起单纯的音箱强得多，能够同时实现用户视觉和听觉两大感官体验。基于产品功能优势，带屏智能音箱不仅可以用来听书、听音乐、听广播，而且可以看电视、看

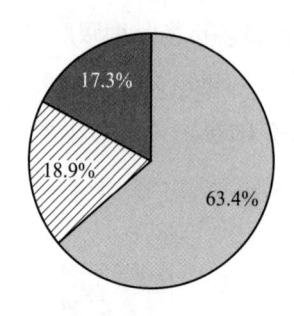

☐ 百度　☒ 阿里巴巴　■ 小米

图6　2020年中国带屏智能音箱市场厂商市场份额

课程、看短视频，还可以作为控制家电的语音助手。从功能来看，带屏智能音箱已经不弱于平板电脑，而其价格却要远低于平板电脑，促使其快速成为智能音箱市场的爆品。百度作为第一个推出带屏智能音箱的主流厂商，如今成为占据最大市场份额的厂商，阿里和小米也在后续快速追赶中。在三大厂商的带动下，未来带屏智能音箱会持续成为市场热点产品，并吸引其他科技企业进入此市场，为消费者带来更多物美价廉的产品。

（五）运营模式分析

1. 持续引入优质音频内容

有声阅读平台为用户提供音频聆听服务，平台吸引广大听众长期聆听的核心要素就是音频内容本身。有声阅读行业发展初期，喜马拉雅、荔枝等综合性音频平台从萌芽起步到发展壮大，更多依靠的是多品类音频所能提供的音频广度。当前，有声阅读行业已经进入平稳成熟期，更多需要依靠的是音频品质。优秀的音频往往需要具备两方面的优良品质，一方面是音频所传达的内容品质，另一方面是传达音频的主播品质。

2020年，主流有声阅读平台均在持续引入优质音频内容，不断扩大平台的竞争优势。2020年4月，喜马拉雅与中信出版社、香港联合出版集团、磨铁图书等26家出版机构达成战略合作，致力于协同开发优质的音频内容。2021年，喜马拉雅则进一步扩大内容场域，推出全球顶级IP《魔界完整三部曲》《迪士尼儿童故事全集》和《莫言长篇精选有声剧》等优质内容。比起喜马拉雅引入优质有声书版权，蜻蜓FM则更擅长携手知名文化艺人打造音频节目。2020年

9月，分别携手知名作家冯唐、蒋勋和企业家冯仑推出《冯唐成事心法》《伴你同行，质优人生》和《冯仑：不确定时代的生存法则》三大音频节目。懒人听书则更偏爱引入畅销小说的有声书，2020—2021年里连续推出世界畅销小说《你当像鸟飞往你的山》有声书、热播电视剧《上阳赋》原著有声书、央广群星版《三体》科幻有声剧。除了典型的大平台外，新锐的小平台在引入优质音频内容上也不落下风。2020年7月，酷我畅听邀请潘粤明领衔配音《白夜追凶》广播剧，12月更是携手蔡康永推出音频综艺节目《十二扇窗》。

在有声阅读行业激烈的市场竞争下，各平台不遗余力推出优质音频内容，持续地巩固内容版权实力，并不断地为用户奉上了更多的听觉盛宴。

2. 不断提升主播培养力度

有声阅读作为一个以声音为核心的服务行业，所能服务用户的不只是冷冰冰的内容，还有平台与用户之间的情感链接。在视频直播、短视频兴起后，音频直播、音频播客也成为音频行业热点，喜马拉雅、蜻蜓FM和荔枝等平台均在产品上推出了直播和播客板块。在视频领域的网红经济模式大行其道后，各音频领域企业也在着力批量打造音频网红。在此行业趋势下，各有声阅读企业均开始大力招录音频主播，并不断提升主播培养力度。

2020年里，在音频播客热度持续上升的契机下，各大有声阅读企业都隆重地推出了主播培养计划。2020年9月，喜马拉雅直播推出"百大主播计划"，计划寻找100种独特的声音，打造100名潜力主播阵营。截至2020年12月，"百大主播计划"已经举办完两季赛事，选拔了20名各具特色的主播。未来一年，他们将加入"百大主播"阵营，获得喜马拉雅亿级专属流量与短视频运营扶持。同月，荔枝宣布推出"回声计划2.0"，推出创作者变现服务体系、落地播客沙龙、流量扶持计划与创作者数据中心四个维度的主播扶持政策，不遗余力为创作者保驾护航。据了解，该计划上线仅一个月，全平台累计参与播客突破5万人，新入驻播客超过1万名。10月，SMG与蜻蜓FM宣布达成战略合作，双方将共同打造和推动落实"声音计划"项目。该项目将继续加码MCN品牌及节目联合开发，打造明日之星计划，挖掘优秀主持人。

各有声阅读企业大力挖掘培养音频主播，不仅能逐渐提升平台主播、播客和"说书人"的播音水平，也将持续充裕音频行业主播人才供给，未来还能为影视、动漫、游戏等领域输送配音人才。音频相关领域将形成有效的人才联动，构建起高水平的音频人才圈。

3. 大力推广促销活动

有声阅读作为内容付费领域，在用户付费习惯尚未全面养成的时代，举办大型促销活动是拉动用户消费的重要举措。从 2016 年开始，喜马拉雅、蜻蜓 FM、懒人听书三大平台都陆续设立了自己一年一度的大型促销日。随着市场竞争的加剧，各平台举办促销活动的力度也越来越大。

2020 年里，喜马拉雅、蜻蜓 FM、懒人听书三大平台如期举办了自创的促销日，并都取得了不俗的活动成果。2020 年 8 月 28 日，蜻蜓第三届"91 倾听日"正式开启。本届倾听日推出"主播热力榜""9 月畅听补贴""大咖直播间"及"会员买 1 得 8"四大促销活动。参与"主播热力榜"和"9 月畅听补贴"的用户，均可以获得多项价格优惠。"大咖直播间"则邀请了知名企业家冯仑、知名主持人乐嘉发起直播活动。格外值得关注的是"会员买 1 得 8"活动，活动期间用户买一个蜻蜓 FM 年度会员就可以额外得到京东 plus、keep、网易云音乐等 8 项年度会员权益。据蜻蜓 FM 公布的活动收官数据显示，本届活动总参与人次达到 1.6 亿，用户总收听时长达到 3 619 万小时，期间共有 304 万余人加入蜻蜓 FM 超级会员。紧随蜻蜓 FM 其后，懒人听书第三届"99 有声图书馆开放日"在 9 月 8 日正式拉开帷幕。在重磅好书、大咖推荐、VIP 优惠听书三重福利下，共有 2 691 万名听友参与活动，共享听书乐趣。喜马拉雅则在 12 月 1 日开启了第五届"123 狂欢节"。活动期间，喜马拉雅推出了"买 1 得 10"超值会员大礼包活动，上线了《莫言长篇精选有声剧》等多部优质的有声内容，并邀请了吴晓波、张萌等知名作家发起直播活动。

各平台定期举办大型促销活动，可以刺激用户消费热情，还能通过新闻造势提升平台知名度。长此以往，还能在用户心中建立一个有声阅读消费的仪式感，促成用户养成每年定期进行消费的习惯。

4. 加快推动出行场景布局

有声阅读作为主要依赖听觉的文化娱乐活动，其应用场景要比影视游戏等活动宽泛很多，居家、运动和出行等场景都是有声阅读的重要场景。居家、运动场景下，用户通常使用手机进行有声阅读，而在汽车出行场景下，用户则更依赖于车机。开车司机习惯在汽车上听新闻、段子、广播等节目，因此车载音频是各有声阅读企业布局的重要领域。

2020 年，本就竞争激烈的车载音频领域更是"硝烟四起"，各家有声阅读企业纷纷联合企业品牌、汽车智联、地图导航等企业，加快推动汽车场景布局。在车载音频领域，喜马拉雅本身就处于领先地位，2020 年仍在进一步拓展合作车企和合作模式。2020 年 4 月，喜马拉雅首次上线宝马汽车，用户使用 BMW 智能语音助手就能轻松享用喜马拉雅平台服务。5 月，更是携手大众奥迪推出励志音频节目。在车载音频领域处于落后地位的蜻蜓 FM 和荔枝，2020 年里发起了奋起直追的气势。2020 年 4 月，蜻蜓 FM 与高德地图达成战略合作，蜻蜓 FM 成为高德地图首个音频平台合作方，双方联合推出自制节目《城市文化地图》。9 月，蜻蜓 FM 先后与百度 Apollo 智能车联、智行系统达成合作。荔枝则是在 2020 年 12 月，陆续与小鹏汽车、广汽传祺、广汽埃安、华为智慧车载、比亚迪车载智能等企业品牌或车载设备公司达成车载音频合作。

汽车出行是有声阅读领域不得不争夺的重要场景，随着各企业持续推动汽车场景布局，未来车载音频将遍布每一辆汽车。在场景布局之后，更重要的则是针对司机出行场景，推出定制化的高品质音频内容，为司机提供更有用处、更有文化、更有趣味的有声阅读服务。

5. 逐步打造地面有声场馆

在有声阅读流量由增量逐渐走向存量的时候，各平台的用户流量之争也开始从线上走向线下。过去几年，文化旅游、体育赛事、文化场馆甚至是肯德基餐厅，都成为有声阅读平台拓展流量的重要场景。通过逐步打造地面有声阅读主题场馆，不仅可以吸纳更多的潜在用户，还可以进一步拓展有声阅读场景。

2020 年，各有声阅读平台打造地面有声场馆的趋势越来越明显。2020 年 10 月，懒人听书携手知名珠宝商周大福联合打造了的"Y-LAB 不正实验室"线下体验店。体验店设有懒人听书主播体验间，在优质内容打造的有声书魔方的见证下，用户可以选择自己感兴趣的文稿进行录制，亲身体验通过声音 C 位出道。比起懒人听书打造的主播体验间，喜马拉雅和蜻蜓 FM 则是打造了场景体验更为全面的有声餐饮场馆。2020 年的"123 狂欢节"期间，喜马拉雅联合肯德基，青岛第一家肯德基餐厅升级为有声餐厅，进入餐厅即可看见暖心的"告白墙"，扫描墙上的二维码进入"青岛肯德基有声电台"，可以倾听文学大咖的情话，通过声音了解中山路的历史，聆听那些美好的爱情故事。由此，中山路肯德基迅速成为当地的告白地标。2020 年 12 月，由蜻蜓 FM 和 Tims 咖啡联合打造的音浪主题咖啡店在上海隆重开业。该店的诞生，不仅扩大了音频行业的业务领域，也为用户提供了具有强大社交属性的"音频+咖啡"的生活场景。

互联网有声阅读企业通过跨行业联合线下商业主体，共同建设地面有声阅读场馆，形成了线上线下流量的互补作用，实施了整合营销的品牌推广效应。未来，随着5G全面普及应用下的万物物联达成，线上有声平台和线下有声场馆将会为用户带来全场景闭环式有声阅读体验。

三、有声阅读产业发展趋势

（一）核心版权竞争愈发激烈

在生活节奏越来越快的时代下，大众对于文艺作品的选择也越来越谨慎，优秀知名作品的价值越来越高，各企业对于核心版权的竞争越来越激烈，有声阅读领域亦是如此。当前有声阅读行业，核心版权资源依然非常有限，各企业之间的竞争关系也不可避免，对于核心版权的竞争只会愈发激烈。

当前有声阅读行业的核心版权竞争，不止是知名的网文小说，还有出版的文学作品以及名人的音频节目。2020年，《庆余年》《三十而已》《沉默的真相》等电视剧的热播，引发了各企业对于原著有声书的激烈争夺。《三体》《平凡的世界》《你当像鸟飞往你的山》等长期畅销的文学作品，更是各平台不可放过的核心版权。2020年8月，荔枝还因为擅自制作《平凡的世界》有声书并在平台上传播，被路遥后人告上法庭公开审判赔付50余万元。2020年在各企业大力举办的促销活动上，更是邀请了作家、演员、企业家等文艺界名人推出了多个音频节目。未来数年，核心版权的竞争仍将是有声阅读行业竞争最激烈的领域之一。

优秀知名作品的有声版权，对于喜马拉雅、蜻蜓FM、荔枝等领衔的数字阅读平台非常重要。对于微信听书、酷我畅听、番茄听书等平台则更是重中之重，作为依靠互联网巨头的行业后起之秀，将会对市场上优质有声内容版权发起强有力的追逐。

（二）播客成为有声产品风口

播客最早兴起于 2004 年国外互联网自主订阅的音频节目，由于其随时随地可听的特性得以与传统的广播电台区别开来，并随着苹果智能手机的普及逐渐进入大众的视线。美国播客得益于 PGC 模式创造的高品质内容，在本土社会获得了极大的关注和欢迎。2020 年初，随着知名音乐平台 Spotify 斥资数亿美元持续押注播客，中国"播客"领域的创业热度被彻底点燃，众多初创企业和互联网巨头均加入了这个领域，播客也成为中国有声阅读产品风口。

2020 年开始，多个互联网大企业推出独立的播客平台。2020 年 3 月，若有科技（即刻）推出国内第一款独立播客平台"小宇宙"。2020 年 10 月，快手科技正式上线播客应用"快艇"。2021 年 1 月，荔枝也推出了独立的播客平台"荔枝播客"。喜马拉雅、蜻蜓 FM、懒人听书等领衔的有声阅读平台，都在 APP 中推出了"播客"模块。在市场形势的推动下，三大有声阅读平台在未来也有望推出独立的播客产品。

播客的兴起，是有声阅读领域创造出的热门产品形态，有望激发国内大批声音主播的创作热情。但值得注意的是，与美国播客截然不同，中国播客产品主打"UGC"模式，虽然用户准入的门槛低，但产出的内容品质也会相应参差不齐。未来在市场热度的推动下，能否催生出成功的产品或播客，还需更长时间的观察和探索。

（三）有声阅读场景持续扩展

在有声阅读平台流量逐步进入瓶颈期后，各企业开始将产品服务的视角从线上转移到线下。有声阅读终端从以往单一的手机，快速覆盖到智能音响、汽车大屏、智能机器人、可穿戴设备等终端；有声阅读场景也从早先的自由场景，逐步进入到居家、出行、餐饮等垂直化场景。随着有声阅读产业市场竞争越发激烈，各企业将不断探索出新的服务场景，有声阅读场景将持续扩大。

当前，有声阅读企业奋力争夺的终端主要是手机、智能音响和汽车大屏三大设备，争夺的阅读场景主要是居家和出行两个场景。2020 年里，喜马拉雅、蜻蜓 FM、荔枝等企业均在三大终端和两大场景的布局上重磅下力，其中蜻蜓 FM 更是在汽车大屏的出行布局上取得了重要成就。长期来看，在智能机器人、可穿戴设备和餐饮、运动等场景，有声阅读还有巨大的覆盖拓展空间。2020年12月，喜马拉雅推出了首款AI听书耳机，蜻蜓FM打造了首个有声咖啡馆，都是在有声阅读新终端、新场景上做出的重要探索。

未来，随着家庭智能家居的不断普及，地面文化基础设施的建设完善，以及有声阅读企业的不断探索，有声阅读服务将会全面覆盖人们生活、休闲、工作等多个场景，形成全覆盖、连贯性、个性化的有声阅读服务体验。

（四）巨头入场重塑行业格局

2020年伊始，多个互联网巨头入局有声阅读领域，为原本平稳的行业格局平添了许多变局的迹象。互联网巨头入局，不仅将引入新的产品服务模式，而且还会由于其强大的技术、资本和渠道能力，重塑行业现有的发展格局。

腾讯旗下优酷音乐推出酷我畅听，主打有声剧场模式。微信推出微信听书，则是复制了微信读书的社交模式。腾讯音乐娱乐集团收购懒人听书后，基于腾讯社交、娱乐的属性，懒人听书可能会衍生出不同以往的产品服务模式，并由此普及全行业。字节跳动推出番茄听书，则是完整复制了番茄小说的免费模式，针对价格敏感听书用户，推动听书市场不断向周边城市下沉。网易云音乐上线"声之剧场"板块，主打有声书和有声剧。基于网易以往强大的产品研发和运营能力，未来难免不会推出别具一格的有声阅读产品。

更值得注意的是，互联网巨头的入局，意味着有声阅读产业内更多的人才、流量和资本注入。巨头们在版权引入、产品研发和推广运营的力度，比起行业原有的领衔者们只会有过之而无不及。在此趋势下，未来数年内可能会出现完全不同的行业发展格局。

（五）有声图书馆逐渐在基层普及

在政府推进全民阅读的背景下，各地基层阅读文化越来越浓厚。近年来，各种新型的数字阅读基础设施，开始在基层逐渐建设起来。作为当下最流行的数字阅读方式，有声阅读也开始在各地逐步推广普及，有声图书馆成为基层文化建设的新设施。

基层兴建有声图书馆早在五年前就已萌芽，随后数年进入逐步兴起的阶段，并在2020年开始进入建设高潮。2020—2021年，江苏、浙江、广东、山东、河南、河北、陕西等多个省市基层全面建设落成有声图书馆。这些有声图书馆一般由当地基层政府联合有声阅读企业共同打造，并由党群服务中心为实体，内容涵盖党建、文化、教育、科普、健康等群众日常关注的内容，提供音响读、耳机听、扫码听等立体化有声阅读方式。在各地中心城市的带动下，未来全国各级城市都将兴起有声阅读馆建设的热潮，引领更多群众以有声阅读的方式参与全民阅读活动。

基层有声图书馆的建设，使用了最流行的阅读方式，极大地拉动了群众的阅读热情，快速地提升了基层文化建设的氛围。在各地政府的推动下，有声图书馆将逐步由城市辐射到乡村，在乡村文化振兴过程中发挥重要作用。

（作者单位：山东大学新闻传播学院）

重庆市数字出版产业发展报告

重庆华略数字文化研究院

一、重庆数字出版运行态势

（一）行业整体运行态势良好

2020年，重庆数字出版业总产出249.75亿元，较上年增长10.94%，实现增加值129.83亿元，较上年增长10.27%。总产出和增加值增幅较上年有所加快，与2020年受疫情影响，用户线上文化活动增多，带动了数字内容的需求增长相关。

2020年，重庆数字出版业对重庆数字经济贡献率为2.04%，对地区国民经济贡献率为0.52%，数字出版业对数字经济和国民经济发展支撑力逐步增强。

从2016—2020年的发展趋势看，重庆出版业增速整体减缓，与重庆推进数字出版业结构调整、提升数字出版发展质量有关。经过5年的调整，数字出版业正由高速发展向低速发展转型，基本步入了低速度高水平发展态势（图1）。

在重庆数字出版三大产业体系中，核心业务增加值相关业务增加值占比进一步缩小，数字出版服务占比48%，数字出版支撑服务占比50%，数字出版设备制造占比2%。

增加值增速前5位的行业是数据库、网络游戏出版与运营、网络视频、游戏研发与制作、网络动漫，分别是45.84%、45.43%和42.11%、39.67%、39.64%。除数据库外，其他4个行业是重庆数字出版业崭露头角的行业，表

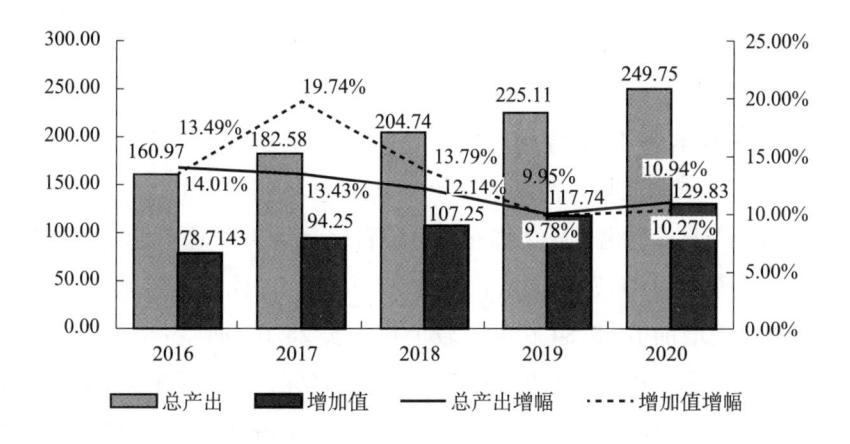

图1 重庆数字出版总产出、增加值及其增幅

明重庆市数字出版业补短板、建链、补链效果逐步呈现。

（二）产业集群协同发展

五个产业集群增加值在全行业占比进一步增加，达到55.68%，连续4年增长。产业内部，互联网出版实现增加值36.08亿元，占比27.73%，增速为4.25%；数据库持续增长，实现增加值8.22亿元，占比6.33%；网络游戏实现增加值16.64亿元，占比12.81%，较上年增长42.22%；数字教育实现增加值3.39亿元，占比2.29%，增幅为31.13%；数字文创与知识产权服务实现增加值8.25亿元，占比6.35%，增速为3.77%（图1）。其他支撑服务是非内容生产领域，主要是软件开发和网络接入服务，实现增加值57.27亿元，占比44.11%，占比和增速持续下降。

互联网出版连续5年下降，表明基于传统网络构架的商业模式需要重构，探寻新的增长点。数据库建设是数字文化的基础，也是数字出版资源要素，近年来重庆推进大数据智能化为引导的创新驱动战略，激发相关单位资源数字化、数字资源数据化的进程，提升了数据资源对数字出版业的支撑能力。重庆网络游戏业处在恢复和生态重构过程，网络游戏市场主体数量、网络游戏产品数量不断增加，未来5年还会快速增长。数字教育是重庆数字出版的特色，体量不大，市场影响力的品牌效应较好。数字文创与知识产权服务中，作为基础性的网络动漫实现增加值1.13亿元，增速为39.64%，将为重庆的网络游戏、数字教育和互联网络出版提供一定的内容支撑。

（三）基地集聚能力提升

2020 年，重庆两江新区国家数字出版基地进入第二个 10 年建设，基地数字出版及相关产业总产出 104.2 亿元，突破百亿元大关。总产出在全市数字出版及相关产业占比为 41.72%，增长率为 27.71%；占比较上年增加 5.48 个百分点。基地实现增加值 58.84 亿元，较上年增长 28.62%，占全市的 45.46%，占比较上年增长 6.6%，核心业务总产出 71.81 亿元，占全市的 48.01%，增加值 37.73 亿元，占全市的 51.73%。核心业务总产出占全区的 68.94%，增加值占 64.12%，均高于全市平均水平。

增加值方面，数字教育集群、互联网出版、数字创意与知识产权服务集群增加值均超过全市 50%，分别是 58.75%、58.67% 和 53.54%；数据库产业集群占全市的 49.51%，网络游戏产业集群占比最低，为 34.19%。

增值率方面，除网络动漫、网络游戏出版与运行、网络动漫、数据库外，其他行业的增加值与全市相关行业水平相当或高于全市水平，表现突出的是数字出版软件开发、互联网广告服务、数字图书出版和数字阅读设备行业。说明这几个行业在基地具有良好的基础，企业中间投入相对较少，产出率较高。

二、重庆数字出版业运行特征

（一）业态融合重构出版形态

数字技术加速音影图文内容形态重构再生，促进出版业生态重构。以传统出版和新兴出版深度融合再生的表现形态，迭代了讲故事的模式，增强了内容产品的黏性和主流价值观的承载力。

七一网围绕网络出版主业，构建了以市委党建门户七一客户端、七一网、"党建头条"微信公众号、"重庆党建"强国号 4 个新媒体，《当代党员》《党员文摘》《党课参考》3 本党刊，以市委党建全媒体微博、抖音等多个平台账号为主的"4+3+N"全媒体平台，同时集合挖掘党刊的原创内容，通过"新维度再创制"将党刊的权威性、品质力、公信力向移动端延伸。以视频、微纪录片、微电影、海报、图片、H5 等推出《中国故事 100 部》和围绕中国共产党为什么"能"、马克思主义为什么"行"、中国特色社会主义为什么"好"等重大问题,陆续推出三个系列、共 54 个故事化融媒体产品。2020 年底,七一客户端下载安装量超过 90 万,注册用户 60 万;"重庆党建"强国号全年阅读量达 600 万人次;"党建头条"微信公众号关注量超过 35 万,全年阅读量超过 1 500 万人次,新媒体传播指数位列全国党建类微信公众号前 5 位。

重庆日报网以"板块化"、重大报道"主题化"、深度报道"周刊化"、理论评论"通俗化"、内容呈现"可视化"、融合传播"一体化"等重构传播模式,在抗击洪水、成渝地区双城经济圈、智博会等重大主题出版中探索立体化传播形式,其中生产短视频内容 5 000 余条,《前线医护人员吐心声:疫情结束后,我最想……》系列短视频 160 条,全网阅读量达到 5 亿,单条视频最高的点阅量 1 亿次以上、点赞量 800 多万次、留言 40 多万条。

华龙网以视频+移动方式升级传播模式,推进新闻视频化、视频栏目化,陆续推出了《音小见大》《追光》《洋洋侃侃》《小屏论》等多档视频节目,视频化、视觉化传播成为主流。上游新闻实现了稿件的智能推荐和长效新闻植入、语音播报、用户画像分析、多媒体语音图像识别、游戏传播在出版领域的应用,形成包括短视频、视频专题、视频海报、直播、VR、航拍等形态的立体产品体系,每周生产原创视频类产品 200 余件,每年开展各类直播近 200 场次。

三峡传媒网推进电视端、广播端、网络端"三端"互融、"多屏"互通,将电视端的频道直播、广播端的可视化直播网络化,已开展了微电影、微剧、微纪录片、MV、动漫等内容生产,创作 H5、公益图片、动漫、短视频(MV)4 000 余个(张),满足不同层次用户的需求。酉阳新闻网、巴渝传媒网立足本地区,坚持特色内容、全媒体生产,把民族特色文化和地域文化向更广领域传播,效果明显。

(二)数字教育态势持续向好

数字教育出版产品贯穿产品体系化、内容特色化、服务个性化理念,形成了数字教材、数字教辅新形态教材体系,构建行业教育、专业教育和学业辅导、兴趣培养内容体系,融合了线下教育和线上教育的服务体系。

重庆大学出版社整合重庆迪帕数字传媒有限公司和重庆大学电子音像出版社力量贯串数字职业教育全链条。持续推进"新形态教材支撑平台"功能的迭代更新，新上线新形态教材54本，新形态教材数量扩展至204本，同步推进重庆大学、重庆理工大学、重庆医药学校等院校19门课程数字资源建设。课书房在线教学云平台功能不断深化，形成集数字内容采编、云分发及运营、在线教学、选题辅助、知识认证、版权保护与交易为一体，成为全国职业技术教育与培训的优质资源集散地，目前，平台注册用户逾6万，服务1 466所院校，为万余位教师、5万余名学生提供在线教学服务。

中国药房网主导的药政云课堂作为医药系统垂直在线教育云平台，着力向全国医学、药学及相关专业群体免费开放，以视频教育和在线答题模式，2019年9月上线以来，已经完成数字资源建设79集（部），专业注册人数71 608人，注册医疗机构2 542家，视频总点击数500余万次，用户评论留言50余万条。

重庆西南师范大学出版社有限公司加快基础教育数字化进程，开发西南师大版《小学数学》《小学音乐》《初中音乐》数字教材和系列配套数字资源，天生数学新媒体矩阵保持稳定发展态势，新增130万用户，探索"纸云点阵笔"协同《小学数学同步练习册》应用，搭建小学语文分级阅读平台，实现千人千面阅读测评服务，并推出阅读类图书实现线上线下融合应用。重庆至乐文化传播有限公司与重庆市教育科学院合作，探索全域远程教研活动，13场教研活动直播，人均观看时长88.72分钟，形成回看点播视频13个，点播回看用户人数27 938人。

《课堂内外》围绕诵读帮APP、OC语文APP建立课堂内外云教育服务平台，实现平台数据互通，多前端应用共享的管理体系。OC语文APP立足为中小学师生打造的一套科学、系统的线上阅读素养测评体系及语文资源共享平台。诵读帮APP为全国青少年口语表达能力提升、展示平台，聚合学生作品数2万多个、口语表达、听力训练课程139节，读本标准音300多条，诵读文本+音频1 000条。针对不同学龄段的孩子在作文阅读、写作方面开设小学生诗词、晚安故事系列专家朗诵千余集教育类音视频，基本形成以"课堂内外"为品牌的特色音视频体系，在对外推广方面，开通的抖音短视频账号，作文大师兄视频号制作视频100集，最高播放量达到了3 000万次。少年先锋报社打造"读立未来"中小学生阅读能力测评系统,构建小程序、移动端、网页版融合应用体系。实现监控阅读进度、跟踪阅读痕迹、测评阅读质量、查找阅读缺陷、给出阅读报告、提供提升策略,辅以为教师提供教学参考。

(三) 数字科普社会效益明显

数字科普是重庆数字出版业近年来新兴的一项出版内容。出版单位基于其行业资源优势,组织行业专家传递新的知识,填补公众对新知旧识认知盲区,导引公众走出认识误区。在自媒体高度发达,人都是麦克风,经验信息充斥网络、代替科学的大背景下,应用数字出版平台和数字传播有效的媒体接触点,新形态数字科普出版是数字出版业责任担当与发展空间的拓展。

新冠肺炎疫情突袭全球,重庆数字出版业主动作为,组织出版一批防控疫情的数字出版物。重庆大学电子音像出版社快速反应,策划、制作了《人类免疫系统漫游指南》《疫情之下的"积极心理指南"》《洞悉科学大事件——医学篇》《洞悉科学大事件——物理篇》产品上线。其中,《人类免疫系统漫游指南》的音频产品,上线即跃居喜马拉雅新品榜单前三。重庆西南师范大学出版社有限公司及时推出《新冠肺炎医务人员心理防护手册》《疫情中的心理关爱手册》《新冠肺炎疫情下法律适用指引及案例》《新冠肺炎疫情下法律风险解读及实务参考》电子书、有声读物。重庆天健互联网出版有限公司第一时间便制作了《协和新型冠状病毒肺炎防护手册》《防控口袋书——新型冠状病毒社区(村)防控行动指南》等9本防疫手册,并通过"学习强国"数字农家书屋平台发布。中国药房网络版推出《疫苗,这一次你能赶上拯救世界吗?》《医疗机构药房的标准预防与职业防护》《神药"奥司他韦"真的安全么?》等科普类文章,释疑解惑,有效地消除了公众对疫情认知误区,填补了认知盲区。

正确使用医疗器械安全用药涉及公众健康,中国药业杂志网络版发布2020年全国医疗器械安全宣传周公益广告及科普视频,引导正确使用医疗器械,联合重庆市药品监督管理局制作"安全用药主题科普"二十四节气之小寒、大寒科普视频,推送《小寒来临,上火了该如何用药》《大寒巧遇腊八!风湿寒邪易侵入人体怎么办?》系列科普文章,指导不同体质或有基础疾病读者科学用药。同时,开设科普专栏,定期上线科普内容,先后推出辟谣"神药"、家庭药品储存、预防流感及肺炎科普、饮酒致死药物等文章。中国药房网络版精心打造"药师说药""大众健康"等专栏（频道），围绕用药、药性、药理，用药、食药和康复等公众关心的知识组织文章，起到较好的引导效果。

城乡统筹发展网依托农家科技杂志资源优势，发布农业科技相关领域科普文章、图片、短视频、音频累计超过 10 万余（次），助推乡村振兴。电脑报构建了全媒体科普传播平台，线上合计订阅用户超过 700 万人，全网累计阅读量在 3 亿以上，单篇文章最高阅读量超过 119 万。

（四）网络游戏空前活跃

网络游戏是目前重庆数字出版最为活跃的行业之一。经过近 3 年的发展，网络游戏产业集聚区正在形成，网络游戏行业的游戏研发、游戏制作、游戏出版和游戏运营产业链条日趋完善，价值链正在形成。

到 2020 年末，重庆有 131 家企业获得网络文化经营许可，完成国家新闻出版署游戏防沉溺系统注册的企业 67 家，实际具有网络游戏研发能力的企业和团队 200 个左右。2020 年以来，8 家网络游戏研发运营单位 13 款游戏出版获得国家新闻出版署许可，海外平台上线游戏 20 余款，11 款游戏通过本市出版单位和市外出版单位提交出版申请。

网络游戏集聚区正在形成。国内知名游戏企业腾讯、网易、游族等先后入驻重庆两江新区、南岸区和重庆高新区。主城中心区已经形成了南岸区、两江新区、渝北区、九龙坡区等多个游戏产业集聚地。2020 年，重庆华龙网集团股份有限公司与重庆两江产业集团联合建设华龙数字文创孵化基地，引进 10 余家游戏及相关数字文化创业公司入驻；渝北区与重庆华龙网集团股份有限公司合作，计划在重庆广告园建设电竞产业园，以此培育网络游戏产业链。重庆高新区引进了国内知名网络游戏企业游族，拟以其为中心构建网络游戏产业链。南岸区积极构建重庆游戏产业集聚区核心区。南岸区已形成了产业载体、产品孵化、团队培育、游戏研发、出版运营、电竞、交易展示平台和人才培养的游戏产业生态。网易入驻南岸区打造网络数字文创经济产业园，构建文创、新媒体、游戏、电竞、动漫、直播公会、游戏发行、赛事运营等网络游戏生态。2020 年 12 月，网易承办第 23 届游交会暨首届中国西部游戏交易大会在南岸区举办，中国西部游戏交易大会定期在南岸区举办，这是西部地区首个游戏交易展示平台。同时，腾讯西南总部在南岸区设立游戏营销中心、王者荣耀线下体验馆和 QG 俱乐部，常态化举办系列产品的电竞赛事。

网络游戏社会功能正向驱动。腾讯在渝机构将彭水地域风貌植入《和平精英》《欢乐斗地主》《欢乐麻将》游戏场景。同时，探索三峡文物活化方面，结合白鹤梁石鱼形象和"石鱼出水兆丰年"的古谚民俗，在《王者荣耀》推出"大乔·白鹤梁女神"数字创意形象，促进文化为旅游赋能，促进文化和旅游深度融合发展。《沙石镇时光》将甘肃、宁夏等省区治沙防沙故事植入游戏，传播治沙经验，《数独星空》传播数学文化，玩家与真人的数独题库展开博弈，解决难题。网络游戏《止戈》还原三国时期不同地域的传统建筑特色，《加德尔契约》诠释科技的力量。

重庆游戏企业积极营造网络游戏及相关数字创意氛围。重庆帕斯亚科技有限公司致力于打造游戏知识分享和行业交流平台，联合海内外高校，深入优化游戏研发学习课程、举办游戏创意比赛、沙龙分享及创作者扶持活动，鼓励更多有想法的大学生加入到游戏创新研发；与 CiGA 联合举办 2021 Game Jam 重庆站游戏比赛，西南地区数十支游戏团队参赛。重庆字符联动教育科技有限公司打造罗布乐思（重庆）创新中心开发者空间，专业从事网络游戏培训、产品孵化、团队培育，目前有 30 余个团队入驻，3 款网络游戏进入罗布乐思国服 TOP100。

（五）资源建设力度加大

文化数据是数字出版的关键要素和重要资源，数字资源是数据资源基础，各出版单位将推进数字化进度，对数字资源进行数据化处理，从而为数字出版高质量发展奠定资源基础。

重庆出版集团加大出版物数字化力度，以安全阅读云为载体，聚合数字资源，已汇聚了图书、图片、电子书、有声书等 8 类数据内容资产，数据共 4 055 万条。其中，图书档案资料 1.7 万个，图片 28 万张，电子书 4 430 本，有声书 209 本，音频文件 7 358 个，视频 12 万个，试题 219 万道，期刊 182 本，论文 1 283 篇。重庆大学出版社开辟了"配套资源""教学云平台""基础教育网"等数字资源专题站点，协同图书提供文案、视频、音频、图片等数字资源，到 2020 年底已发布资源 37 867 种。重庆西南师范大学出版社有限公司加大西南师大版《小学数学》《小学音乐》《初中音乐》等数字教材资源体系建设力度，当年上线各类教育类数字资源160种。重庆维普资讯针对已经出版的专业期刊的网络出版，网站收录期刊总量1.5万余种，其中新刊9 000余种，核心期刊2 019种，文献总量达到9 000余万篇，每天访问人数稳定在20万左右，访问次数超过56万，为专业知识的网络传播起到了重要的作用。《酉阳报》数据库建设完成并上线运行。重庆电子音像社加快出版物数字化处理进程，加快出版物内容数据化处理，拓展内容使用价值。城市记忆文化大数据平台实施巴渝文化数据库建设和川陕革命根据地数据库建设，以平台数据构建巴渝文化图谱和川陕革命根据地图谱，在长征国家文化公园框架下，研发重庆红色文化图谱。重庆天健互联网出版有限责任公司"长江文化知识库"已经纳入重庆市"十四五"重大储备项目库。

（六）版权服务能力获较大提升

创新数字出版物版权保护，是保护出版单位创新激情的重要手段。新技术的应用，一定程度上对封装的数字出版物确权、侵权监测、侵权分析、网络取证等促进版权保护措施作用明显。

重庆西信天元数据资讯有限公司与重庆市版权保护中心携手探索科技论文版权保护机制嵌入期刊集约化发展进程，首期对《材料导报》《计算机科学》《电工技术》3种期刊拟出版论文进行同步版权登记，试运营一个月累计登记论文142篇，受到期刊出版单位和作者的认可。重庆华龙艾迪信息技术有限公司开发的数字版权管理平台具有确权、监测、取证、维权功能，定时对合作单位内容作品进行自动收录，并快速完成确权，实时实施全网监测和精准对比，进行毫秒级取证，固定证据，应用三维取证防篡改技术，证据同步第三方司法鉴定中心，为维权和司法提供原始数据和影像，同时为著作权人提供专业的维权咨询和维权服务。易保全电子数据全中心推出微版权服务，首创"区块链＋司法＋知识产权"模式，为图片、文字、音乐、视频等原创作品，提供作品确权、侵权监测、侵权分析、网络取证服务。采用区块链技术实现内容全程留痕，即当出版内容上传至区块链时，内容数据会被转化为HASH值，并贴上时间戳和上一个区块链的HASH摘要，记录在区块中完成加密存证过程，形成记录全过程关键细节的全证据链，实时同步存储到公证处、仲裁委、司法鉴定所、法院等节点上，并可出具相关证书。微版权已在国内多地落地使用，具有较好的社会反响。

（七）标准体系建设日趋完善

数据标准化是连通数据孤岛，释放数据价值，促进数据重构再生的关键一环。没有统一的标准，难实现数据连续，数据资源代际转换，构建适宜数字出版的数据标准是加快释放数据资源价值的驱动力。

重庆市音像与数字出版协会提出需求，重庆华略数字文化研究院牵头，重庆市重报大数据研究院和重庆市质量和标准化研究院共同研制《数字文化数据元数据标准体系》，跳出数字出版物标准体系，着眼数据化驱动的数字出版业发展需要，以数据存在形态为基础，构建音频、影像、图片（像）、文字、软件、文化实体和文化活动等元数据标准，形成了 1＋7 的元数据标准体系，完成国家标准网络团体标准备案，并启动知识图谱数据标准研制。重庆出版集团着眼安全阅读云建设需要，结合国家标准、行业标准和集团自身业务需要，充分考虑对外数据流通，建立了外部共享标准、业务管理、技术管理 3 大类、23 项标准规范文档。少年先锋报社参考国家和行业 VR 标准，研制了《少儿报刊 AR 产品制作技术规范》，结合少儿报刊的实际，从 AR 数据源头采集制作到最后出版呈现进行技术规范探索，并对接采用 ISLI 标准与国际接轨。

三、重庆数字出版面临的问题

（一）政策红利未充分释放

2011 年 1 月 8 日，重庆市人民政府办公厅转发了重庆市新闻出版局等 8 部门联合发布的《关于加快重庆数字出版产业发展指导意见》，是我国较早发布数字出版专项政策的省市之一。对推动数字出版发展起到十分重要的作用。《意见》废止后，再未发布与数字出版产业相关专项政策文件。

事实上，重庆本身就是一个政策洼地。从全国视角看，与重庆数字出版业相关政策至少有 4 个体系。一是区域协同发展政策。一方面是西部大开发政策，重庆是西部大开发的重要战略支点，处在"一带一路"和长江经济带的联结点，可以深入研究西部大开发政策中有关文化政策，为数字出版业所用，另一方面是成渝地区双城经济圈政策，对有效整合两地资源、有效协同具有促进作用。二是试验区政策。统筹城乡综合配套改革试验区、国家新一代人工智能创新发展试验区、重庆建设国家数字经济创新发展试验区，国家给予较多试验任务和政策，数字出版业积极对标，主动作为，获得政策效应。三是对外开放政策。目前，重庆是中国（重庆）自由贸易试验区、中新（重庆）战略性互联互通示范项目、重庆保税港区，同时，还是"一带一路"和长江经济带的联结点，具有明显的战略优势。四是开发区政策。重庆现有两江新区、高新区、经济技术开发区等三类国家级开发区，开发区在各项政策制定与实施方面，具有较大自主空间。从数字经济领域视角，有7个政策体系，即大数据战略、人工智能战略、互联网＋战略、线上线下融合发展战略、区块链、云计算、新基建。从行业发展视角看，至少有3类政策体系，即战略性新兴产业政策、出版业融合发展政策、国家文化大数据体系建设政策。从重庆地域视角看，在重庆本土，市委、市政府发布了《关于推动文化产业高质量发展的意见》以及各相关领域对应上述政策制定的本地区操作性政策体系，数字经济各相关领域、文化产业相关领域发布的各项政策。基本形成了对数字出版全产业全链条的政策体系，但这些政策效应没能全面释放效应。

（二）数字化转型面临瓶颈

出版业的数字化转型，包括生产过程数字化、传播渠道数字化、内容资源数字化和内容产品数字化。当前，重庆出版业数字化转型基本完成了生产过程数字化的初级阶段和传播渠道数字化。生产过程数字化的初级阶段是无纸化，对生产流程数字化改造。面临的主要问题是生产过程中数字化中的平台化生产、协同化生产和内容监测智慧化，内容资源数字化和产品数字化的进度缓慢。重庆传统出版单位中，图书出版单位进度稍快，期刊出版单位和电子音像社进度缓慢。期刊数字化转型呈现两极分化，转型驱动力强的期刊已进入数字化转型的高级阶段，且利用数字媒体实现了日刊化和资源数字化、产品数字化。转型驱动力不强只完成了生产过程的数字化，尤其学术期刊进度驱动力不足。重庆138种期刊中，有78种是学术类期刊，多数出版单位非市场实体，无法承受竞争性生存压力，单刊体量较小，在主办单位或出版单位处于边缘地位,能保证常规运行,没有加大数字化改造的原生动力。电子音像社生产模式化,运行相对稳定,出版物变化不大,受市场冲击的力度尚未形成谋变动力。

非市场化运行模式和模式化生产过程正在成为重庆出版业数字化转型的瓶颈,若不突破,将成为重庆数字出版发展的短板。

(三) 数字资源重构效率较低

数据资源重构再生是数字经济和数字文化的典型特征。重庆数字资源丰富,数据资源匮乏。生产过程数字化和传播渠道数字化,一定程度上产生了较为丰富的数字资源。对数字资源进行标准化处理,数据资源是数据资源化的关键一环。

一是多数出版单位仅将出版内容数字化存储,未对其进行数据化加工,导致数字资源代际转换难,流通性差,无法对其进行深度挖掘、重构,使之成为新的文化内容和新的知识。二是部分出版单位对数据独占意识强,不愿推进数据资源共通共享,使数据资源形成以单位或以项目为单位的数据强孤岛,制约数据价值释放。三是数据资产化进度缓慢,数据资产价值评估方法科学性不够,数据资产作价公允性不强,交易双方受到事后责任意识影响,推动数据资产化动力不强。

多方因素集聚,导致数字资源数据化进度滞缓,数据资源重构再生效率低下。一定程度上成为重庆数字出版业以数据驱动产业创新发展的瓶颈。

四、重庆数字出版业发展趋势

(一) 业态融合速度加速

数字化生产、网络化传播、移动化接触牵引着数字出版与读、看、听和互动诸业态融合的力度。重庆数字出版生产模式正在深层转换,"统一组织、统一指挥、一体策划、一次采集、集团创制、多种生成、多维发布"的全媒体产品创制、生产模式将由探索转向常态,从而促进数字出版以内容生产为核心,向上进行内容创作模式创新、向下进行内容传播模式创新,进而形成音、影、图、文、娱全业态融合发展，横向深度耕耘出版 IP，衍生数字文化活动，借助不同业态优势传播数字内容。数字出版业转向数字内容产业全业态全链条发展。

生产端的业态融合，将促进以内容为核心的一体化运营体系呈现，将出现数字内容全业态的运营平台，平台集聚音频、视频、图片、文字、互动娱乐和文化活动全业态。同时也将对内容监测逐步向一体化集中。

（二）网络游戏社会功能进一步释放

网络游戏具有用户黏性强和文化承载能力强的特点。在国产网络游戏精品化战略的引导下，重庆多家游戏研发企业和团队主动传播中华优秀文化，研发多款承载中华优秀传统文化和重庆地域文化特色的网络游戏产品，对传播中华优秀传统文化，提升重庆城市知名度和美誉度起到了积极作用。以游戏传承文化和宣传城市已经成为重庆游戏业共识，网络游戏开发和出版社会效益优先选项，一是将出现更多源自中华优秀文化基因网络游戏产品，主要是名著改编、以神话故事为蓝本、围绕国学著作创意等，用更新的创新让更广范围用户认识中华历史；二是深度介入城市文化传播，以城市文化基因为游戏精神内核，城市文化场景为游戏场景，提升城市文化传播的有效性；三是涌现一批线上线下融合发展的游戏产品，实现游戏玩家与实体商业互动、游戏玩家与景区互动；四是现实主义题材将逐步成为网络游戏题材，将现实照进游戏研发。

（三）数字科普产业化呈现

科普产业化是科普又一趋势，科普出版是科普产业的重要一环，数字科普出版是科普出版的重要方向。数字科普及出版以出版形态多元化，接受场景多元化，知识图谱化串起知识体系，衍生数字化科普体验场景是科普出版和传播发展模式。在经历数字教育探索积累的经验和模式转向更广领域的数字科普出版场景。较之数字教育，数字科普出版覆盖用户群体更大，数字内容范围更广，其衍生的市场规模体量更大，运营模式更多，回报周期将大幅缩短。在数字出版业下一个周期，数字科普出版将和数字专业出版一样，更加吸引业界的眼球，前期数字资源会转化为数字科普的内容基础，产出更多科普产品，从而形成新型的数字科普产业化模式。

五、重庆数字出版业发展建议

（一）释放行业和区域政策红利

重庆数字出版业发展阶段仍需要政策引导和项目扶持，而仅有行业主管部门的投入难以形成对产业发展的支撑力，因此，聚合全国、重庆市相关政策和各行业的政策和项目合成产业发展合力是当前环境下的选项之一。一是加强产业政策研究，对现行各政策体系对数字业的适宜性和切入点进行研究和有效解读，引导行业应用相关政策，申报项目储备产业高质发展动能。二是编制政策指引，将研究成果汇集成政策指引手册，向数字出版及相关产业活动单位发放，宣传产业政策。

（二）构建数字化生产公共服务平台

由行业主管部门牵头，域内研发机构和出版单位共同建设，或由主管部门自主建设数字出版公共服务平台。平台应涵盖产品研发、实验评估、版权确权与交易、数据交易和项目评估与评价，以及面向终端消费者的诸多功能，吸引更多数字出版及相关活动单位、团队上平台研发与产品生产，同时培育数字出版产品研发与出版协同发展体系，探索内容生产与内容出版分离与协同的发展模式，构建更深层的内容生产、出版、传播协作模式，从而实现高质量内容驱动、高质量出版和高质量产业发展模式。

（三）推动出版数据资产化进程

出版数据资产化是促进出版数据流通共享的关键。一是加大理论研究力度，探索适宜出版数据资产价值评估的方法，构建出适宜出版数据资产价值评估模型，客观评价出版数据价值。二是构建出版数据作为资源的股权分配模式，激励更多的出版数据和相关数据资源参与数字出版，丰富数字出版数据资源。三是搭建出版数据交易平台，确立数据交易的流程，规避数据交易过程中资产价值流失。四是构建应用场景导向的数据交易模式，推动需求导向条目化数据交易方式和优化路径形成。

（四）实施知识服务基础工程

有效的知识服务基于知识图谱体系。一是建设以重庆特色优势学科为基础，联通国内外相关学科数据库的学科知识及相关领域垂直主导，相关学科支撑知识服务数据库。二是构建专业学科领域的知识图谱，形成以图谱节点为出版贯串现有知识谱系的知识图谱。三是研制开放的知识生产标准体系，聚集更多数据资源服务知识生产。四是探索适宜的知识价值评估体系，促进知识生产和知识消费良性互动，实现消费端促进生产动力，平台端把控知识内容质量。

（五）打造网络游戏产业集聚区

网络游戏是重庆数字出版沉浸式业态之一，近年有较好发展，有必要进行重点引导和扶持，以此带动重庆数字出版中数字娱乐业态的短板。一是在产业基础较好的地区建立网络游戏产业基地或研发中心，聚集网络游戏研发、出版、运营等相关产业环节重要企业入驻，并围绕重点企业构建上下游游戏产业生态，能有效聚集网络游戏企业，提升网络游戏出版质量。二是基于网络游戏集聚力建设，规划建设网络游戏电竞区域，以此带动网络游戏企业围绕网络游戏打造更富有生命力的网络游戏产品。三是在网络游戏聚集区培育网络游戏节会，提升重庆网络游戏的影响力和辐射力。

（本报告课题组成员：吴江文、陈正伟、吴子鑫、巫国义）

中国西部地区数字内容产业发展报告

重庆华略数字文化研究院

一、西部数字内容产业发展大环境

(一) 顶层设计指引方向

2020年9月,习近平总书记在教育文化卫生体育领域专家代表座谈会上发表重要讲话,强调:"要顺应数字产业化和产业数字化发展趋势,加快发展新型文化业态,改造提升传统文化业态,提高质量效益和核心竞争力。"[1]《中华人民共和国国民经济和社会发展第十四个五年规划和2035年远景目标纲要》明确提出实施文化产业数字化战略,加快发展新型文化企业、文化业态、文化消费模式,壮大数字创意、网络视听、数字出版、数字娱乐、线上演播等产业。

文化和旅游部发布《关于推动数字文化产业高质量发展的意见》(以下简称《意见》),从夯实产业基础着手,重点培育数字文化产业新型业态,构建数字文化产业生态,并在组织领导、财税金融、"放管服"和人才培养等方面作了具体安排。《意见》围绕业态培育,生态构建,对产业链创新、区域协同发展、市场环境优化和国际合作方面作了路径安排。[2]

---

[1] 习近平: 在教育文化卫生体育领域专家代表座谈会上的讲话 [EB/OL]. http://www.gov.cn/xinwen/2020-09/22/content_5546157.htm.

[2] 文化和旅游部关于推动数字文化产业高质量发展的意见 [EB/OL]. http://www.gov.cn/zhengce/zhengceku/2020-11/27/content_5565316.htm.

习近平总书记的重要讲话和文旅部的《意见》，对加快文化产业，尤其是网络游戏、网络动漫、网络视频、网络音乐、网络文学、数字阅读等数字内容业态高质量发展明确了方向和着力点。

（二）西部省区市突出优势

积极推动文化和旅游融合发展。旅游资源丰富的云南、西藏、青海等地结合特色旅游资源，将文化产业与旅游产业相结合。云南实施文化产业数字化战略，加快文化资源数字化，加快发展新型文化企业、文化业态、文化消费模式。西藏自治区启动实施"文创西藏"新业态培育工程，发展乡村旅游，打造红色旅游。新疆维吾尔自治区以旅游业为龙头，实施文化润疆工程规划。完善文化服务网络，实施文艺精品战略，打造一批文化特色鲜明的国家级旅游休闲城市和街区，广泛开展群众性文化活动。内蒙古自治区推动文化和旅游融合发展，建设精品旅游线路，发展红色旅游、乡村旅游、冰雪旅游，注重差异化、特色化。

推动产业数字化，向高品质升级。重庆推动文化服务业向高品质升级，推进产业数字化，依托人工智能、云计算、区块链等大力发展数字内容，开发培育智能化应用场景。贵州依托大数据和特色文化资源，提出大力推动产业数字化和推进文化产业数字化，要求大力发展数据融合新业态，推动特色优势产业与大数据深度融合。广西将文化产业和大数据战略相结合。加快数字广西建设，实施大数据战略，加快数字产业化、产业数字化，推进5G产业创新发展，抢占区块链发展新高地，实施产业"上云用数赋智"工程。实施文化产业数字战略，推进文化大数据体系建设。甘肃大力发展数字经济，发展培育大数据、云计算、人工智能、区块链等核心数字产业集群，助推数字内容产业科学技术的发展。

培育市场主体，加快文化产业园区建设。青海加大5G网络、大数据中心、物联网等新型基础设施建设力度，布局大数据和软件产业园，加快引进云计算服务龙头企业。宁夏发展文化产业，培育文化市场，加快文化产业数字化发展，侧重深化文化体制改革，健全国有文化资产监督管理体制机制，稳妥推进国有文化企业和事业单位改革。培育壮大文化产业主体，引进培育一批主业突出的文化企业，建成提升一批业态集聚的文化产业园区（基地），积极开展国家级文化产业示范区创建，加快发展新型文化业态、文化消费模式。

培育新型文化业态，做大做强主导产业。四川推进文化事业和文化产业繁荣发展，在音乐、动漫、游戏等领域齐头并进。2019 年四川出台的《关于加快推进数字经济发展的指导意见》中，明确提出大数据、人工智能、5G、超高清视频、电子信息基础产业和数字文创产业，是四川发展数字经济的重点发力方向。陕西提出文化强省建设，加快发展以文化创意为主的新型文化业态，做大做强影视制作、出版发行、演艺娱乐、动漫游戏等主导产业，培育一批具有国际影响力的文化龙头企业和知名品牌，加强文化领域核心技术研究开发，推动若干重大文化科技成果实现产业化。

重视新型基础设施建设。重庆在《重庆市新型基础设施重大项目建设行动方案（2020—2022 年)》中提出要围绕新型网络、智能计算、信息安全、转型促进、融合应用、基础科研、产业创新 7 大板块重点，强化重大项目的牵引与带动作用，积极布局 5G、数据中心、人工智能、物联网、工业互联网等新型基础设施建设，有序推进数字设施化、设施数字化进程。成都发布《新型基础设施建设行动方案（2020—2022 年)》，提出坚持网络赋能、适度超前，大力实施基础信息网攻坚工程；坚持集中攻坚、优化布局，大力实施枢纽交通网畅达工程；坚持保障有力、安全高效，大力实施智慧能源网支撑工程；坚持应用牵引、平台支撑，大力实施科创产业网升级工程。陕西《加快新型基础设施建设的若干政策》聚焦 5G 网络、数据基础设施、智能社会基础设施、人工智能、工业互联网、市场开拓、应用场景等 7 个方面，出台 12 条具体措施。云南昆明出台的《昆明市新型基础设施建设投资计划实施方案》涵盖 5G、人工智能、工业互联网及物联网、"智慧 +"、轨道和航空等 5 大新型基础设施领域，全力推动昆明市新型基础设施建设。

（三）产业驱动力强劲

1. 技术创新与发展带来新场景

5G、人工智能、虚拟现实等新兴技术不断应用于数字内容产业的各个环节，带来新的场景。新场景中出现了沉浸式演艺、游戏、影视、展览等系列形态。呈现 AI + 语音识别、AI + 智能云剪辑、AI + 内容创作、AI + 智能教育等新场景。在"5G 技术运用走进人民日报"体验展中，通过遥控实现基于 5G 网络移动环境下的 VR 全景视频直播，极大地丰富了直播体验，提高了参与感。

在游戏生产方面，人工智能将大大提高游戏生产效率，给游戏工业化发展带来新的体验。游戏角色的面部动作捕捉、动作视频捕捉、语音合成等技术可以减少大量的人力资源。2020 年 3 月，华为宣布推出"华为 5G 云游戏 2.0 方案"，采用"5G＋边缘云部署"，将升级云游戏的渲染能力，同时降低设备与延时成本。

在视频创作方面，视频制作和传播将更加简单，既能改善用户观看体验，又能降低创作门槛，让使用者能够轻松剪辑，多家视频平台发布视频剪辑工具，哔哩哔哩 2020 年发布"必剪"的 APP，具有高清录屏功能和丰富的剪辑功能。成都 2020 年 9 月发布内容智能生产平台"三色兔"，具备在线内容生产与管理、素材资源整合、实时内容审核、人工智能剪辑、云储存、版权管理等多项功能。

在音乐制作方面，中国音像与数字出版协会 2020 年 9 月发布 5G 数字音乐超高清音质团体标准《基于 5G 数字音乐超高清音质技术要求》，对于 5G 时代下的数字音乐音质技术提出新要求，有助于促进数字音乐千亿产业创新发展。

2. 成都、重庆、西安等地人才虹吸效应明显

"区域"与"人才"二者相互促进、相辅相成，一个具有优质政策环境、发展空间、文化认同、人居环境等良好人才生态环境的区域，会逐渐形成"虹吸效应"，吸引越来越多的高层次人才向该区域聚集，最终实现良性循环，促进区域发展与人才成长互利共赢。成都、重庆、西安等地人文资源丰富，能为数字内容产业者提供更多创意灵感，同时与一线城市相比，西部城市在住房成本、人力成本、交通成本等方面对人才及企业的压力较小，慢节奏、低成本的生活也容易吸引更多的人才涌入。成都、重庆、西安等地的四川音乐学院、四川电影电视学院、四川美术学院、重庆大学、西安音乐学院等院校提供了充足的人才储备。

丰富的文化资源、慢节奏低成本的生活、悠闲舒适的环境，为创意型人才的发展提供了生产土壤，人才虹吸效应明显。成都吸引了众多外地公司进入成都建立分公司。腾讯天美的 L1 工作室 2020 年拆分为 L2 工作室，研发王者荣耀 IP 手游《代号：启程》。大型企业及工作室入驻或迁往成都加剧了成都人才市场的竞争，加速了成都从业者的流动。

3. 资本投资布局西部城市

头部企业投资重点项目强化战略布局。腾讯、游族、三七互娱等数字内容

头部企业纷纷进驻成都、重庆等地，建立分公司。近几年，英雄互娱、网龙、祖龙娱乐、龙腾简合、点触科技、三七互娱、游族以及 IGG 等知名游戏厂商在成都建立了分公司。

网易在重庆南岸区打造中国西部数字经济产业基地（西部电竞世界），完美世界在渝设立游戏美术研发中心。重庆高新区与游族签约打造游族西南总部项目，引进产业链上下游生态企业，打造泛游戏文娱产业全生态基地。

腾讯在西安打造除总部外最大云研发中心，同时与西安签署腾讯内容标准化运营合作项目框架协议，西安将承接腾讯内容制作的相关工作，开展图文、短视频、长视频等内容运营，承载内容分类、内容标准化、内容分发等功能。

二、动漫企业成渝集中度高

（一）制作能力得到头部动漫企业认可

承接大型企业的动画制作有利于提高企业知名度，有助于和大型内容企业建立合作开发的关系。重庆头部企业通过参与竞标承接来自阅文集团或腾讯等位于动漫产业链条上游的大型企业的动画制作。小型企业则承担部分动漫作品的外包，按照环节流程以分钟计费。重庆铅元素文化传播有限公司在 2020 年至目前，参与制作了《仙王的日常生活》《天官赐福》《准星》《时光代理人》等超人气动画作品。在《时光代理人》中承担场景设计。宁夏盛天彩数字科技股份有限公司参与过大型动画电影《天际之鸣》《树精灵》，长篇动画剧集《熊出没》《龙骑团》《武当虹少年》等动漫作品的加工制作。

（二）数字动漫产业集中度高

近几年成都出品的《十万个冷笑话》《哪吒之魔童降世》《汉化日记》《镇魂街》等作品广受观众喜爱。成都有一条完整的产业链条。内容制作环节聚集可可豆动画、艾尔平方、魔法动画工作室、墨境天合、心智网络等为代表的知名企业。设备制造环节培育有极米科技、索贝数码、理想境界等大批具有自主知识产权的设备研发制造企业，在运营传播、渠道分发等环节聚集了洋葱视频、摩卡视频熊猫梦工场、咪咕音乐、斐然科技、鱼说科技等知名企业。根据调查发现,重庆动漫企业空间分布主要集中于九龙坡、沙坪坝、渝中、渝北、江北、南岸、两江新区、合川、北碚、璧山、永川等区县;根据企业规模对动漫相关企业主营业务的数据分析发现,规模以上企业和规模以下企业盈利业务差异显著。

陕西西安为促进文化创意产业发展,依托其丰厚历史文化底蕴助推文化产业发展,搭建一个系统的平台进行带动和资源整合。截至 2020 年,曲江北极星数字文化产业园入驻的不同领域的企业已达 32 家,规模以上企业 6 家。分别涵盖移动互联网创业、影视文化、教育培训、动漫游戏、电子商务、文化传媒、服务咨询等产业门类,累计提供就业岗位上千个。

(三) 传播中华优秀传统文化

陕西飞鸟动漫产业发展有限公司原创皮影动画《孙悟空三打白骨精》借助数字动画的艺术形式,展现皮影戏魅力。2020 首届草原动漫嘉年华在内蒙古国际会展中心举行,《龙梅和玉荣》"红色经典"连环画展现了草原英雄小姐妹的事迹。重庆甲辰影视动画有限公司出品的《魔道祖师》系列动画刻画了少年人"为天下苍生,护人间正道"的侠义精神,利用服饰、音乐、背景等宣传了传统文化的东方美学。陕西数字新媒体艺术有限公司致力于用动画反映优秀传统文化,深耕历史文化类纪录片创作。2020 年在央视首播的动画纪录片《大唐帝陵》上线 50 日,在腾讯视频播放量达 4 500 万,评分 9.5,获得国家广播电视总局发布的"2020 年优秀国产纪录片奖"。同时,该纪录片将被翻译制作成英语、日语、法语等六种语言版本进行宣传推广。

三、数字游戏精品涌现,"走出去"成果丰富

(一) 西部省区发展特色化电竞

发达地区网络游戏产业链不断延伸和丰富,电竞产业成为网络游戏业又一热点。西部地区发挥后发优势,将电竞、文化、旅游相结合,丰富了富有地域特色的游戏产业生态内涵。

西部省市区结合地方特色发展电竞。西安借助丰富的文化资源,将电竞产业纳入到文旅产业发展中,大力实施"文化+电竞"的战略,2020年3月,西安曲江新区管理委员会发布《西安曲江新区关于支持电竞游戏产业发展的若干政策(修订版)》,支持从事电竞、游戏、"文化+互联网"产业相关业务的企业。2020年,西安与《和平精英》进行合作,在游戏内还原了西安城墙永宁门部分区域的真实场景,特定的PEL(和平精英职业联赛 Peacekeeper Elite league)奖杯互动模式展示了西安历史文化和现在电竞文化的融合。贵州将电竞比赛与旅游相结合,利用贵州丰富的山水资源举办赛事。2020年9月,腾讯与贵州达成战略合作,《QQ飞车》上线贵州赛道,将贵州的山水风光及人文风貌融入线上游戏中。2020年5月成都发布《关于推进"电竞+"产业发展的实施意见》,提出打造"电竞+文创""电竞+科技""电竞+旅游""电竞+娱乐"等多产业融合发展的电竞产业创新生态。目前重庆发展电竞的主要目标,集中于赛事的组织与举办,为本地电竞产业发展注入活力。腾讯、VSPN、ImbaTV等顶级赛事主办方也将多个知名赛事落户重庆。

(二) 成渝精品游戏走向海外

重庆帕斯亚科技近几年推出的《波西亚时光》《星球探险家》《超级巴基球》等游戏出口海外,总销量超过200万份,收入达数千万美元。

重庆吉艾斯球科技有限公司开发的游戏《了不起的修仙模拟器》是一款融合了Roguelike、生存、策略、RPG的模拟经营游戏,于2020年11月正式发售,全球销量超过70万套。目前,《了不起的修仙模拟器》除单机游戏外,同名手游版也已开启预约,Tap Tap 45.5万人预约,评分9.3。

重庆游戏开发团队柚子猫打造的模拟建造游戏《戴森球计划》于2021年初上市,首发次日,该游戏登上Steam全球畅销榜,一周后,销售量就突破35万份,目前《戴森球计划》已经突破100万销售量。在Steam商店页面五千多篇游戏评测当中,《戴森球计划》拥有着96%的好评率。

成都近两年诞生了《万国觉醒》《小兵别嚣张》《消零世界:VGAME》等知名产品,其中由成都乐狗科技公司开发的大型多人在线策略游戏《万国觉醒》至2020年底时,已在美国、韩国、日本等多个国家和地区发行。根据SensorTower数据显示,位列2020年全年榜单,中国手游收入第二名。

四、数字音乐蓬勃发展

（一）重视民族音乐传播

西部有众多少数民族聚集，为数字音乐的发展提供了民族文化资源。内蒙古出品的《无线内蒙古》APP 平台是极具内蒙特色的产品，在音乐频道可以获取经典草原音乐，频道涵盖了长调、短调、呼麦、潮尔、马头琴、托布秀尔等几十种民族声乐和器乐分类。2020 年，该新媒体平台成功入选年度数字出版精品遴选推荐计划。2021 年 8 月，广西民族博物馆联合 OPPO 小布助手举办的数字民乐，"乐美广西——AI 助力广西民乐传承"线下民乐展览在广西民族博物馆开展。该展览将侗族琵琶、壮族会鼓等 11 种广西传统民族乐器与科技相结合。

（二）川渝积极布局音乐产业

2020 年，重庆成立原创音乐版权孵化中心，并在南岸区设立了重庆艺术版权孵化中心实践基地，意在整合全市原创音乐人才资源，打通艺术版权交易流通环节。据《2020 年全省音乐产业发展情况报告》显示，四川省 2020 年数字音乐产业产值约 201.6 亿元，同比增长 51.23%，新增数字音乐企业 140 家。未来四川还将鼓励音乐企业积极应用 5G、VR、人工智能、虚拟现实等新技术，创新开展音乐的内容生产、制作、传播、用户体验等。鼓励和支持创作一批巴蜀味、国际范、时代感的数字音乐精品力作，打造一批在全国领先的内容推广和用户体验平台，打造以成都为中心，乐山、阿坝、甘孜、凉山为辐射的"1+4+N"的数字音乐产业集群，建设全国藏羌彝民族音乐数字化示范区和新技术应用数字音乐引领区。

（三）利用线上直播，丰富音乐传播生态

网易云音乐旗下直播产品——LOOK 直播与成都市高新区达成战略合作，

首个直播文娱基地入驻成都数字产业基地，有助于丰富音乐传播生态。成都已培育咪咕音乐、晓音数娱、花生米音乐文化等本土企业。西安在2020年疫情期间，联合陕西历史博物馆、秦始皇帝陵博物院、西安碑林博物馆、西安博物院等多家文博馆打造的"云上国宝"音乐会观看人数总计超2 000万人次。

五、数字阅读传承红色文化

（一）以原创作品进行衍生开发，探索盈利模式

小说、网文作为IP的生态源头，具有较强的创意属性，甘肃金鲤鱼文化发展有限公司专注小说创作、网络文学资源平台搭建，其出品的《唐砖》先后被改编为电视剧、电影、动漫、游戏。作品《我不是野人》于2021年5月10日上架起点中文网，当日订阅超10万人次，有声小说播放量超15亿人次。

陕西书海网络科技有限公司的书海小说网是西北首家原创文学网站，已构建"原创网站+版权分销"的盈利模式，签约作家2 000余名，原创作品3 000余部。作品《强国重器》入选中国作协2020年网络文学重点扶持项目。广西接力出版社积极推动传统出版数字化转型升级。2020年，接力出版社天鹅阅读网利用直播举办了1 000余场线上"接力小小读书会"品牌活动，为北京、上海、西安等地的用户提供服务。

（二）紧扣主旋律，宣传红色文化

陕西延安红云平台采用以分类整理史料历史文献为主线，将原创红色内容衍生进行加工，利用漫绘延安、红云知库、红色阅读、有声读物等内容解读传播延安精神。重庆天健电子音像出版有限公司为庆祝中国共产党成立100周年，将主题出版物和党史教育类图书进行了有声化。推出天健有声馆，包括红色经典、小说馆、静听等不同主题。重庆当代党员杂志社开展以"中国故事100部"等10个主题宣传和"身边的共产党员"大型主题征文大赛、党史学习教育网络知识竞赛2个主题活动为主的"10+2+N"系列主题宣传。贵州省为迎庆建党百年建设了主题出版项目"红色记忆·贵州红色文化公共服务平

台"。融媒体产品建设以"王阳明系列文化推广项目"为代表，通过纸书、手游、真人短片等形式进行融媒体产品建设。

（三）促进"一带一路"文化交流

宁夏智慧宫文化传媒有限公司形成了阿拉伯国家文化交流平台，图书数字出版平台、动漫制作平台等八大核心平台。平台发布了各类词汇数据50万余条，全网下载超30万，覆盖68个国家用户，得到了来自埃及金字塔报等众多媒体的转发。甘肃教育出版社有限责任公司以敦煌和丝路文化为风格特色，利用在敦煌学、丝绸之路历史文化、简牍学、西夏学、西北史地等学术研究成果领域的传统出版优势，结合相关资源，打造了多元化的融合出版、学术支撑平台——"'一带一路'背景下的敦煌学和丝绸之路研究数据库与知识服务平台"。宁夏呐呐中巴文化发展有限公司2020年开发了"'一带一路'南亚国家数据库"项目，涵盖国情咨文、政策法规、工农业经济、人口环境、教育科技、历史文化等六大内容。

六、数字教育提供优质资源

2020年共有2亿大中小学生通过线上授课实现了"停课不停学"，在线教育平台用户数在2020年第一季度突破了4亿大关。在疫情期间，多家出版社积极提供教育资源。

重庆大学出版社自主开发的新形态教材支撑平台——"课书房"聚焦在线教育及融合出版，实现了数字出版和在线教育相结合的云服务应用模式的创新，为50万人提供在线教学服务。兰州大学出版社在疫情期间，为学前教育提供丰富教育资源，全省幼儿园及幼儿园家长可通过手机进行《幼儿园综合教育活动》和《甘肃省示范性幼儿园科学保教实验课程资源包》等核心课程的教学活动。宁夏人民教育出版社为宁夏回族自治区教育厅制作"空中课堂"小学语文、数学、创新素养等500多节精品课，还通过黄河云课网及时向全区中小学生免费开放2 000多节精品课程。成都金牛区联合腾讯教育搭建"空中课堂"网络学习平台，提供直播+点播课程服务。成都西南交通大学出版社利用 RAYS 数字资源运营管理系统和 AR 技术，打造全媒体功能的复合型数字化教材——"RAYS 全媒体教材"、AR 超媒体教材，为图书出版提供支持和延伸。

七、西部数字内容产业发展面临的问题

（一）数字内容产业生态体系构建有待加强

产业水平不高难以为高层次人才提供施展空间。尽管有四川美术学院、四川音乐学院等为代表的学历教育人才培养体系为数字内容产业提供人才供给，成都灵绘文化传播有限公司、重庆漫想族文化传播有限公司等为代表的职业专项培训提供保障，但腾讯、阅文头部数字内容企业所在的北上广深等地对西部数字内容产业人才有更大的吸引力，汇聚更多的人才资源。

东西部创新发展明显不均衡。在中国省市文化产业发展指数体系中，文化企业的知识产权数量和国家高新技术企业中文化企业数量是创新持续力指标的两个重要测度变量。据统计，知识产权数量较多的五个省市是浙江、广东、北京、上海、山东，2020 年这五个省市取得的知识产权数量之和占到全国的 61.1%，而西藏、青海、内蒙古等西部地区省份文化企业知识产权数量明显较少。东西部文化产业创新发展不均衡性明显。

（二）西部城市企业处在数字内容产业链下游

数字内容产业链可分为上游产业、中游产业和下游产业。上游产业主要为内容设计、创作，中游产业为内容开发、运营，下游产业为商品授权、衍生服务。研究发现，内容创作企业和内容分发平台成为资本关注的重点，处于产业链中上游位置的企业拥有更多发展机会。

以数字动漫产业为例，西部地区大部分相关企业处于上游无版权，下游无平台的局面。主要承接大型企业的动漫作品的外包制作，在创作中处于弱势地位，自主策划能力不足，易受到平台的限制。

（三）西部数字内容企业存在东多西少的情况

数字内容产业的发展，从企业数量和内容质量来看，东西差距明显，企业数量存在东多西少，内容质量存在东高西低的情况。该情况整体上与东西部经济发展水平正相关。

在原创能力、作品数量、IP运营等方面存在一定差距，以动漫为例，重庆知名的重庆享弘影视股份有限公司尽管原创能力强，但由于IP运营深度不足，导致其变现能力弱。视美近年来生产了大量动漫爆款，作为国内二维动漫的佼佼者，由于重庆动漫产业环境限制，已经逐渐将企业经营中心外迁，仅将内容制作环节放在重庆。

八、加快西部数字内容产业发展的建议

（一）发挥西部中心城市后发优势

西部呈现区域中心城市快速发展的差异化局面。重庆、成都、西安三地在人工智能、芯片上布局较多，在数字游戏、数字动漫、数字音乐等产业方面具有相对优势。贵州大力发展大数据等相关产业，具有一定的发展空间。云南、西藏、新疆等地则充分发挥自然资源和旅游资源，将文化和旅游相结合。开放、合作、相互协调的区域经济可以使得地理位置、要素禀赋和产业结构不同的地区发挥不同的作用，实现单个孤立地区无法达到的集聚效应。在发展不平衡、不充分的形势下，西部城市要结合特色学科、特色产业、特色文化发挥差异化优势。

（二）注重高素质复合型人才培养

数字内容产业是信息技术与文化创意高度融合的产业形式，人工智能、云计算等科学技术的发展为数字内容产业的发展提供了有力的技术支撑。因此，数字内容产业的发展离不开掌握数字技术、能够科学分析处理数据的专业化创

新型人才。加强人才培养，为产业提供助力。习近平总书记指出，现在文化和技术深入结合，文化产业快速发展，从业人员也在不断增长，这既是一个迅速发展的产业，也是一个巨大的人才蓄水池。西部在发展数字文化产业的过程中，通过培养和引进人才，发挥高校和企业校企合作的作用，鼓励人才职业培训。

（三）推动区域文化产业协调发展

文化和旅游部印发的《"十四五"文化产业发展规划》提出了文化产业空间布局的规划方向。包括粤港澳大湾区文化产业群、成渝地区双城文化产业群、东北冰雪特色文化产业带、海峡西岸特色文化产业带等在内的四个文化产业群和七条文化产业带，对"优化文化产业空间布局"提出新要求，对于包括川渝、云贵、陕甘宁、西藏、青海和新疆等在内的西部地区多为少数民族自治区，民族文化资源丰富，则倡导发挥资源优势，提升发展水平。促进区域协调发展，形成优势互补。

参考文献：
2021 成都网络视听产业发展报告及机会清单

（本报告课题组成员：姚惠、游登贵、杨金明）

中国数字出版抗疫防控应急响应服务研究报告

刘华坤　陈　丹　张志林

2020年岁末年初，面对突如其来的新冠肺炎疫情，全国人民在以习近平为核心的党中央领导下，众志成城、团结奋斗，书写了壮丽的抗疫史诗。习近平总书记2020年9月8日在全国抗击新冠肺炎疫情表彰大会上讲话指出："我们党团结带领全国各族人民，进行了一场惊心动魄的抗疫大战，经受了一场艰苦卓绝的历史大考，付出巨大努力，取得抗击新冠肺炎疫情斗争重大战略成果，创造了人类同疾病斗争史上又一个英勇壮举！"

在这场全民战疫斗争中，出版人积极行动。2020年2月2日，中宣部出版局、中国新闻出版研究院指导国家知识资源服务中心，向全国出版单位发出《抗疫之战，知识护航 让出版单位知识服务为战胜疫情构筑坚实堡垒——国家知识资源服务中心致各出版单位的倡议书》；2月6日，国家新闻出版署下发《加强出版服务 助力打赢疫情防控阻击战》通知，出版社（出版集团）以及新媒体传播企业，及时响应防控号令，紧密结合全国战疫、全球战疫的知识需求，迅速推出包括数字出版物在内的一大批疫情防控主题出版物，快速重组和开放一批知识资源服务平台。其中，数字出版在行业构建应急出版机制、纸数同步、媒体融合、后疫情时期创新发展等方面，冲锋在前，进行创新实践，在助力疫情防控出版服务上有突出表现。本报告的观察期截至2020年9月8日。

一、疫情防控应急响应出版业整体表现

回顾2020年，在疫情防控阻击战最严峻的时候，全国经济社会活动按下

"暂停键",正常的出版生产营销活动处于"封冻"状态,但是,仍然有超过半数的出版社凭借敏锐的政治自觉,想方设法、争分夺秒,快速行动回应社会对疫情防控知识的急迫关切。

出版业抗击疫情应急响应有两种模式,一是快速推出疫情防控主题出版物,二是重组和开放知识资源平台。在疫情防控期间,全国585家出版社除军队系统外,561家出版社中有317家(占比56.5%)有应急响应。其中,275家出版社(占比49.0%)推出疫情防控出版物676种,114家出版社(占比20.3%)重组和开放182个知识资源服务平台;有72家出版社实现应急双响应(占比12.8%)。

(一) 应急响应五个阶段的行动描述

本报告对标党中央关于抗击疫情、组织社会生产各个阶段部署的21次政治局(常委会)会议精神,将出版业抗击疫情应急响应的行动划分为快速响应(第一至第四)和响应(第五)等五个阶段,各个阶段两种应急响应的表现如图1所示。

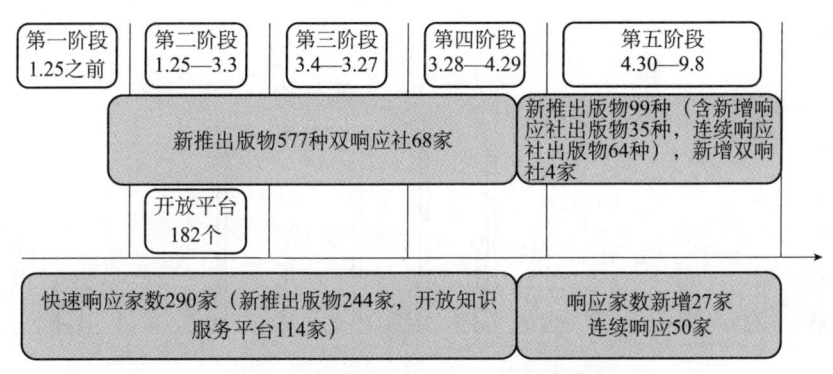

第一阶段 1.25之前	第二阶段 1.25—3.3	第三阶段 3.4—3.27	第四阶段 3.28—4.29	第五阶段 4.30—9.8
	新推出版物577种双响应社68家			新推出版物99种(含新增响应社出版物35种,连续响应社出版物64种),新增双响应社4家
	开放平台182个			
	快速响应家数290家(新推出版物244家,开放知识服务平台114家)			响应家数新增27家连续响应50家

图1 出版社抗疫响应五个阶段表现

疫情防控主题出版物出版横跨五个阶段全程响应,在应急响应第二至第四阶段集中度最高;重组和开放知识资源服务平台响应集中在第二阶段。应急响应数量最多的两家中央级科技出版社——人民卫生出版社和中国中医药出版社,共出版了48种纸数形态的疫情防控出版物,开放了9个知识资源服务平台。这两家出版社充分发挥自身优势,依托在科技出版领域的丰富深耕成果,形成具有医学特色的知识库,为全国出版社积极响应党中央号令、开展出版服务树立起标杆。

疫情防控主题出版向大众和相关专业领域人员宣传有关新型冠状病毒肺炎正确、权威、专业的防护知识，消解大众产生的恐慌心理，做到正确认识、做好防护、维护健康、依法复工复产，很好地适应了满足全国抗击疫情的多层次、全方位、各类型用户群体的阅读防护需求。在这次应急响应主题出版中，频频出现"一个内容创意、多种产品形态"的出版物，体现了基于云端的"云上协同、网上互动、屏上阅读"融媒体出版服务特征。

（二）应急响应出版服务紧跟党中央部署

本报告观察到的全国 317 家出版社 676 种疫情防控主题出版物，涵盖了急救治疗、防控指导、心理辅导、防疫科普、法律护航、宣传教育等广泛内容，出版物内容与党中央抗疫部署的阶段要求高度匹配，体现了出版人的政治站位和责任担当，如图 2 所示。

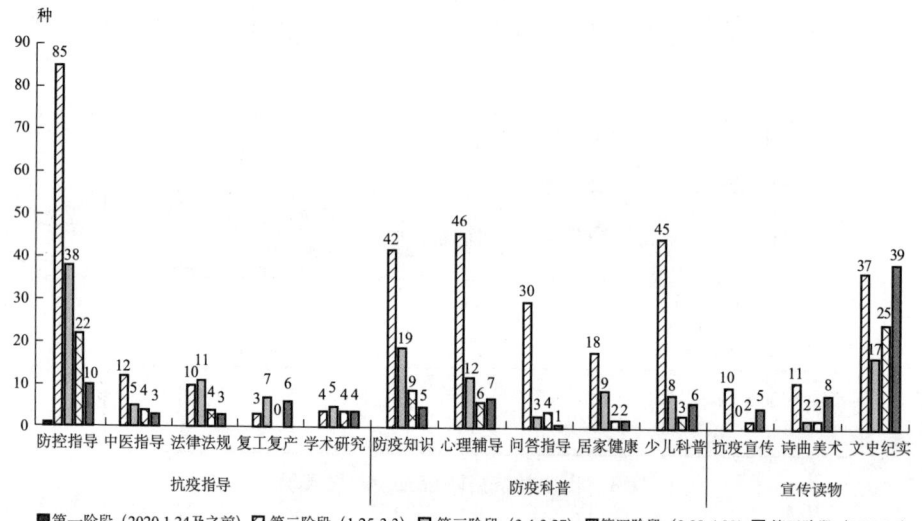

图 2　出版物各阶段各类型数据分析

在集中打赢疫情防控阻击战的第一至第三阶段，抗疫指导类的防控指导以及防疫科普类的防疫知识、心理辅导、少儿科普等出版物数量较多；进入常态化防控后（第四至第五阶段），文史纪实类出版物数量增多。出版社用出版记录了惊心动魄抗疫大战、艰苦卓绝历史大考中的英雄人民和伟大的中国共产党。

（三）重组开放平台服务响应集中

开展知识资源服务的规模、程度和质量，直接体现了出版治理过程中，出版社、行业主管部门推动数字化转型升级、促进融合发展的成效，也体现了出版行业跟进科技进步的步伐，满足大众对出版产品服务不断增长需求的响应程度。重组和开放知识资源服务平台的 114 家出版社，时间都集中在第二阶段，开放 1 个平台的出版社占七成（70.2%），平均每家出版社平台响应 1.6 个。从数量上看，知识产权出版社、社会科学文献出版社、外语教学与研究出版社、上海教育出版社和中国少年儿童新闻出版总社等 5 家社各开放平台 4 个；人民卫生出版社、化学工业出版社各开放平台 6 个；高等教育出版社和北京师范大学出版社开放平台数量最多，均为 7 个，知识资源服务平台类型占比如图 3 所示。

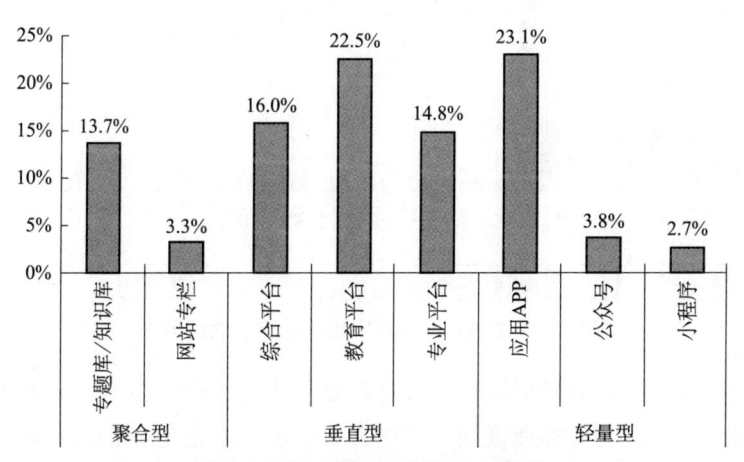

图3 重组开放知识资源平台类型

由分类可以看出出版社知识资源服务平台的比例结构，垂直型的知识资源服务平台占比最高（为 53%）；其次为轻量型平台（29.6%）；聚合类的为 17%，表现出垂直专业知识服务是出版社平台建设的主要方向。

二、应急响应数字出版物特点鲜明

在整个疫情防控主题出版中，数字形态的出版物表现尤为出色，亮点纷呈，展现了出版社推动融合发展的无限潜力。

（一）数字出版物响应时空亮点频出

本报告从时间、空间上观察疫情防控主题出版物的响应特点。

1. 时间响应上数字出版物优势突出

从响应时间上观察，疫情防控主题出版物品种头部大尾部长，包络线犹如水滴形状，主要集中在第二至第四阶段，如图4所示。

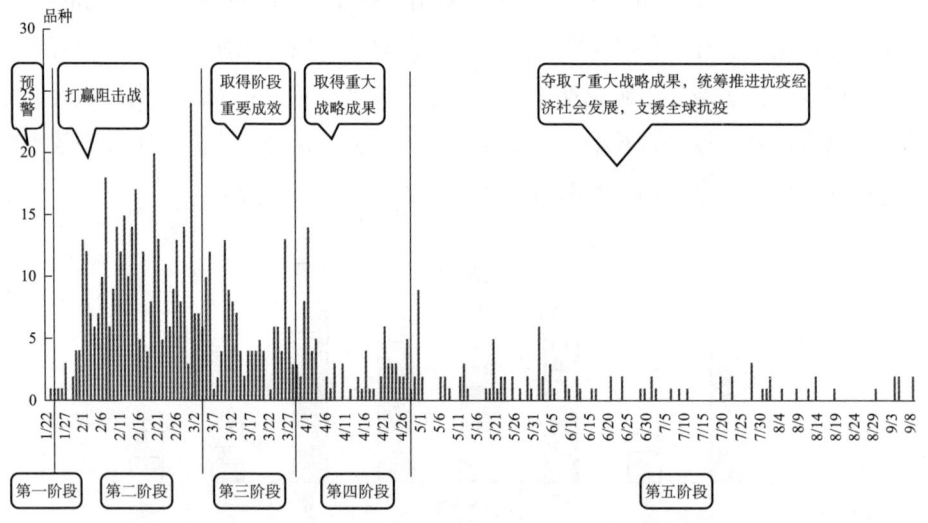

图4　疫情防控主题数字出版物响应时间分布

疫情防控主题出版物以数字出版物形态为主，数字出版物可以在短时间达到百万级阅读量，其传播速度快、力度大、范围广的优势是纸质出版物所难以实现的，凸显应急响应下数字出版的突出优势。按五个阶段划分，能够更加清晰地看到纸质出版物和数字出版物占比的变化，如图5所示。

新冠肺炎疫情暴发后，1月23日武汉"暂时关闭出城通道，市内公交地铁轮渡全部暂停运营，私家车部分限行"，在纸质图书难以及时印刷发行的情况下，湖北科技出版社发布《新型冠状病毒肺炎预防手册》电子试读版，迅速在微信群、朋友圈成为网红读物，随后又发布了正式版电子书，2月6日报道时网络阅读量已超过百万。同一天，广东科技出版社推出《新型冠状病毒感染防护》纸质书，次日电子书上线，在学习强国、当当、京东、腾讯、咪咕、联通、掌阅、喜马拉雅等20多家主要数字平台上线进行公益推送，获得新华社、中国新闻出版广电报、省报等主流媒体重点报道。这是出现在疫情防控第一阶

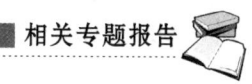

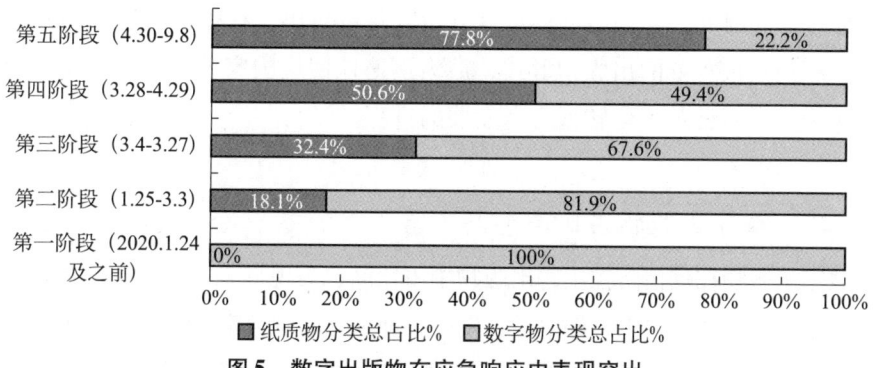

图5 数字出版物在应急响应中表现突出

段，迅速在全网免费传播，应急响应最快的疫情防控主题出版物。

2. 空间响应上数字出版物覆盖全域

从空间分布看，数字出版物的产出也同样非常亮眼。首先，全国有30个省市区都推出数字出版物（西藏自治区出版社为纸质出版物）；其次，以数字出版物形态出现的应急响应出版服务，在经济发展相对滞后区域的出版社比例更高，如图6所示。

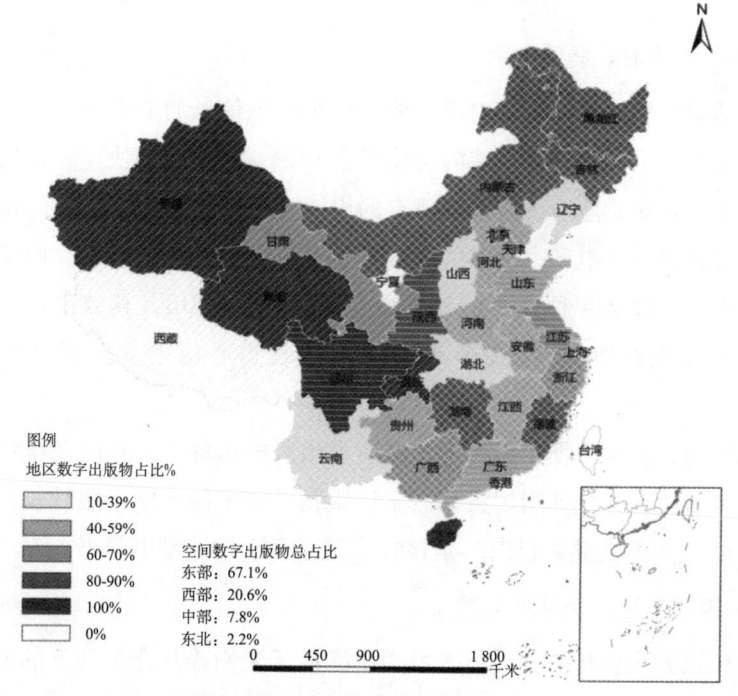

图6 数字出版物区域空间响应分析

通过上述时间、空间维度的数据分析，足以看出，在疫情防控应急响应中数字出版物是最重要的出版物形式，最为迅速地回应国家重大需求，用实际行动加快推进出版社数字化转型融合发展的进程。

（二）数字出版物占比高形态丰富

数字出版物在疫情防控主题出版物中占比高、表现形态丰富，集中展示了出版社在重大突发公共卫生事件中融合发展、拥抱互联网数字技术的努力和实效。

本报告将疫情防控主题出版物划分为纸质版、数字版和纸数融媒体版等3种类型。疫情防控期间，出版社集中式、成规模推出数字化出版产品的特征非常显著，纯数字内容或者纸质书链接数字内容的融媒体出版物已经占到应急响应出版物的70%以上，这个比例远远高于平时。这一方面表明，防控期间重启、恢复纸书印制生产尚需时日，另一方面显示，出版社策划生产数字化产品的能力和用户数字化阅读体验的接受程度都在提升。

（三）数字出版物展现出六个鲜明特点

1. 电子书技术已娴熟应用

由于新冠肺炎疫情突发，出版社要以出版知识信息的节奏跑赢疫情传播速度，向公众传达更准确、更权威的防疫科学知识，必须以最快速、最便捷的方式进行传播。快速响应阶段，几乎所有的出版社都率先以免费数字阅读形式在互联网上发布内容，电子书形态的出版物则是许多出版社的首选。电子书形态出版物最多，共计244种，占比36%，包括PDF、EPUB，其数字化版式流式结构已经为出版社所驾驭，表明整体上出版社得心应手掌握了电子书应用技术。

与此同时，长期习惯于精耕细作纸质书出版的出版社，在应急响应中也打破以往的出版流程，快速组织策划数字出版物。如上海大学出版社仅以电子书形式推出的《大学生健康指南》是该社真正意义上的首部电子书。

2. 有声读物适应阅读新习惯

声音传播知识更传递关爱，有声阅读满足了人们碎片化生活下的多场景阅读需求，成为数字阅读的新生力量，也让阅读的定义得以延伸。有声读物生活工作场景众多，有强大的用户群基础，继传统电子书之后，已成为数字阅读领域的新潮流，在抗击疫情战斗中，有声读物的潜力被再次挖掘放大。

1月底，宁波出版社充分发挥移动新媒体传播影响力广泛特点，推出《给全国小朋友们的一封信》《新型冠状病毒肺炎预防28问》等有声读物，同时在喜马拉雅、咪咕、蜻蜓FM、中文在线、当当、博看有声等平台上线，到2月17日总点击量达到20万；中国盲文出版社推出战"疫"选题读物的电子版、有声版、视频版等网络版本，设置中医、按摩、康复、心理等专业在线学习专题，每天定时更新、定时推送，引导视障人群增强自我防范意识和防控能力，让视障群体详细了解新冠肺炎的传播途径，掌握正确的防护知识，帮助消除恐慌情绪。疫情防控主题的音视频出版物也有较好的表现，四川大学出版社出版的"哈哈曲艺社相声系列"，中国音乐家协会和人民音乐出版社联合首发的《抗"疫"战歌》、上海音乐出版社《加油武汉，加油中国——抗击疫情优秀歌曲选》等，以受众喜爱的文艺形式助力抗击疫情，歌颂奋战在抗疫一线的白衣天使和有关工作人员的感人事迹，鼓舞战胜疫情的信心。

3. 动漫绘本适合少儿需求

在特殊情况下人们往往出现不同程度的心理失衡和情绪问题，儿童在成长过程中也容易产生心理压力和困扰，影响心理健康与正常发育。阅读不仅能增进儿童防疫知识，而且能满足其愉悦性与疗愈性需求。在响应服务中，有32家出版社采用纸质、音频、动漫等形式的绘本出版物，出版63种少儿科普读物，以中小学生幼儿园儿童喜闻乐见的童话世界场景和认知眼光，展现病毒传播过程和人们抗击病毒所做的努力，用叙事方式帮助孩子们学习了解疫情防控知识，多形态阅读引领小读者理性应对疫情。如中国少年儿童新闻出版总社的《新型冠状病毒走啦》、东方出版社《给孩子的病毒科普图鉴》、北京科学技术出版社《妈妈要去打怪兽》、海豚出版社《不一样的小G》、新世界出版社《好美味村的病毒战记》《我们身边的病毒》、湖南少年儿童出版社《读童谣，防病毒：新型冠状病毒防疫绘本》、科普广东教育出版社出版的《写给孩子的新型冠状病毒科普绘本》等，都采用孩子们喜欢、易于接受的形式，为他们带去暖心的力量。这些少儿读物一面世就通过各种主流媒体平台、音视频平台、富文本平台、电商平台以及资讯搜索平台等迅速传播，表达了出版人对儿童群体防疫意识的关切和媒介素养提升的努力。

4. 技术加持移动及 AR 应用

面对这场没有硝烟的特殊战争，以 5G、物联网、大数据、人工智能等为代表的新一代信息通信技术已经应用到疫情防控的各个方面，科学防控、技术防控发挥基础支撑作用。在疫情防控主题出版物中，新形态的移动端 H5 电子书和增强现实技术（AR）得到应用。VR/AR 技术具有沉浸性强、交互自然的特点，通过自身与信息环境的相互作用来获取知识，沉浸式体验让学习者对讲授内容更加感兴趣，线上教学场景中的应用优势明显。应用新一代相向同行技术的数字出版物有一定技术门槛，制作成本较高，需要出版社先期策划与资源储存调配。2020 年 2 月上旬，河海大学出版社与大地出版社、贵州人民出版社等分别出版融合了 AR 技术的《防护知识挂图》，调取抗击疫情的音频、视频和 3D 模型，图文与现实场景融为一体，让中小学生体验式接受防疫科普教育。海南出版社应用移动新媒体的优势，制作基于 H5 的《新冠肺炎预防知识手册》电子书、《你是我的英雄——最美逆行者》宣传册，图文并茂、通俗易懂，迅速免费公益传播，后者被"学习强国"平台采用并予以推荐。在疫情防控主题出版中能够如此迅速推出新技术应用的数字出版物，离不开出版社平时数字出版资源的积累，也与出版社拥有一支掌握新媒体技术应用的编辑队伍直接相关。

5. 融合出版物成为新品种

采用新型模式来做疫情防控主题出版，让主题出版物能够更适合不同读者、年轻读者的阅读需求，融合型出版物也是疫情防控数字出版的一大亮点，技术加持出版创意的特征非常经典。例如，为助力武汉及湖北其他地市抗击新冠肺炎疫情，帮助外地援鄂医疗队解决医患沟通的方言障碍，商务印书馆及时策划出版了融媒体图书《抗击疫情湖北方言通》。这种融媒体出版物包括微信版、网络版、融媒体版、迷你视频版、抖音版、在线服务系统、即时翻译软件等多种形态产品，为抗击疫情的医护人员及相关群体提供多维度语言服务，贡献语言学之力。其中，融媒体口袋书不再仅仅以文字为主，而是以二维码分别标识普通话、方言和音频所对应的每个语句、词汇，将音视频、图片、漫画等多媒体元素与书的内容结合，实际上是利用文字和多媒体元素共同创作的一种互动图书应用程序。

同一个内容分别以纸书、电子书、有声书、多媒体融合的出版物形态出版，在疫情防控主题出版中比例超过六成，融合出版新品种成为应急响应中检验出版社融合发展的新尺度。

6. 版权合作助力全球抗疫

我国新冠肺炎疫情得到有效遏制，疫情防控取得阶段性战略成果之时，全球的疫情却在加速扩散。我国出版界在第一时间积极借助各种渠道进行版权合作，将中国的出版物翻译成多种语言文字向外传播，讲述中国抗疫故事，提供中国抗疫方案，传授中国抗疫经验，为全球抗击新冠疫情贡献中国智慧。初步统计有近20家出版社向外推出40余种疫情防控主题出版版权合作，甚至一些出版物电子版免费在网络公益传播。

国家外文局用数字产品和"云首发"形式助力全球抗疫，宣布向国际社会捐赠所属七家出版社出版的全部抗击疫情图书的国际版权，对已获得多语种翻译权及相关转授权的抗疫主题图书，全部免费授权国外出版机构出版，下属的新星出版社《和你在一起！——25国外籍专家战"疫"实录》《站在你身后！—从特拉维夫到黄冈的384小时》，外文出版社《2020：中国战"疫"日志》等，及时翻译为英语、法语、德语、意大利语、日语、葡萄牙语、尼泊尔语、希伯来语等十多种语言向全球推介；4月初，上海教育出版社英文版电子书《小心！病毒入侵》由美国斯帕格出版公司以开放获取方式出版，免费供海外读者下载阅读；湖北科技出版社向全球推介由钟南山院士作序的《新型冠状病毒肺炎预防手册》，收到21个国家和地区的近百份版权贸易合作意向，面向17个国家和地区达成12个语种的版权输出协议；上海科学技术出版社《张文宏教授支招防控新型冠状病毒》（电子书）实现波斯语版、英语版、俄语、乌兹别克语、泰语、越南语、意大利语、韩语、葡萄牙语、马来语、印度尼西亚语、西班牙语、阿拉伯语等十余个语种的版权输出；青岛出版集团先后推出《新型冠状病毒感染防护手册》的中文、韩文、英文、日文、波斯文、阿拉伯文等语言电子书版本；人民卫生出版社联合五洲传播出版社紧急推出英、意、日、韩、法、西、波斯共7个文种的《新型冠状病毒肺炎公众防护手册》，免费公开电子版，向世界传递中国抗疫经验。

童书出版领域，经国际儿童读物联盟（IBBY）发起海外版权捐赠计划项目的11部重点推荐的中国原创抗疫童书，在全球抗疫童书互译共读平台——"生命树童书网"（www.lifetreebooks.org.cn）被翻译成英语、日语、法语、德语、俄语、泰语、韩语、波斯语、荷兰语、西班牙语、意大利语、葡萄牙语、尼泊尔语、斯瓦希里语、僧伽罗语、阿拉伯语、马耳他语等17种语言，向全球发布电子书。其中，电子工业出版社有声绘本《阿干必胜》、云南晨光出版社《病毒病毒，我不怕!》、青岛出版集团（青岛出版社）《不一样的春节》《我能战胜病毒》等童书入选。此外，全球图书馆内容提供商赛阅（Over Drive）把抗疫童书上传至78个国家的45 000个图书馆平台，供全球读者免费阅读。

三、平台响应呈现"轻垂聚移"特色

出版社以及出版集团的数字传媒公司是第二种应急响应方式的主体，及时重组和开放的知识资源服务平台体现出"轻垂聚移"特点。

（一）轻量型知识平台增长迅速

在图3所示的三种类型平台中，聚合型是早期开发的资源服务平台形式（占比为17%）；垂直型则是专注于某一领域或者专业知识的内容资源库，占比达到五成以上（53.2%）。在开发时间上，这两种平台类型是基于固网的应用。随着移动互联网的发展，出版社的服务应用从固网向移动端迁移，这两类资源平台也可在移动端查询，实现跨平台应用。第三种是轻量型平台，特指基于移动互联网兴起的知识服务应用，这种知识资源服务平台大有后来居上之势，在快速开放平台中占比近三成（29.6%）。其中，人民卫生出版社"人卫教学助手"、人民教育出版社"人教点读"APP、人民交通出版社"车学堂"、复旦大学出版社"i学"APP平台、北京大学出版社"北大博雅讲坛"APP等，都是轻量型的应用平台。在应急响应中，超过50家出版社建设了多个轻量型的应用平台，表明出版社努力跟进从固定端向移动端迁移的平台建设方向。

（二）垂直型知识平台更显优势

重组和开放知识资源服务平台展现了出版行业的担当和真实水平，在开放的垂直型知识资源服务平台中,既有像人民出版社"中国共产党思想理论资源数据库"、社会科学文献出版社"国别区域与全球治理数据平台"、中国海关出版社"海关学库"、上海辞书出版社"《大辞海》在线数据库"等社会科学领域的垂直型平台;也有像中国科技传媒有限公司(科学出版社)"中国生物志库""科学文库"、中国农业出版社"智汇三农"、中国中医药出版社"悦读中医知识资源服务平台"、中南大学出版社"中国有色金属知识库"等自然科学领域的垂直型平台。还有在应急响应中专为疫情防控重组聚合的知识库,如知识产权出版社"新冠肺炎(NCP)防治专利情报专题数据库"、人民法院出版社"疫情防控法律数据库"等,显示出这些出版社深厚的出版资源积淀、扎实的知识服务规范流程建设实力。

在专业领域建设的垂直型知识资源服务平台,代表了出版业从出版物内容提供商向知识产品服务提供商转型升级的发展方向,也是信息技术与出版业深度融合的必然反映。垂直领域的知识资源服务平台建设门槛高、周期长,内容权威、应用可靠,因此这些平台代表了我国在相应领域知识服务内容的最高水平。最重要的是锻炼成长了一批专门的数字编辑人才队伍。但是,要提高我国知识资源的生产与供给能力,搭建层次清晰、覆盖全面、内容准确的知识资源库群,做好知识资源服务的整体规划和平台进阶,仍然值得进行深入观察研究。

(三)中央级专业社聚集挑大梁

开放知识资源服务平台响应和区域经济文化的发展水平有关系,亦和各省区市出版社资源积累、发展水平有直接关系。从出版社类型的维度看,社科类、科技类、大学类出版社居前三;科技类、社科类都有快速重组开放服务平台;科技类23家快响出版社共开放45个平台,平均每家接近2个,展示出科技出版社在知识资源服务平台建设上的集中优势。

在区域之间,重组和开放平台的数量比重呈现出不均衡特征。综合来看,在重组开放平台响应上,东部区域出版社整体实力最强,其中,中央级专业出版社表现突出;东北部开放的平台数量居第二位,按四大区域的开放平台分析如图7所示。

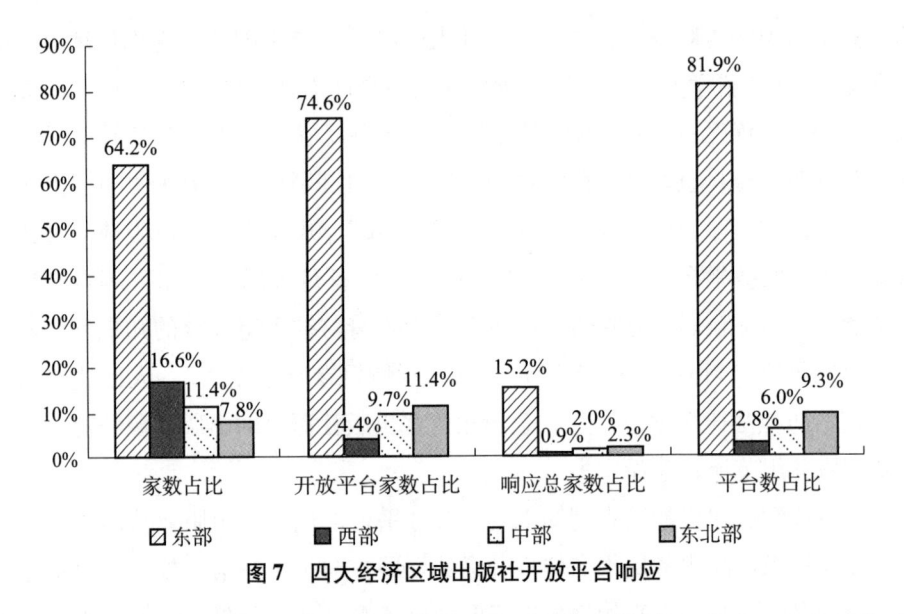

图7 四大经济区域出版社开放平台响应

值得一提的是新闻出版行业知识资源服务中心的首个分中心——可知平台，这是国内唯一采用去中心化模式的知识内容智能化分发和应用服务平台，目前与全国上百家出版社建立起内容资源的关联体系，实现纸电同步以及各出版机构数字资源的统一发布，打通数字内容"出版—传播—应用"产业链，为用户提供各领域专业知识服务，疫情防控期间响应号召，可知平台上有数十家出版社开放了知识服务。其他区域也有开放知识资源服务平台响应的典型，如西南交通大学出版社"轨道在线"学习平台、辽宁教育出版社"脉望中华传统文化工程"网站、湖南教育出版社"贝壳网"等。

（四）"停课不停学"移动APP表现亮眼

在疫情防控中教育类移动APP表现出强劲的应用势头。1月27日，教育部发布关于2020年春季学期延期开学的通知。为支持、服务、保障中小学生特殊时期"停课不停学"，教育部教材局推出由全国67家中小学教材出版单位提供的2020年春季学期电子版教学用书（PDF格式）及相关教学资源，供全国广大师生免费下载使用。各地出版社积极发挥信息化和数字化学习资源优势，除了基于网络的各种教育云服务外，教育类APP大显身手。

人民教育出版社倾心打造的"人教点读"APP，以义务教育课程标准为指导，紧密结合传统纸质教材，应用 AI 技术，帮助中小学生有效提高语文、数学、英语三大学科能力。为满足全国师生"宅家"学习的需要，通过开放数字化教学资源和教学信息库，紧急上线配套音、视频课程，借助二维码技术等，将纸质内容转移到线上平台。随着用户的大幅增长，人教社又在"人教点读"APP 用户体验、互动方面下工夫，加强数字课程的互动化，及时对用户反馈的有关平台、教学资源等问题进行记录、处理和改善，保证疫情期间教学正常进行。类似还有北京出版社集团的"京版云"、广西教育出版社的"快乐口算"APP、湖北教育出版社的"湖北教育"APP、上海教育出版社的"上教英语"APP、华东师范大学出版社"华狮小助手"APP 等众多的教育类移动应用，面向不同教育层次用户在疫情防控期间开展出版服务。

在数字化转型升级、融合发展过程中，知识资源服务平台建设越来越受到出版界的认同与重视，尤其是垂直型的知识平台建设，反映了出版社长期进行数字出版转型升级、融合发展的谋划、作为与成果，更体现了出版社的权威和实力。

四、出版物传播渠道畅通融合特征显著

应急响应出版物传播渠道畅通，渠道融合特征显著。全国各大主流媒体、地方新闻媒体、学习强国平台、出版社官网官微、抖音号、快手号、新闻传播网站、行业联盟网站、APP 平台两微一端、有声平台、短视频、直播平台等，积极传播疫情防控主题出版物信息及出版物内容，及时进行矩阵式滚动报道、转载或再制作。

（一）立体联动实现多元复用传播

出版服务应急响应期间，疫情防控主题出版物的出版信息及数字内容传播渠道已实现网络化、立体化、多元链接，经梳理提炼，立体联动助力科学战疫的传播渠道如图 8 所示。

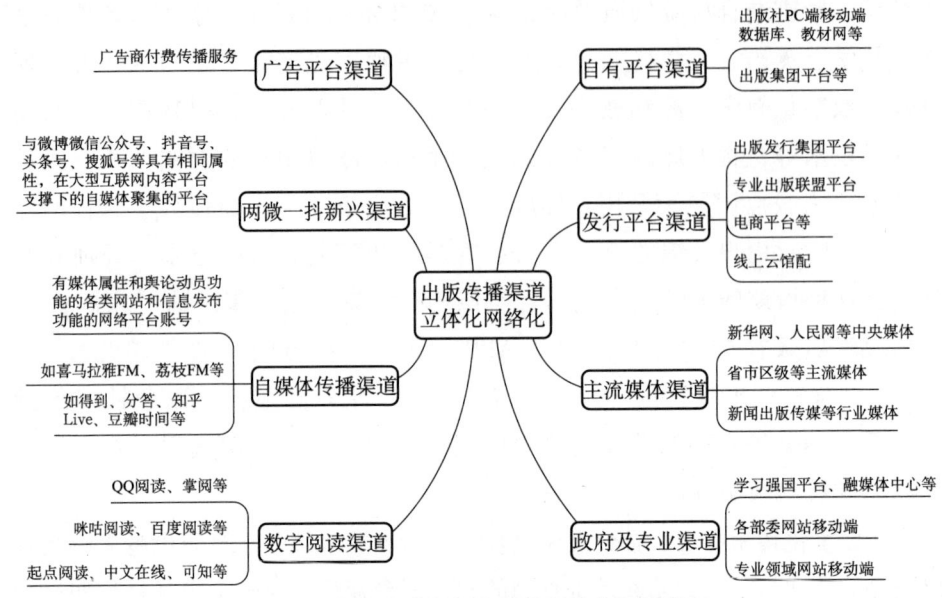

图8 应急响应出版物网状立体传播渠道

广告平台渠道：广告商付费传播服务

两微一抖新兴渠道：与微博微信公众号、抖音号、头条号、搜狐号等具有相同属性，在大型互联网内容平台支撑下的自媒体聚集的平台

自媒体传播渠道：
- 有媒体属性和舆论动员功能的各类网站和信息发布功能的网络平台账号
- 如喜马拉雅FM、荔枝FM等
- 如得到、分答、知乎Live、豆瓣时间等

数字阅读渠道：
- QQ阅读、掌阅等
- 咪咕阅读、百度阅读等
- 起点阅读、中文在线、可知

自有平台渠道：
- 出版社PC端移动端数据库、教材网等
- 出版集团平台等

发行平台渠道：
- 出版发行集团平台
- 专业出版联盟平台
- 电商平台等
- 线上云馆配

主流媒体渠道：
- 新华网、人民网等中央媒体
- 省市区级等主流媒体
- 新闻出版传媒等行业媒体

政府及专业渠道：
- 学习强国平台、融媒体中心等
- 各部委网站移动端
- 专业领域网站移动端

立体化渠道不仅是产品信息发布渠道，也是内容展示节点，还是社群互动渠道，加宽加深加长的渠道使出版物的传播增值。在应急响应中，除了为业界所熟悉的传统线上线下传播渠道外，新媒体渠道的应用有很强的示范作用，形成了网络化、立体化、矩阵式全媒体传播态势。如广东科技出版社1月23日推出行业第一本抗疫出版物后，迅速扩大读者范围和受益人群，在传播渠道拓展上的波次性、立体化效应十分明显。该社第一时间授权香港、澳门同行出版香港繁体版和澳门版，2月初该书被翻译成蒙古文版，藏汉、彝汉和朝汉等双语版，授权东南亚地区出版英文版和马来文版；电子书除夕上线，在天猫、京东、当当、博库等电商平台免费下载量超过100万册。该书在官微公众号点击阅读量超过2 280万人次，获得超过150家政府机关、事业单位、媒体公众号、微博、官网等平台转载或推荐，图书音频版在喜马拉雅、懒人听书等平台免费发布，收听量迅速达到2 000万。

同期，《妈妈要去打怪兽》绘本应用新媒体渠道，从选题创意到极速矩阵式传播，体现出版融合服务。该书推出了中、英文绘本纸质书、电子书、动画视频、有声书等多种形态；由央视播音员免费录制音频，作曲人无偿提供音频配乐，配音导演免费录制；市场营销推广方案确定由作者、出版社、第三方平台首发，其他平台随后跟进。该书在微信公众号、微博、小红书、抖音等100

多家新媒体平台投放,其中音频版在喜马拉雅、洪恩故事、蜻蜓 FM 上线,电子书在当当、京东、掌阅等平台同步上架;视频在微博发布不到 24 小时,观看量就突破 10 万次,覆盖多个群体圈层,多篇"10 万+"爆文涌现,短短 3 天内引爆全网声量,仅微博平台累计播放量就超过 35 万次,单条微博阅读量超过 240 万人次。

不仅中央级出版社有良好的扩散传播效果,并且地方级出版社亦能通过融合传播渠道,展示自己的担当。出版物传播呈现多元渠道网状链接、节点路径复用,展示出最新的融合渠道特征,也表现出传统媒体和新兴媒体通力合作为抗疫助力的高光时刻,传播效果明显。

(二) 可适配性提升线上传播能力

疫情防控主题出版传播过程中,出现先利用微信、微博、官方网站等先声夺人,再由各大自媒体、线上知识资源服务平台"递进、多维、立体、接力"的可适配传播模式,利用文字、图片、音视频、动画等多形态信息载体同步发布,全方位展现出版物的内容,也体现了出版数字化融合发展的良性态势。随着疫情防控常态化对线上渠道的巨大开发与利用需求,线上线下同步性将会更加凸显,基于移动端的数字出版有望成为一种普遍的传播模式。

纸书、电子书、音视频、有声书、融媒体产品等一众疫情防控主题出版物信息及数字内容传播渠道,链接传播网状节点路径复杂,内容扩展传播效果明显。尤其在快速响应阶段,每天都有数种出版物面世,通过传统渠道和新兴渠道直达抗疫需求之地。3 月 1 日有 24 种出版物上线,是单日出版物面世最多的一天。如人民卫生出版社 1 月 30 日出版《新型冠状病毒感染的肺炎公众防护指南》,第一批图书紧急送往武汉抗击疫情一线,电子书、网络版读物做到了纸电同步,在健康中国、人卫健康等微信公众号、人卫电子书等 APP,以及学习强国、亚马逊 kindle、掌阅、微信读书、京东阅读、当当云阅读、丁香园、天猫阅读、得到、知乎等网络平台公益传播;提供免费的可印制 PDF 版本,被一些地方人民出版社、民族出版社快速转译为多种少数民族文字版本在本土传播。人民出版社 1 月 30 日特别提前推出了主题图书《中国疫苗百年纪实》电子书,在学习强国、中国移动、掌阅、亚马逊及人民出版社读书会等多家数字平台同步上线。四川人民出版社 3 月 2 日推出《疫情防控居家康养健身舞》,

既可通过在线阅读或公众号推文直接阅读，还可以通过二维码识别等途径免费观看配套的视频。

（三）网端屏互通内容跨平台应用

这次应急出版中也看到出版社在驾驭网端屏多终端互通上有新的动作新的挖掘。人民文学出版社通过微信公众号推出"人文读书声"免费领取月卡特权，用户在一个月内全店作品免费畅听。广州出版社《新时代文明实践系列口袋书：讲文明 树新风 齐参与 防疫情》线上线下多渠道同时发布，用户可免费阅读。海南出版社疫情防控的系列读物均制作H5电子书，将音视频多媒体融为一体，与手机兼容，一键式操作，且成本低廉。陕西人民教育出版社发布网络版和纸质版《新型冠状病毒肺炎防护知识读本》，在喜马拉雅推出语音版，同时还以新媒体产品形式每天做一条H5，推送到陕西传媒网、掌中陕西客户端，还以文图、长图、H5、小视频等形式在自有渠道进行传播。这些案例展示出让人为之振奋的出版传播力，这些跨产品形态与运用多重信息载体的融媒体出版物，预示着未来出版传播的必然趋势。

尽管网端屏互通的阅读方式尚在初期尝试阶段，但从跨终端制作到无障碍阅读的过程，为出版物进行内容互通跨平台应用提供了可借鉴可参考的方向。网端屏多终端内容互通，在大数据用户画像方面，以及拓展出版市场的深度、广度方面，也有积极的推动作用，是一种有益的尝试。

（四）出版服务延伸到相关领域

抗击疫情出版服务不仅实现了防护指导、防疫科普等功能，出版社还创新了与相关领域合作，延伸出版服务的方式。

"互联网+出版+生活服务"跨界融合创新。疫情期间，网络成为人们接触社会、获取信息的主要途径，出版社向互联网主阵地汇集，产生了直播课程、直播卖书及"出版社+新媒体平台""出版社+生活服务类平台"等许多生动的探索。如上海人民出版社、上海科学技术文献出版社等入驻美团外卖，让读者可以像点外卖一样，在外卖平台上挑选图书并享受送书上门服务，开启了出版社新销售路径的尝试。

"互联网+出版+医疗"跨界服务创新。中国中医药出版社网络直播是一种能够让受众获得参与感、即时互动性最强的方式，是出版产业链上的一大突破。该社于 2020 年 1 月 29 日上线兼具"科普+问诊"功能的《新型冠状病毒感染的肺炎防治知识问答》电子版，不仅普及防护知识，还通过二维码关联"疫情在线免费问诊"平台入口，用户只需扫码便能进入"微医互联网总医院抗击新冠肺炎疫情义诊"专区，针对新冠肺炎疫情防治答疑解惑，成为基层疾控和医务人员的得力助手。

"图书+线上心理咨询"起到心理干预治疗作用。四川科学技术出版社于 2020 年 1 月 31 日深夜上线《新型冠状病毒大众心理防护手册》电子版，并与作者单位四川大学华西医院及四川新冠肺炎疫情心理干预工作组专家团队迅速建立起线上线下联动方式，推进防护知识宣传。该书来自防护实际，满足群众防护需求，虽然发布时间已是深夜，但阅读量很快就达到 10 万+，在疫情突发早期起到很好的心理干预治疗作用。

"微信多群同步直播"分享抗疫知识。应用"微信多群同步直播助手"软件，解决微信单群消息推送的薄弱点，直播助手将直播间发布的信息（包括照片、文字、链接、小视频、微信公众平台图文等）同步到数十个甚至上百个微信群中，大大拓展了内容的传播渠道。江西新华发行集团与北京开卷合作推出了微信多群直播活动，让作家与读者直接互动，共同探讨、分享疫情期间心理干预、读书方式等领域知识。通过微信多群直播模式，不仅让读者沉浸在社群营造的文化氛围，还将出版内容一次性覆盖更多书店，扩大了影响力。

一场突如其来的疫情，考验着图书出版业在国家重大公共安全事件中的成长与反应，也犹如一场春雨，滋润着多种数字出版形态如春笋般成长，催生着数字出版在内容与形式、生产与传播上的创新，扛起图书业应急响应的大旗。

五、疫情防控主题数字出版应急响应的启示

回顾 2020 年的抗疫斗争，出版界听从党中央号令，以最快响应速度、最大响应规模、最广覆盖类型接受大考，数字出版及时回应国家重大需求，集体交出了合格答卷，其中反映出的意志、作风、能力和团队作战的品质，将载入

中国出版界的史册。面临突发重大灾害时，中国制度能够迅速统筹实施疫情防控主题出版应急响应，数字出版的良好表现给出版社深度融合发展、担纲文化传播留下几点启示。

（一）检验出版社担当执行能力

习近平总书记在湖北武汉考察疫情防控工作时指出，敢于斗争、敢于胜利是中国共产党人鲜明的政治品格和政治优势，在疫情防控阻击战中考察识别干部，激励作为担当。面临突发重大公共卫生事件，出版行业迅速应急响应，体现了中国制度统筹与实施的巨大优越性，是出版社坚守"把社会效益放在首位"的检测剂。疫情防控主题出版不仅覆盖了所有九种类别的出版社，而且出版物选题和出版覆盖抗疫指导、防疫科普、宣传读物等方面，兼顾专业人员和人民群众各层次各领域的阅读需求，以及支援全球抗疫的中国胸怀，尤其是在2月6日国家新闻出版署下发通知时，就有46家出版社推出70种疫情防控主题出版物（占比20.8%），充分体现了出版社敏锐的政治勇气和主动的担当行为。

同时，在长达200多天时间里，有超过四成的出版社没有应急响应；在区域和类型维度上，出版社数字出版的表现也不一样。虽然有各种客观因素影响，但是出版业独特的文化价值使命以及在新时代中国特色社会主义理论体系中的新内涵，使战时的责任担当和行动能力成为检验出版社"把社会效益放在首位，实现社会效益和经济效益相统一"的试金石。建议把战时应急响应作为一个重要维度，补充到出版社社会效益考核指标体系中，形成"平时＋战时"的综合评价，更全面考核评价出版社。

（二）检验出版社资源聚合能力

一场突如其来的重大疫情灾害，出版应急响应在地域上覆盖了30个省市区，综合检验了出版社因地制宜、因人制宜、因时制宜，协同作战、迅速行动的能力，也考验了出版社高质量聚合相关作者资源，以及协同快速完成编审校环节的能力。出版业渗透在国家社会生活的每一个领域，出版人通过客户关系资源触及各个领域的权威机构、知名专家、专业创作者，防控指导类出版物几乎都是由中央、省市两级疾病防控中心、国家级医疗和科研单位专家担纲编写,足以证明出版社的作者资源储备优势。精准、科学的指导科普类出版物由专业、权威的作者编写,不仅满足国内抗疫防疫需求,而且翻译成多语种文版供其他国家分享。在紧急情况下出版社寻找、配置最合适、专业资源丰厚的作者,具有超强的作者资源聚合能力。

但是在应急出版中,由于存在版权壁垒和资源共享平台缺失,手册类的工具性出版物、病毒知识类的科普读物重复性较多,在人力、物力、财力和出版时间上造成不同程度的浪费。建议在行业层面凭借中国制度的优越性,建立或重组高效、便捷、公益特点鲜明的应急响应主题出版资源共享平台,避免和减少出版资源的重复浪费问题。

(三) 检验出版社融合发展能力

出版融合是一场由技术飞跃式进步带来的深刻变革,更是一场在党中央战略谋划下进行的创新发展,应急响应显示出出版社数字化生存能力,体现出出版融合发展的新成效,促进了科技为出版加速赋能。这次新冠肺炎疫情全国紧急一级响应,人员物理隔离,常规的办公生产转移到网上,出版人通过云端协同作战,数字形态的出版物占总量的70%以上,呈现出"一个内容、多个选题、多种形态、多元渠道、流转发布、动态反馈"的出版融合业态。在抗击疫情大考中,传统出版和新兴出版在内容、渠道、平台、经营、管理等方面的融合发展,考验了出版社快速策划生产融媒体出版物的能力,出版组织结构快速调适的张力,从供给侧生产端延伸到服务端的综合传播能力。这种基于云端的信息化、大工业的生产方式,使出版人才队伍经历实战锤炼,团队工作方式正在改变传统的编辑营销人员的成长方式。

但是疫情防控主题出版的数字出版物,主要形态还是静态的图文电子书,多媒体电子书以及纸质书链接数字资源的融媒体出版物、端屏阅读的流媒体出版物等,数量很小。版权输出中数字出版也多是静态的电子书,说明整体的融合出版能力还处于较低阶段。另一方面,融合不仅是现有体制下的圈内融合,还需要破圈与主流的流媒体平台合作。一些出版社在两微一端、抖音、快手、火山等平台上入驻,需要借助直播、短剧微剧、大V网红影响力等形式,弥补出版社在音视频、动漫等形态数字资源的短板,让数字出版内容资源在流量巨大的流媒体平台有效推广,这也考验出版社的融合发展能力。

（四）检验出版业综合治理能力

这次新冠肺炎疫情，影响了我国经济社会各方面的正常运转，更是对国家和各行各业应急管理体系和管理能力的重要考验，检验出版业的综合治理能力。出版业肩负使命，在重大突发公共卫生事件中发挥舆论导向作用，整体上讲，应急出版中涉及抗疫专业指导、法律法规指导、防控自救指导、心理调适指导，以及模范人物先进事迹等的宣介传播，发挥了宣传舆论工作树立信念、鼓舞士气、传播知识、纾解情绪、提升大众防护能力等方面的积极作用，数字出版的优势在应急管理中得到充分体现。

但是应急响应中也暴露了出版业应急管理体系和能力上的短板，如整体组织协调能力、资源储备整合能力、与音视频形态的流媒体平台共建能力、多样性版权开发应用能力，以及出版复合型人才队伍建设能力等，在国家治理体系和治理能力现代化进程中，都需要综合统筹部署。因此要从以习近平同志为核心的党中央推进国家治理体系和治理能力现代化的高度，以"固根基、扬优势、补短板、强弱项"的理念和实践，在出版治理体系中建立起出版业应急管理体系，统筹组织协调管理，根据突发公共事件的级别制定不同的应急预案，不断提高和完善治理能力。

（作者单位：北京印刷学院新闻出版学院）

附 录

第一期

2020 年中国数字出版大事记

石昆辑录

一、电子图书

浙江省数字教材服务平台上线

2020 年 2 月 9 日,由浙江出版联合集团打造的浙江省数字教材服务平台正式上线,推出浙江省中小学各学科的正版数字教科书,抗疫期间,所有资源均无需注册,免费下载。上线的数字教材包括小学一至六年级语数外等 7 个学科、初中一至三年级语数外等 8 个学科、高中语数外等 12 个学科。平台的数字教材为 PDF 和 JPG 格式,其内容与纸质教科书完全一致。

人教社免费开放春季全学科全学年中小学教材

2020 年 2 月 12 日,人民教育出版社决定免费开放春季中小学教材和教师用书电子版,全国中小学师生无需注册就可浏览、下载。此次人教社免费开放的春季教材为全学科、全学年教科书、教师用书,涵盖义务教育、高中教材、中等职业和特殊教育等多个领域,涉及 20 多个学科(学段),有近 600 个品种。此前,人教社免费开放了"人教点读"APP、"人教口语"APP、人教版第三套全国中小学生校园广播操视频、"同步学"等数字教材资源产品。

商务印书馆语言资源知识服务平台一期上线

2020 年 3 月 30 日,商务印书馆语言资源知识服务平台(应用市场名称"涵芬")正式上线,是国内首个基于权威工具书开发的语言学习服务平台。该平台以商务印书馆出版的权威规范的语文辞书为基础,以优质、专业、体系化的语言知识内容为核心,融合人工智能、自然语言处理和大数据分析等技术,整合文本、音频、视频、动画等资源，构建词典查询、名著阅读、写作指导、经典讲析、传统文化学习等功能，通过大语文的研发方式、大集成的融合形式，成为中小学生、家长、语文教师和语言文字工作者等用户语言学习、语言应用的帮手。平台一期聚合《新华字典》《现代汉语词典》《古代汉语词典》《中国艺术百科辞典》等24部精品汉语工具书，总条目40余万条，6 000余万字，涵盖语文字词典、成语惯用语等语典、专科词典、百科词典等。平台以纸书原版内容为基础，深度结合融媒体技术，提供一站式词语查询、汉语字词播音员普通话范读、汉字动态标准笔顺、根据意义查询汉语古诗词的"据意查诗"、汉语字词知识智能问答机器人等特色功能与服务。

上教社与民企合作共建在线教育平台

2020年3月31日，上海教育出版社与纳米盒上海进馨科技合作。双方将在教育信息化及创新业务领域开展深入合作，共同推进"基础教育学习平台"建设。双方将发挥各自核心优势，将传统出版企业严谨的学科内容体系和强大的学科编校团队，与民营新兴互联网企业丰富的技术研发、互联网运营经验有机结合，尝试共同拓展教育出版"互联网+"新模式，布局数字教育产品市场，共同寻求在基础教育数字化学习应用上的新突破。

2020中国数字阅读大会云端启幕

2020年4月23日，2020年中国数字阅读云上大会正式上线开幕。本届大会以"e阅读，让生活更美好"为主题，特别增设抗疫主题活动。大会发布了《2019中国数字阅读白皮书》。截至2019年，我国数字阅读用户总量达到4.7亿，人均电子书年接触率近15本。2019年中国数字阅读整体市场规模已达到288.8亿，同比增长13.5%。大会揭晓了由中国音像与数字出版协会评选的多个奖项。其中，《平"语"近人——习近平总书记用典》等入选"2019年度十佳数字阅读作品"；凉山州·学前学会普通话项目等入选"2019年度十佳阅读扶贫项目"；南京、成都、深圳、杭州等城市入选"2019年度十佳数字阅读城市"。技术应用创新奖为本年度新增奖项，掌阅iReader C6彩屏阅读器及咪咕讯飞彩屏阅读器获选。

中国儿童数字阅读中心在沪成立

2020年6月15日，由人民日报社、中国福利会指导，人民日报数字传播有限公司旗下"人民阅读"平台、中福会出版社、阅文集团共同发起的中国儿童数字阅读中心在上海正式揭牌成立。启动以"阅读·未来"为主题的中国儿童文学扶持计划。扶持计划下设儿童文学创作扶持计划、儿童文学传播大奖评选、青少年阅读写作培养计划。

2020 年网络文学重点作品扶持选题名单发布

2020 年 6 月 24 日，中国作家协会公布"2020 年中国作家协会重点作品扶持项目"及"2020 年网络文学重点作品扶持选题名单"。"2020 年中国作家协会重点作品扶持项目"共有 99 项选题入选，其中网络文学作品 8 项。2020 年网络文学重点作品扶持选题工作共收到申报选题 236 项，最终 32 项选题入选。

国图与阅文共建互联网信息战略保存基地

2020 年 8 月 31 日，国家图书馆与阅文集团签署战略合作协议，阅文集团挂牌成为国家图书馆第二家互联网信息战略保存基地，阅文平台的百部网络文学佳作典藏入馆。

第四届"网络文学+"大会在京举行

2020 年 9 月 4—6 日，第四届中国"网络文学+"大会在北京中关村国家自主创新示范区展示中心举办。本届大会以决胜全面小康、决战脱贫攻坚为主线，以"价值引领、精品孵化、作家培育、融合发展"为重点，以"网映时代，文谱华章"为主题。大会发布了《2019 中国网络文学发展报告》。大会举办了"1+4+N"论坛，即 1 场高峰论坛；主题为"IP 时代，如何保持网络文学的独特创作生态"的网络文学+"创作"论坛、围绕"赋能·破局——网络文学 IP 的价值裂变"主题的网络文学+"IP"论坛、主题为"以法律保护之剑，为网络文学护航"的网络文学+"版权"论坛、以"让中国好故事全球传播"为主题的网络文学走出去平行论坛等 4 场论坛；N 场企业申请举办的分论坛。大会发布了《2020 年中国网络文学出海行业报告》，发起了《网络文学版权保护倡议书》，评审出了 60 部优秀网络文学作品。

2020 年阿拉伯网络小说创作与翻译大赛颁奖典礼举办

2020 年 9 月 6 日，第三届 that's 阿拉伯网络小说创作与翻译大赛颁奖典礼在第十八届北京国际图书节举行。此次大赛主办方为五洲传播出版社、约旦空间出版社和中国外国文学学会阿拉伯文学研究分会。此次颁奖典礼采取"线上+线下"的形式，通过线上的方式为小说创作大赛颁奖，同时邀请部分小说翻译大赛的获奖者参加现场颁奖仪式。2020 年第三届 that's 阿拉伯网络小说创作大赛共收到来自沙特、科威特、阿曼、阿尔及利亚、埃及、约旦、摩洛哥、加拿大等 21 个国家的 2014 篇投稿，两轮网络投票总票数超过 23 万，最终来自 6 个国家的 10 篇作品入围短名单。

2019 年度中国网络文学排行榜发布

2020 年 9 月 28 日，由中国作家协会、深圳市委宣传部共同主办的 2019 年度中国网络文学排行榜在深圳发布。《浩荡》《天下网安：缚苍龙》《关河未冷》《朝阳警事》《我在火星上》《宰执天下》《天道图书馆》《书灵记》《传国功匠》《星辉落进风沙里》10 部优秀网络小说，《庆余年》《全职高手番外之巅峰荣耀》《知否知否应是绿肥红瘦》《斗罗大陆》《藏海花》《诛仙》6 部 IP 改编作品，《天道图书馆》、《修罗武神》、"起点国际（Webnovel）"项目 3 部海外传播作品（项目）入选 2019 年度中国网络文学排行榜。在同期举办的中国网络文学高质量发展研讨会上，60 余位网络文学作家、专家学者、业内人士围绕"网络文学的本质""网络文学如何出精品""网络文学 IP 改编"等话题进行了交流研讨。

第五届北京十月文学月在京举行

2020 年 10 月 14—31 日，第五届北京十月文学月启动暨第二届"十月签约作家"发布活动在京举行。本届文学月紧扣"文学的力量"主题，分为核心活动、国际交流、大众活动、"文学+"、少儿文学、网络文学六大板块、百场活动。本届文学月集中呈现五大亮点：聚焦时代主题，提升城市文学气质；创新活动模式，开展线上线下联动；坚持守正创新，构筑品牌强力支撑；彰显首都胸怀，推动文学走出去；深耕跨界融合，促进业态互惠共赢。

扬子江网络文学作品大赛在宁颁奖

2020 年 11 月 13 日，2020 扬子江网络文学作品大赛颁奖暨 IP 交易大会在南京举办。本届大赛共有《2.24 米的天际》等 10 部作品获奖，其中，《白衣执甲》获最佳年度主题奖，《凤策长安》获最佳故事情节奖，《一品件作》获最具影视改编潜力奖。大会进行影视版权开发、图书出版、"走出去"战略合作等 5 项签约仪式。其中，江苏凤凰文艺出版社与连尚文学签订《2.24 米的天际》图书出版合约。南京市电影协会、南京市世界文学之都促进会和椰岛游戏，分别与江苏网络文学谷签署多项战略合作协议，并就《江南百景图》南京线下内容开发制作项目签约。与会嘉宾围绕"网络文学精品创作与 IP 转化"

主题分别发表主题演讲。

首届上海国际网络文学周在沪召开

2020年11月16日,由上海市新闻出版局指导,上海市出版协会、阅文集团主办的"2020首届上海国际网络文学周"在上海召开。活动以"开放文学力量 网聚时代精彩"为主题。开幕式上发布了《2020网络文学出海发展白皮书》。

二、互联网期刊

第三届世界科技期刊论坛在京举办

2020年8月10—11日,"中国科技峰会——第三届世界科技期刊论坛"在京举办。论坛主题为"连接·互鉴·共治——大数据时代科技期刊的新使命"。与会嘉宾围绕开放科学和出版传播、出版传播体系变革、开放科学的技术与规则等议题进行交流。

2019龙源TOP100榜单发布

2020年8月31日,由中国新闻出版研究院与龙源数字传媒集团联合举办的第15次中国人文大众期刊数字阅读影响力TOP100暨第六次数字城市知识阅读TOP100排行发布会,以线上线下相结合的方式召开。

第七届西部科技期刊发展论坛在渝召开

2020年9月18日,第七届西部科技期刊发展论坛在渝召开。此次论坛以"服务科技创新,建设一流期刊"为主题。开幕式上,西部科技期刊联盟宣布成立,重庆市版权保护中心与重庆市科技期刊编辑学会签署了版权保护战略合作协议。双方探索借助数字技术把版权保护嵌入期刊集约化建设,最大限度弥补科研诚信建设过程中版权保护意识不强、法律知识欠缺、宣传力度不够等短板弱项。与会嘉宾作了《新发展阶段建设世界一流科技期刊的使命》《以研究型编辑的视角面对诸多问题》等报告。

首届中国期刊高质量发展峰会在沪举行

2020年9月22—24日,首届中国期刊高质量发展峰会暨第九届上海期刊论坛在沪举行。峰会由中国期刊协会、上海市出版协会、上海市期刊协会和上海大学共同主办。大会发布了《上海期刊发展报告（2020）》。

北方期刊发展联盟智库成立

2020年10月22日，北方期刊发展联盟智库成立大会在长春召开。北方期刊发展联盟智库由吉林省期刊工作者协会、黑龙江省期刊协会、辽宁省期刊协会、河北省期刊协会、山西省期刊协会、内蒙古期刊协会、天津市期刊协会、河南省期刊协会、安徽省期刊协会、宁夏期刊协会、新疆期刊协会和青海省期刊音像（电子）协会联合组建而成，智库以"跨界、创新、协作、共赢"为宗旨，以推动北方期刊高质量发展为目标，持续推动北方地区期刊业互鉴交流、务实合作和共同发展。

中国学术期刊未来论坛召开

2020年12月17—18日，2020中国学术期刊未来论坛召开。该论坛首次以线上形式召开，今年的主题为"共担历史使命、共建创新生态、共谋高质量发展、共创期刊未来"。主办方以科技期刊与哲社期刊两大类分别举行分论坛。并围绕学术期刊的质量把控与出版模式创新、学术期刊品牌建设与经营模式、学术期刊的全球视野与国际传播、构建科学合理的期刊评价体系等主题，受邀嘉宾通过6个分论坛在线分享了经验和思考。

三、数字报纸

人民日报数字传播与卡奥斯共建数字化赋能平台

2020年3月26日，人民日报数字传播有限公司与海尔卡奥斯物联生态科技有限公司签署战略合作协议，双方共建智能采集、信息管理、分析服务、产能对接、权威发布的全链路数字化赋能平台，助力我国产业结构数字化转型升级。双方还将探讨共建多屏互动、行业融合、舆情跟踪的工业互联网数字传播平台，共建工业互联网直播平台。

河南大学与河南日报共建黄河文化智库

2020年11月24日，由河南大学与河南日报报业集团共同建设的黄河文化智库正式签约成立。此举通过高校科研与媒体宣传深度融合新模式，融合河南大学思想库、学术性的传统优势与报业集团渠道明畅、资源丰富的媒体优势，为经济社会发展贡献思想与智慧。

四、移动出版

掌阅与百度展开战略合作

2020年3月25日，掌阅科技发布公告，掌阅科技拟定增募资不超7亿元，用于数字版权资源升级建设项目，由百度旗下公司认购。公告显示，掌阅科技拟与百瑞翔投资及其母公司百度集团在内容采购及开发、人工智能、大数据、软件应用、在线教育、智能硬件等多领域展开战略合作，共建数字阅读新生态。

2020快手读书创作者学院启动仪式在北京举行

2020年10月20日，由北京快手科技有限公司联合中国出版协会，面向出版行业及读书领域内容创作者推出的2020快手读书创作者学院启动仪式在北京举行。快手宣布，将投入百亿资源，扶持读书领域创作者成长，包括扶持1 000余个出版机构和书店短视频账号、1 000余个读书类KOL（关键意见领袖）、500余个作家以及500余个短视频读书账号。

五、网络游戏

北京网络游戏新技术应用中心落户亦庄

2020年6月4日，北京网络游戏新技术应用中心在北京亦庄时代广场挂牌，首批入驻企业金山云、人民视讯、挚爱互动、爱尚游、沸腾云等10余家云游戏内容及发行平台机构获得授牌。未来这里将成为涵盖游戏研发、游戏云服务、设备研发生产、技术服务、场景应用"五位一体"的全产业链云游基地，为北京建设"网络游戏发展之都"提供产业生态支撑。

重庆游戏服务专门委员会挂牌成立

2020年6月12日，重庆市音像与数字出版协会游戏服务专门委员会在重庆授牌成立。会上重庆市音像与数字出版协会、重庆华略数字文化研究院发布

《2019—2020年重庆游戏产业发展报告》，报告数据显示，2019年，重庆游戏业产出21.67亿元，其中游戏运营收入10.39亿元，研发产出11.28亿元，分别比2018年增长8%和28%，是近3年增长速度最快的一年。报告还显示，目前在渝从事游戏研发和运营的人员约9 000人，重庆游戏企业运营网络游戏约有1 200款，海内外用户超过2亿。

2020年国际游戏商务大会在沪举办

2020年7月29日，2020年国际游戏商务大会在上海举办，大会以"疫情之下中国游戏厂商出海新机遇"为主题。与会代表共同探讨原创游戏出海的经验和策略；中外游戏企业共话版权交易、引领产业健康发展。会上，国家对外文化贸易基地（上海）发布了"千帆计划"。这是全国范围内首发的数字文化创意内容出海专项扶持计划。该计划包括政策支持、版权服务、出海保障、战略研究、贸易渠道五大服务目标，包含逾40项具体服务措施。基地期待通过"千帆计划"，打造数字文化创意内容出海的"上海样本"，探索"全球电竞之都""游戏创新之城"的发展新模式、新路径。

第十八届中国国际数码互动娱乐展览会在沪举办

2020年7月31—8月3日，第十八届中国国际数码互动娱乐展览会在上海举办。本届展会以"科技·引领数字娱乐新浪潮"为主题。同期举办"上海电竞周"活动。还举办了优秀游戏制作人大赛、"金翎奖"评选。首届"ChinaJoy Plus"云展同期推出。

云游戏版权保护与云游戏未成年人防沉迷自律公约研讨会在京召开

2020年8月6日，5G云游戏产业联盟在京召开云游戏版权保护与云游戏未成年人防沉迷自律公约研讨会。与会代表就联盟草拟的《云游戏版权保护自律公约》和《云游戏平台防沉迷自律公约》等内容进行交流。中国信息通信研究院、国家广播电视总局广播电视科学研究院及腾讯、阿里云、华为、百度、小米、京东云、咪咕互娱等48家联盟会员单位代表参加研讨。

"ICT中国·云游戏大会2020"在京举办

2020年10月15日，作为2020年中国国际信息通信展览会（ICT）同期活动的"ICT中国·云游戏大会2020"在北京国家会议中心举行，大会以"5G新基建 数字新娱乐"为主题。大会发布《2019中国网络版权保护年度报告》《云游戏版权保护自律公约》和《云游戏平台未成年人防沉迷自律公约》，33

家单位成为首批签署两项自律公约的企业。《云游戏版权保护自律公约》对游戏研发、发行、运营、使用全过程进行规范，规定联盟成员应当自觉接受联盟对云游戏研发、发行、运营活动的监督管理，并积极配合联盟采取有效的技术措施和管理措施，保护联盟成员及其他相关权利人的合法权益。《云游戏平台未成年人防沉迷自律公约》对研发、发行、运营云游戏产品、经营云游戏平台或提供其他相关服务时进行了规范，落实网络游戏账号实名注册制度，积极遵守政府管理部门对未成年人使用网络游戏时段时长的严格控制，还倡议成员间建立并逐步完善防沉迷协调机制，推动云游戏平台防沉迷标准建立，鼓励云游戏平台针对未成年人防沉迷信息互联互通。

2020年度中国游戏产业年会在广州举办

2020年12月17日，由国家新闻出版署主管，中国音像与数字出版协会、中共广州市委宣传部、广州市黄埔区人民政府、广州开发区管委会主办的2020年度中国游戏产业年会在广州汇华希尔顿逸林酒店举办。本次年会的主题是"追求优质发展，勇担企业责任"，由中国游戏产业年会大会、中国"游戏十强"颁奖盛典、致敬中国游戏主题展览以及8个不同主题的分论坛组成，本届年会首次设立游戏版权生态保护与发展分论坛。年会发布了《2020年中国游戏产业报告》及《网络游戏适龄提示》团体标准。

六、网络动漫

央视动漫集团在京成立

2020年1月5日，中央广播电视总台所属的央视动漫集团在京正式揭牌成立。央视动漫集团将重点发力短视频和动画电影，围绕核心IP进行全产业链布局，开发新产品，拓展新渠道，探索新业态，推出更多阐释中国精神、中国价值、中国力量的动漫系列精品力作。揭牌仪式上还发布了《西游记》《水浒传》《冰球旋风》等10个重点大型电视动画系列片项目。

CCG动漫展登陆上海

2020年7月16—20日，CCG中国国际动漫游戏博览会在上海世博展览馆举办。本届展会参展企业250余家，分动画、漫画、游戏、文学、互联网社区、周边衍生品 6 大板块，集聚了海内外知名动漫企业。

第十六届中国国际动漫节在杭州举办

2020 年 9 月 29 日—10 月 4 日，第十六届中国国际动漫节在浙江杭州举办。本届动漫节以"动漫之都，智享未来"为主题，通过线上线下相结合的方式，举办了会展、论坛、商务、赛事、活动等 5 大板块共 45 项活动。动漫节还推出了"同心战'疫'温暖前行"防疫抗疫主题漫画展、中宣部"原动力"动漫作品主题展、社会主义核心价值观动画短片扶持创作活动、"浙里漫星璀璨"主题作品展、以精准扶贫为主题的少儿漫画展等一系列活动。

中国音数协动漫工作委员会成立

2020 年 11 月 11 日，中国音像与数字出版协会动漫工作委员会成立大会在厦门召开。会上，中国音像与数字出版协会动漫工作委员会与厦门市工业和信息化局进行了战略合作签约。大会发布了动漫产业年度报告。报告提出了动漫价值引领作用凸显、步入规模化发展阶段、网络平台成为生态布局者、动漫 IP 彰显版权价值、品牌符号与传统产业深度融合等 5 方面发展趋势。

七、视　频

浙江省短视频学院成立

2020 年 5 月 26 日，浙江传媒学院与北京字节跳动科技有限公司在杭州举行战略合作框架协议签约仪式，联合成立浙江省短视频学院和就业实习基地。双方联合在浙江传媒学院全媒体实验创新中心成立浙江省短视频学院，在就业指导中心（创业学院）建立就业实习实践基地，联合培养一批优质短视频创作者及校园 IP，实现专业与行业接轨。

八、数字版权

2019 年中国版权十件大事发布

2020 年 2 月 11 日，国家版权局评选的 2019 年中国版权十件大事正式对外发布；打击院线电影盗版取得显著成效；中国网络版权保护与发展大会在京举办；区块链等新技术加速赋能版权保护和运用；"国家版权创新发展基地"在深圳前海设立；图片市场版权秩序规范工作深入开展；第十五次"剑网"专项行动取得显著成效；司法裁判强化保护作品完整权；全国版权展会授权体系逐步建立；中国文化娱乐行业协会积极规范行业版权秩序；中国（上海）自贸试验区版权服务中心启动运行。

国家版权局发布 2019 全国版权示范单位名单

2020 年 3 月 30 日，国家版权局授予北京北大方正电子有限公司等 41 家单位"全国版权示范单位"称号，授予中海石油（中国）有限公司等 28 家单位"全国版权示范单位（软件正版化）"称号，授予上海创智天地园等 8 家单位"全国版权示范园区（基地）"称号。

数字内容正版化公示查询系统发布

2020 年 4 月 26 日，数字内容正版化公示倡议活动在"云端"举办。倡议活动由中国音像与数字出版协会指导、中国新闻出版研究院主办，以"保护知识产权、推进正版化"为主题，同时发布了"国家知识服务平台——数字内容正版化公示查询系统"。数字内容正版化公示查询系统可向出版社、代理商、采选机构等数字内容版权相关方开放信息登记，实现有效的正版化传播全流程管理。该系统提供出版社登记服务、授权查询服务、代理商认证服务、机构采选校验服务、授权统计分析服务等功能，并为采选机构招投标服务提供投标者正版化授权证明，有效避免采购中数字内容版权风险。

《视听表演北京条约》正式生效

2020 年 4 月 28 日，《视听表演北京条约》于北京正式生效。《北京条约》是世界知识产权组织管理的一项旨在保护表演者对其录制或未录制的表演所享有的精神权利和经济权利的国际版权条约，这也是新中国成立以来第一个在我国缔结、以我国城市命名的国际知识产权条约。

联合信任版权保护平台与 16 家单位签约

2020 年 4 月 29 日，以"行业联合、共建信任"为主题的联合信任版权保护平台战略发布会暨合作签约仪式在京举行。联合信任版权保护平台是由北京联合信任技术服务有限公司发起，与版权行业组织、企业、学术机构等共同建设的版权保护公共服务平台，旨在解决版权产业发展过程中面临的确权难、取证难、维权成本高、权利人和使用者信息不对称等问题。该平台以权利人、版权平台、使用者、政府监管、司法机关、调解组织、律师等为服务对象，从作品产生、传播、使用、维权等全生命周期的保护需求入手，以现代密码学技术、大数据、人工智能等手段，针对不同场景和需求提供服务，满足版权所有者和使用者对作品的确权、使用监测、证据固定、信息对称等多维度的需求，为版权行业的和谐健康发展搭建一个公开、透明、公正的服务平台。

中国版权协会文字版权工委在京成立

2020年8月29日，中国版权协会文字版权工作委员会在京正式成立。该委员会是由文字作品版权领域相关单位和机构自愿组成的公益性群众团体，受中国版权协会直接领导，是中国版权协会的二级委员会。会议审议通过了《中国版权协会文字版权工作委员会章程》，并选举产生主任委员1名，副主任委员11名，秘书长1名。成立大会现场，阅文集团牵头，掌阅科技、人民教育出版社与腾讯QQ浏览器、百度、搜狗浏览器和搜狗搜索共同发起"阅时代·文字版权保护在行动"联合倡议。

版权链—天平链协同治理平台在京发布

2020年9月6日，北京版权保护中心、北京互联网法院、首都版权协会共同举办版权链—天平链协同治理平台发布会暨可信数字版权生态重点示范项目发布会，宣布国内版权产业首个行政司法协同治理平台在北京启用。

2020中国网络版权保护与发展大会

2020年9月16—17日，由国家版权局主办的2020年中国网络版权保护与发展大会在北京国际饭店举行。此次会议主题为"强化网络版权治理，优化网络版权生态"。会上，发布《2019年中国网络版权产业发展报告》。大会举办了"打造电商领域版权保护多元共治机制""网络游戏行业新业态版权综合治理""数字音乐产业生态版权治理与创新发展"等分论坛，会议还发布了《网络音乐版权保护与发展联合倡议书》。

标准版权工作座谈会在京召开

2020年10月20日，由国家市场监管总局、国家标准委指导，中国质量标准出版传媒有限公司主办，标准出版机构自律维权发展联盟（以下简称标发联）秘书处承办的标准版权工作座谈会在京举行。会议旨在通过深入交流，进一步把握新形势下国家标准版权工作的目标、任务和要求，宣传标准版权保护政策法规和工作成果，探讨保护标准版权、促进标准传播、创新标准服务的方式和途径。

2020 中国·北京国际版权授权大会在京召开

2020 年 10 月 21—22 日，2020 中国·北京国际版权授权大会在北京雁栖湖国际会议中心召开。大会形式为"主题论坛＋平行论坛＋线上 IP 云展"，展示多种 IP 的发掘和成果转化，助推跨领域、跨区域的合作共赢。21 日下午举行的网络时代下的版权产业多元化发展论坛和影视版权授权圆桌会议上，影视、出版、区块链、版权服务等多领域的嘉宾就"打造区块链技术的 IP 生态圈""优秀 IP 如何出海""影视 IP 的孵化与创作和如何进行全方位的市场开发"等话题进行了讨论，为 IP 授权行业的发展建言献策。会上宣布，北京雁栖湖国际会议中心今后将作为中国国际版权授权大会的永久会址，国家版权交易中心联盟总部正式入驻于此，与此同时，中国版权产业区块链运营服务中心、中广联有声阅读委员会版权发展基地也在此落户。

网络文学影视化论坛聚焦 IP 改编精品化

2020 年 10 月 29 日，由中国"网络文学＋"大会联合第 27 届北京电视节目交易大会（2020·秋季）共同承办、主题为"编剧赋能，助力 IP 内容跨越"的网络文学影视化论坛在北京会议中心举行。来自北京市广播电视局、影视制片公司的嘉宾共同探讨当下 IP 影视化市场中备受关注的提高网络文学创作水平的必要性，以及 IP 改编的精品化制作标准等话题，进行深度剖析、解读与分析。

《著作权法》第三次修订

2020 年 11 月 11 日，全国人大常委会通过修改《中华人民共和国著作权法》的决定，新修《著作权法》将于 2021 年 6 月 1 日起施行。本次修法涉及多处修改，包括对作品定义、作品类型划分进行修改，增加视听作品类型，引入侵权惩罚性赔偿制度，明确保护著作权的技术措施的定义，对著作权的合理使用增加不以营利为目的的限制性规定等。

首届中国国际著作权集体管理高峰论坛在京举办

2020 年 12 月 2 日，由国家版权局指导，中国音像著作权集体管理协会主办的中国国际著作权集体管理高峰论坛在京举行。这是新修《著作权法》公布后，首个专注研讨著作权集体管理相关问题的国际高峰论坛。集体管理组织要严格落实法律法规的规定，主动接受监管部门的监管；要坚持著作权集体管理组织的非营利性，坚决杜绝商业机构介入著作权集体管理；要适应新技术发展，不断创新机制和管理，转变观念优化服务，加快补短板强弱项；各著作权集体管理组织要加强合作，精诚团结。

九、综　合

第十三届新闻出版业互联网发展大会在京召开

2020年1月7—8日，由中国出版协会、中国新闻出版研究院主办的第十三届新闻出版业互联网发展大会在京召开。本届大会以"全媒体创新、高质量发展"为主题，发布了《2019年全国新闻出版业互联网发展报告》，报告分析了知识服务平台、图书电商平台、阅读推广平台、数字教育平台、出版品牌平台等的发展状况和趋势。

韬奋基金会全民阅读促进会在京成立

2020年1月8日，韬奋基金会全民阅读促进成立大会暨"中华优秀科普图书榜"2019年度榜单发布会在京举办。深圳出版集团在成立大会上发布了全民阅读首批研究成果"全民阅读丛书"，国家新闻出版署出版融合发展（四川新华）重点实验室进行了"信息时代下全民阅读促进的研究与尝试"主题经验交流。"中华优秀科普图书榜"2019年度榜单在会上发布。

第十届全国出版物供应链论坛在京举行

2020年1月8日，由中国音像与数字出版协会/中国ISLI注册中心、中国出版传媒商报社联合主办的第十届全国出版物供应链论坛在京举行，本次论坛以"聚焦融合创新，共谋行业发展"为主题。论坛发布了《国家出版发行信息公共服务平台研究报告》，该报告由CNONIX国家标准应用与推广实验室和北京中启智源公司联合编制。会上中国出版传媒商报社发布了2019年图书市场概要报告，并围绕出版与游戏、网络文学、电竞与发行渠道合作、线上线下营销及引流以及创新融合过程中如何兼顾青少年保护等议题进行了充分的交流和讨论。

国家新闻出版署出版融合发展（武汉）重点实验室与美国约翰威立签署合作备忘录

2020年1月9日，国家新闻出版署出版融合发展（武汉）重点实验室与美国约翰威立国际出版公司在京签署合作备忘录，双方就更好地服务中国学术、在图书出版和学术期刊服务方面开展深度合作、创新学术出版服务模式等方面进行了深入会谈，并达成合作意向。

全民阅读与融媒体智库2020年首期研究成果出炉

2020年1月10日，全民阅读与融媒体智库在2020北京图书订货会上首次发布3份研究成果：《主题出版与主题阅读发展报告》从内容建设、思想传递和内化实现等角度对未来主题出版和主题阅读的立体化传播形式和协同发展提供思路和建议；《城市人文IP的立体塑造——北京》提出北京未来城市人文的建设思路，并从众多北京特色文化中总结了最具人文特色的3个IP，即运河文化、胡同文化和创业文化；《2019主题新媒体号研究报告》则对主流媒体在有声读书、短视频等民众关注热度高、传播力度广的新媒体平台发展现状作出趋势研判。同时，智库还发布了2019年主题出版、主题新媒体号大数据排行，《习近平新时代中国特色社会主义思想学习纲要》等30种出版物和央视新闻、人民网、百家讲坛、朗读者、喜马拉雅小红花等40个有声读书和短视频账号入选。

中国编辑学会启动专业线上教学平台

2020年3月18日，北京印刷学院与中国编辑学会合作，启动线上编辑专业教学服务平台。这标志着北京印刷学院"网络课堂"正式开课，也标志着中国编辑学会策划制作的"编辑在线学习精品课程（视频系列）"落地实施，为高校在网络教学过程中产学研协同创新提供了有益探索。"编辑在线学习精品课程（视频系列）"现有23门课程。

中图公司与华为共建5G阅读创新中心

2020年4月13日，中国图书进出口（集团）总公司与华为技术有限公司在京签署全面合作框架协议。双方将共同打造"智慧中图"、联合拓展公共文化行业项目、联合培养交叉领域专业人才、共同举办行业品牌活动。华为与中图联手打造5G阅读创新中心，提供5G新阅读服务。

第十七次全国国民阅读调查成果发布

2020年4月20日，中国新闻出版研究院在线发布第十七次全国国民阅读调查成果。2019年我国成年国民各媒介综合阅读率保持增长势头，各类数字化阅读方式的接触率均有所增长。其中，我国成年国民和未成年人有声阅读继续较快增长，成为国民阅读新的增长点，移动有声 APP 平台已经成为听书的主流选择。调查显示，2019 年全国阅读指数为 70.22 点，较 2018 年提高了 1.55 点。其中，个人阅读指数为 73.04 点，较 2018 年提高了 1.37 点；公共阅读服务指数为 67.61 点，较 2018 年提高了 1.70 点。2019 年我国成年国民包括书报刊和数字出版物在内的各种媒介的综合阅读率为 81.1%，较 2018 年提升了 0.3 个百分点。数字化阅读方式（网络在线阅读、手机阅读、电子阅读器阅读、Pad 阅读等）的接触率为 79.3%，较 2018 年上升了 3.1 个百分点。图书阅读率为 59.3%，较 2018 年上升了 0.3 个百分点；报纸阅读率为 27.6%，较 2018 年下降了 7.5 个百分点；期刊阅读率为 19.3%，较 2018 年下降了 4.1 个百分点。

《国家哲学社会科学文献中心学术期刊数据库用户关注度报告（2019 年度）》发布

2020 年 5 月 17 日，《国家哲学社会科学文献中心学术期刊数据库用户关注度报告（2019 年度）》发布。目前，国家哲学社会科学文献中心上线数据近 2 000 万篇，累计点击量近 7 亿次，下载量超过 3 200 万篇。《国家哲学社会科学文献中心学术期刊数据库用户关注度报告（2019 年度）》基于更加完善的用户使用数据，统计分析了最受用户关注的国内学术期刊、学术论文，统计分析了不同地区使用情况和机构用户使用情况。

全国首个区块链新闻编辑部成立

2020 年 5 月 20 日，全国首个区块链新闻编辑部在云端正式成立。该区块链新闻编辑部由湖北广播电视台融媒体新闻中心倡导筹备，湖北广播电视台长江云、北京广播电视台北京时间、上海报业集团澎湃新闻等 12 个省市的主流新媒体作为首批成员单位联合组建。该编辑部将紧扣两会重要议程，围绕"2020，我们一起拼"主题，利用各家媒体资源优势，运用 5G 传播、AI 人工智能、异地全息投影等新媒体传播技术，开展媒体间"跨越山河大海 击破时空障碍"的云端大型联合报道。

人民日报数字传播与阅文集团构建"阅读认知实验室"

2020 年 6 月 2 日，人民日报数字传播有限公司与阅文集团正式签署战略合作协议。双方联合构建"阅读认知实验室"，共同启动"网络文学创作计划"，举办全国军旅题材网络文学征文大赛，并推出军旅题材网络文学内容平台，培养军旅题材优质内容创作者；举行校园创作新人选拔大赛；以科普中国为主题主线，举办科幻小说征文活动。双方还共同推进数字农家书屋建设和城市读书会建设。

国家新闻出版署公布 13 家行业重点实验室

2020 年 6 月 5 日，国家新闻出版署公布 13 家 2019 年度新闻出版业优秀科技与标准重点实验室，分别为：柔版印刷绿色制版与标准化实验室、新闻出版智能媒体技术重点实验室、新闻出版大数据用户行为跟踪与分析实验室、新闻出版技术与标准应用国家重点实验室、知识产权知识挖掘与服务实验室、智慧型知识服务关键技术与标准重点实验室、富媒体数字出版内容组织与知识服务重点实验室、医学融合出版知识技术重点实验室、学术期刊动态语义出版与知识服务重点实验室、新闻出版领域关键技术应用研究与服务综合实验室、教育内容产品互联网传播与营销重点实验室、大数据治理与服务、数字版权服务技术实验室。

"聚典数据开放平台"在沪发布

2020 年 8 月 13 日，由上海世纪出版集团规划设计、上海辞书出版社承建研发的"聚典数据开放平台"在沪发布，该平台整合了《汉语大词典》《大辞海》《英汉大词典》《中药大辞典》等权威工具书内容，对数据进行结构化加工后，构建系统的云端数据仓库，采用以 API 调用为主的数据分发模式，满足读者在不同数字阅读场景下的知识查检即时需求。

我国首个基于 5G 的数字音乐团体标准发布

2020 年 9 月 25 日，中国音像与数字出版协会正式发布《基于 5G 数字音乐超高清音质技术要求》团体标准，该标准是我国首个基于 5G 网络的数字音乐行业团体标准。标准规范了超高清音频内容生成规则、流程，同时提出了超高清音质在不同网络、操作系统适配环境下的可扩展的技术要求，进一步完善了我国 5G 网络环境下超高清音质的质量管理规范，为数字音乐的超高清音质发展提供了技术标准的支撑和保障。

第三届数字中国建设成果展览会在闽举办

2020 年 10 月 11 日，为期 5 天的第三届数字中国建设成果展览会在福建省福州海峡国际会展中心开幕，观众在展会通过"换个方式看报纸"了解新闻资讯。该产品将《人民日报》重要新闻报道、重要评论文章、重大历史时刻定格为精美海报，在电子阅报栏展播，通过手机扫描海报二维码，就跳转至人民日报客户端、人民网阅读原版报纸，实现线上线下融通互动。

中国广电网络股份有限公司在京成立

2020年10月12日,中国广电网络股份有限公司在北京召开成立大会。中国广播电视网络有限公司为第一大股东,持股51%。中国广电网络股份有限公司成立后,将按照"统一建设、统一管理、统一标准、统一品牌"的要求,建立有线电视网络整合和广电5G建设统一运营管理体系。公司将深入落实"智慧广电"战略,利用移动互联网、智能操作系统等新技术搭载多元化应用,开发适应数字生活需要的智慧产品,为用户提供超高清(4K/8K)、虚拟现实(VR)、物联网等新业务新业态。大会在各省(区、市)及新疆生产建设兵团广电局、中国广播电视网络有限公司设分会场。

2020中国数字音乐产业发展峰会在杭州举办

2020年10月23日,以"潮·来——数智之声"为主题的2020中国数字音乐产业发展峰会在杭州召开。会上,推出十大成果:中国数字音乐谷正式开园;国家音乐产业基地未来工程实验室落地萧山园区;发布全国首个5G音乐标准、2020中国音乐科技领军企业评点、2020中国音乐科技领军人物评点和"2020—2025中国数字音乐产业十大发展趋势"。在主会场论坛上,与会嘉宾聚焦"科技推动音乐产业集聚区的产业升级""科技为构建良好的音乐版权生态保驾护航""数字时代的音乐复合型人才培养"等议题进行探讨。同期举办的分会场论坛围绕"数字音乐时代的原创音乐发展策略""数字音乐的跨界融合与发展"等主题展开,并对中国数字音乐谷数字音乐产业扶持发展政策进行解读。

中国文化产业投资母基金成立

2020年11月18日,中国文化产业投资母基金在北京正式成立。基金由中宣部和财政部共同发起设立,目标规模500亿元,首期已募集资金317亿元。基金主要围绕落实国家文化战略和规划积极发挥作用,以政府引导资金撬动,吸引各方资本投入,通过市场化运作、专业化管理,支持文化企业改制重组和并购,促进文化资源整合和产业结构调整,推动文化产业高质量发展。基金主要投向新闻信息服务、媒体融合发展、数字化文化新业态等文化产业核心领域,以及与文化产业高度相关的旅游、体育等相关行业,支持电影等重点行业发展;围绕粤港澳大湾区建设、长三角一体化发展等国家重大区域发展战略,支持区域文化产业协同发展,做强做优做大文化企业,增强文化产业实力和核心竞争力,促进形成文化产业发展新格局。

首届中国（北京）国际视听大会举行

2020年11月19—22日，首届中国（北京）国际视听大会在北京展览馆举行。大会以"视听改变生活，文化引领未来"为主题，设视听冬奥展区、文化大数据展区、5G+8K超高清展区、广电5G与网络传输展区、新视听展区、视频AI展区、云计算/大数据展区、内容制作展区、智能终端与显示技术展区、AR/VR展区、数字音频展区十一大主题展区，重点展示前沿科技产品、精品内容、重点应用场景，全景展示了国内外视听领域产业链上下游发展与创新现状及最新成果。同期举办了视听表演北京条约版权生态高质量发展论坛。

世界互联网大会·互联网发展论坛在浙召开

2020年11月23—24日，世界互联网大会·互联网发展论坛在浙江乌镇开幕。论坛以"数字赋能 共创未来——携手构建网络空间命运共同体"为主题，主论坛聚焦全球网络空间发展新热点和新趋势，围绕"数字经济与科技抗疫""科技发展与创新驱动"等板块进行探讨。5个分论坛为"网络空间国际规则论坛""'一带一路'互联网国际合作论坛""青年与数字未来论坛""工业互联网创新与突破论坛"和"人工智能论坛"。大会发布了《世界互联网发展报告2020》《中国互联网发展报告2020》，发起了《携手构建网络空间命运共同体行动倡议》。同期举办世界互联网领先科技成果发布活动、"互联网之光"博览会、"直通乌镇"全球互联网大赛等活动。

全民阅读研究基地在成都揭牌

2020年11月27日，首届全民阅读研究年会在四川成都举行，全民阅读研究基地在年会上揭牌。年会由韬奋基金会和四川新华出版发行集团联合主办。全民阅读研究基地日常机构设于四川新华出版发行集团，由韬奋基金会全民阅读促进会和国家新闻出版署出版融合发展（四川新华）重点实验室联合承担管理运行工作。

2020年全国有声读物精品出版工程入选项目发布

2020年11月30日，2020年全国有声读物精品出版工程入选项目发布仪式在京举行。《习近平新时代中国特色社会主义思想学习纲要（有声书）》《从一大到十九大：中国共产党全国代表大会史（有声书）》等55个项目入选。

2020年数字出版精品遴选推荐结果揭晓

国家新闻出版署日前公布了2020年数字出版精品遴选推荐结果，《习近平用典》系列融媒体出版物等 46 个项目入选。入选项目充分反映了出版业坚持改革创新、加快深度融合发展取得的新成果，体现了数字出版在服务大局、服务群众中的新作为，彰显了出版企业始终坚守社会责任、努力用精品奉献人民的文化自觉。

北京出版集团与中科大脑签署战略合作协议

2020 年 12 月 14 日，北京出版集团与中关村科学城城市大脑股份有限公司战略合作签约仪式在京举行。双方将共同构建以研发为根基、以市场为导向、以产业为主体，政、产、科、研相结合的创新发展体系，共同赋能并推动北京出版产业高质量发展，助力北京全国文化中心、科技创新中心建设。基于战略合作，双方本着优势互补、资源共享、融汇融合、共建共享、开拓创新、共同发展的原则，将文化"软实力"与科技"硬实力"相结合，建立全面战略合作关系，在建设高标准的出版集团智能管理系统、出版大数据研究、"出版大脑"建设等方面开展多层次、多形式、多领域的交流与合作，推进创新链、产业链、资金链、政策链相互交织、相互支撑。

第十届中国数字出版博览会在京举行

2020 年 12 月 21—22 日，以"创新引领消费 融合赋能变革"为主题的第十届中国数字出版博览会在京开幕。中国数字出版博览会线上展示交易平台"数博荟"在开幕式上启动。本届数博会线上线下同步举行。与会嘉宾围绕数字经济时代下的数字内容发展、"一带一路"中国主题图书数字化走出去、区块链在数字出版领域的应用思考、疫情后的出版业变革等内容展开探讨。大会发布了《2019—2020 中国数字出版产业年度报告》。线上展览设有数字阅读、数字教育和知识服务三大专题展区以及出版战"疫"数字内容精品展、助力脱贫数字内容精品展两大主题展。

根据人民网、新华网、光明网、央视网、中国新闻网、中国新闻出版广电报、光明日报、经济日报、中国出版网、解放日报等报道内容搜集整理。